# HISTOIRE PARLEMENTAIRE

DE LA

## RÉVOLUTION FRANÇAISE,

OU

JOURNAL DES ASSEMBLÉES NATIONALES,

DEPUIS 1789 JUSQU'EN 1815.

PARIS. — IMPRIMERIE DE FÉLIX LOCQUIN,
rue Notre-Dame-des-Victoires, n° 16.

# HISTOIRE PARLEMENTAIRE

## DE LA

# RÉVOLUTION

## FRANÇAISE,

OU

JOURNAL DES ASSEMBLÉES NATIONALES,

DEPUIS 1789 JUSQU'EN 1815,

CONTENANT

La Narration des événemens; les Débats des Assemblées; les Discussions des principales Sociétés populaires, et particulièrement de la Société des Jacobins; les procès-verbaux de la commune de Paris; les Séances du Tribunal révolutionnaire; le Compte-rendu des principaux procès politiques; le Détail des budgets annuels; le Tableau du mouvement moral extrait des journaux de chaque époque, etc.; précédée d'une Introduction sur l'histoire de France jusqu'à la convocation des États-généraux,

PAR B.-J.-B. BUCHEZ ET P.-C. ROUX.

TOME SIXIÈME.

PARIS.
PAULIN, LIBRAIRE,
PLACE DE LA BOURSE, N° 31.

M DCCC XXXIV.

# PRÉFACE.

A l'époque où nous sommes parvenus, l'assemblée nationale possède complètement l'autorité souveraine. Elle n'a plus d'opposition à craindre, elle est maîtresse de la révolution; elle peut tout ce qu'elle veut. Pourquoi donc ne sort-elle pas d'un système qui n'a plus ni dignité ni valeur dès qu'il cesse d'être une tactique d'opposition contre des privilèges oppresseurs; pourquoi au lieu de se précautionner toujours contre le gouvernement, ne pas s'occuper tout de suite de constituer un pouvoir dont la nation n'ait rien à redouter, et des services seulement à recevoir? L'assemblée nationale était en demeure de tout créer : jamais position si favorable ne s'était encore rencontrée; et si elle eût agi comme elle était appelée, le fardeau d'un demi-siècle de désastres et de malheurs eût été ôté à la France et à l'Europe! elle manqua à sa mission, elle devait y manquer, parce qu'en majorité elle était imbue d'une fausse doctrine : et elle se laissa tromper et corrompre parce qu'elle ignorait la vraie doctrine.

La majorité des membres de la constituante était uniquement préoccupée de la doctrine du droit naturel. Comment avec un tel principe devant les yeux, pouvait-elle apercevoir qu'il y avait autre chose à constituer que le temps présent, autre chose qu'à éloigner le mal qui pesait hier sur les chairs actuellement vivantes et à en prévenir le retour; mais que de plus il fallait organiser la société en vue des efforts que commandait le but à venir qu'elle devait atteindre; qu'il fallait constituer le progrès comme principe et comme moyen de gouvernement. De telles pensées étaient impossibles à concevoir, au point de vue du droit naturel; car la plus générale conclusion pratique de celui-ci, c'est que le meilleur gouvernement est celui qui assiste en spectateur impassible à l'agitation des intérêts individuels, les protégeant tous contre tous, et n'en ayant lui-même aucun, pas même celui de la prévoyance.

L'assemblée nationale a donc enfermé nos destinées dans un cercle fatal, dans lequel nous tournons depuis 45 ans.

L'assemblée nationale ne connaissait pas la vraie doctrine, celle d'où l'on peut déduire un but d'activité pour les nations et pour les individus. En vérité, on a le cœur navré quand on voit qu'il suffisait d'étendre la main, d'ouvrir les yeux pour saisir la planche de salut. On s'indigne contre ce haut clergé, qui avait sali de tant d'impuretés le christianisme, qu'il en était couvert et caché : on se prend à maudire ces ministres qui avaient fait une église à leur image, servile, impie, simoniaque à ce point que tous les hommes généreux en détournaient les regards. Le plus grand nombre de ces hommes se réfugia dans la doctrine de la souveraineté du peuple; mais, on n'avait alors défini ni le mot de souveraineté ni le mot peuple ; il y a plus, on ne pouvait en connaître la valeur que d'un point de vue plus élevé que tous deux, celui de la loi morale proposée à l'humanité.

Les expressions, but d'activité, devoir, progrès, sont identiques au fond, c'est une même idée sous trois mots différens. En effet, qui dit but d'activité sociale suppose qu'il y a un résultat à atteindre, un ordre de choses à créer, qui existera seulement à la condition de longs et pénibles efforts. Dans cette carrière où le père ne sème et ne plante jamais pour lui mais toujours pour ses petits enfans, chaque effort est un progrès, chaque effort est un dévoûment, car il est gratuit.

Pour concevoir toutes ces choses, il faut admettre qu'il existe une loi morale supérieure, indépendante des temps et des lieux, vis-à-vis de laquelle l'humanité comme tous les êtres qui composent cet univers n'est que fonction. La majorité de l'assemblée nationale ne croyait pas à cette loi : on avait enseigné que chacun ici-bas venait au hasard, et sans but, comme si le hasard pouvait exister dans ce monde, comme si le hasard était autre chose que le mot par lequel nous couvrons notre ignorance ; comme si entre les puissans mouvemens de la machine universelle, il pouvait exister un être qui n'eût pas sa place marquée et qui vécût cependant.

Oui, de même que chaque être ici-bas placé, si petit qu'il soit, a un but, soit qu'il l'accomplisse librement, soit qu'il l'accomplisse par la force des lois brutes, qui sont en lui, de même l'humanité a un résultat à atteindre, un devoir à accomplir; chacun de ses membres, vis-à-vis d'elle, est dévoué à une fonction, et les nations sont ses membres; de même dans les nations, les générations et les individus doivent compte d'une fonction, et c'est le devoir qui engendre le droit : aux plus grands devoirs appartiennent les plus grands droits. Celui qui reste oisif et stérile dans cette grande hiérarchie, ne mérite rien que pitié. Et que l'on ne dise pas qu'il y a erreur dans cette formule ; car si vous en retirez un mot, rien de ce que vous voyez aujourd'hui, de ce que vous admettez, de ce que vous aimez, n'existera. Il n'y aura plus de patrie pour vous. Comment, en effet, concevoir qu'il y ait société là où il n'y a pas activité commune, et comment concevoir qu'il y ait activité s'il n'y a pas de but. Ainsi, quelle que soit la route qu'on choisisse, on se trouve ramené à ce centre inévitable où l'on voit qu'il doit exister et qu'il existe une loi morale supérieure indépendante des temps et des lieux.

L'absence de cette croyance amoindrit et rend stérile la plupart des essais de la constituante, lorsqu'ils tendent à autre chose qu'à une réforme, et qu'ils touchent quelqu'une des questions fondamentales de la société. Ainsi fut-il dans l'une de celles que renferme le volume qui va suivre, celle du droit de guerre et de paix. C'était l'occasion de faire une déclaration du droit des gens, et par suite de réformer ou de compléter la déclaration des droits, car ce *Jus gentium* n'est pas seulement le principe d'où émane le droit de la guerre et celui de la paix ; il est aussi le principe de tous les buts d'activité nationaux. Au lieu de cela, après avoir écarté quelques tentatives timides et incomplètes, pour aborder la généralité, on se borna à décréter la forme de la déclaration. Nous allons examiner cette question.

Les nations ne peuvent contracter entre elles que si elles ont un principe commun qui puisse servir à la fois de base à la discussion de leurs intérêts, et de sanction à leurs engagemens. Autrement, il y aura guerre entre elles, et guerre sans fin; elles ne cesseront de combattre que par épuisement de forces, et encore cette trêve ne durera que jusqu'à ce que celles-ci soient réparées, mais, jamais il n'y aura paix réelle et ferme. Consultez, en effet, l'expérience du passé. Avant que le christianisme fût devenu la foi de l'Europe, il n'y avait pas de droit des gens. Vous ne trouvez alors que la France, et la France toujours en hostilité avec les croyances qui ne sont pas les siennes. Elle se bat sans relâche, tantôt avec les Ariens, tantôt avec le paganisme du nord, tantôt avec le mahométisme. Lors même que son sol est envahi, sillonné, presque possédé par les peuplades normandes, elle ne cède pas, elle ne le peut en effet : elle ne fait la paix, que lorsque ces peuplades ont adopté sa croyance, et reconnu sa loi morale. Dans cette longue lutte de sept siècles, elle consent seulement des trêves ; à peine aperçoit-on une fois une apparence de paix, lorsque deux de ses rois s'allient par le sang à une famille royale arienne; encore cette alliance devient, chez elle, le sujet d'une guerre civile, de cette guerre fameuse entre Frédégonde et Brunehaut, où la femme française, la catholique Frédégonde finit par triompher de sa rivale de race étrangère. Examinez plus tard, comment se conduisent les rois de l'Europe chrétienne avec les Mahométans de Turquie et d'Afrique. Vous ne trouvez point de traités de paix, mais seulement des trêves, et cependant le Mahométisme n'était qu'une hérésie chrétienne. On nous objectera l'espèce d'alliance qui s'établit entre la Porte-Ottomane et notre roi François I$^{er}$. Nous pourrions répondre qu'alors la foi était bien affaiblie à la cour de France, et presque convertie en incrédulité. Mais, en réalité, dans cette circonstance il n'y eut rien de semblable à ce que l'on appelle en droit un contrat de pacification. C'était une convention établie d'après des convenances militaires. François I$^{er}$ prenait le Turc pour allié, au même titre qu'il engageait à sa solde des soldats mercenaires; et quant à la Porte elle voyait dans le roi de France, non pas un allié, mais un serviteur, mais un Raja, et elle lui accordait sa protection ainsi qu'à un sujet : il n'y avait dans ce mode de relation, rien de semblable à ce que l'on doit entendre par un traité de paix. En définitif, l'Europe ne contracta réellement avec la Porte que depuis moins d'un demi-siècle. Nous verrons bientôt pourquoi cela est devenu possible.

Si l'on ne trouve pas suffisant l'exemple que nous tirons de l'histoire de la civilisation moderne, qu'on remonte plus haut, et que l'on recherche comment les Romains agissaient avec les nations qui ne leur étaient pas soumises.

Aux temps de la république, il n'y avait entre les Romains et le reste du monde, nulle croyance générale commune. Aussi la république avait ce principe de ne faire la paix avec un ennemi que lorsqu'elle l'avait vaincu. Et quelle était cette paix? C'était pour l'ennemi la perte de tous ses moyens de défense, la démolition des places fortes, la destruction des vaisseaux, l'enlèvement des armes, la défense de contracter aucune alliance, la responsabilité des otages, etc. L'histoire de la guerre punique nous offre un tableau complet de la diplomatie romaine. Cependant, nous dira-t-on, ces républicains avaient des alliés! il est vrai, mais quels alliés? C'étaient les peuples vaincus, et il ne leur était permis de vivre qu'à condition de combattre pour leurs maîtres. Ainsi, parce qu'il n'y avait point de principe commun de discussion et de confiance, il n'y avait pas chez les anciens de traité possible.

En effet, nous pouvons croire à la promesse d'un étranger, seulement si nous avons la certitude de deux garanties d'espèces différentes, ou de l'une des deux au moins. Il faut que nous soyons assurés d'abord que son intérêt est positivement tel qu'il nous a dit l'être, et qu'en conséquence son intérêt lui commande de rester fidèle au parti convenu. Pour cela, il faut que nous ayons un système commun de raisonnement, et un système semblable d'intérêt, de manière que nous ayons une intelligence complète de la position et des manières d'agir de notre ennemi sous l'un et l'autre rapport. Alors nous ne conserverons aucun doute sur sa conviction, et sur ce qui lui convient. Nous aurons une garantie bien autrement sûre si nous pouvons réciproquement nous offrir la sanction d'une même croyance religieuse. Or, il en est des nations comme des individus.

Dans notre Europe moderne, le droit des gens a éprouvé une grave modification depuis bientôt deux siècles. Ce changement fut précédé des longues guerres de la réforme qui désolèrent particulièrement l'Allemagne; et ce fut là aussi que furent posées les premières bases de cette novation. La sanction religieuse fut écartée de la diplomatie, et l'on adopta pour principe de contrat le droit de possession, c'est-à-dire le principe de la légitimité de certaines races, ou de l'hérédité du droit de gouverner les hommes dans certaines familles. A ce point de vue le sultan a un droit sur la Turquie, égal à celui que l'empereur possède sur l'Autriche. La France adhéra à cette modification en signant le traité de Munster en 1648. Cependant bien qu'il n'y eût plus communauté religieuse, le système des raisonnemens et des intérêts, avait été formé sous le règne du christianisme; il était, quoi qu'on fît, profondément empreint du long séjour de cette doctrine, en sorte qu'il continua à servir de base à la diplomatie. Cependant, depuis ce jour, fut établi l'usage de l'espionnage organisé, de la permanence des ambassades et des armées, et le vieux dicton *si vis pacem para bellum* fut remis en pratique. Enfin, on imagina le système de la balance européenne.

Si le lecteur a bien compris cette narration rapide, et s'il veut consulter l'histoire que nous avons ici tant resserrée, il aura remarqué que ce fut par la force même des choses que le droit des gens éprouva la grande modification dont nous venons de parler. En effet, ce fut la réforme qui brisa l'unité religieuse de l'Europe, et ne laissa plus subsister d'autre communauté que celle des intérêts créés pendant la domination de cette unité. Cependant, lorsque toutes ces choses eurent été achevées, il y eut des écrivains qui voulurent prouver que le droit qui s'était fait, était non pas seulement nécessaire, mais encore qu'il existait de toute éternité : c'est alors que naquit la doctrine du droit naturel. Mais si les uns essayèrent de démontrer que la légitimité des races, l'hérédité du pouvoir, la propriété du sol et des hommes, étaient de droit naturel ; d'autres, déclarant que tous les principes enseignés par les évangiles venaient de nature, établirent que la liberté, l'égalité, la fraternité, étaient fondées en justice et en droit. Nous n'avons point à nous occuper ici de ces deux doctrines dont le moindre défaut est de nier le libre-arbitre de l'homme, et d'attribuer à un instinct et à un appétit de bête, le fruit de son labeur et de son intelligence. Nous nous bornerons à faire observer que la dernière de ces deux théories, commentée, modifiée, perfectionnée par le XVIII$^e$ siècle, était celle de la majorité de l'assemblée nationale. Cette théorie la plaçait en-dehors du fait et le lui cachait. Elle la dispensait de regarder l'histoire et de rechercher quelle position elle devait prendre vis-à-vis le passé, afin de le changer.

La révolution française était inévitablement destinée à changer le droit public de l'Europe, et à le ramener à l'état où il était avant les traités de Westphalie. En effet, dès le premier jour elle adopta pour système intérieur d'administration, un mode radicalement contradictoire aux principes des gouvernemens européens : dès le premier jour, elle soulevait toutes les défiances, elle cessait de présenter aux autres souverainetés la garantie d'une doctrine commune ; l'état de guerre devenait imminent. Il en est ainsi depuis quarante-cinq ans, la durée de la restauration exceptée.

Cette position fut comprise, en partie au moins, ainsi qu'on le verra, par quelques membres du côté gauche : mais leurs propositions furent repoussées par la majorité, qui ne vit dans la question de la guerre et de la paix qu'une affaire de discipline intérieure, et n'y trouva autre chose qu'une occasion de plus de montrer sa méfiance contre le pouvoir.

C'était le moment, suivant nous, de poser en diplomatie la question morale qui en était bannie depuis deux siècles ; de ramener le droit des gens européen à sa véritable et première origine. Il fallait dire hautement que le but de la France était de réaliser socialement le principe chrétien et de transformer en fait le dogme de la fraternité universelle ; que la France ne reconnaissait point de droit là où n'existait pas l'œuvre du devoir commandé par cette loi. Une semblable déclaration ne nous plaçait pas dans une position plus hostile que celle où nous nous trouvions déjà, mais elle nous imposait le droit et bien plus encore le devoir d'intervenir partout où il était opportun. Nous pouvions demander compte aux rois de la manière dont ils pratiquaient la morale de celui dont ils confessaient et adoraient le nom ; nous nous ouvrions une large voie dans l'intelligence des populations chrétiennes; nous imposions aux peuples étrangers eux-mêmes le devoir de se joindre à nous. Il nous semble que cela eût mieux valu que les déclarations qui furent proposées, et dont le sens général était seulement que la France était en-dehors du système diplomatique adopté par les rois, et qu'elle ne traiterait en ennemis que ceux qui attaqueraient ses droits.

Certes, dans ce grand débat qui dure encore, où il s'agit de savoir si l'humanité sera enfin en possession d'elle-même, libre d'accomplir la loi de son devoir, ou si elle restera possédée par quelques hommes et emprisonnée dans le cercle que leur intelligence ou leur dépravation lui a tracé, ce serait une vanité méprisable, que la crainte qui serait exprimée par une nation de perdre son nom. Celle qui au salut des hommes préférerait un vain titre, celle-là mériterait de n'être point comptée. Mais ce n'est point chose puérile que de craindre une exploitation d'une autre nature, de redouter la domination de la conquête. Qui nous garantira contre vous, pourra-t-on s'écrier, lorsque nous nous serons livrés à vous? Il n'y a qu'une réponse possible à une telle question : c'est de montrer le principe sur lequel et par lequel nous vivons.

On croit toujours à une nation qui croit en Dieu. Et comment voulez-vous, disaient, il y a deux ans, les Arabes d'Alger, que nous ajoutions foi à vos promesses? Vous n'avez pas de Dieu.

Mais d'une nation qui ne proclame d'autre devoir que celui de son intérêt et de son bonheur, on est justement en droit de se défier, car, il n'y a dans ces principes d'autre morale que celle de l'exploitation, et si elle n'agit pas selon cette morale, c'est une inconséquence qui ne pourra durer. Or, ce n'est pas des meurtres que demande l'Europe aujourd'hui, mais la fraternité.

———

Nous venons de lire dans le *Semeur* (tome III, n° 48) un article sur notre ouvrage, plein d'une bienveillance dont nous n'avons qu'à remercier l'auteur. Il traite uniquement de l'introduction sur l'histoire de France. Le *Semeur* paraît ne point admettre, ainsi que nous, que le sentiment chrétien soit le principe moteur de la révolution française. Suivant lui « cette révolution et la civilisation moderne elle-même ne sont pas un développement mais une excroissance de l'évangile.......... l'évangile... réalise les révolutions dans les individus, avant de les accomplir dans les peuples. » Si nous comprenons bien cette dernière phrase, elle signifie que la perfection individuelle est le seul but de l'évangile; et que, certains que la perfection sociale émanera inévitablement de la perfection individuelle, les hommes religieux doivent s'abstenir de la vie politique, et ne s'occuper que de leur propre amélioration. C'est là en effet ce qu'enseignent la plupart des ministres protestans, et le plus grand nombre des prêtres catholiques; et c'est aussi, nous le croyons, parce que tel est le sens de leurs prédications, qu'ils n'ont rien à craindre des puissans de la terre, et qu'ils sont, au contraire, largement protégés par le pouvoir temporel.

Il en est de cette opinion comme de celle de ce philosophe Grec qui niait le mouvement : pour lui répondre il suffit de marcher; il suffit de faire parler l'évangile. Que le *Semeur* jette les yeux sur l'admirable ouvrage que vient de publier M. Lamennais (*Paroles d'un croyant*). Nous en sommes certains, après l'avoir lu, il ne doutera pas que le christianisme ne soit profondément social, qu'il ne renferme la morale de l'homme social, aussi bien que celle de l'homme individuel.

N'est-ce pas un axiome politique que celui-ci : celui qui voudra être le premier parmi vous, doit se faire le serviteur des autres. N'est-ce pas en faire seulement la traduction que de dire, ainsi que nous le faisons aujourd'hui, le pouvoir doit appartenir aux plus dévoués.

N'est-ce pas un axiome politique encore que celui-ci : vous êtes tous enfant d'un même père qui est Dieu. Car, souvenez-vous que ce mot fut jeté dans une société fondée sur le principe de la race, et dont le plus savant philosophe, Aristote, disait qu'il y avait deux natures d'hommes, celle des esclaves, et celle des hommes libres.

Ne sont-ils donc pas sociaux tous ces préceptes, liberté, fraternité, charité, haine du mal, etc. Car la charité chrétienne n'est pas la misérable aumône que l'on jette au mendiant : *caritas* ne veut pas dire aumône : car haïr le mal, le combattre, lui faire la guerre, se séparer, s'il le faut, de son père, de sa mère, de sa femme et de ses enfans, renoncer aux œuvres du mal (tout cela est dans l'évangile de saint Mathieu), il n'y a là rien qui ne commande de sortir de cette quiétude, de cette étude pacifique de la perfection personnelle. Si cela n'était vrai, pourquoi tous ces martyrs des trois premiers siècles ! La société romaine ne poursuivait-elle pas en eux un attentat politique ? Malheur à ceux qui mettent l'égoïsme dans la religion, ils la font haïr; et ils font mal pour les autres et pour eux-mêmes Je le répète, lisez l'épître de M. Lamennais, et vous vous écrierez comme nous, voilà un digne prêtre, voilà la vraie charité chrétienne !

N'imitez pas cependant en la lisant, le concile de Constance, qui, lorsqu'il examina les propositions de Jean Hus et de Jérôme de Prague, passa sur tout ce qui regardait la morale et n'y releva aucun enseignement, mais s'attachant à quelques raisonnemens hasardés, y plaça la discussion et y attira les yeux du peuple. Ainsi, il transforma des moralistes en logiciens, des réformateurs politiques en métaphysiciens raisonneurs : il saisit la lettre et non l'esprit. Le concile de Constance mentit à sa conscience, car c'était aux moralistes qu'il voulait imposer silence, et il afficha que c'était le raisonnement qu'il punissait. Nous disons ces choses parce que nous croyons que si M. Lamennais eût vécu de ce temps, lui aussi eût été livré aux flammes temporelles. Et croyez-vous que ce n'est rien pour notre nation d'avoir conquis au christianisme le droit de parler la morale de Jésus-Christ, comme il en a le devoir.

Mais nous avons une autre réponse à faire à l'opinion du *Semeur*. Si le christianisme n'eût été protégé par le pouvoir dans le IVe siècle, il allait périr dévoré par les hérésies; et les livres de la foi eux-mêmes eussent disparu sous les additions et les corrections de toutes sortes. Si au Ve siècle la France militaire ne se fût trouvée, la terre devenait arienne, la foi était éteinte. Si au VIIe la France encore n'eût arrêté l'invasion mahométane, le Coran devenait le livre du monde. Et depuis, n'est-ce pas aux efforts politiques des peuples que vous devez la liberté de votre corps, celle de votre parole, etc. N'étaient-ils pas des réformateurs politiques ce Wiclef, et ces deux bacheliers en théologie de l'université de Paris, Jean Hus et Jérôme de Prague, eux qui disaient qu'on ne devait point obéissance à des seigneurs, à des prêtres en état de péché mortel. N'est-ce pas à la France enfin, qu'une partie de l'Europe doit l'égalité qui auparavant n'existait que parmi les clercs. Croyez-vous donc que la disparition du droit de race, et de l'hérédité des fonctions, soit si peu de chose dans l'évangile, lorsque nul livre avant ce livre ne l'avait commandée.

L'histoire renferme de hauts et irrécusables enseignemens. Nous les avons recueillis et montrés hardiment, mais non pas sans danger pour le succès de cet ouvrage, car il existe de nombreux et puissans préjugés: mais l'heure est venue où il faut dire la vérité. Dans quelques années peut-être, la France donnera son *va-tout*; il faut qu'elle arrive avec toutes ses forces: car malheur non-seulement à nous, mais à l'Europe entière, mais à vous tous! deux siècles d'efforts et de sacrifices; deux siècles de temps que Dieu a donnés à l'humanité, seraient perdus. Nous travaillons ici pour apporter notre part à cette grande et solennelle préparation. Que la discussion vienne donc: c'est de grand cœur que nous accepterons un combat face à face, que nous cherchons depuis si long-temps sans le rencontrer. Aussi nous ne pouvons que remercier le *Semeur* de ses objections et lui en demander d'autres.

# HISTOIRE PARLEMENTAIRE

## DE LA

# RÉVOLUTION

## FRANÇAISE.

## MAI 1790.

ORGANISATION JUDICIAIRE. *(Suite).*

SÉANCE DU 27 MAI.

QUESTION : *Y aura-t-il des tribunaux d'exception?*

*M. Chapelier.* La question est très-importante, mais elle entraînera beaucoup de temps. Elle se divise en plusieurs branches, qui ne peuvent être décidées nettement. Par exemple, il est impossible de juger s'il y aura un tribunal pour l'impôt avant que d'avoir arrêté l'organisation de l'impôt : je demande donc sur ce point un ajournement spécial. Quant à la question de savoir s'il y aura des tribunaux de police, de marine, etc., vous allez consumer deux ou trois jours à la discuter. Mon avis serait de la renvoyer au comité de constitution, qui nous la soumettrait avec tout son plan.

*M. Target.* Je désire que pour éclairer le comité, l'assemblée discute si la partie d'administration qui concerne les forêts, la marine, etc., doit être renvoyée à un tribunal ordinaire. Relativement à l'impôt, je demande l'ajournement comme le préopinant.

*M. Brostaret.* La réflexion de M. Target me paraît d'autant meilleure, que les discussions que vous avez suivies sur cette matière, avaient pour objet de fixer les bases du travail de votre comité. En effet, si l'assemblée ne les déterminait pas, elle se verrait nécessitée à adopter celles du comité.

*M. Tronchet.* Il est d'autant plus indispensable de statuer à l'instant, que le comité a proposé plusieurs tribunaux. Son principe est donc connu, son vœu est donc émis; il faut juger.

*M. Boislandry.* Il a été reconnu sous l'ancien régime, que les tribunaux ordinaires pouvaient juger toutes ces matières. Aujourd'hui, que notre jurisprudence va être simplifiée, ceci ne devrait plus faire une question. Je demande donc qu'on discute, pour savoir s'il y aura des tribunaux d'impositions, ou s'il n'y en aura pas?

*M. Chabroux.* Si les matières d'impôts demandaient à être jugées séparément, il serait facile d'établir, dans chaque tribunal, une chambre consacrée à cette matière.

*M. Fréteau.* Les contestations particulières à l'impôt en nécessitent sur la priorité de la créance du roi, contestée par divers créanciers, ce qui exige la connaissance de divers points de droit. Ce n'est donc qu'après une longue réflexion que nous pourrions prononcer sur cette matière. Si cependant l'on veut charger des juges royaux de la compétence relative à l'impôt, j'y consens.

L'ajournement est prononcé sur la question de savoir s'il y aura un tribunal d'imposition? Et la discussion continuée sur celle-ci : Y aura-t-il des tribunaux de commerce ?

*M. Nairac.* Je demande, pour l'utilité publique et pour le commerce en particulier, la conservation des juridictions consulaires. Elles ont résisté à la contagion de l'exemple. Si les juges des cours supérieures avaient eu le même désintéressement, vous n'auriez pas besoin de reconstruire en entier l'ordre judiciaire. Le commerce est la source de l'abondance publique; c'est par lui que l'Angleterre, qui ne renferme que huit millions d'hommes, est devenue une puissance formidable; c'est lui qui encourage les arts, fait fleurir l'agriculture et unit les nations entre elles. La province de Guyenne, dont j'ai l'honneur d'être le représentant, s'est montrée la première dans une si belle carrière. Sa situation a favorisé l'industrie de ses habitans.... Cette province sollicite la conservation de ses tribunaux de commerce ; toutes les places en font autant ; les subtilités de la chicane ne sont point connues dans ces tribunaux ; on perdrait tout au change, et nous osons nous flatter que ce changement ne s'opérera pas. Non, il ne s'opérera pas dans un moment où le commerce va s'étendre, où il pourra, comme en Angleterre, compter parmi ses membres les hommes les plus distingués par leur naissance et par leurs talens, où il offrira les moyens de servir l'État et de l'enrichir....Je conclus à ce que les juridictions consulaires soient conservées, sauf les changemens à faire pour l'expédition plus prompte des affaires de commerce.

*M. Defermont.* Je ne puis croire que vous vous écartiez de cette unité qui fait la base de la constitution. Bien loin de voir des motifs qui puissent vous engager à conserver les tribunaux de commerce, je n'y trouve qu'une source d'inconvéniens, qui sont sans doute connus du préopinant comme de moi. La formation des tribunaux d'exception fournit des contestations entre les matières dites consulaires, et sur celles dites ordinaires ; elle fournit des alimens à la chicane. Qu'a-t-on à craindre en attribuant le jugement de toutes les causes aux tribunaux ordinaires ? La juridiction consulaire n'excitait notre admiration, que parce que nous la comparions à une foule d'autres plus vexatoires ; mais dans le nouveau régime, où des hommes élus par le peuple, et jouissant de toute sa confiance, formeront les nouveaux tribunaux, on peut hardiment leur confier tous les jugemens civils et de commerce. Les seuls négocians d'une ville concourent à sa formation, tandis qu'ils jugent toutes les contestations élevées entre les marchands de leur ressort. On me dira peut-être que les négocians seuls peuvent connaître des affaires de commerce ; c'est pour cela que je proposerai d'admettre à ces sortes de jugemens autant de négocians que d'autres juges.

*M. le Clerc.* Les juges du commerce sont des marchands choisis par des marchands pour juger des faits de commerce. Qui peut mieux connaître la capacité et la probité des marchands que les marchands? Qui peut mieux juger des causes de commerce que ceux qui le pratiquent? Aucuns des abus des autres juridictions ne se sont introduits dans la juridiction consulaire. On juge sommairement, sans écritures et sans frais pour les juges; le rapport se fait par des personnes choisies par les parties, et approuvées par le juge. Le rapporteur fait le rapport des faits et des moyens, et présente ses conclusions. S'il y a appel de la sentence, le rapport est délivré avec la sentence; si les conclusions du rapport n'ont point été suivies, les moyens des parties sont en tête de la sentence. (M. le Clerc expose toutes les précautions qu'emploient les juges-consuls pour s'assurer de la validité des prétentions des parties, précautions qui ne peuvent pas être prises par d'autres juges.) Des marchands peuvent seuls connaître un grand nombre de détails importans : ils peuvent seuls les apprécier et juger en conséquence. Si les marchands sont réunis à des juges ordinaires, ils gêneront les juges par la latitude qu'ils donnent à leurs décisions.

Les juges gêneront les négocians par les formes juridiques. Si les affaires commerciales étaient astreintes aux formes juridiques ordinaires, il en résulterait une grande lenteur. Les négocians ne seraient pas les maîtres de faire aux formes des changemens souvent salutaires, et que nécessitent les personnes et les circonstances. Comme les affaires de commerce sont de tous les jours, il faudra, en faisant assister des négocians au tribunal, déterminer une chambre particulière; autant vaudrait avoir un tribunal séparé, composé uniquement de commerçans : les difficultés de compétence auraient également lieu avec une chambre particulière... Il serait très-dangereux pour le commerce de substituer des juges ordinaires aux juges nommés par des commerçans; cette substitution occasionnerait une perte inutile de temps et d'argent. Je conclus, comme le comité de constitution, à la conservation des tribunaux consulaires, avec les attributions qu'ils tiennent des ordonnances, et non avec celles que le comité leur donne.

*M. Goupil de Préfeln.* Le bien public demande qu'il n'y ait qu'un seul tribunal dans tout le territoire, et que toutes les contestations, tous les procès y soient portés, afin d'éviter les difficultés de compétence, d'attribution, de réglemens de juges. Ces difficultés ajoutent ordinairement trois ou quatre procès à un procès. On dit que les affaires de commerce exigent des précautions particulières. Sans doute, les opérations mercantiles doivent être jugées par des commerçans : mais faut-il déroger à cette belle unité, que vous avez toujours cherché à conserver dans votre constitution, tandis que sans établir des tribunaux particuliers pour le commerce, vous pouvez assurer aux commerçans l'avantage d'être jugés par leurs pairs. Ce moyen nous est indiqué par nos lois. Le chancelier de l'Hospital donna un édit pour renvoyer par-devant des arbitres, les partages, etc., et toutes les contestations de famille. Postérieurement, l'ordonnance de commerce de 1681 ordonna que sur la réquisition des parties, les affaires de police, d'assurance, seraient tirées de l'amirauté et renvoyées par-devant les arbitres. On peut également ici faire juger les affaires de commerce par des arbitres, qui remettraient leurs sentences au greffe, et l'expédition donnée par le greffier serait exécutoire. Ainsi vous conserveriez l'unité, vous ne multiplieriez pas les tribunaux, et les inconvéniens des réglemens de juges n'écraseraient pas les plaideurs.

Permettez qu'en finissant j'observe que la méthode des arbitres est belle, grande et trop négligée. La Provence a long-temps conservé cette institution : elle avait une organisation judiciaire admirable, qui aurait dû servir de règle à tout le royaume : elle a été détériorée par l'avidité des légistes. Un membre de cette assemblée, M. André, a fait un travail très-important sur cet objet; l'assemblée devrait l'engager à lui en donner connaissance. Je conclus, et je demande que dans toutes les matières de commerce, sur leur réquisition, les parties soient renvoyées sans frais par-devant des arbitres de leur choix.

*M. Garat l'aîné:* Les consuls ont été établis par le chancelier de l'Hospital. J'ose le dire; il faut y regarder à deux fois, non-seulement pour proscrire, mais pour faire le moindre changement à une institution, dont le chancelier de l'Hospital est l'auteur. Cette institution, que l'opinion publique a approuvée, a été maintenue dans toute sa pureté pendant 200 ans. Elle présente trois avantages sensibles; une justice prompte, peu dispendieuse, éclairée et susceptible de toutes les mesures qui peuvent conduire à un jugement équitable; et on oserait attaquer une semblable institution. On dit que les exceptions sont à craindre; mais les exceptions consulaires sont les plus aisées à définir. On prend, à cet égard, une marche très-simple; sans s'arrêter au déclinatoire, les consuls jugent et la sentence s'exécute en donnant caution. Ne vous épouvantez pas de ces conflits, ils sont presque devenus nuls; dans le nouvel ordre de choses, ils seront encore moins à craindre. Si des marchands étaient réunis à un tribunal, ce serait tel ou tel jour qu'il y aurait des audiences pour les affaires de commerce, tandis qu'à présent il y en a tous les jours, il y en a, pour ainsi dire, à tous les momens; et dans ces tribunaux où seraient les avocats et les procureurs, ces Messieurs voudraient absolument défendre les parties. Les parties trompées croiraient qu'il est absolument nécessaire de se laisser défendre par eux, et il faut du temps pour cette défense. Ainsi, l'expédition des affaires serait moins prompte; ainsi elles seraient plus dispendieuses. Des marchands sont, sans contredit, mieux instruits des affaires de commerce que des gens qui sont étrangers au commerce;... ainsi la justice serait moins éclairée.... J'adjure tous les membres de cette assemblée qui voulaient des jurés. Ici ce seraient des jurés, puisque des marchands nommés par des marchands jugeraient des affaires de commerce. Si les jurés qu'on vous proposait avaient été comme ceux-ci, je me serais bien gardé de m'opposer à leur institution.

*M. Buzot.* Je me bornerai à faire quelques observations; j'en ferai entre autres une sur les tribunaux de police, sur lesquels on ne s'est point encore expliqué. Je crois que le pouvoir judiciaire finit là où commence la police. Les juges de police font de simples actes de correction; ainsi, il y a une très-grande différence entre les juges ordinaires et les juges de police. Il me semble que ces derniers doivent avoir une confiance de tous les jours; il me semble que, pour l'obtenir, ils doivent être souvent renouvelés, et vous avez décrété que les juges ordinaires rempliraient leurs fonctions pendant six ans. Je pourrais faire beaucoup d'autres observations, pour établir les différences qui se trouvent entre ces deux espèces de juges. Quant aux autres objets d'exceptions, on ne peut admettre des tribunaux séparés, ou bien il en faudrait autant qu'il y a de principes différens en législation.

Je passe aux juridictions consulaires : si elles sont utiles, si on doit les conserver, il faut en donner à toutes les villes, et ceci me sert de réponse à beaucoup d'objections. Dans les villes qui n'en avaient pas, les tribunaux ordinaires jugeaient, et on ne se plaignait ni de leur ignorance, ni de la lenteur de la justice. Qu'on ne compare pas les juges-consuls aux jurés; les consuls jugent le fait et le droit.... Je ne puis donc adopter l'établissement de tribunaux différens des tribunaux ordinaires. Je propose cependant, que pour les affaires de commerce, on admette dans ces tribunaux des négocians comme jurés; c'est un moyen de nous accoutumer peu à peu à cette belle institution.

*M. Desmeuniers.* Il est d'autant plus nécessaire de bien poser la question, qu'une circonstance particulière paraît l'avoir embrouillée. M. Barrère de Vieuzac a proposé une série de questions que vous avez adoptées : il demandait s'il y aurait des tribunaux d'exception. M. de Chabroux l'a posée d'une manière plus générale; il a demandé si les tribunaux ordinaires seraient compétens pour toutes les matières. Prenons garde de juger la question sans en avoir examiné toutes les branches. Avant tout, il ne faut pas s'effaroucher des mots, celui d'*exception* pourrait peut-être influer sur la délibération; les tribunaux d'exception nous ont fait tant de mal! Il ne s'agit pas de les maintenir; ils sont déjà jugés. Il faut examiner si ce ne serait pas surcharger les tribunaux ordinaires, que de leur confier les affaires de commerce. L'année dernière, les consuls de Paris ont jugé quatre-vingt mille affaires, ceux de Bordeaux, seize mille. Il est évident que les tribunaux ordinaires n'y pourraient jamais suffire.

Ce n'est là cependant qu'une considération préliminaire. Je vous prie d'observer qu'en réformant les ordonnances, et en simplifiant les formes de procédure, vous n'aurez pas pour cela établi la rapidité qu'exigent les affaires de commerce. Je pourrais aussi vous rappeler que ces tribunaux sont les seuls qui n'ont jamais excité de réclamations. Vous avez voulu séparer les pouvoirs, vous avez pris des précautions sans nombre pour consolider la liberté : il est impossible de régler l'administration d'un grand royaume sans l'établissement de quelques tribunaux particuliers; il est impossible à des juges d'avoir des connaissances assez détaillées des formes d'administration pour prononcer indistinctement sur tous les faits. Les demandes des villes de commerce ne nous indiquent-elles pas assez le vœu général sur cette matière. Je supplie donc de ne pas prendre aussi promptement une délibération de cette importance. Quant à moi, j'avoue que je regarderais comme un malheur que les tribunaux ordinaires s'ingérassent dans toutes les affaires. Je proposerais donc, sans rien préjuger sur la question, de décréter que les matières de commerce, de police, etc. pourraient être jugées par d'autres voies que par les tribunaux ordinaires.

*M. de Saint-Martin.* Il est universellement reconnu que toute institution inutile est dangereuse. Rien n'est donc plus contraire à une bonne administration de la justice, que la multiplicité des tribunaux : elle donne lieu à des conseils de compétence qui déshonorent la justice. La crainte que les tribunaux n'usurpent l'administration est chimérique. Comment peut-on concevoir cette crainte, en examinant les règles prudentes et sévères que vous établissez? Ce sont des juges d'attribution pour l'impôt qui sont vraiment redoutables. Sans doute vous établirez des juges de paix : ils peuvent vous offrir un excellent moyen de juger les affaires du commerce. Réunissez des commerçans aux juges de paix, vous obtiendrez une justice prompte, facile et éclairée. La réunion de quelques commerçans est inadmissible, parce que vous n'aurez des tribunaux que dans les principales villes des départemens. M. Garat a dit que les juridictions consulaires sont les seules où l'on rende bonne justice aux commerçans. J'en conviens; mais il a oublié que les juridictions ne sont qu'en première instance, et que les juges d'appel sont des parlemens. Il ne reste que les affaires de la police : je n'ai pas changé d'opinion, depuis que sur ma proposition vous avez provisoirement confié la partie contentieuse de la police aux municipalités : le comité de constitution est d'avis de la leur conserver. Il y a beaucoup d'arbitraire dans la police ; les tribunaux n'en sont pas susceptibles : ici les lois doivent être observées dans toute leur rigueur ; là elles doivent souvent être mitigées : ici il faut prononcer des peines; là on n'inflige que des corrections.

N.... Les députés extraordinaires du commerce et les négocians de Paris vous ont présenté des adresses qui doivent être prises en considération. Je demande que l'assemblée en entende la lecture, et je lui annonce qu'elle fait une plaie incurable au commerce, si elle lui ôte ses juges.

On fait lecture de ces adresses.

On ferme la discussion.

L'assemblée décide, presque à l'unanimité, « qu'il y aura des tribunaux particuliers pour le jugement des affaires de commerce. » ]

### CONSTITUTION CIVILE DU CLERGÉ.

Du jour où il avait été décrété que le culte serait salarié par l'État, il avait été arrêté en quelque sorte que les membres du clergé seraient traités comme fonctionnaires publics, limités dans leur nombre, soumis enfin à une organisation régulière en rapport avec les fonctions mêmes qu'ils devaient exercer. Le comité ecclésiastique s'empressa de coordonner ses idées sur ce nouveau système disciplinaire, et avec d'autant plus de zèle qu'on croyait voir dans l'établissement d'une constitution définitive le moyen de rassurer le clergé sur son sort, et la nation sur l'avenir de la religion. Il y avait, en effet, dans une partie de la population un mouvement religieux considérable, et dont l'opposition cherchait à s'emparer. Les meilleures consciences étaient alarmées. Ainsi, l'on disait que le curé de Saint-Etienne-du-Mont, qui s'était distingué d'une manière si particulière, dans les grandes actions révolutionnaires du peuple de Paris, avait passé quarante jours au pied de ses autels, couvert d'un cilice, pour prier le ciel de secourir son église menacée. Nous avons déjà vu et nous verrons encore que, dans quelques provinces, des mouvemens redoutables n'eurent d'autre cause que cette alarme religieuse. Dans presque toutes les paroisses, on avait ouvert des neuvaines, et on avait mêlé aux jeûnes et aux prières de la semaine-sainte, des jeûnes et des prières pour le salut du catholicisme.

Enfin, la déclaration de la minorité de l'assemblée contre la vente des biens du clergé, qu'elle appelait le patrimoine de l'Eglise, et contre la motion de dom Gerles, venait de paraître. Elle avait en peu de momens atteint plusieurs éditions. C'était une protestation contre le refus de l'assemblée de voter que la religion catholique, apostolique et romaine était la religion de l'Etat, qu'elle seule avait le droit de jouir de la solennité du culte public. On remarquait, au reste, que cette opinion signée de deux cent quatre-vingt-dix-sept membres, était restée cependant celle d'une minorité, même quand on eut délibéré par ordre. On faisait ce calcul :

|  |  |  |
|---|---|---|
| Clergé. | 144 ont signé, | 156 n'ont pas signé. |
| Noblesse. | 104 | 196 |
| Communes. | 49 | 551 |
| Totaux. | 297 | 903 |

On concluait de là que l'assemblée nationale en refusant de voter la religion catholique, avait, dans ce cas, agi comme elle eût dû le faire, si on lui avait proposé de décréter une vérité incontestable à tous les yeux, savoir, de décréter Dieu par assis et levé. Mais ces raisonnemens, bons pour Paris, où on les répétait, ne pouvaient atteindre toutes les oreilles. On se hâta donc de rédiger un plan d'organisation du clergé, et cette question fut mise à l'ordre du jour le 29. Il est inutile de consigner ici ce plan : on en verra l'esprit dans la discussion, et surtout dans un prochain discours de Treilhard.

SÉANCE DU 29 MAI.

[*M. l'archevêque d'Aix*. Le comité ecclésiastique sait-il quelle est l'utile influence de la religion sur les citoyens ? C'est le frein qui arrête les méchans, c'est l'encouragement des hommes vertueux. La religion est le sceau de cette déclaration qui assure à l'homme ses droits et sa liberté : elle est inaltérable dans ses dogmes ; sa morale ne peut changer, et sa doctrine sera toujours la même. Le comité veut rappeler les ecclésiastiques à la pureté de la primitive église. Ce ne sont pas des évêques successeurs des apôtres, ce ne sont pas des pasteurs chargés de prêcher l'Evangile, qui peuvent rejeter cette méthode : mais puisque le comité nous rappelle notre devoir, il nous permettra de le faire souvenir de nos droits et des principes sacrés de la puissance ecclésiastique. Il faut donc lui rappeler l'indispensable autorité de l'Eglise ; il s'agit des vérités de la religion : je vais les dire avec toute la fermeté qui convient aux ministres du Seigneur. Jésus-Christ a donné sa mission aux apôtres et à ses successeurs pour le salut des fidèles ; il ne l'a confiée ni aux magistrats, ni au roi : il s'agit d'un ordre de choses dans lequel les magistrats et les rois doivent obéir. La mission que nous avons reçue par la voie de l'ordination et de la consécration remonte jusqu'aux apôtres. On vous propose aujourd'hui de détruire une partie des ministres, de diviser leur juridiction : elle a été établie et limitée par les apôtres ; aucune puissance humaine n'a droit d'y toucher. (Il s'élève des murmures.)

Je dois faire observer qu'il s'agit de la juridiction purement spirituelle. Il s'est introduit des abus ; je ne prétends pas le nier ; j'en gémis comme les autres ; mais l'esprit de la primitive Eglise est toujours là pour les réprimer. Ce sont les canons et la tradition des églises, et non les abus que nous osons réclamer : ce n'est qu'en vertu des conciles qu'on peut opérer les démembremens d'une province. Observez que je ne parle que du spirituel ;

l'Eglise seule peut le gouverner; elle seule peut en déterminer la correspondance. Un évêque ne peut exercer sa juridiction sur un évêché étranger; en supprimer une partie, ce serait anéantir pour les fidèles l'administration de l'église. La juridiction des curés est limitée par les évêques; ils ne peuvent faire aucun changement qu'en vertu de leurs ordres. C'est sur les objets de la discipline ecclésiastique qu'on veut étendre votre puissance. Nous sommes bien étonnés de voir ainsi disparaître les saints canons et les titres de l'église.... Il est possible qu'il soit fait des retranchemens à l'église; mais il faut la consulter, et ce serait y porter une main sacrilége que de lui ôter son administration. Sans doute il faut réformer les abus et provoquer un nouvel ordre de choses. Nous pensons que la puissance ecclésiastique doit faire tout son possible pour concilier vos vœux avec l'intérêt de la religion; mais c'est avec bien de la peine que nous voyons les coupables desseins de faire disparaître la puissance épiscopale.

Si vous ne recourez pas à l'autorité de l'église, vous méconnaissez cette unité catholique qui forme la constitution de l'empire. Nous ne pouvons, en aucun cas, renoncer aux formes prescrites par les conciles. Nous vous proposons donc de consulter l'Eglise gallicane par un concile national. C'est là que réside le pouvoir qui doit veiller au dépôt de la foi; c'est là qu'instruits de nos devoirs et de vos vœux, nous concilierons les intérêts du peuple avec ceux de la religion. Nous venons donc déposer entre vos mains la déclaration de nos sentimens. Nous supplions, avec les instances les plus respectueuses, le roi et l'assemblée nationale, de permettre la convocation d'un concile national. Dans le cas où cette proposition ne serait pas adoptée, nous déclarons ne pas pouvoir participer à la délibération.

La séance est levée à trois heures.]

### SÉANCE DU 50 MAI.

[*M. Treilhard.* Les principes du gouvernement français avaient corrompu toutes les classes de citoyens, et le clergé, malgré les vertus de quelques-uns de ses membres, n'avait pu résister à l'influence d'une mauvaise constitution. Des établissemens sans objet, des hommes inutiles largement salariés, des hommes utiles sans récompense..., tels sont les maux que présente l'organisation actuelle du clergé. La discussion s'est ouverte sur le décret que vous a présenté le comité ecclésiastique. Les changemens proposés sont-ils utiles? Avez-vous les droits de les ordonner? Ce sont là les seuls objets de cette discussion.

1° Ces changemens sont-ils utiles?

Des diocèses, des cures, avaient un territoire très-resserré; d'autres en avaient un très-étendu. Vous voyez un pasteur âgé, surchargé d'un travail disproportionné à ses forces, jouir d'une portion congrue de 700 liv.: près de là s'élève un bâtiment somptueux; il appartient à un riche titulaire sans fonctions, qui réunit sur sa tête la fortune de deux cents particuliers. Ne croirait-on pas que le hasard seul a produit momentanément ce désordre? Eh bien! il existe depuis deux cents ans. Il a des défenseurs; l'habitude fait tout légitimer, et l'esclavage même a trouvé des apologistes. Il n'y a nul doute que des changemens soient utiles. Je me borne à examiner si ceux qu'on vous a proposés sont convenables. On convient que les bénéfices doivent être assez étendus pour occuper le titulaire, mais point assez pour l'accabler. Une nouvelle circonscription sera donc très-utile aux fidèles, aux pasteurs et à la religion. Je n'examine pas si vous devez adopter les détails du projet; ils seront discutés en leur lieu. Je m'attache uniquement aux bases. Il faut supprimer les bénéfices sans fonctions, si inutiles, si abusifs, si dangereux pour la religion, que personne ne s'élevera pour les défendre. L'inutilité des collégiales n'est pas moins reconnue: depuis long-temps leur suppression était arrêtée. Peut-être que les chapitres des cathédrales trouveront des défenseurs; mais leurs apologistes songent plus à ce qu'étaient ces établissemens dans leur origine, qu'à ce qu'ils sont aujourd'hui. Dans les premiers siècles, l'évêque avait près de lui les prêtres qui lui étaient nécessaires pour l'administration de son diocèse. Ces prêtres qui composaient la cathédrale formaient les conseils de l'évêque; ils en sont aujourd'hui les rivaux : ils concouraient avec l'évêque à la tranquillité des familles, ils les troublent aujourd'hui par une foule de procès : ils travaillaient à l'administration ecclésiastique, ils s'occupent à présent à réciter quelques prières, et leur inutilité est si notoire, qu'on représente la mollesse sous l'emblème d'un chanoine. Il est vrai que les chapitres des cathédrales ajoutent à la pompe du culte; mais quand les séminaires seront fixés dans le lieu de la résidence de l'évêque, on aura la même pompe avec une plus grande utilité. Ainsi, nul motif ne doit porter à conserver les cathédrales. Les bases du premier chapitre sont donc justes.

Le titre deuxième présente des objets de réforme dans la manière de pourvoir aux offices ecclésiastiques. Un changement est pressant, et les bases de ce chapitre ne sauraient être attaquées. A Dieu ne plaise que je cherche à inculper quelqu'un; mais n'est-il pas évident que la voie des élections assurera à l'église le pasteur qui conviendra le plus à d'aussi importantes fonctions? Un collateur ne peut pas aussi bien que les fidèles eux-mêmes, choisir l'homme le plus digne des respects du peuple : aussi était-ce autrefois le peuple qui élisait les pasteurs. Le premier qui fut nommé après Jésus-Christ, saint Mathias, fut élu par tous les disciples, au nombre de soixante-douze. Deux personnes avaient été choisies, et le sort décida entre elles. L'honorable membre qui a dit hier que les pasteurs étaient uniquement élus par le sort n'a donc dit que la moitié de la vérité. Tant que cette discipline si sainte s'est maintenue, l'église n'a eu que de sages pasteurs; quand elle a été détruite, on a vu de grands emplois confiés à des mains inhabiles. L'incapacité traînant à sa suite les dégoûts, et pour les devoirs qu'on devait remplir, et pour le lieu qu'on devait habiter, des grands-vicaires ont été établis; mais ils étaient plus empressés de solliciter des grâces que de les mériter, et les soins des diocèses sont restés à des secrétaires obscurs, qui, après de longs travaux, se trouvaient heureux d'obtenir une petite pension ou un petit bénéfice. Comment détruire ces abus? Comment rétablir un ancien ordre de choses qui a fait la splendeur de l'Église? Par les élections confiées au peuple. On dit que ces élections occasionneront des cabales ; mais combien de motifs profanes déterminaient les anciens choix!..... Jetons le voile sur le passé : mon objet, dans cette discussion, n'est ni de flatter la malignité ni de faire la critique de l'ancien régime. On a dit hier que des non-catholiques concourraient aux élections. Je réponds : 1°.que dans l'état actuel, nombre de non-catholiques nomment à des bénéfices même à charge d'âmes. 2° On pourrait exiger de tous les électeurs qu'ils déclarassent professer la religion catholique.... Je crois avoir démontré que les changemens proposés sont utiles, et qu'ils sont établis sur des bases qui doivent amener de bonnes réformes.

Il est temps d'examiner si vous avez le droit d'ordonner ces changemens.

Oui, vous en avez le droit. Loin de porter atteinte à la religion, vous lui rendrez le plus digne hommage, en assurant aux fidèles les ministres les plus intègres, les plus vertueux. Celui qui croit que ce serait une plaie faite à la religion, se forme une idée bien fausse de la religion. Celui qui, regrettant quelques abus, redoute de voir purifier l'administration du culte public par de saintes réformes, est le véritable ennemi de la religion. Voilà l'homme qui la détruirait, si elle n'était toute divine, si les portes de l'enfer pouvaient prévaloir contre elle.... Je vais essayer de poser les limites de l'autorité temporelle et spirituelle. Ma discussion sera établie sur les vérités les plus simples et sur les faits les plus authentiques. Rien n'est plus opposé à l'autorité temporelle que la juridiction spirituelle. L'autorité temporelle est établie pour la paix de la société, pour assurer le bonheur des individus pendant cette vie. La juridiction spirituelle a pour unique but le salut des fidèles ; elle est toute spirituelle dans sa fin et dans son objet.

Jésus-Christ, après sa résurrection, a dit à ses apôtres : « Allez, instruisez les nations.... Comme mon père m'a envoyé, je vous envoie aussi.... Recevez le Saint-Esprit ; ceux à qui vous remettrez les péchés, ces péchés leur seront remis. » Voilà le seul titre des apôtres : « Instruisez et administrez les sacremens. » Le plus vertueux des prêtres, Fleury, dans son discours sur l'histoire ecclésiastique, réduit la juridiction spirituelle à l'instruction des fidèles, à l'administration des sacremens : telle est la doctrine de l'Eglise de France. Les pasteurs n'ont donc de juridiction que sur les choses spirituelles, et sur ce qui concerne le salut.... La religion est sortie parfaite des mains de son fondateur. Les apôtres étaient d'abord des voyageurs : saint Jacques résida ensuite à Jérusalem, et saint Paul à Antioche. Mais gardons-nous de croire que des territoires leur fussent affectés ; que le nom d'évêque signifiât autre chose que surveillant. Ce nom, qui vient du grec, ne tient point à la religion : il exprimait une fonction civile. Le mot diocèse était également employé pour déterminer les portions qui divisaient un Etat, ou une province. Jamais l'Eglise ne connut une division particulière de province et de diocèse. Les monumens historiques le prouvent. Cette division est contraire au dogme et à la foi. Les apôtres étaient institués pour toute la terre..... L'Esprit-Saint n'a pas présidé aux divisions de police qui ont été établies, et dont personne ne peut se dissimuler les vices.

Si le partage des diocèses ne fait pas partie du dogme et de la foi, l'élection des pasteurs n'appartient pas davantage à la foi et au dogme. J'ai déjà dit que saint Mathias fut élu par les disciples : tous les fidèles concoururent ensuite à l'élection des sept diacres.

Le peuple élisait les pasteurs, les évêques les ordonnaient. Les apôtres n'ont jamais eu d'autre mission ; jamais ils n'en ont confié d'autres à leurs successeurs. L'élection des pasteurs par le peuple fut adoptée dans les Gaules : bientôt les papes usurpèrent les prélatures. Saint Louis rétablit les élections. Elles furent encore usurpées ; l'ordonnance d'Orléans les rétablit encore. Celle de Blois donna au roi le droit d'élire : ainsi ce n'était donc qu'une pure police, qu'une simple discipline temporelle. Elle a toujours été variable ; elle peut varier aujourd'hui, et la religion ne peut qu'y gagner. Si c'est une pure discipline, si c'est une simple police, comment la puissance temporelle ne pourrait-elle pas l'exercer? Comment la juridiction ecclésiastique pourrait-elle s'y opposer....? Je ne sais si les successeurs des apôtres, devenus des seigneurs temporels, ont acquis les vertus civiles; mais il est certain qu'ils ont perdu les vertus apostoliques.... Il faut revenir au principe : la juridiction spirituelle n'embrasse que la foi et le dogme. Tout ce qui est discipline et de police appartient à l'autorité temporelle. Les changemens proposés ne touchent ni à la foi ni aux dogmes; ils peuvent donc appartenir à la puissance temporelle. Qu'on cesse de prétendre que la religion est perdue; qu'on reconnaisse que nous n'attaquons que des abus, qui doivent paraître monstrueux même à ceux à qui ils profitent. Que les ministres de l'église soient entendus dans cette discussion, je le demande. Il faut profiter de leurs lumières et de leur expérience : mais quand le souverain croit une réforme nécessaire, rien ne peut s'y opposer. Un Etat peut admettre ou ne pas admettre une religion; il peut, à plus forte raison, déclarer qu'il veut que tel ou tel établissement existe dans tel ou tel lieu, de telle ou telle manière. Le droit réel du souverain est entièrement étranger à la foi et au dogme.

J'ajouterai que la doctrine des plus illustres pères de l'église est bien différente de celle qu'on nous présentait hier, et qu'elle est conforme à ce qui s'est pratiqué toutes les fois que l'autorité s'est trouvée dans des mains dignes de la soutenir. Charlemagne, à la tête de la nation, régla des objets de police et de discipline ecclésiastique. Après la conquête de la Saxe, il divisa son royaume en huit diocèses, dont lui-même détermina la circonscription. Carloman, dans une assemblée nationale, en 742, établit des évêques et un archevêque pour dominer sur eux. Pepin fit de semblables dispositions. En 834, Louis-le-Débonnaire érigea un évêché. Je citerais une foule de capitulaires, mais il ne doit rester aucun doute. Dans les conciles de Mayence, de Tours, de Châlons, etc., les prélats, en présentant quelques réformes, disaient qu'il appartenait au souverain d'adopter, de changer tout ce qu'il jugerait convenable dans ce qu'ils proposaient.....

Permettez que je m'arrête un moment : si les pères qui ont assisté aux conciles étaient parmi vous, si on les interrogeait sur les réformes dont la nécessité est gravée dans tous les cœurs, en est-il un qui se levât pour dire : Ceci n'appartient qu'à nous; si vous voulez faire ces réformes, nous abandonnerons cette assemblée. Ainsi, ils déserteraient la cause publique; ainsi, à des déclarations téméraires, ils ne craindraient pas de mettre la religion en danger et l'Etat en péril, parce que la nation s'occuperait de réformer des ministres inutiles, et de salarier convenablement des ministres utiles. Reconnaîtriez-vous à ce langage la morale de notre religion, et devrions-nous être surpris des calomnies que se permettent les impies et les infidèles, si tels étaient les sentimens de ses apôtres? Supposons que vingt-un évêques soient établis, que les cures soient arrondies, vous direz-vous: Nous ne voulons pas délibérer; nous n'ordonnerons pas les prêtres, nous n'instituerons pas les curés, nous ne suivrons pas les évêques? et vous interromprez vos fonctions saintes; et pour défendre des intérêts temporels, vous abuserez du ministère que vous avez reçu de la religion, et vous compromettrez les intérêts de la religion et de l'Etat !

Je reprends les raisonnemens qui déterminent les droits des souverains. Si les souverains ont laissé quelquefois exercer ces droits par d'autres qu'eux, ils n'ont pu les perdre. Ces droits ont été rétablis par plusieurs ordonnances. De nos jours, en 1764, l'autorité temporelle a déclaré qu'un corps religieux trop puissant cesserait d'exister.

Comment dirait-on que le souverain ne pourra, sans blesser les dogmes et la foi, ordonner qu'un prélat suffira pour un territoire de telle ou telle étendue, et que ce prélat sera sédentaire...? Je m'arrête: si j'en disais davantage pour appuyer les bases de votre comité, je présumerais mal de la sagesse de cette assemblée, je manquerais de respect pour l'église. Vos décrets ne porteront point atteinte à cette religion sainte; ils la ramèneront à sa pureté primitive, et vous serez vraiment les chrétiens de l'Evangile.

*M. le curé le Clerc.* Si votre comité s'était contenté de vous proposer la réforme des abus qui se sont introduits dans l'administration ecclésiastique ; s'il vous avait demandé de protéger les règles de l'église, nous aurions tous applaudi à son travail; mais il n'a présenté que suppression et destruction. Déjà les maisons religieuses n'existent plus; il ne reste point d'asile à la piété fervente. Les évêchés, les archevêchés, les collégiales et les cathédrales sont menacés de proscription, et dans un royaume qui fait profession de la religion catholique. On n'a pas encore pensé à abolir les maisons de débauche et de prostitution, ces tombeaux de la fortune et de la vie des citoyens; c'est là que des régénérateurs auraient dû porter toute leur sévérité; mais des vues financières dirigent cette assemblée....

Les pouvoirs de l'église sont inaliénables et imprescriptibles ; leur essence est divine : elle peut donc les exercer dans toute leur indépendance. Saint-Athanase demande quel est le canon qui autorise à envahir les églises, à s'emparer de l'administration ecclésiastique. Telle était l'hérésie des Ariens.... L'église a reçu, avec le droit d'enseigner, tous les droits du gouvernement ecclésiastique : la législation, pour le bien général; la coaction, pour arrêter les infractions qui seraient faites à la loi; la juridiction pour punir les coupables, et l'institution pour instituer les pasteurs. Jésus-Christ était bien loin de donner aux empereurs le gouvernement des églises; il a dit qu'ils en seraient les persécuteurs.... L'église a une juridiction extérieure, qui se manifeste par des actes publics; elle a le droit de faire des canons, d'établir la discipline ecclésiastique; elle doit avoir la force nécessaire pour faire exécuter les canons et maintenir cette discipline. Nous lisons dans l'Évangile que l'église doit punir les pécheurs incorrigibles ; les pères reconnaissent une juridiction; ils reconnaissent que les évêques peuvent recevoir les accusations, entendre les témoins et juger. Dans les délits ecclésiastiques, dit Justinien, c'est aux évêques à examiner et à punir. Régir, gouverner les églises, régler la discipline, faire des lois, instituer les prêtres; telle est la juridiction ecclésiastique. Or, une juridiction pareille ne peut venir que de Jésus-Christ; donc elle est indépendante des institutions sociales. En envahissant cette juridiction, on irait contre les intentions de l'église et de son fondateur. Les princes, protecteurs des droits de l'église, au lieu de les maintenir, en seraient les usurpateurs. A Dieu ne plaise, dit Fénélon, que le protecteur gouverne; il attend humblement que sa protection soit demandée; il obéit lui-même.

Charlemagne, en qualité de protecteur des canons, exerçait les droits de sa juridiction en ordonnant l'exécution de ce qui avait été ordonné par les évêques. Louis-le-Débonnaire, à l'imitation de Charlemagne, s'est renfermé comme lui dans les bornes prescrites, il a pris, non le titre de législateur, mais celui de Moniteur des lois ecclésiastiques. Les princes ne règlent donc pas les églises, ne font donc pas les canons, ils ajoutent à l'autorité de l'église celle que Dieu a mise dans leurs mains. Ainsi, la protection du souverain doit se borner à faire les lois nécessaires à l'exécution des lois de l'église, à faire celles que sollicite l'église, celles qui la protègent, et que l'église adopte et valide par un consentement exprès ou tacite.... L'assemblée nationale ne se montrera pas moins attachée que nos rois à faire exécuter les lois ecclésiastiques. Depuis l'origine de l'église il n'y a pas eu un évêché institué par la puissance temporelle : il en est de même de la suppression, car celui-là seul qui peut créer peut anéantir. L'autorité séculière est donc toujours incompétente, quand il s'agit de faire des changemens à l'état de l'église. Elle ne se gouverne pas par des spéculations de finances..... Je ne parlerai pas d'un grand nombre d'évêques qui ne peuvent légitimement être déposés s'ils n'ont commis des crimes. Je ne parlerai pas des curés que vous estimez, et qui, cependant, se trouveraient bannis et interdits..... La puissance spirituelle étant la seule collatrice des bénéfices, peut seule juger de la capacité des sujets et de la validité des titres. L'élection par le peuple serait une usurpation et peut-être une simonie. Dans les premiers siècles, les élections se faisaient par le peuple; mais comme elles causaient des troubles elles ont été attribuées aux évêques, et depuis les rois ont succédé à ce droit.... Doit-on faire illusion au clergé du second ordre.... (Il s'élève des murmures.)

Je ne l'envisage point ici comme un ordre politique; je parle seulement d'après la hiérarchie consacrée par le concile de Trente. En assimilant les curés aux soixante et douze disciples, et non en les indiquant comme les successeurs des apôtres, on ne s'éloigne pas des principes. Je serai fidèle à ces principes, parce qu'ils tiennent à la foi. Nous condamnons hautement une doctrine qui conduit au presbytéranisme; et si nous pouvions ne pas nous placer contre elle, les évêques, le jour du jugement, seraient en droit de nous demander compte de notre lâcheté. J'adhère donc à la déclaration de M. l'archevêque d'Aix, et j'y souscris tant pour moi que pour les églises que je représente.

*M. Goupil de Préfeln.* Etant député du bailliage d'Alençon, ainsi que le préopinant, je représente la même église, et à juste titre, puisque l'église est composée de l'universalité des fidèles. Je désavoue donc, au nom de mes commettans, au nom de la nation tout entière, la déclaration qu'il vient de faire.

*M. de Robespierre.* Je me bornerai à rappeler en deux mots les maximes évidentes qui justifient le plan du comité. Ce plan ne fait autre chose que consacrer les lois sociales, qui établissent les rapports des ministres du culte avec la société. Les prêtres dans l'ordre social, sont de véritables magistrats destinés au maintien et au service du culte. De ces notions simples dérivent tous les principes; j'en présenterai trois qui se rapportent aux trois chapitres du plan du comité. Premier principe. Toutes les fonctions publiques sont d'institution sociale : elles ont pour but l'ordre et le bonheur de la société; il s'ensuit qu'il ne peut exister dans la société aucune fonction qui ne soit utile. Devant cette maxime disparaissaient les bénéfices et les établissemens sans objet, les cathédrales, les collégiales, les curés et tous les archevêques, que ne demandent pas les besoins publics. Je me bornerai à ajouter que le comité à négligé les archevêques qui n'ont aucunes fonctions séparées de celles des évêques, qui ne présentent qu'une vaine suprématie. On ne doit donc conserver en France que des évêques et des curés.

Il est une autre application du principe déjà préparée par

l'opinion publique; elle concerne une dignité étrangère, conférée par un prince étranger, et qui lui donne pour ainsi dire des sujets hors des pays soumis à sa domination. Ainsi, les cardinaux disparaissent également devant le principe.

Second principe. Les officiers ecclésiastiques étant institués pour le bonheur des hommes et pour le bien du peuple, il s'ensuit que le peuple doit les nommer. Il est de principe qu'il doit conserver tous les droits qu'il peut exercer : or, le peuple peut élire ses pasteurs, comme les magistrats et autres officiers publics. Vous devez donc conclure, que non-seulement le peuple doit nommer les évêques, mais vous devez encore écarter les entraves que le comité lui-même a mises à l'exercice de ce droit.

Troisième principe. Les officiers ecclésiastiques étant établis pour le bien de la société, il s'ensuit que la mesure de leur traitement doit être subordonnée à l'intérêt et à l'utilité générale, et non au désir de gratifier et d'enrichir ceux qui doivent exercer ces fonctions. S'il s'agissait ici d'une simple faveur, je ne balancerais pas à l'accorder aux ecclésiastiques, et même aux évêques; mais ces traitemens ne peuvent être supérieurs à ceux qu'on donne aux grands officiers publics. Ne perdons pas de vue que ces traitemens seront payés par le peuple, par la classe la moins aisée de la société : ainsi, déterminer ces traitemens avec réserve, ce n'est pas être cruel envers les évêques; c'est seulement être juste et compatissant envers les malheureux. Ces trois principes renferment la justification complète du projet du comité. J'ajouterai une observation d'une grande importance, et que j'aurais peut-être dû présenter d'abord : quand il s'agit de fixer la constitution ecclésiastique, c'est-à-dire les rapports des ministres du culte public avec la société, il faut donner à ces magistrats, à ces officiers publics, des motifs qui unissent plus particulièrement leur intérêt à l'intérêt public. Il est donc nécessaire d'attacher les prêtres à la société, par tous les liens, en... (L'orateur est interrompu par des murmures et par des applaudissemens.) Je ne veux rien dire qui puisse offenser la raison, ainsi que l'opinion générale.... (On rappelle à l'ordre du jour.) Je finis, en présentant des articles qui forment le résumé de mon opinion. 1° Il n'existera plus d'autres officiers ecclésiastiques que des évêques et des curés dans un nombre qui sera proportionné aux besoins de la société; 2° les titres d'archevêques et de cardinaux seront supprimés; 3° quant au traitement des curés et des évêques, je me réfère au comité; 4° les évêques et les curés seront élus par le peuple. Il est un cinquième article, plus important que tous les autres, que j'aurais énoncé, si l'assemblée l'avait permis, c'est.... (Il s'élève des murmures qui empêchent l'orateur d'achever.)

*M. le Camus.* La question qui est soumise à la délibération est de savoir si on adoptera le plan du comité. Il faut voir si les principes de ce plan sont admissibles, si en adoptant ce plan vous n'excéderez pas vos pouvoirs. Je ne ferai pas de distinction entre l'autorité ecclésiastique et la puissance civile. Je me renfermerai d'abord dans cette question : les principes sont-ils vrais? Je ne puis m'empêcher de réclamer contre la nature des autorités dont on s'est servi avant-hier. On a cité sans réserve le concile de Trente, les décrets des papes et les institutions apostoliques, ouvrages remplis d'erreurs; et dans une assemblée nationale de France, un évêque français a parlé avec réserve, je dirai même avec mépris, de la pragmatique de saint Louis; il a attaqué les libertés gallicanes, tandis qu'il parlait avec respect d'autorités contraires aux dogmes et à la foi, utiles seulement au despotisme d'une puissance étrangère : voilà ce qu'on devrait bannir de cette tribune. Je reviens au plan du comité : il contient quatre objets principaux; la disposition des évêchés, la disposition des cures, la manière de pourvoir à ces bénéfices, et les appels dans l'ordre de la juridiction ecclésiastique.

Quand il s'agit d'une question ecclésiastique, notre premier fondement, notre première autorité doit être l'Evangile. Les apôtres et ses disciples n'ont point connu de division territoriale; le monde entier, voilà leur territoire. Ainsi, les divisions dont il s'agit ne sont pas de l'institution de Jésus-Chrit ; mais sans doute il était nécessaire que ces divisions fussent établies; elles ne tardèrent pas à l'être. Comment se firent-elles? c'est dans l'épître *saint Paul* à *Tite* qu'on en trouve le premier vestige. Il faut, dit-il, établir des presbytères dans les cités, dans les grandes habitations. Mais les grandes habitations dérivaient de l'ordre civil; la mission des apôtres était donc de suivre l'ordre civil. Cela est si vrai, que la qualité de métropolitain attachée à l'état de métropole, est accordée par l'ordre civil. Cela était ainsi dans l'empire romain; cela était ainsi dans les Gaules, provinces romaines; il y eut, entre les évêques d'Arles et de Vienne, une discussion pour savoir laquelle des deux était métropole. A la fin du huitième siècle, un indigne faussaire, l'évêque Ingérald, vil flatteur, fit les fausses décrétales pour attribuer aux papes l'institution des évêques. De là, l'autorité que les papes se sont arrogée; de là ces abus qui ont déshonoré l'église, et qui la flétriront tant qu'ils existeront. La discipline constante de l'église était contraire à cette autorité usurpée. Le pape, quand il érige un évêché, dit: «Nous érigeons en cité,» *in civitatem*. Cette faculté n'est-elle pas purement civile? Ne suis-je pas en droit de conclure de cette formule, qu'il ne peut y avoir un évêché que là où la puissance civile a voulu qu'il y eût un lieu propre à le recevoir? Quand la puissance civile veut en diminuer le nombre, elle le peut. La puissance ecclésiastique doit donc se diriger sur la puissance civile. Ce qui est vrai pour les évêchés est vrai pour les cures. Les évêques sont les supérieurs des curés, mais ils sont toujours des pasteurs. J'ai été étonné d'entendre dire que les évêques avaient reçu leurs pouvoirs de Jésus-Christ, et que les curés recevaient les leurs des évêques qui les instituent : mais les évêques reçoivent la consécration des évêques; ainsi les pouvoirs des uns et des autres ont la même source : ils diffèrent seulement dans leur étendue. Il est inconcevable qu'on renouvelle dans cette assemblée des assertions tant de fois réfutées. Les mêmes règles devant avoir lieu à l'égard des curés, je tire des mêmes principes les mêmes conséquences.

Passons maintenant à la manière de pourvoir à ces bénéfices. S'il n'est, d'après les anciens canons et les monumens historiques de l'église, qu'une seule voie, c'est l'élection. Saint-Mathias fut nommé par tous les fidèles rassemblés dans le même lieu...... Le droit d'élire a été ensuite usurpé par les princes et par les évêques. J'ai entendu dire que le peuple était seulement consulté. Je trouve dans saint Cyprien ces mots : *De clericorum testimonia, de plebis suffragia*. Ainsi, pour l'élection, les clercs sont consultés; ils témoignent qu'un tel a vécu parmi eux, qu'il leur a paru digne des fonctions épiscopales ou pastorales; mais l'élection est faite par le suffrage du peuple. Je cite celle de saint Martin de Tours, qui fut rejetée par les évêques, parce qu'il avait l'air trop humble et trop peu relevé : le peuple le nomma. Dans la suite, on prétendit que les électeurs étaient trop nombreux. Les rois dirent au peuple qu'ils représentaient le peuple, et ils nommèrent. Bientôt les chapitres s'arrogèrent ce droit. Les cardinaux dans le conclave, élisent le pape, tandis qu'autrefois il ne pouvait être élu sans le consentement des rois de France. Adrien écrivit à Charlemagne, et ne prit le titre de pape qu'après avoir obtenu son suffrage. On dit qu'il n'en est pas de même des curés. On vous a dissimulé les titres : les curés n'étaient pas des bénéficiers; les évêques envoyaient dans tel ou tel lieu des prêtres qui n'y exerçaient que des fonctions passagères, et qui revenaient ensuite former le conseil de l'évêque. Ce fait est attesté par les pères de l'église, par saint Cyprien et saint Augustin. Le patronage lui-même n'est qu'une voie d'élection du peuple. Les seigneurs s'arrogèrent les droits du peuple, parce qu'ils prétendaient représenter le peuple. A présent qu'il n'y a plus de seigneurs, le peuple rentre dans ses droits. Ainsi rien n'est plus conforme à la religion que l'élection des évêques et des curés.

Restent les appels. D'où vient l'appel au pape? Par qui a-t-il commencé? Qui s'y est opposé? Nous trouvons dans le code, appelé le code de Denis-le-Petit, et remis par le pape à Charlemagne, la défense des appels à Rome, et le principe que toute cause doit être jugée là où elle a pris naissance. Les pères du concile d'Afrique déclarèrent que quiconque irait outremer porter des appels, ne serait plus reçu dans l'Église d'Afrique..... Nous devons reconnaître au pape la primatie; Saint

Pierre lui a donné le droit d'avertir ses collègues, mais aucune juridiction. Ainsi, il est également conforme aux maximes de la raison et aux anciens canons, qu'une discussion élevée dans le royaume soit décidée dans le royaume. Je ne vois donc aucune cause qui empêche de reconnaître que la décision de ces discussions doit avoir lieu en France. J'ai prouvé que les élections des curés et des évêques devaient être faites par le peuple ; que la distribution des cures et des évêchés appartient à la puissance civile : tout le monde doit donc concourir à l'exécution du décret que vous rendrez ; mais si l'on n'était pas convaincu de ce principe, il est une règle qui agit puissamment sur les pasteurs, et qui l'emporte sur toutes les considérations, c'est la charité ; elle empêchera de refuser les secours que l'humanité réclame, que la religion commande........ Je conclus à ce que les bases du comité soient adoptées, et le plan discuté article par article.

On demande que la discussion soit fermée.

*M. Goulard, curé de Roanne.* Avant d'examiner la question, je dois avertir que quelle que soit mon opinion, elle ne me conduira pas à manquer des qualités du citoyen. Vous ne devez pas craindre l'insubordination de ceux qui doivent prêcher l'obéissance à toute autorité légitime. J'ai dû me taire quand on dépouillait le clergé ; le philosophe, mais plus encore le chrétien, méprise les honneurs et les richesses. Mais lorsqu'on veut changer la constitution de l'Église, déranger l'hiérarchie, détruire toute correspondance entre les ministres et leur chef, correspondance sans laquelle n'existe plus cette unité qui est essentielle à la religion ! Tel est en effet le plan qu'on vous propose sous le prétexte de réformer des abus. Oui ; il faut réprimer les abus, le scandale ; mais où n'y en a-t-il pas ? Cette assemblée, convoquée pour discuter les intérêts de l'empire, en est elle-même un exemple. Il y a donc des abus dans l'état de l'Église ; à qui les attribuer ? Est-il possible que le clergé, obligé de vivre dans un monde corrompu, puisse se garantir de la contagion ? Il y a des abus ; mais vous ne voyez que les ecclésiastiques répandus dans les sociétés : allez dans les presbytères, dans les congrégations, dans les séminaires, etc., vous y admirerez toutes les vertus ecclésiastiques. Formez donc des vœux, présentez des projets, et n'attendez que des évêques, du pontife, des lois qui puissent être exécutées. Les curés dépendent des évêques, les évêques dépendent du pontife : telle est ma foi, telle est celle de tous les vrais chrétiens ; telle est sans doute celle de cette assemblée. On peut changer le gouvernement civil, on ne peut changer celui des églises ; il est inaliénable, inaltérable ; sinon il n'y aurait plus d'unité, sinon bientôt il n'y aurait plus de religion. Les curés étant payés par le peuple, seraient soumis au peuple, qui dirait : Messieurs, nous vous payons. Ainsi s'établirait une anarchie spirituelle. Le comité a voulu prendre pour base l'ancienne discipline : les maximes ne changent jamais ; les canons peuvent changer. Un canon très-ancien, les *Actes des apôtres*, défendait de manger le sang des animaux ; un autre ordonnait aux femmes de ne paraître en public qu'avec un voile sur la tête : voudriez-vous rétablir tous ces canons ? Non, dit-on, on en fera un triage ; mais qui se chargera de ce triage ? Nous-mêmes, dites-vous.... C'est en partant de ce principe que Luther a commencé sa réforme ; il abolit les monastères ; il déclara que le vœu de chasteté n'était pas d'institution divine, et il épousa une religieuse. Il n'y a que l'autorité de l'église résidant dans l'épiscopat, qui puisse faire ce triage ; elle seule peut lui donner force de loi. L'autorité des évêques est la même que celle des apôtres. Tout ce que déciderait l'assemblée nationale, tout ce que décideraient les rois de la terre serait essentiellement nul sans le consentement épiscopal. Je m'arrête au dernier concile œcuménique, qui dit que les évêques sont les successeurs des apôtres. On vous propose de diminuer le nombre des évêques et des curés : sépara-t-on jamais les pères et les enfans ? sépara-t-on jamais des époux malgré eux, et sans un jugement préalable ? Voyez les articles IV et V du titre 1ᵉʳ, et l'article XX du titre II. On veut donc absolument nous séparer du chef de l'Église ! on veut donc entraîner l'Église gallicane dans le schisme ! N'a-t-on pas dans tous les temps appelé du jugement des conciles au saint-siége ? J'entends des personnes qui me disent que je crois à l'infaillibilité du pape : non, je n'y crois point ; mais je reconnais dans l'Église un chef, comme il doit y en avoir dans toute espèce de gouvernement. Après avoir détruit l'autorité du pape, on anéantit celle des évêques. L'évêque ne pourra refuser d'instituer un curé qu'avec le consentement de son conseil ; si avec ce consentement il le refuse, le synode sera assemblé. Le métropolitain ne pourra refuser sans assembler le synode. Ainsi, le synode, composé de prêtres, jugera le jugement de l'évêque. C'est le presbytéranisme qu'on veut établir.... ( Il s'élève de grands murmures.) Est-il un seul chrétien qui ne frémisse de voir l'Église gallicane détachée de son chef, pour en faire une Église schismatique, qui bientôt deviendrait hérétique ?...

*M. Goupil de Préfeln.* Je demande que l'orateur soit rappelé à l'ordre.

*M. Goulard.* Je ne parle pas contre l'assemblée, mais contre le projet qui lui est présenté. On ne peut d'ailleurs appeler hérétique que celui qui s'obstine dans une erreur condamnée.... On veut faire élire par le peuple ; mais Arius eût été prélat d'Alexandrie ; car il disait aussi que le peuple devait élire. Les curés sont institués pour les évêques, c'est donc aux évêques à les choisir. On dit que les intrigues, les passions et le crédit influent sur la nomination des évêques : cette influence serait plus considérable dans une assemblée où les électeurs seraient plus indépendans... On rendra l'état des pasteurs précaire ; c'est toujours aux directoires des districts qu'ils seront assujétis ; le traitement en argent sera payé par le receveur du district, à peine d'y être personnellement contraint. Mais quand les districts seront devenus nos maîtres, pourrons-nous exercer cette contrainte ? Voudrons-nous nous armer contre nos paroissiens ? Les prêtres ne seront plus que des ouvriers salariés, entièrement à la disposition de ceux par lesquels ils seront payés ; et si le peuple ne voit dans ce paiement qu'un impôt, ne sera-t-il pas tenté de s'en délivrer ? On se plaint des mœurs des prêtres ; seront-elles plus pures quand ils se verront indépendans de leurs supérieurs ecclésiastiques ? Si vous voulez sincèrement la réforme des abus, assurez-en la base sur l'autorité épiscopale; autorisez les assemblées des conciles provinciaux, que le clergé demande depuis long-temps, et toujours si inutilement; reconnaissez solennellement la puissance ecclésiastique, qui ne peut appartenir qu'aux successeurs des apôtres; suivez la route que vos pères ont tracée; présentez à cette puissance vos projets, elle les recevra avec reconnaissance. Je vous conjure par la foi, par le respect que vous portez à la religion, par ce respect qui ne vous a pas même permis de faire de l'existence de la religion catholique en France l'objet d'une délibération; je vous conjure par ce grand principe politique de la division des pouvoirs, qui répugne à ce que le pouvoir civil et la juridiction ecclésiastique soient confondus; je vous conjure, au nom du Dieu de paix, de rejeter toute innovation qui alarmerait les fidèles. La constitution de l'état civil doit suffire à votre zèle; l'intention de la nation n'est pas de vous transformer en concile. Je conclus donc en disant qu'à l'exception de ce qui regarde le salaire pécuniaire, il n'y a pas lieu à délibérer sur le plan proposé. Si cependant vous vouliez l'exécuter, vous pourriez présenter au roi les différens articles, en suppliant sa majesté de vouloir bien les envoyer au souverain pontife, avec prière de les examiner; c'est le seul moyen de remplir vos vues, et d'empêcher le schisme qui doit affliger toute personne attachée à l'Église gallicane, et à la religion catholique, apostolique et romaine.

*M. l'abbé Thomas* demande l'impression de cette opinion.

*M. Massieu, curé de Sergy.* L'opinant a accusé le comité de tendance au schisme et à l'hérésie. Ce comité est composé d'ecclésiastiques qui connaissent leur devoir aussi bien que lui. Il n'y a pas lieu à délibérer sur la demande de l'impression.

*M. le curé Jallet.* En examinant le projet de décret présenté par le comité ecclésiastique, on reconnaît aisément, non des institutions nouvelles, mais le renouvellement d'une ancienne discipline, qu'une longue suite d'erreurs avait fait négliger, et dont la piété des véritables chrétiens a conservé soigneusement le souvenir. Les préopinans ont prouvé ce que personne ne contestait.... L'assemblée nationale se propose de supprimer les titres sans fonctions, de réduire le nombre de ceux dont l'institution est utile, s'il n'est pas proportionné aux besoins de la société; de rendre le droit d'élection au peuple à qui il appartenait. Les opinans qui ont attaqué un aussi sage projet de réforme, ont cité beaucoup de conciles sur des articles de foi; mais il ne s'agit pas ici d'articles de foi. Ils ont dit que les papes ont érigé des siéges épiscopaux; ils ne l'ont fait que par la tolérance de la puissance civile. Je prie ceux qui combattent le plan du comité, de déclarer nettement s'ils regardent comme point essentiel de doctrine qu'il y ait dans le royaume plus ou moins d'évêques; qu'il en soit établi dans telle ville plutôt que dans telle autre; je leur demande si l'institution sera moins parfaite, quand, au lieu de 120 évêques, il n'y en aura que 83. C'est donc ici un objet de police civile, et non un article de foi. Mais certes, le souverain ne pourra jamais dire dans un État catholique: je ne veux point d'évêques: ce serait attaquer la religion. N'est-il pas de l'intérêt de la nation, comme de celui de la religion, que tous les citoyens d'un département, réunis par tous les rapports politiques, le soient encore par les rapports religieux? On dit que l'assemblée est incompétente: il ne s'agit point d'un établissement nouveau. M. l'archevêque d'Aix lui-même, et toutes les personnes instruites, reconnaissent qu'il ne s'agit que de faire revivre une discipline antique et sainte. On s'effraie beaucoup de ce que les non-catholiques concourront à l'élection de l'évêque: pourquoi non? ils concourent bien à les salarier. Le pasteur choisi par eux pourra gagner leur confiance, ou du moins il assurera leur union avec les catholiques, s'il ne parvient à réunir les opinions. Enfin comment ose-t-on élever de semblables oppositions, quand on a vu au bas d'une protestation destinée à demander exclusivement le culte public pour la religion catholique, des signatures de non-catholiques adossées à des signatures épiscopales?.........

Des chapitres sont reconnus inutiles; ils sont alors intolérables, parce que toute institution inutile ne peut être admise dans un gouvernement bien organisé. M. l'archevêque d'Aix a fait valoir les prières publiques qui sont faites par les chapitres ; mais les prières publiques comprennent en même temps la prédication, l'instruction des fidèles : peut-on appeler prière publique une psalmodie précipitée, payée par les chanoines trop riches pour la faire eux-mêmes ?... Je conclus à ce que l'ensemble du plan proposé par le comité soit adopté comme entièrement conforme aux anciennes maximes de l'Église, et à ce qu'on passe immédiatement à la discussion article par article, sans s'arrêter à la déclaration de M. l'archevêque d'Aix.

*M. le curé Gouttes.* On confond sans cesse l'Église et la discipline ecclésiastique. L'Église est la réunion universelle des fidèles sous l'autorité d'un chef légitime, la discipline est intérieure ou extérieure. La discipline extérieure n'appartient en rien à l'Église : je vais le prouver. Saint Mathias fut d'abord élu par les fidèles. Les fidèles, dont le nombre était augmenté, demandèrent qu'on augmentât celui des pasteurs. « Choisissez, dirent les apôtres, et nous instituerons..... » (Il s'élève des murmures dans la partie droite de l'assemblée.) Je fais profession d'aimer, d'honorer la religion, et de verser, s'il le faut, tout mon sang pour elle....

*M. Massieu, curé de Sergy.* Tous les ecclésiastiques de cette assemblée font la même profession de foi.

Quelques ecclésiastiques placés dans la partie gauche de l'assemblée se lèvent pour s'unir à cette déclaration.

*M. l'abbé Gouttes.* Dès que les apôtres se furent répandus sur la terre, ils prescrivirent d'établir des prêtres dans les villes où ils le jugeraient convenable ; mais il ne s'ensuit pas qu'ils aient voulu regarder le peuple comme déchu des élections qu'eux-mêmes avaient ordonnées. Ce droit a été rendu au peuple. J'ajoute, à l'exemple de saint Grégoire, qu'on a déjà cité, celui de saint Ambroise : ainsi donc, il est certain que l'élection pour les fonctions ecclésiastiques appartient au peuple. Quant à la formation des métropolitains, elle tient uniquement à la juridiction civile. Saint Jean l'apôtre avait fondé des églises dans l'Asie ; saint Paul, dans la Grèce ; saint Marc, disciple converti, institua l'église d'Alexandrie, qui obtint le patriarchat, parce que cette ville était une capitale. Byzance n'avait point de patriarche, Constantin voulut qu'elle en eût un; et Rome, Constantinople et Alexandrie furent le siége d'un patriarchat. Rome l'a emporté sur Antioche, pourquoi? parce que Rome était la capitale de l'empire romain. Il y a eu la même variété dans les églises d'Afrique. Tout le monde connaît le fait de saint Basile-le-Grand ; tout le monde sait que quand les rois l'ont voulu, ils ont donné la primatie ecclésiastique à telle ou telle ville.... Le plan du comité est donc conforme aux anciens usages ; il a pour but de nous ramener à l'Eglise primitive, et sans doute c'est la seule manière de se bien conduire... On a puisé des autorités dans des siècles d'erreur pour défendre une mauvaise cause. Comment a-t-on pu dire qu'on attaquait l'autorité ecclésiastique en demandant un synode? J'avoue que, croyant à la hiérarchie ecclésiastique, je ne pouvais penser que les évêques fussent institués par Dieu, et les curés par les évêques. On dit que les évêques sont les successeurs des apôtres, et les curés les successeurs des disciples; mais les apôtres et les disciples étaient également d'institution divine. (L'opinant, pour appuyer son opinion, cite un texte latin.)

*M. d'Esprémenil.* Nous n'entendons pas le latin.

M. l'abbé Gouttes continue.

*M. d'Esprémenil.* Ce passage est inexactement cité.

*M. l'abbé Gouttes.* Je suis accusé de citer à faux. Il y a près d'ici des bibliothèques, on peut faire venir des livres; je confondrai l'accusateur. J'ai seulement voulu, en citant ce passage, prouver qu'on avilit à tort les curés, en disant qu'ils sont les simples mandataires des évêques, et que les évêques ne les ont pas traités en frères. (On applaudit.) Mon intention était de prouver que l'union des évêques et des curés est nécessaire à la splendeur, à la sainteté même de la religion, et que ce serait à tort qu'un évêque voudrait décliner le synode. Qu'on lise l'histoire, on verra que les diacres de Rome ont appelé le pape à un synode; on verra que chez les anciens, les mots *évêque* et *prêtre* étaient synonymes. J'ai tenu ce langage, afin que les évêques sussent que leur supériorité dans l'ordre civil est plutôt une coutume de l'Église qu'une émanation de la volonté divine. (L'opinant cite encore de mémoire le texte latin qui se rapporte à ces dernières expressions.)

*M. de Rochebrune.* Lisez cela.

*M. l'abbé Gouttes.* Il est indécent d'interrompre ainsi un opinant. Voici du français; saint Augustin, évêque d'Hyppone, écrit à saint Jérôme: « Car encore que selon les titres d'honneur, l'épiscopat soit au-dessus de la prêtrise, Augustin est au-dessous de Jérôme, sans compter que nous devons être prêts à recevoir la correction même de ceux qui sont au-dessous de nous. » On trouve dans les canons de Carthage: « L'évêque à l'église doit avoir le premier rang; de retour à la maison il ne doit jamais souffrir qu'un prêtre soit debout ni découvert devant lui. La preuve que ce n'était pas les évêques seuls qui déterminaient les affaires ecclésiastiques, se trouve dans une lettre de saint Cyprien à ses prêtres: « Quant à ce que m'ont écrit nos confrères (les prêtres), je n'ai rien pu répondre, parce que je me suis imposé la loi de ne rien faire sans votre consentement et sans le consentement du peuple. »

Ainsi, dans l'Église, la loi était faite par tous; la volonté de tous était nécessaire pour former la discipline. Il fallait que les règles fussent aimées de tous pour être exactement observées. Je conclus et je dis que les affaires de discipline extérieure sont de la compétence de la nation, et qu'elle peut fixer l'étendue et le nombre des diocèses et des paroisses. J'exprime cette opinion avec d'autant plus de satisfaction, que Charlemagne a ordonné les mêmes dispositions.

Je finis par une observation importante. Vous avez des affaires très-urgentes à traiter; ne serait-il pas convenable qu'après avoir terminé la discussion au fond, on se bornât à décréter les sept premiers articles du titre I$^{er}$, et la totalité du titre III, et que le reste du projet de décret fût renvoyé après l'achèvement de la constitution.

*M. Charles de Lameth.* Je demande que la discussion soit fermée sur l'ensemble du plan, et que demain on discute article par article. Quand l'opinion est faite, une plus longue discussion ne ferait qu'occasionner la perte d'un temps dont nous sommes comptables à la nation.]

*Du droit de paix et de guerre.*

Tout le nord de l'Europe était en armes. La guerre entre la Russie et la Suède continuait en Finlande ; l'impératrice Catherine n'avait pas encore fait la paix avec la Turquie ; les dernières nouvelles la présentaient même comme douteuse ; et ses troupes insultaient les frontières de la Pologne. La diète polonaise était assemblée, et s'occupait lentement de former une armée ; mais on craignait que ces nobles républicains ne fussent gênés, dans leurs projets de résistance contre une attaque probable, par des troubles intérieurs. On disait que leurs paysans se montraient disposés à revendiquer leur liberté ; que les bourgeois des villes pensaient aussi demander à être comptés pour quelque chose dans l'Etat. On ajoutait enfin que plus d'un membre de la diète n'était rien moins que chaud patriote ; et que la cour de Russie comptait dans cette assemblée plus d'un partisan et plus d'un mol ennemi. Cependant la république avait signé un traité d'alliance défensive avec la Prusse ; et celle-ci armait peut-être pour la défendre, et, disaient quelques-uns, pour forcer l'empereur d'Autriche à faire la paix avec les Turcs, contre lesquels il continuait une guerre sans vigueur. Il est certain qu'à cette époque des négociations étaient ouvertes entre le cabinet de Berlin et le nouvel empereur ; on annonçait même une conférence prochaine entre les deux princes en Bohême. Pendant que le nord était ainsi en armes, la confédération germanique formait une armée pour protéger, disait-on, ses droits dans les Pays-Bas.

En ce moment l'Angleterre, voulant obtenir satisfaction pour quelques vaisseaux anglais saisis par une escadre espagnole, dans la baie de Nootka, équipait une flotte considérable.

On n'ignorait point ces préparatifs à Paris ; mais on doutait qu'ils fussent destinés à une collision sérieuse.

Cependant la gravité de cette affaire fut inopinément révélée à l'assemblée nationale par cette lettre de Montmorin, qui lui fut communiquée dans la séance du 14 mai.

« Les armemens qui viennent d'avoir lieu chez une puissance voisine, la presse des matelots, ordonnée et exécutée avec une grande activité, et les motifs qu'on donne à des mouvemens aussi marqués, ont fixé l'attention de S. M. Elle a pensé que son premier devoir étant de veiller à la sûreté de l'Etat, elle ne pouvait se dispenser de prendre des mesures pour remplir cet objet; elle a donné les ordres nécessaires, et incessamment quatorze vaisseaux de ligne seront armés dans les ports de l'Océan et de la Méditerranée; elle a prescrit en même temps aux commandans des différens ports de préparer les moyens d'augmenter les armemens de marine, si les circonstances le rendent nécessaire. Le roi m'a chargé d'instruire, par votre organe, l'assemblée de ces mesures; il a désiré qu'elle fût également instruite que ces armemens sont seulement de précaution. Il conserve l'espérance que la paix ne sera pas troublée, d'après les assurances données par la cour de Londres; que ces préparatifs n'ont pas d'autre objet qu'un différend entre cette puissance et la cour de Madrid. Sa majesté britannique désire infiniment voir terminer ce différend par une négociation. En effet, M. de Fitz-Herbert est en chemin pour Madrid. Sa majesté britannique donne, par cette communication, l'assurance du désir qu'elle a de conserver la bonne intelligence qui règne si heureusement entre les deux nations. Mais quelque rassurant que soit ce langage, le roi ne peut se dispenser d'ordonner des préparatifs; et tout le monde est convaincu que l'Angleterre étant armée, la France ne peut ni ne doit rester désarmée. Il faut apprendre à l'Europe que l'établissement de notre constitution est loin d'apporter des obstacles au développement de nos forces; d'ailleurs, on ne peut se dissimuler que la reconnaissance et notre propre intérêt prescrivent de prendre cette marche, dans un événement qui intéresse l'Espagne. Le roi fera ses efforts pour rapprocher les deux puissances : Sa majesté connaît trop la justice et la modération du roi d'Espagne, pour ne pas croire qu'il se prêtera avec empressement aux voies de conciliation qui pourront ne pas compromettre les droits de sa couronne.

Les dispositions de la cour de Londres donnent encore l'espérance, que de son côté, le roi d'Angleterre ne négligera rien pour parvenir à cet accommodement. Le roi a fait témoigner à sa majesté britannique sa sensibilité à la communication amicale qu'elle lui a fait donner par son ambassadeur en France. Il a témoigné à la cour de Londres son désir que la bonne intelligence ne soit jamais troublée dans ce moment-ci et dans aucun autre. S. M. est si frappée des malheurs en tout genre qu'amènerait la guerre, que ce serait avec une douleur inexprimable qu'elle s'y verrait entraînée ; elle n'épargnera ni soins ni dépenses pour la prévenir : c'est à ce sujet qu'elle a cru devoir prendre les mesures qui ont été indiquées au commencement de cette lettre. Ces dispositions exigeront probablement que quelques secours extraordinaires soient donnés au département de la marine. S. M. est trop convaincue du patriotisme des représentans de la nation, pour douter de l'empressement de l'assemblée nationale à décréter ces secours, lorsque le tableau en aura été mis sous ses yeux. »

Sur la lecture de cette note, l'assemblée décida que toutes affaires cessantes, elle s'occuperait dès le lendemain de la réponse à lui faire. Cette précipitation était, chez la plupart des membres, un effet de l'enthousiasme. Les membres du côté gauche le virent avec peine.

Le soir même, la société des amis de la constitution se réunit extraordinairement aux jacobins. La proposition de Montmorin fut mise en délibération ; et on démontra, dit Carra, « que le droit de paix et de guerre, et celui des alliances étrangères appartiennent à la nation ; et que l'assemblée nationale ayant toute espèce d'initiative, c'était à elle seule à décider le parti que l'on avait à prendre dans cette occurrence. » On démontra que la manœuvre des ministres, pour faire naître la guerre, n'avait d'autre but que de troubler les opérations de l'assemblée nationale, discréditer les assignats, soutirer le dernier morceau de pain qui nous reste, ruiner les villes maritimes et de commerce, occasionner une banqueroute, et détruire la constitution. On démontra que cette manœuvre était l'ouvrage du comité autrichien des Tuileries.

« Commerçans des villes, ajoute Carra, gardes nationales confédérées, braves soldats de troupes de ligne, dignes officiers municipaux, et vous citoyens, qui avez formé des sociétés patriotiques, réunissons-nous tous ; élevons une voix terrible contre ce perfide projet des ministres, contre les ministres eux-mêmes ; chassons-les de la présence d'un roi qu'ils infectent sans cesse de leur venin aristocratique. Qu'attendons-nous pour chasser ces ineptes et insolens personnages ? N'ont-ils pas comblé la mesure, en voulant nous engager dans une guerre étrangère ? Qu'attendons-nous enfin pour déclarer que nous voulons être les amis de toutes les nations, les ennemis de tous les tyrans, et que nous ne reconnaissons d'autre pacte de famille que les pactes de familles nationales ? » (*Annales patriotiques*, n° 226.) Carra était membre de la société des amis de la constitution.

### SÉANCE DU 15 MAI.

[On commence la discussion sur la lettre adressée à M. le président par M. de Montmorin.

*M. le duc de Biron.* Un grand différend s'élève entre l'Espagne et l'Angleterre : les deux puissances font des armemens considérables, et le roi a donné communication des mesures qu'il a cru devoir prendre pour assurer la tranquillité générale et pour la sûreté du commerce. Jamais la paix n'a été plus nécessaire; il appartient à une grande nation de se porter médiatrice entre deux grandes nations ; mais pour être utilement juste, il faut être redouté et respecté; mais en se rendant redoutable, il ne faut pas oublier que la loyauté et toutes les vertus sont les compagnes de la liberté. Un peuple libre doit être le plus loyal des alliés. Qui ne sait que la guerre à laquelle nous prendrions la moindre part serait très-onéreuse pour nous? S'y exposer, ce serait compromettre notre commerce, et avec lui la subsistance sacrée de deux millions d'hommes..... Notre prospérité est tellement attachée au bonheur de l'Espagne, que nous devons craindre de l'abandonner. Nous ne pouvons oublier que cette puissance a été pour nous une alliée généreuse : si les représentans de la nation ont cru de leur loyauté de prendre sous leur sauvegarde les dettes contractées par le despotisme, ne croiront-ils pas devoir respecter les obligations de reconnaissance contractés avec une grande nation? Nous devons acheter la paix par de grands sacrifices, mais non par celui de l'honneur et du caractère national. Un de nos rois disait : *tout est perdu, fors l'honneur*, et tout fut sauvé. Rien n'est perdu, et l'honneur sera toujours notre force, comme il a toujours fait notre loi... Toute paix est détruite, si on déclare qu'on n'a pas la force de faire la guerre. On dit qu'il n'y a pas d'armée, qu'il n'y a pas de force publique : ne laissons pas insulter la liberté et la révolution ; ne laissons pas dire que les efforts d'un peuple libre seraient moins grands que ceux du despotisme. Quand nous ne devrions pas à un roi vraiment citoyen toute la confiance, tout le respect, tout l'amour que les Français lui ont voués; quand nous ne connaîtrions pas les sentimens patriotiques de l'armée, ces millions de citoyens qui ont pris les armes pour la défense de la liberté, devraient dissiper toutes nos inquiétudes... Je propose le projet de décret suivant : « L'assemblée nationale décrète que son président se retirera devers le roi, pour le remercier des mesures qu'il a prises pour la sûreté de l'empire et du commerce, et des négociations qu'il a entamées. L'assemblée supplie sa majesté de lui faire remettre l'état des besoins du département de la marine.

*M. le comte de Virieu.* Mes conclusions étant conformes à celles de M. de Biron, je réclame l'usage constant des listes *contre*, *pour* et *sur*.

*M. d'André.* Il est naturel que la discussion amène des propositions dans des sens tout différens, et qui ne seront ni *contre*, ni *pour*, ni *sur*.

*M. l'abbé Maury.* La question doit être traitée contradictoirement.

*M. de Beaumetz.* Une question politique et diplomatique ne peut, avant d'être discutée, présenter un résultat assez simple pour amener une décision par oui ou par non: il faut qu'elle soit arrivée à ce point de simplicité pour que la discussion s'établisse d'une manière contradictoire.

*M. l'abbé Maury.* Quand bien même on ne discuterait que l'un des points historiques, il faudrait toujours avoir le sens commun. On ne peut discuter d'une manière utile sans faire choquer les opinions. Je ne vois dans tout ceci qu'une question d'argent, qui peut se réduire à un *oui* ou à un *non*. Doit-on faire un armement, doit-on n'en point faire?

*M. du Quesnoy.* J'avais soupçonné qu'on voulait entraîner l'assemblée dans des mesures imprudentes, et ce soupçon vient d'être confirmé. Il ne s'agit pas d'argent, comme on l'a dit, il s'agit du salut de l'empire; il s'agit des plus grandes questions que vous puissiez peut-être avoir à traiter; il s'agit d'éviter le plus dangereux des pièges ministériels. Les ministres ont voulu jeter la discorde dans l'assemblée; les ministres essaient de désunir l'assemblée, et l'on sert parfaitement leurs mesures en demandant que l'on opine par oui ou par non. Ainsi, l'initiative serait accordée aux ministres avec tous les moyens qui peuvent la rendre funeste; ainsi ils nous diraient de nouveau : le roi sera profondément affligé, si vous refusez les secours qu'il demande; ainsi on abuserait encore de son nom et de notre respect. Mon opinion ne sera pas équivoque ; il faut fournir ces secours, mais il faut dire auparavant : le roi a-t-il pu, a-t-il dû? Pouvons-nous, devons-nous? Ce n'est pas en disant que le roi sollicite de l'argent qu'on peut espérer d'égarer notre délibération: cette proposition soulèvera tout ce qui porte le nom Français.

*M. Alexandre de Lameth.* J'ai demandé la parole pour chercher à établir la question. Personne ne blâmera certainement les mesures prises par le roi; nous pouvons délibérer maintenant, puisque les ordres sont donnés; mais cette question incidente amène une question de principes. Il faut savoir si l'assemblée est compétente, et si la nation souveraine doit déléguer au roi le droit de faire la paix ou la guerre : voilà la question.... (L'orateur est interrompu par une longue agitation.)

Il est infiniment simple de traiter cette question avant la question de circonstances, ou bien vous la préjugeriez : le ministre vous l'annonce assez dans sa lettre. Je crois que si vous vous borniez à accorder les subsides demandés, on pourrait entraîner la nation au-delà des bornes que notre prudence doit prescrire. Il faut, avant de prendre un parti, connaître toutes les circonstances; il faut savoir ce qui a précédé. La nation ne doit-elle pas être inquiète, quand le ministère a laissé près de la cour, dont les affaires nous occupent actuellement, cet homme, ce ministre appelé au conseil du roi, lorsqu'on a entouré l'assemblée nationale de bayonnettes.... Il est possible qu'il y ait des raisons pour déclarer une guerre; il est possible qu'il existe des arrangemens entre différentes cours; car c'est ici la cause des rois contre les peuples. L'assemblée nationale doit savoir pourquoi cet armement; elle doit examiner si elle peut déléguer le droit de faire la paix et la guerre. Cette question ne peut faire aucun doute dans cette assemblée : le droit de faire verser le sang, d'entraîner des milliers de citoyens loin de leurs foyers, d'exposer les propriétés nationales; ce terrible droit, pouvons-nous le déléguer? Je demande donc que nous discutions d'abord cette question constitutionnelle. On ne nous dira pas que nous délibérons quand il faut agir, puisque le roi a ordonné l'armement. (Cette proposition est très-applaudie.)

*M. Dupont* demande que la motion de M. Alexandre de Lameth soit ajournée à trois semaines. La question, ainsi qu'on veut la poser, est sans doute la plus importante; mais ce n'est pas la marche des idées; la question provisoire doit d'abord être examinée.

*M. Barnave.* Lorsqu'on aura démontré que les effets doivent passer avant les causes, que les résultats doivent précéder les motifs qui les occasionnent, alors on aura prouvé que la question posée par M. de Lameth doit être discutée la dernière : mais si l'on veut consulter l'ordre naturel des choses, on sentira aisément qu'il faut d'abord décider si nous avons le droit de consentir ou de défendre un armement. Au moment où les ministres s'emparent de ce droit, il faut examiner à qui il appartient ; laisser la question à l'écart ce serait passer condamnation, puisque M. de Montmorin suppose la question jugée en sa faveur. En effet, il nous dit qu'on a armé quatorze vaisseaux, parce que sa Majesté est alliée à l'Espagne, parce que nous devons de la reconnaissance à cette puissance pour les secours que nous en avons reçus, parce qu'on ne peut se dispenser d'observer le pacte de famille ; il nous dit que le roi de France ouvre des négociations, etc. Ainsi, les ministres prétendent exercer seuls le plein pouvoir de faire la paix ou la guerre ; mais les négociations supposent nécessairement des alliances, et ces alliances sont souvent des déclarations de paix ou de guerre, puisque c'est du résultat des négociations que l'un et l'autre résultent. Il faut prendre un parti ; notre silence préjugerait la question. Un ajournement à trois semaines la déciderait contre nous. Quand le roi arme, quand des négociations sont entamées, n'est-il pas probable que dans trois semaines la paix ou la guerre seront décidées ; ainsi lorsqu'on propose d'ajourner, on propose en d'autres termes de donner, dans la circonstance présente, le droit de négociation, de paix et de guerre. Pour les plus grands amis du pouvoir arbitraire, ce serait encore une grande question : mais c'en peut-être une pour le corps constituant. On le met dans l'alternative de consentir ou de s'opposer à l'abandon d'un droit, sans lequel il n'est point de liberté politique. Vous vous ôteriez les moyens de résister aux ruses perfides des ministres ; vous vous exposeriez à ce que la constitution fût en péril par une guerre mal-à-propos entreprise. On vous propose de vous abandonner à des hommes à qui on fait trop d'honneur, en disant que leurs desseins sont douteux. Trois jours peut-être seront nécessaires pour discuter les principes ; je demande que la motion de M. Alexandre de Lameth soit adoptée.

*M. Goupil de Préfeln.* Sans doute on vous propose une grande question politique. Je suis persuadé que le droit terrible de faire la guerre ne peut appartenir au monarque seul ; mais je ne puis me dissimuler qu'une question, dont l'influence doit être si grande sur la constitution, ne doit pas être décidée légèrement. En ce moment il ne s'agit pas de cette question. On vous a dénoncé des piéges ministériels : personne plus que moi ne craint les ministres, mais il ne faut pas toujours les soupçonner. La lettre de M. de Montmorin est écrite dans un langage patriotique. Le roi dit qu'il entre en négociation avec la cour de Londres, pour engager le roi d'Angleterre à la paix ; avec la cour d'Espagne, pour engager l'Espagne à la paix ; l'issue de ces négociations ne peut être la guerre. Si le roi a armé quatorze vaisseaux, c'est pour exercer la surveillance suprême qui lui appartient. Ainsi, la question n'est pas préjugée par la lettre du ministre, par un acte de sauvegarde et de protection qu'il était du devoir du roi de faire. J'adopte donc l'ajournement avec cet amendement, de le fixer au moment où les tribunaux seront établis.

*M. de Broglie.* Je commence par observer que les propositions de MM. Dupont et Goupil sont précisément la même chose que si nous disions : nous ajournons la discussion sur le droit de paix ou de guerre, au moment où la paix sera faite, ou la guerre déclarée. J'observe encore que le roi, dans sa lettre, ne parle que de subside ; il parle absolument le même langage que si la question était jugée. La question accidentelle n'est que le corollaire de la question de savoir si le droit de faire la paix ou la guerre doit être exercé ou délégué par la nation.

*M. de Robespierre.* S'il est un moment où il soit indispensable de juger la question de savoir à qui appartiendra le droit de faire la paix ou la guerre, c'est à l'époque où vous avez à délibérer sur l'exercice de ce droit. Comment prendrez-vous des mesures si vous ne connaissez pas votre droit. Vous déciderez provisoirement, au moins, que le droit de disposer du bonheur de l'empire appartient au ministre. Pouvez-vous ne pas croire, comme on vous l'a dit, que la guerre est un moyen de défendre le pouvoir arbitraire contre les nations? Il peut se présenter différens partis à prendre. Je suppose qu'au lieu de vous engager dans une guerre dont vous ne connaissez pas les motifs, vous vouliez maintenir la paix; qu'au lieu d'accorder des subsides, d'autoriser des armemens, vous croyez devoir faire une grande démarche et montrer une grande loyauté. Par exemple, si vous manifestiez aux nations que, suivant des principes bien différens de ceux qui ont fait les malheurs des peuples, la nation française, contente d'être libre, ne veut s'engager dans aucune guerre, et veut vivre avec toutes les nations, dans cette fraternité qu'avait commandée la nature. Il est de l'intérêt des nations de protéger la nation française, parce que c'est de la France que doivent partir la liberté et le bonheur du monde. Si l'on reconnaissait qu'il est utile de prendre ces mesures ou toutes autres semblables, il faudrait décider si c'est la nation qui a le droit de les prendre. Il faut donc, avant d'examiner les mesures nécessaires, juger si le roi a le droit de faire la paix ou la guerre.

*M. de Mirabeau l'aîné.* Je demande la permission d'examiner d'abord la situation du débat. Je ne parlerai pas encore sur le message dont il est question, quoique mon opinion soit fixe à cet égard. J'examinerai si l'on doit préalablement traiter la question constitutionnelle; je demande que vous ne préjugiez pas mon opinion : cette manière d'éluder la question élevée par la lettre du ministre est déraisonnable, inconséquente, imprudente et sans objet. Je dis qu'elle est déraisonnable et inconséquente, parce que le message du roi n'a nul rapport avec une déclaration de guerre; parce que le message du roi pourrait exister même quand nous aurions décidé qu'à la nation appartient le droit de faire la paix ou la guerre. Le droit d'armer, de se mettre subitement en mesure, sera toujours le droit de l'exécuteur suprême des volontés nationales. Permettez-moi une expression triviale. La maréchaussée extérieure et intérieure de terre et de mer doit toujours, pour l'urgence d'un danger subit, être dans les mains du roi. Je dis enfin que cette manière d'éluder la décision n'est pas conséquente, parce que ce serait supposer que l'ordre donné par le roi de faire des armemens est illégal. Il est certain que dans toute société, le provisoire subsiste tant que le définitif n'est pas déterminé ; or, le roi avait le provisoire ; donc il a pu légalement ordonner des armemens. Je dis ensuite que cette manière d'éluder la question n'est pas prudente. Je suppose, en effet, que le préalable proposé soit nécessaire, notre délibération va occasionner des retards qui donneront le prétexte de dire que nous avons arrêté les mesures prises pour assurer la tranquillité publique et la sûreté du commerce. Je conviens qu'il faut traiter très-incessamment du droit de faire la paix ou la guerre, et j'en demande l'ajournement dans le plus court délai : mais sans doute cette grande question a besoin d'être préparée à l'avance par le comité de constitution ; elle entraîne beaucoup d'autres questions..... Pouvez-vous vouloir suspendre la délibération sur le message du roi ? Ne savez-vous pas que les fonds manquent ? Ne savez-vous pas que 14 vaisseaux, armés seulement parce que l'Angleterre armait, ne peuvent être pour vous un objet d'épouvante.

Le secours extraordinaire qu'on vous demande n'est que trop nécessaire ; il n'est pas dangereux. Un refus n'attirerait-il pas contre vous les mécontentemens du commerce ? On ne cherche que trop à exciter ces mécontentemens. Remercier le roi des mesures qu'il a prises pour le maintien de la paix, c'est présenter à la nation l'armement ordonné comme une grande précaution ; c'est un moyen de rassurer tous les esprits. Mais si vous allez dire au peuple qu'il faut suspendre tous vos travaux pour savoir à qui appartiendra le droit de faire la paix ou la guerre, il dira : il ne s'agit donc pas seulement de précautions, la guerre est donc prête à fondre sur nous. C'est ainsi qu'on gâte les affaires publiques en répandant de vaines terreurs. Si des manœuvres ministérielles recélaient des projets *nationomicides*, ce serait tout au plus une conspiration de pygmées ; personne ne peut croire que quatorze vaisseaux mis en commande soient effrayans pour la constitution. Quand la question constitutionnelle serait jugée, le roi pourrait faire ce qu'il a fait ; il pourrait prendre les mesures qu'il a dû prendre, sauf l'éternelle responsabilité des ministres. Vous ne pouvez donc vous empêcher d'examiner le message du roi. La question se réduit donc à savoir, non si le roi a pu armer, car cela n'est pas douteux; mais si les fonds qu'il demande sont nécessaires, ce qui ne l'est pas davantage. Je conclus à ce qu'on s'occupe immédiatement du message du roi.

*M. Dedelay d'Agier.* Il ne s'agit pas de régler les détails qui doivent résulter du grand principe, mais d'établir ce principe. J'appuie donc la motion de M. Alexandre de Lameth.

*M. Rewbel.* Le préopinant a établi pour principe que le roi a le provisoire; c'est à cause que le roi a le provisoire qu'il peut, dans huit jours, déclarer la guerre sans nous, et que nous devons décréter le principe. Si nous hésitons un instant, nous aurons la guerre. Il y a six mois qu'on nous disait de la part de quelques-uns des honorables membres : l'Angleterre vous fera la guerre; elle ne nous l'a pas faite et l'on veut que nous la lui fassions. Que demande en dernière analyse le ministre? de l'argent : les représentans de la nation ne peuvent accorder des subsides qu'en connaissance de cause. Il me semble que nous devons connaître les détails des causes de la guerre dont il s'agit, autrement que par les gazettes. Il me semble que les personnes qui, par principes, doivent redouter l'effusion du sang, qui, par la sainteté de leur caractère, doivent regarder tous les hommes comme des frères, s'élèvent en ce moment contre mon opinion. Ne reconnaissons plus d'alliés que les peuples justes; nous ne connaissons plus ces pactes de famille, ces guerres ministérielles, faites sans le consentement de la nation, qui seule verse son sang et prodigue son or. La lettre du ministre annonce assez que si le roi ne peut concilier l'Angleterre et l'Espagne, il fera la guerre à l'Angleterre. Il faut donc vérifier les causes de cette guerre; il faut savoir si nous avons le droit de les vérifier.

*M. le baron de Menou.* Je ne me permettrai qu'une simple observation sur ce qu'a dit M. de Mirabeau. Si nous accordons provisoirement au roi le subside qu'il demande, ne devons-nous pas craindre d'être engagés dans une guerre contraire à la justice et à la morale, qui sont les bases de toute constitution? Bientôt des armées seront mises en mer : dès la seconde année, elles peuvent être engagées de manière qu'il soit impossible de refuser des subsides pour continuer la guerre. Quand il fut question en Angleterre de déclarer la guerre en Amérique, une partie de la nation s'y opposa. Lord North fit valoir avec chaleur cette opposition; le roi commença la guerre, et les Anglais furent obligés pendant sept ans de donner des subsides, car sans cela les armées étaient perdues. Je dis donc qu'il est absolument essentiel de statuer sur le droit de faire la paix et la guerre; ensuite on examinera laquelle des deux nations a tort. Si c'est l'Espagne, nous devons employer notre médiation pour l'engager à plier; si c'est l'Angleterre, et qu'elle se refuse à la justice, nous devons armer, non quatorze vaisseaux, mais toutes nos forces de terre et de mer. C'est alors que nous montrerons à l'Europe ce que c'est qu'une guerre non ministérielle, mais nationale. (Des applaudissemens interrompent l'orateur.) C'est alors qu'après avoir préalablement manifesté nos principes de justice, nous développerons le courage et la puissance d'une nation vraiment libre; nous irons attaquer l'Angleterre en Angleterre même. (Les applaudissemens redoublent.) Si c'est au dernier écu que l'Angleterre veut combattre contre nous, nous aurons l'avantage; si c'est au dernier homme, nous aurons encore l'avantage. L'Angleterre est une nation libre, magnanime et généreuse. La France devenue libre, est une nation magnanime et généreuse. Les Anglais traiteront d'égal à égal avec les Français, et non plus avec les ministres et le despotisme.

*M. de Mirabeau l'aîné.* J'ai l'honneur de répondre au préopinant que sans cesse il a cru parler contre mon opinion, et qu'il n'a pas même parlé de mon opinion. Il demande qu'on traite incessamment la question, je le demande aussi; mais qu'elle le soit bien, et d'après les rites de cette assemblée. Où est donc le dissentiment entre le préopinant et moi? prétend-il que le provisoire est anéanti? Il ne l'a pas dit: le provisoire existera encore pendant trois jours, si la question constitutionnelle est discutée pendant trois jours.....

*M. d'Aiguillon.* J'avais demandé la parole pour opposer à M. de Mirabeau les mêmes raisons que M. de Menou. Je rappellerai seulement une objection très-forte à laquelle M. de Mirabeau n'a point fait de réponse. Si en accordant les subsides aujourd'hui, nous ne décidons pas la question, qui sait si la guerre ne sera pas déclarée demain; qui sait si ce n'est pas là le but des mauvaises intentions du ministère, intentions dont il ne m'est pas permis à moi de douter? C'est à la constitution qu'on en veut; les districts, les départemens, les gardes nationales, sont des obstacles insurmontables. Que reste-t-il donc aux ennemis de la révolution pour renverser notre ouvrage, si ce n'est de nous entraîner dans une guerre, peut-être injuste, de nous engager dans une partie que nous ne pourrons abandonner, quand nous l'aurons une fois commencée. Les intrigues des ministres agiront alors dans le royaume; les citoyens seront plus faciles à tromper, détournés de l'objet qui remplit aujourd'hui toutes leurs pensées, parce qu'il renferme toutes leurs espérances de bonheur. Les ministres abuseront de tout, soit de nos désastres, soit de nos succès : un roi victorieux est un grand danger pour la liberté, quand c'est un roi des Français. Ainsi donc songeons à l'honneur de la France, à la liberté. Quelle que soit l'urgence des circonstances, ne pouvons-nous pas retarder de deux jours un armement dont la cause nous est presque inconnue? Demain, la grande question vous sera soumise; quand vous l'aurez jugée, vous vous occuperez du message du roi.

*M. de Mirabeau.* Je demande à faire une simple proposition, qui ne vient pas de moi, mais à laquelle je donne mon assentiment, et qui peut réunir les opinions; elle consiste à approuver les mesures du roi, et à ordonner, par le même décret, que dès demain, sur le rapport de qui il appartiendra, vous commencerez la discussion de la question constitutionnelle.

*M. Chapelier.* Il y aurait de l'inconvénient à éloigner cette discussion; mais il y aurait plus d'inconvénient encore à ne pas s'occuper préalablement du message du roi. On a voulu vous écarter de la véritable question, en se jetant dans des détails qui lui sont étrangers. Le roi devait se mettre à même de défendre l'Etat; il craint la guerre, il désire la paix : deux grandes puissances arment; l'une des deux a toujours été notre rivale et notre ennemie.... (il s'élève des murmures); elle menace à la fois nos possessions dans nos îles et notre industrie. La question de principe n'est pas douteuse; car le droit de disposer du sang et de l'or des hommes ne peut appartenir à un seul homme; mais le droit de prendre des précautions pour la défense de l'Etat appartient nécessairement à l'exécuteur suprême des volontés de la nation. Vous ne pouvez attaquer ce droit, si vous ne voulez tomber dans le même inconvénient qu'en 1756 : à cette époque, avant d'avoir tiré le premier coup de canon, notre commerce était détruit..... J'adopte la dernière proposition de M. de Mirabeau.

*M. Barnave.* Je ne crois pas que l'amendement que j'ai à proposer puisse faire quelque difficulté, même d'après l'opinion de M. de Mirabeau. Le décret approuve les mesures prises par le roi; elles sont de deux espèces : 1° l'armement de quatorze vaisseaux de ligne : l'assemblée peut croire qu'il est nécessaire de se mettre en mesure; 2° les négociations commencées. Je ne crois pas que l'assemblée puisse prononcer sur ce second objet, avant d'avoir décrété la question constitutionnelle : ce serait mettre entre la main des ministres un moyen certain de nous faire avoir une guerre qu'on ne peut éviter qu'en n'autorisant aucune négociation. Mon amendement consiste à n'approuver que l'armement.

L'assemblée décide qu'il n'y a pas lieu à délibérer sur cet amendement.

*M. de Castellane.* Comme il est important de poser la base, je propose pour amendement, que le comité de constitution soit chargé de présenter demain son travail.

L'assemblée décide qu'il n'y a pas lieu à délibérer sur cet amendement.

*M. Charles de Lameth.* Je pense qu'il est important de charger M. le président d'instruire le roi de l'inquiétude qu'éprouve le corps-législatif, en voyant cette délicate négociation entre les mains de M. le duc de la Vauguyon. Vous vous souvenez sans doute du rôle qu'il a joué au mois de juillet dans le conseil du roi ! Je sais très-bien que les ministres auront des lettres de rappel toutes prêtes pour opposer à mon opinion. — Si on le veut, je demande que ma motion soit discutée à part ; mais il est nécessaire de faire connaître au roi qu'il serait aussi absurde et aussi coupable, de la part du ministère, de laisser la politique entre les mains de deux ou trois certaines personnes, que de faire traiter un homme empoisonné par ceux qui lui auraient donné le poison. Je suivrai ma motion ; mais je doute que la séance suffise pour énumérer toutes les raisons qui doivent engager à retirer toute espèce de négociation des mains de l'ambassadeur d'Espagne et de quelques autres encore.

*M. Dupont.* La première partie du décret n'annonce pas assez nettement que vous voulez être en pleine mesure de défense. Il ne suffit pas de montrer à l'Angleterre que vous êtes la nation la plus libre, il faut lui apprendre aussi que la France ne souffrira pas qu'il lui soit fait une injure sans sa permission. L'Angleterre est une nation trop sage pour armer 52 vaisseaux de guerre afin de favoriser les intrigues de vos ministres. Il ne vous convient pas de vous borner à armer 14 vaisseaux ; il faut vous mettre en état de rendre la guerre pour la guerre d'une manière imposante. Je conçois qu'il est possible de supposer à cette puissance le désir de la paix ; mais je conçois aussi que ce désir peut changer, car elle a donné de fréquentes preuves de ce changement de désir. Je conclus et je propose de demander au roi qu'il soit fait un armement égal à celui de l'Angleterre.

L'assemblée décide qu'il n'y a pas lieu à délibérer, quant à présent, sur cet amendement.

*M. de Levis* propose cet amendement. « L'assemblée nationale déclare en outre, de la manière la plus solennelle, que jamais la nation française n'entreprendra rien contre les droits d'aucun peuple, mais qu'elle repoussera avec tout le courage d'un peuple libre, et toute la puissance d'une grande nation, les atteintes qui pourraient être portées à ses droits. »

Cet amendement est ajourné.

La proposition de M. de Mirabeau l'aîné est décrétée presque unanimement en ces termes :

« L'assemblée nationale décrète que son président se retirera, dans le jour, par-devers le roi, pour remercier sa majesté des mesures qu'elle a prises pour maintenir la paix ; décrète en outre que demain, 16 mai, il sera mis à l'ordre du jour cette question constitutionnelle : *la nation doit-elle déléguer au roi l'exercice du droit de la paix et de la guerre?*

---

Cette discussion commença le lendemain, et ne fut fermée que le 23. Un grand nombre de membres y prirent part. Nous avons lu avec attention tous ces discours, et nous avons vu que, dans chacun des partis en présence, la plupart des orateurs n'avaient fait que se répéter. Il serait donc oiseux de consommer ici de l'espace pour enregistrer des redites. En conséquence, nous nous bornerons à suivre l'argumentation qui s'établit sur la question, sans tenir aucun compte de ces répétitions inutiles, et en choisissant pour la faire connaître, les discours où elle fut le plus serrée, et le plus éloquemment soutenue.

### SÉANCE DU 16 MAI.

*M. le comte de Sérent.* Il s'agit de reconnaître un principe dont bientôt il pourrait être fait une application dangereuse. Il s'agit de décider qui aura au-dehors l'emploi de la force publique. Il ne faut se laisser aveugler ni par une complaisance servile, ni par une popularité mensongère; car c'est l'intérêt du peuple, et non ses désirs, qu'il faut écouter. Pour éviter la confusion, posons la question d'une manière simple. On doit examiner à qui, du chef de la nation ou des représentans de la nation, doit être confié l'exercice du droit de la paix ou de la guerre; car sans doute on ne dira pas que les droits de la nation sont ceux des représentans : ce sophisme ainsi présenté est trop repoussant pour qu'il puisse avoir quelque succès; il n'était peut-être pas cependant hors de propos d'en faire l'observation. La question est donc celle-ci : à qui la nation doit-elle, pour son plus grand intérêt, déléguer l'exercice du droit de la guerre et de la paix. La nation ne doit renoncer à la paix que lorsque ses propriétés et son honneur sont compromis (car l'honneur d'une grande nation est aussi une propriété); quand on est obligé de renoncer à la paix, il faut que la guerre soit prompte. Voyons si cette promptitude se trouvera plus aisément dans une assemblée législative que dans le pouvoir d'un seul. Ici l'on prodiguera les sophismes contre les rois ambitieux; et jaloux de la gloire des armes; on s'élevera contre ces passions qui font verser le sang des hommes; mais qui ne sait qu'une assemblée nombreuse recèle encore plus de passions qu'un conseil particulier, qui ne sait que les passions agissent d'une manière plus dangereuse dans le tumulte d'une délibération orageuse? Il m'en coûte de parler de corruption; il m'en coûte de dire que les nations étrangères viendraient répandre l'or au sein de nos assemblées; mais il est impossible de ne pas penser à ce qui s'est passé de nos jours en *Suède* et en *Pologne*.

Des assemblées nombreuses sont peu propres à des opérations politiques, dans lesquelles il faut tantôt de la dissimulation, tantôt de la franchise, tantôt une marche secrète constamment suivie. Il faut faire des promesses ou des menaces pour obtenir la paix. Comment toutes ces mesures pourront-elles être tenues dans une assemblée nombreuse et publique? Dira-t-on que le roi fera des négociations, et qu'il en présentera le résultat à l'assemblée? L'allié se défiera de ses promesses; l'ennemi rira des menaces, quand l'un et l'autre pourront croire que le corps-législatif ne les approuvera pas.... Ainsi la France perdra le respect qu'elle avait acquis; ainsi elle sera déchue de cette situation florissante qui faisait dire au roi de Prusse : « Si j'avais été roi de France, il ne se serait pas tiré un coup de canon en Europe sans ma permission. » Si le roi perdait ses alliés, l'Angleterre rivale dangereuse deviendrait plus dangereuse encore, parce qu'elle n'aurait rien perdu de sa force. J'ajoute que les ministres pourraient agir sur cette assemblée, et parviendraient peut-être à déterminer à leur gré la paix ou la guerre. Ainsi tant de précautions auraient l'effet d'arrêter un ministre sage qui voudrait faire des négociations utiles, et serviraient un ministre ambitieux qui voudrait faire la guerre.

Je crois donc qu'en attribuant exclusivement à l'assemblée nationale le droit de faire la guerre, les hostilités ne seront pas moins fréquentes, et seront plus dangereuses. Ainsi l'intérêt de la nation exige que le droit de faire la guerre soit délégué au roi. Je me hâte d'ajouter, sur le droit de paix, que c'est à la fin d'une guerre qu'il faut déguiser les inquiétudes et les espérances, qu'il faut saisir le moment favorable : la lenteur et la publicité des opérations du corps-législatif y seraient également opposées; ainsi, pour l'intérêt national, il faut laisser au monarque le droit de régler les traités de paix. Il n'abusera pas de ce droit, parce que sa gloire est commune à celle de l'empire. Je n'ai qu'un mot à dire sur les traités de commerce; le roi doit faire les négociations, et le corps-législatif en examiner les résultats. C'est des représentans de toutes les parties du royaume qu'on doit attendre les connaissances générales et particulières qui doivent déterminer de semblables traités.

*Le duc d'Aiguillon* prit la parole après M. de Sérent; il réfuta sa doctrine, par les inconvéniens qui la suivaient. Il rappela bien souvent que la guerre n'était que la suite des plus médiocres intrigues de cour. Il proposa de faire une *déclaration du droit respectif des nations.*

*M. le curé Jallet.* Avant d'examiner si la nation française doit déléguer le droit de faire la guerre, il serait bon de rechercher si les nations ont elles-mêmes ce droit. Toute agression injuste est contraire au droit naturel; une nation n'a pas plus de droit d'attaquer une autre nation, qu'un individu d'attaquer un autre individu. Une nation ne peut donc donner à un roi le droit d'agression qu'elle n'a pas : le principe doit surtout être sacré pour les nations libres. Que toutes les nations soient libres comme nous voulons l'être, il n'y aura plus de guerre; les princes seront plus que des rois, quand ils ne seront plus des despotes. Il est digne de l'assemblée nationale de France, de déclarer ces principes et de les apprendre aux nations même qui nous ont appris à être libres. — Le droit d'examiner si les motifs d'une guerre sont justes, doit-il être attribué au roi? celui de conclure des alliances et de faire la paix doit-il lui être confié? Ces droits sont une portion de la souveraineté : ils résident essentiellement dans la nation ; elle doit en conserver l'exercice, si elle veut être toujours libre, si elle veut être toujours juste. Je propose le projet de décret suivant : « L'assemblée nationale déclare que le droit de guerre défensive appartient à toutes les nations ; que celui de guerre offensive n'étant pas de droit naturel ne peut appartenir à aucune. En conséquence, elle confie au roi l'emploi de la force publique, pour la défense du royaume. Les négociations destinées à prévenir une rupture, ou à faire un traité de paix ou d'alliance, ne pourront être commencées par le roi sans le consentement de l'assemblée nationale. Le comité de constitution sera chargé de présenter un plan qui contienne le développement des principes du présent décret. »

*M. de Custine* monta à la tribune après le curé Jallet. Il se rangea de l'avis de M. de Sérent ; mais il proposait que huit jours après les dispositions militaires achevées, le ministère fît connaître au corps-législatif les causes de la guerre. Il proposait enfin que, dans les affaires de ce genre, le ministre qui aurait encouru la responsabilité fût puni de mort.

*M. Charles de Lameth.* Pour décider cette question, il faut remonter aux principes qui sont déjà décrétés : l'on entreverra comme une conséquence nécessaire, l'impossibilité de donner au roi le droit de déclarer la guerre. Quand cette conséquence ne serait pas aussi certaine, quand elle serait contraire au principe, les circonstances où nous nous trouvons, exigeraient au moins que la nation conservât ce droit d'une manière provisoire. Il faut analyser d'abord le droit de paix et de guerre ; il est la manifestation du vœu général de la nation. Or, est-ce le roi qui peut exprimer ce vœu? Le droit de déclarer la volonté générale ne peut appartenir qu'aux représentans de la nation. Si je pouvais me servir d'une comparaison, je dirais qu'un manifeste de guerre ressemble au déploiement du drapeau rouge dans une cité. Ce sont les citoyens élus par le peuple qui déclareront que, d'après la volonté du peuple, et pour la sûreté générale, la force publique va être déployée contre les ennemis de la paix. Il en est de même d'une déclaration de guerre. C'est au corps-législatif, c'est à la municipalité par excellence, qu'il appartient de la faire. On dira qu'il n'y a pas d'inconvénient à accorder l'exercice de ce droit au roi, parce que vous pourrez refuser des subsides; mais cette objection est absurde et dérisoire; c'est la ressource d'une insurrection qu'on vous propose; car le peuple est en insurrection quand il refuse les subsides pour l'exercice du pouvoir qu'il a confié. Rappelez-vous, Messieurs, les raisons pour lesquelles on a écarté cette question, lors de la discussion sur le *veto*. On vous propose un crime pour remède à un décret. Un préopinant a dit qu'il y avait dans une assemblée aussi nombreuse plus de passions que dans un conseil particulier : c'est sans doute du conseil des ministres qu'il a voulu parler. Dans une grande assemblée, il y a plus de passions pour le bien que de passions perverses; et si quelques sujétions perfides peuvent s'y introduire, c'est souvent par le silence que des membres séduits ont servi les ministres. On a objecté la lenteur, la publicité des délibérations; cela prouve tout au plus que le droit dont il s'agit est difficile à exercer; mais ce n'est pas plus une raison pour que la nation doive déléguer un droit que le soin de sa liberté exige qu'elle conserve. Ne pourrait-on pas instituer un comité de guerre? Il aurait sans doute des inconvéniens. Bravons ces inconvéniens, plutôt que de consacrer le plus dangereux, le plus abominable des principes. Jetez les yeux sur les malheurs que les guerres ont produits. Montesquieu, dont l'âme n'était pas aussi hardie que le génie était profond, n'a pas dit nettement que l'exercice du droit de faire la paix ou la guerre devait appartenir au roi; en déplorant les guerres de Louis XIV, il a aussi fait sentir qu'il reconnaissait le danger de ce droit. Il en coûte à des Français de rappeler des traits nuisibles à la gloire de Henri IV. Quand la France, par un crime horrible, a perdu le meilleur des rois, ce monarque allait embraser l'Europe pour la possession de la princesse de Condé.

*M. l'abbé Maury.* C'est une calomnie.

*M. de Lameth.* En supposant que ma citation fût inexacte, le préopinant, dont la prodigieuse érudition lui fournit souvent des citations, ne devrait pas m'interrompre : quand il en ferait d'inexactes, même sans le vouloir, je ne l'interromprais pas. Il doit en coûter à un Français d'accuser un roi que la France honore de son deuil; mais il n'en est pas moins vrai que le bonheur du peuple est plus sacré que la mémoire des rois, et que ce serait manquer à notre caractère, que de dissimuler, sous quelque prétexte que ce soit, des exemples utiles. Les circonstances où nous nous trouvons nous font un devoir de dire la vérité tout entière; je n'y ai pas encore manqué, et les clameurs ne m'empêcheront pas de le remplir. J'ai avancé qu'Henri IV, au moment où un crime détestable nous a privé d'un bon roi, allait faire une tache à sa gloire et sacrifier le bonheur de son peuple à sa passion insensée pour la princesse de Condé. (M. l'abbé Maury interrompt encore l'opinant.) Je le prouverai par dix monumens historiques, par les mémoires de son ami Sully; il est impossible qu'ayant toujours aimé la mémoire d'Henri IV, il est impossible qu'avec le culte dont je fais profession, j'aie inventé ce trait. J'ai maintenant à prouver que si des principes de la constitution ne résultait pas le devoir de conserver à la nation le droit de paix et de guerre; que si même il était de principe de le laisser au roi, les circonstances actuelles nous obligeraient à déroger à ce principe. Daignez réfléchir, daignez observer dans quelle circonstance et de quelle manière a été amené le différend entre l'Espagne et l'Angleterre; c'est un vieux motif de guerre qu'on a réchauffé. Vous avez appris hier des préparatifs qui sont déjà une déclaration de guerre; vous ne pouvez ignorer les liaisons de l'Espagne : on sait bien que notre constitution épouvante les tyrans : on connaît les mesures que l'Espagne a prises pour empêcher que les écrits publiés en France parvinssent dans les empire. Une coalition s'est faite entre une puissance qui craint la révolution pour elle, entre une puissance qui voudrait anéantir notre constitution, et une famille qui peut être mue par des considérations particulières. En voilà assez pour vous faire pressentir les motifs de cette guerre.... Si vous déclarez que le roi peut faire la guerre, la constitution sera attaquée, et peut-être détruite; le royaume sera ensanglanté dans toutes ses parties. Si une armée se rassemble, les mécontens qu'a faits notre justice iront s'y réfugier. Les gens riches, car ce sont les riches qui composent le nombre des mécontens; ils s'étaient enrichis des abus, et vous avez tari la source odieuse de leur opulence : les gens riches emploieront tous leurs moyens pour répandre et pour alimenter le trouble et le désordre : mais ils ne seront pas vainqueurs; car s'ils ont de l'or, nous avons du fer, et nous saurons nous en servir. (Toutes les tribunes, toutes les galeries applaudissent avec transport.) Le droit de paix et de guerre appartient à la nation; l'exercice de ce droit doit être conservé par elle : ce principe est consacré par les principes même de la constitution, par l'opinion de Montesquieu, et par l'expérience des siècles. Il n'y a pas lieu à un seul doute sur la question. Je sais bien qu'on objectera le pacte de famille; mais d'abord la famille d'un roi, c'est son peuple : mais lorsqu'un intérêt légitime mettra les armes à la main à un cousin de nos rois, il n'est pas un Français qui ne coure à sa défense.... On veut que les assignats ne prennent pas faveur, que les biens ecclésiastiques ne se vendent pas; voilà la véritable cause de cette guerre... Et certes, ceux qui soutiennent en ce moment la prérogative royale ont une bien fausse idée des jouissances des rois. Si nous avions toujours un roi tel que le nôtre, un roi vertueux. (Il s'élève de grands murmures dans la partie droite de l'assemblée.) Oui.... je le répète, sans craindre d'être désavoué par la majorité de cette assemblée, par la majorité de la nation, qui est notre juge; si toujours le ciel, dans sa faveur, donnait à nos rois les vertus de Louis XVI, on pourrait, sans danger, augmenter sans mesure, la prérogative royale; mais demanderait-il le droit qu'on réclame aujourd'hui pour lui? mais ne serait-il pas affreux pour son cœur paternel, ce droit qui consiste à pouvoir envoyer librement des milliers de Français à la mort, ce droit qui ne peut s'exercer sans la dépopulation d'un empire ? A la fin du règne de Louis XIV, la France était déserte...... Je conclus : le pouvoir exécutif ne pouvant qu'exécuter, le pouvoir de déterminer la guerre doit appartenir à la nation, et être exercé par ses représentans.

M. le comte de *Virieu* répondit à M. de Lameth que le pacte de famille était un traité vraiment national entre quatre puissances, les royaumes de France, d'Espagne, de Naples, et le duché de Parme : il avait pour objet principal de rendre les sujets respectifs citoyens entre eux ; il portait l'abolition, du droit d'aubaine et l'engagement d'une défense respective, etc. ]

SÉANCE DU 27 MAI.

[*M. Malouet.* Toutes les fois qu'une grande question est agitée, on ne manque pas d'abord d'en annoncer toutes les difficultés ; et cependant, dès le début, il semble qu'il ne puisse y avoir qu'un seul et même avis, tant il est vrai que la domination repousse tout ce qui la contrarie! Je ne ferai pas cependant cette injure à la liberté; tous ont droit de discuter l'affirmative ou la négative de cette attribution du droit de paix au monarque. J'ai adopté le parti le plus simple, le plus convenable à la situation politique de la France. J'ai examiné les passions dont le ministère pourrait être agité, et s'il n'y avait pas autant à redouter du corps-législatif indépendant de toute autorité. Je m'attacherai aux objections proposées pour retirer au monarque le droit de déclarer la guerre : elles se réduisent à peu près à ce point, qu'une nation ne doit pas déléguer un droit qu'elle peut exercer, qu'en retranchant de la politique ce qu'elle a d'insidieux, le droit de la discuter peut être aisément attribué au corps-législatif; le droit de guerre et de paix est intimement lié à la législation et au gouvernement. S'il était semblable à celui de faire des lois, le monarque aurait le droit de suspendre la détermination. De la double alliance des principes résulte la nécessité d'un nouveau mode d'influence pour le monarque. On a dit que ce droit pourrait compromettre la liberté de la nation ; je réponds qu'il est impossible au roi de continuer la guerre, si la nation refuse des subsides : c'est par ce même moyen qu'on peut empêcher la levée de troupes. Il faut le dire aussi, les peuples ne peuvent accorder au prince un pouvoir illimité : c'est ainsi que la nation anglaise n'a point fait un despote de son roi, en lui accordant le droit de faire la guerre; mais elle lui a délégué un droit qui exige la nécessité du secret. Quoiqu'on vous assure le contraire, les peuples libres ont fait plus de guerres d'ambition que les despotes. Ce que vous aurez peine à croire, c'est que depuis un siècle le Grand-Turc est le seul qui n'ait fait que des guerres défensives. Quiconque a examiné les actes des Anglais, a été convaincu que le ministre qui aurait entraîné la nation dans une guerre contraire à ses intérêts, ne pourrait conserver sa place, ni même peut-être sa tête. Ainsi, tout ce qui vous a été représenté contre l'attribution au roi du droit de faire la guerre, est détruit par le fait. Le despotisme et la liberté ont à se reprocher les mêmes excès. Une morale bien saine semble déterminer vos délibérations. On vous a proposé de publier un manifeste par lequel vous renonceriez à tout esprit de conquête. Les moyens de faire reposer les hommes sur de pareils actes sont impossibles. Les nations sont comme les assemblées délibérantes ; ce n'est pas telle ou telle maxime, mais la majorité, qui fait la loi. Il est indispensable de fixer votre attention sur la situation politique de l'Europe. Croyez-vous qu'il soit possible de donner de la publicité à des discussions qui peuvent avoir pour objet des calculs sur la faiblesse et sur les passions des princes, des craintes ou des espérances? livrerez-vous ces discussions à la curiosité des spectateurs et aux commentaires des journalistes? Dans une république, c'est le sénat; dans une monarchie, c'est le prince seul qui peut être investi du droit de faire la paix ou la guerre : mais il faut en convenir, l'exercice de ce droit peut présenter des dangers, il me paraît nécessaire de déterminer avec précision la manière d'user de ce droit. Pour une légitime défense, et quand les propriétés du royaume seront menacées par des puissances étrangères, le pouvoir exécutif ordonnera tous les préparatifs et toutes les dispositions qu'il jugera nécessaires. S'il n'y a point d'agression de la part des puissances étrangères, le roi ne pourra déclarer la guerre que du consentement du corps-législatif. C'est au roi qu'il appartient de régler les conditions de la paix ; mais s'il s'agit d'accroître les propriétés de la nation, ou de céder quelques parties du territoire national; le traité ne pourra être fait que du consentement du corps-législatif : les traités d'alliance seront définitivement arrêtés par le corps-législatif, lorsqu'ils contiendront des engagemens de défense et de secours mutuels.

M. *Pétion de Villeneuve*. On demande si la nation peut déléguer le pouvoir de faire la paix ou la guerre, c'est-à-dire de disposer de la force publique, de la richesse, de la vie et de la liberté des peuples. Personne n'ignore que la nation est souveraine, que tous les pouvoirs émanent d'elle, que les chefs lui sont soumis. Qu'on ne demande donc plus si une nation peut déléguer le droit de la paix ou de la guerre; elle peut tout ce qu'elle veut; il faut donc seulement examiner s'il est de son intérêt de faire elle-même la paix, la guerre et les traités. Avant d'entrer dans cet examen, qu'il me soit permis de jeter un coup d'œil rapide sur ce qui s'est passé depuis l'origine de la monarchie jusqu'à nos jours. Quels spectacles imposans offraient les premières assemblées du peuple! Ils ne prenaient les armes que quand ils l'avaient résolu ; ils ne les quittaient qu'après la victoire : c'était d'après l'avis de tous les guerriers que l'ennemi recevait la paix. Les rois, dans un temps moins reculé, ne pouvaient jamais commencer la guerre sans l'aveu des comtes et des barons. — M. Pétion de Villeneuve cite les États-Généraux depuis 1356 jusqu'à 1614, dans lesquels les représentans de la nation délibérèrent sur la paix, sur la guerre, sur les traités et sur les alliances.—Ici se trouve une lacune considérable dans notre histoire. Les États-Généraux disparurent, et l'on mit à leur place un fantôme de pouvoir. Les corps judiciaires nommés par le roi remplacèrent le tribunal national formé par le peuple. Alors les rois n'écoutèrent plus que leur ambition, que leurs passions, que le désir déréglé d'une vaine gloire; ils attaquèrent leurs voisins, ils se crurent justes quand ils étaient forts, ils troublèrent la paix de l'Europe entière et répandirent à grands flots l'or et le sang des Français. Ils formèrent des alliances; ils engagèrent ainsi le bonheur et la vie des peuples, sans consulter les peuples.

Vous n'avez rien fait pour la félicité publique, si vous laissez dans les mains de vos chefs un pouvoir aussi funeste. En vain vous serez riches, votre population sera nombreuse; en vain le commerce sera florissant; toute cette prospérité disparaîtra devant les caprices d'un ministre ou d'une maîtresse; en vain vous aurez établi par une constitution sage la liberté des Français: un roi conquérant et victorieux anéantira la liberté et changera les hommes libres en esclaves. Je m'arrête à ce roi despote, grand de la grandeur de son siècle, de la sagesse de ses ministres, des grands hommes dont la nature se plut à entourer son trône; flatté par les gens de lettres qu'il favorisait, l'objet de la jalousie de tous les potentats de l'Europe, et le fléau de ses peuples. Son successeur, quoique moins ambitieux, n'en a pas moins été funeste à la France: ce roi, faible et voluptueux, a sacrifié ses sujets à ses favoris, à ses maîtresses; ses ministres sont parvenus, à force d'impéritie et d'infortune, à avilir la nation, et à la faire tomber du haut rang où elle avait été placée, et d'où elle n'aurait jamais dû descendre. Louis XVI, dont le nom retentit toujours avec éloge dans cette tribune, ne s'est-il pas vu entraîné par ses ministres à suivre d'aussi funestes exemples? Ses ministres n'ont pas voulu briser les fers d'un peuple esclave: cette grande idée était trop au-dessus d'eux. Ils ont voulu abaisser une puissance rivale; ils ont touché le but auquel ils ne tendaient pas; ils ont placé dans le Nouveau-Monde le fanal de la liberté, et ce fanal éclairera insensiblement tous les peuples de la terre. Qu'avaient fait les ministres avant cette époque, tout à la fois désastreuse et glorieuse? Des traités déshonorans avaient été conclus : dans l'un, c'est un prince détrôné, d'abord protégé, puis abandonné lâchement ; dans l'autre, on reçoit toutes les conditions, on cède le Canada, les possessions de l'Amérique septentrionale ; et la France, qui devait donner des lois, est réduite à ce point d'avilissement, que l'Angleterre lui interdit ses propres ports, qu'elle y place un agent soudoyé par la France elle-même ; dans celui-ci, la France victorieuse est la dupe de la politique ambitieuse de la maison d'Autriche : elle reçoit des conditions sans réciprocité ; elle se soumet à fournir des subsides et des soldats ; elle manque une occasion brillante de rétablir la balance politique en Allemagne et en Italie ; elle indispose le meilleur, le plus loyal de ses alliés, le Turc ; elle court risque de perdre le commerce du Levant. Le traité de 1756, tant qu'il subsistera, sera funeste à notre prospérité et à notre gloire ; dans celui-là, une nation est la dupe des surprises faites à l'ignorance de ses ministres. L'activité et l'industrie nationale sont enchaînées ; des clauses onéreuses pour la France sont placées à côté des clauses avantageuses à l'Angleterre ; et c'est ainsi qu'on explique comment vingt vaisseaux anglais sont mis en mer par les suites de ce traité contre un seul vaisseau français. En Angleterre, des négocians instruits ont été appelés à la barre du parlement : on a profité de leurs lumières ; toutes les clauses ont été débattues par les représentans de la nation, pour les intérêts de la nation.

En France, les ministres ont dédaigné de s'instruire ; ils semblent n'avoir traité que pour eux : ils n'ont pris conseil que de leur ignorance et de leurs commis. Je ne vous parlerai plus que d'un seul traité, si révoltant qu'il est impossible de le passer sous silence. Vous avez été engagés à payer un tribut annuel à des corsaires qui ne vivent que de meurtres et de ravages. Ce qu'il y a d'étonnant, c'est que toutes les nations, au lieu de se réunir pour les attaquer et pour détruire leur infâme repaire, sont devenues leurs tributaires. Peut-on croire que si la nation avait exercé ses droits, elle aurait été assez ennemie d'elle-même pour prodiguer ainsi son sang et ses trésors, pour souscrire des traités humilians? Je ne conçois pas comment un peuple peut dire : tu m'ordonneras de combattre, et je combattrai ; pour servir tes passions ou tes caprices tu me diras : verse ton sang, et je verserai mon sang ; donne ton or, et je donnerai mon or ; tu céderas ton territoire, tu te céderas toi-même comme un vil troupeau. Et de ce que toutes les nations ont été long-temps endormies sous la verge du despotisme, on peut conclure qu'elles ont consenti à laisser violer leurs droits. J'aimerais autant dire que les peuples ont reconnu les désavantages de la liberté et les douceurs de l'esclavage. Contemplez tous ces traités ou ces forfaits politiques, vous verrez chaque page teinte du sang que les peuples ont versé. On dira que les rois avaient les mêmes intérêts que les peuples : pourquoi ne dit-on pas que tous les rois ayant intérêt d'être justes, ont été justes ; qu'ayant intérêt à être vertueux, ils ont été vertueux ; qu'ayant intérêt à être économes, ils ont été économes ; qu'ayant intérêt de ménager le sang des peuples, ils en ont été avares. Jugez de ce que pourra faire un despote impétueux et inhumain ! il excitera ses voisins, il entreprendra la guerre pour avoir de l'argent ; avec cet argent, il séduira l'armée, il reviendra vainqueur des étrangers ; il asservira le peuple qui se prosternera devant son front victorieux. On dit qu'on pourra refuser les subsides ; pourquoi ne pas prévenir le mal, plutôt que de s'obliger à en chercher le remède ? Mais la nation engagée dans une guerre ne pourra plus s'arrêter ; la loi impérieuse de la nécessité la contraindra à accorder les subsides qu'elle aurait voulu refuser. On dit que les ministres seront responsables ; eh ! ne déguiseront-ils pas leur conduite au moyen des ressorts cachés, des fils imperceptibles des négociations : le regard sévère de la justice pourra-t-il découvrir leurs crimes dans les ombres d'un mystère impénétrable ? Ne nous échapperont-ils pas dans le labyrinthe tortueux de leurs opérations ? Se peut-il d'ailleurs qu'un homme, qu'un seul homme réponde des calamités d'une guerre ? Que pourra-t-il mettre en opposition avec des moissons détruites, des villes ravagées, des citoyens massacrés ? Pourquoi s'exposer volontairement à de si grands maux, et ne se réserver que le triste privilége de punir? Il en sera de même des traités ; une fois conclus, quelques désastreux qu'ils soient, il faudra les exécuter. Voyez l'Angleterre, dira-t-on, la responsabilité des ministres suffit. Voyez l'Angleterre, répondrai-je, voyez toutes ces agitations célèbres et terribles ; voyez ces guerres injustes, entreprises par les ministres, sans consulter l'opinion publique ; souvent même en la bravant. Toujours la cour a étouffé les réclamations du peuple.

On fait une grande objection : le corps-législatif ne pourra faire avec succès des opérations politiques, parce que ces opérations doivent être secrètes. Je pourrais rappeler les peuples anciens, je pourrais citer les peuples modernes. Le mystère ne sert que l'injustice, il ne produit que des erreurs. On pouvait cacher aux peuples les intérêts des rois, quand les rois étaient tout et le peuple n'était rien. C'est à cette marche ténébreuse, c'est aux opérations clandestines des ministres qu'il faut attribuer tous nos maux. Nous avons voulu chasser l'injustice de notre administration intérieure, et notre administration est devenue publique. Pourquoi n'en serait-il pas de même pour le régime extérieur? Je cherche en vain sous les rapports politiques, quelle est l'utilité du mystère : lorsque deux ou plusieurs nations traitent ensemble, chacune cherche à mettre de son côté l'avantage de la ruse ; cet avantage étant réciproque devient nul. Il peut arriver qu'une nation donne le change à l'autre ; mais alors c'est un jeu de hasard ; et peut-on jouer ainsi les intérêts des peuples ? Mais d'ailleurs, les cours n'entretiennent-elles pas les unes vers les autres des espions titrés? Mais ne corrompt-on pas les ministres, les secrétaires, les commis? Mais avec de l'or ne sait-on pas dissiper les ténèbres? Frédéric ignorait-il tout ce qui se passait dans tous les cabinets de l'Europe? On n'a besoin d'être mystérieux que quand on veut être injuste. Je ne connais de traités solides et respectables, que ceux qui sont fondés sur la justice et sur l'utilité réciproque et commune. Le véritable intérêt national est d'être juste ; toute la science des hommes d'état est puérile et vaine, ils trompent leurs contemporains, ils sacrifient leurs descendans.... On disait que la déclaration des droits de l'homme, que les principes de la constitution, les détails des finances, n'étaient pas susceptibles d'être discutés dans une assemblée de douze cents personnes, on en dit autant des opérations politiques. Je dirai pour toute réponse : voyez ce que nous avons fait. Les lumières réunies dans une grande assemblée, éclairent la discussion et dévoilent les intrigues. Les corruptions qui ont tant de prise sur des hommes isolés, deviennent inutiles dans une grande assemblée.... Avant de déclarer la guerre, les représentans du peuple frémiront, parce qu'ils sauront en prévoir les suites terribles : les rois ne voient que des lauriers à cueillir, que des ennemis à humilier. Mais, dira-t-on, si le pouvoir exécutif est étranger à ces grands intérêts : il faut remettre entre ses mains la force publique ; il faut cependant en déterminer l'usage ; il la tournerait contre la liberté nationale....

Les traités d'alliance sont des injustices quand ils protègent des puissances injustes ; ils sont une source intarissable de guerres tant que l'alliance n'est pas générale. C'est un jeu trompeur dont les chances sont tantôt bonnes, tantôt mauvaises, et toujours injustes. Le pouvoir exécutif peut-il avoir le droit de risquer ainsi le sort des empires? Les traités de commerce ont toujours de grandes influences sur la prospérité publique. Le commerce extérieur et le commerce intérieur agissent et réagissent continuellement l'un sur l'autre. Si le pouvoir exécutif n'a pas le droit de faire la loi la plus simple, pourquoi lui donnerait-on celui de faire des traités dont les conséquences sont si importantes? Mais il ne faut pas lui donner trop d'entraves ; il ferait manquer les négociations qu'il n'aurait pas entamées ; il servirait mal une guerre qu'il n'aurait pas conçue. On doit lui laisser le pouvoir de proposer les traités, la paix et la guerre. Il me reste un dernier moyen, qui, réuni à tous les autres, pourra amener la plus heureuse révolution pour l'humanité. Il faut déclarer, d'une manière solennelle que vous voulez bannir de la politique toutes les ruses, toutes les fourberies, pour les remplacer par la justice et la loyauté ; que la France renonce à tous projets ambitieux, à toutes conquêtes ; qu'elle regarde ses limites comme posées par les destinées éternelles; que toute irruption sur un territoire étranger est une lâche infamie. Vous n'aurez rien fait qui puisse exciter davantage l'étonnement et l'admiration de la postérité. — M. Pétion de Villeneuve propose un projet de décret dont voici la substance : « Le pouvoir exécutif ne pourra déclarer la guerre, ni faire aucune entreprise offensive, que du consentement du corps-législatif. En cas d'invasion, si le corps-législatif n'est point assemblé, le pouvoir exécutif disposera de la force publique, et convoquera les représentans de la nation. Le pouvoir exécutif proposera les conditions de la paix, ainsi que les projets de traités et d'alliance. Le corps-législatif pourra faire des modifications, admettre ou rejeter. Il sera rédigé un manifeste pour déclarer à toutes les cours que la nation renonce à toutes conquêtes, etc.

*M. Goupil de Préfeln.* En remontant aux sources du droit public, nous verrons que la nation française a presque toujours joui du droit de faire la guerre. Ce n'est que depuis que le régime féodal a fait disparaître l'existence des droits du peuple, que la nation n'a plus consisté que dans un roi, et cependant on n'entrenait alors des guerres que du consentement des barons. Il faut cependant l'avouer, depuis la majorité de Louis XIII, la nation n'a plus été consultée, et vous sentez bien quels en ont été les résultats. On vous a présenté des raisonnemens plus ou moins spécieux; on vous a dit que ce droit était important pour la dignité royale, comme s'il n'y avait pas de dignité royale sous Charlemagne et sous Louis IX. En quoi consiste la dignité du trône? Dans le droit efficace de faire le bien, et non dans le pouvoir de faire le mal. Le monarque vous dirait : on a déclaré la guerre, c'est le fruit d'une intrigue ; qu'importe, il faut verser le sang des peuples et les écraser d'impôts. Mais vous aurez le droit de refuser les subsides. Est-ce bien à nous qu'on tient ce langage; à nous, dont l'amour pour notre roi est la qualité distinctive! Nous abandonnerions ainsi notre monarque ! Les sentimens que nous vouons à nos rois ne sont pas les mêmes que ceux des Anglais. On nous cite toujours l'Angleterre pour modèle. Elle ne craint pas, comme nous, qu'on puisse mettre assez de troupes entre les mains du roi, pour lui fournir les moyens d'attaquer la liberté du peuple. Le règne des charlatans est passé : il est temps que la raison éclaire nos intérêts. Mais on allègue le danger de la corruption ; et pour l'écarter on nous engage à déposer le droit de faire la guerre dans le sanctuaire incorruptible des ministres... Voici le projet de décret que j'ai l'honneur de vous présenter.

« L'assemblée nationale, après avoir recouvré la liberté par l'assistance divine, et ne devant en faire usage que conformément aux règles de justice établies par Dieu, déclare que toute nation fidèle à respecter ses engagemens sera toujours l'objet de son affection, mais qu'elle emploiera toute la force et l'énergie d'une nation libre pour repousser l'injustice ; déclare en outre que le roi pourra préparer les forces que la constitution met en sa disposition pour la sûreté de l'empire ; qu'aussitôt qu'il serait contraint de les mettre en usage, il en informera l'assemblée nationale ; décrète de plus que le roi pourra proposer et accepter des traités, mais qu'ils ne deviendront obligatoires que par la ratification du corps-législatif.]

### SÉANCE DU 18 MAI.

[M. le duc du Châtelet. Je ne puis qu'applaudir à l'opinion de M. de Sérent, et je me bornerai à répondre à quelques objections. A Dieu ne plaise que je dise que le conseil du roi n'est jamais le foyer des intrigues et des passions ! Les ministres ne sont pas toujours ignorans et perfides ; s'ils s'égarent, la responsabilité les ramènera à la vertu ; et si la responsabilité n'est pas très-puissante sur les délégués du prince, elle est certainement nulle pour les délégués du peuple. Une assemblée nombreuse peut être bien plus aisément corrompue. En Suède, la diète est toujours remplie de gens soudoyés par la France, par l'Angleterre, ou par la Russie. Les alliances, la paix et la guerre y sont le résultat de la plus odieuse corruption.... Si on ne permet aucune alliance qu'elle ne soit traitée au milieu du pouvoir législatif la France n'aura bientôt plus d'alliés.... On propose de créer un comité diplomatique. La nation est bien maîtresse de divulguer ses secrets, mais non de faire connaître ceux des autres. Si ce comité ne rend pas compte à l'assemblée, il sera un autre conseil d'État qui présentera de grands inconvéniens, puisque les membres de ce conseil ne seront pas responsables. Je vote donc dans le sens de M. de Sérent.

*M. de Robespierre.* Après les vérités importantes qui vous ont été présentées sur la question, il reste encore à répondre à un très-petit nombre d'objections, à résumer les points principaux, à réduire la question à ses termes les plus simples, et à fixer vos regards sur notre situation actuelle. En me rappelant ce qu'ont dit les deux préopinans, je ne vois qu'une seule objection : la nation étant obligée de déléguer tout le pouvoir, autant vaut et mieux vaut de léguer au roi, qui est représentant de la nation, le droit de déclarer la guerre. Il est inexact de dire *représentant de la nation*. Le roi est le *commis* et le délégué de la nation pour exécuter les volontés nationales....

MM. Destourmel, de Murinais, etc. demandent que l'opinant soit rappelé à l'ordre.

*M. de Robespierre.* Certainement le murmure qui s'élève n'aurait pas eu lieu, si l'on avait compris ma pensée; on ne m'aurait pas soupçonné de manquer de respect à la majesté royale, puisqu'elle n'est autre chose que la majesté nationale. J'ai voulu donner une magnifique idée de.... Si mes expressions ont affligé quelqu'un, je dois les rétracter : par *commis*, je n'ai voulu entendre que l'emploi suprême, que la charge sublime d'exécuter la volonté générale; j'ai dit qu'on ne représente la nation que quand on est spécialement chargé par elle d'exprimer sa volonté. Toute autre puissance, quelque auguste qu'elle soit, n'a pas le caractère de représentant du peuple. Je dis donc que la nation doit confier à ses représentans le droit de la guerre et de la paix. A toutes ces réflexions, j'ajoute qu'il faut déléguer ce pouvoir à celui qui a le moins d'intérêt à en abuser; le corps-législatif n'en peut abuser jamais. Mais c'est le roi armé d'une puissante dictature qui peut le rendre formidable, qui peut attenter à la liberté, à la contitution. Le roi sera toujours tenté de déclarer la guerre pour augmenter sa prérogative : les représentans de la nation auront toujours un intérêt direct et même personnel à empêcher la guerre. Dans un instant ils vont rentrer dans la classe de citoyens, et la guerre frappe sur tous les citoyens. Pour éviter ces inconvéniens sans nombre qui se présentent à nos regards, je propose à l'assemblée de fixer son opinion sur le projet de décret de M. Pétion; c'est ici le moment de commencer cette grande révolution, qui s'étendra sur toutes les parties du monde. Je ne crois pas qu'il soit facile de supporter l'idée de la guerre qui l'annonce. C'est l'Espagne qui a fait les premiers préparatifs; c'est l'Espagne qui a réclamé des possessions éloignées. On nous parle d'un traité : quel traité? un pacte de famille est un pacte national? Comme si les querelles des rois pouvaient encore être celles des peuples.... (On observe que ce n'est pas l'ordre du jour.) Il est impossible que des événemens qui amènent cette discussion, soient étrangers à cette discussion. Il est important d'avertir l'assemblée nationale que cette question traitée, elle en aura une autre à traiter. Pourquoi voulez-vous m'empêcher de vous dire que vous êtes exposés aux plus grands des dangers, si vous ne prenez pas un décret sage. Je conclus à ce que l'assemblée délibère, d'abord sur le projet de décret de M. Pétion de Villeneuve, et ensuite sur les circonstances présentes.]

— La discussion errait ainsi d'opinions en opinions. Il fallait une secousse pour déterminer l'assemblée à prendre un parti. Ce fut Mirabeau qui la donna.

### SÉANCE DU 20 MAI.
*Discours de Mirabeau.*

[« Si je prends la parole sur une matière soumise depuis cinq jours à de longs débats, c'est seulement pour établir l'état de la question, qui, si je ne me trompe, n'a pas été posée telle qu'elle devait l'être. Un grand péril dans le moment actuel, de grands dangers dans l'avenir ont dû exciter toute l'attention du patriotisme; mais l'importance de la question a aussi son propre danger. Ces mots de guerre et de paix sonnent fortement à l'oreille, réveillent et trompent l'imagination, excitent les passions les plus impérieuses; la fierté, le courage, se tiennent aux plus grands objets, aux victoires, aux conquêtes, au sort des empires, surtout à la liberté, surtout à la durée de cette constitution naissante que tous les Français ont juré de maintenir; et lorsqu'une question de droit public se présente dans un si grand appareil, quelle attention ne faut-il pas avoir sur soi-même, pour concilier, dans une discussion aussi grave, la raison froide, la profonde méditation de l'homme d'État avec l'émotion bien excusable que doivent nous inspirer les craintes qui nous environnent.

Faut-il déléguer au roi l'exercice du droit de faire la paix ou la guerre, ou doit-on l'attribuer au corps législatif? C'est ainsi, Messieurs, c'est avec cette alternative qu'on a, jusqu'à présent, énoncé la question; et j'avoue que cette manière de la poser, la rendrait insoluble pour moi-même. Je ne crois pas que l'on puisse, sans anéantir la constitution déléguer au roi l'exercice de faire la paix ou la guerre; je ne crois pas non plus que l'on puisse attribuer exclusivement ce droit au corps-législatif, sans nous préparer des dangers d'une autre nature et non moins redoutables. Mais sommes-nous forcés de faire un choix exclusif? Ne peut-on pas, pour une des fonctions du gouvernement, qui tient tout à la fois de l'action et de la volonté, de l'exécution et de la délibération, faire concourir au même but, sans les exclure l'un par l'autre, les deux pouvoirs qui constituent la force nationale et qui représentent sa sagesse? Ne peut-on pas restreindre les droits ou plutôt les abus de l'ancienne royauté, sans paralyser la force publique? Ne peut-on pas, d'un autre côté, connaître le vœu national sur la guerre et sur la paix par l'organe suprême d'une assemblée représentative, sans transporter parmi nous les inconvéniens que nous découvrons dans cette partie du droit public des républiques anciennes et de quelques états de l'Europe?

Ainsi, Messieurs, je me suis proposé à moi-même la question générale que j'avais à résoudre, dans ces termes : Ne faut-il pas attribuer concurremment le droit de faire la paix ou la guerre aux deux pouvoirs que notre constitution a consacrés?

Avant de nous décider sur ce nouveau point de vue, je vais d'abord examiner avec vous si, dans la pratique de la guerre et de la paix, la nature des choses, leur marche invincible ne nous indiquent pas les époques où chacun des deux pouvoirs peut agir séparément, les points où leur concours se rencontre, les fonctions qui leur sont communes, et celles qui leur sont propres; le moment où il faut délibérer et celui où il faut agir. Croyez, Messieurs, qu'un tel examen nous conduira bien plus facilement à la vérité, que si nous nous bornions à une simple théorie.

Et d'abord, est-ce au roi ou au corps législatif à entretenir des relations extérieures, à veiller à la sûreté de l'empire, à faire, à ordonner les préparatifs nécessaires pour le défendre?

Si vous décidez cette première question en faveur du roi, et je ne sais comment vous pourriez la décider autrement, sans créer dans le même royaume deux pouvoirs exécutifs; vous êtes contraints de reconnaître par cela seul que la force publique peut être dans le cas de repousser une première hostilité, avant que le corps-législatif ait eu le temps de manifester aucun vœu, ni d'approbation ni d'improbation. Qu'est-ce que repousser une première hostilité, si ce n'est commencer la guerre?

Je m'arrête à cette première hypothèse pour vous en faire sentir la vérité et les conséquences. Des vaisseaux sont envoyés pour garantir nos colonies; des soldats sont placés sur nos frontières. Vous convenez que ces préparatifs, que ces moyens de défense appartiennent au roi : or, si ces vaisseaux sont attaqués; si ces soldats sont menacés, attendront-ils, pour se défendre, que le corps-législatif ait approuvé ou improuvé la guerre? Non, sans doute : eh bien! par cela seul la guerre existe, et la nécessité en a donné le signal. De là je conclus que presque dans tous les cas il ne peut y avoir de délibération à prendre que pour savoir si la guerre doit être continuée : je dis, presque dans tous les cas; en effet, Messieurs, il ne sera jamais question, pour des Français dont la constitution vient d'épurer les idées de justice, de faire déconcerter une guerre offensive, c'est-à-dire, d'attaquer les peuples voisins, lorsqu'ils ne nous attaquent point. Dans ce cas, sans doute, une délibération serait nécessaire; mais une telle guerre doit être regardée comme un crime, et j'en ferai l'objet d'un article de décret.

Ne s'agit-il donc que d'une guerre défensive, où l'ennemi a commis des hostilités? voilà la guerre, ou sans qu'il y ait encore des hostilités, les préparatifs de l'ennemi en annoncent le dessein; déjà par cela seul la paix n'existe plus, la guerre est commencée.

Il est un troisième cas; c'est lorsqu'il faut décider si un droit contesté ou usurpé sera repris ou maintenu par la force des armes, et je n'oublierai pas d'en parler; mais, jusque-là, je ne vois pas qu'il puisse être question, pour le corps-législatif, de délibérer. Le moment viendra où les préparatifs de défense excédant les fonds ordinaires lui seront dénoncés, et je ferai connaître quels sont alors ses droits.

Mais, quoi! direz-vous, le corps-législatif n'aura-t-il pas toujours le moyen d'empêcher le commencement de la guerre? Non; car c'est comme si vous demandiez s'il est un moyen d'empêcher qu'une nation voisine ne nous attaque; et quel moyen prendriez-vous?

Ne ferez-vous aucuns préparatifs? vous ne repousserez point les hostilités, mais vous les souffrirez. L'état de guerre sera le même.

Chargerez-vous le corps-législatif des préparatifs de défense? Vous n'empêcherez pas pour cela l'agression; et comment concilierez-vous cette action du pouvoir législatif avec celle du pouvoir exécutif?

Forcerez-vous le pouvoir exécutif de vous notifier ses moindres préparatifs et ses moindres démarches? Vous violerez par cela seul toutes les règles de la prudence: l'ennemi connaissant toutes vos précautions, toutes vos menées, les déjouera; vous rendrez les préparatifs inutiles; autant vaudrait-il n'en point ordonner.

Bornerez-vous l'étendue des préparatifs? Mais le pouvez-vous avec tous les points de contact qui vous lient à l'Europe, à l'Inde, à l'Amérique, à tout le globe? Mais ne faut-il pas que vos préparatifs soient dans la proportion de ceux des états voisins? Mais les hostilités commencent-elles moins entre deux vaisseaux qu'entre deux escadres? L'état permanent de la marine et de l'armée ne suffirait-il pas au besoin pour commencer la guerre? Mais ne serez-vous pas forcés d'accorder chaque année une certaine somme pour des armemens imprévus? Ne faut-il pas que cette somme soit relative à l'étendue de vos côtes, à l'importance de votre commerce, à la distance de vos possessions lointaines, à la force de vos ennemis? Cependant, Messieurs, je le sens aussi vivement que tout autre : ne laissons pas surprendre notre vigilance par ces difficultés; car il faut bien qu'il existe un moyen d'empêcher que le pouvoir exécutif n'abuse même du droit de veiller à la défense de l'Etat, qu'il ne consume en armemens inutiles des sommes immenses, qu'il ne prépare des forces pour lui-même, en feignant de les destiner contre un ennemi; qu'il n'excite par un trop grand appareil de défense la jalousie ou la crainte de nos voisins : sans doute il le faut croire; mais la marche naturelle des événemens nous indique comment le corps-législatif réprimera de tels abus; car, d'un côté, s'il faut des armemens plus considérables qu'elle ne comporte, l'extraordinaire des guerres, le pouvoir exécutif sera obligé de les demander, et vous aurez le droit d'improuver les préparatifs, de forcer à la négociation de la paix, de refuser les fonds demandés. D'un autre côté, la prompte notification que le pouvoir exécutif sera tenu de faire de l'état de la guerre, soit imminente, soit commencée, ne vous laissera-t-elle pas les moyens de veiller à la liberté publique.

Ici je comprends, Messieurs, le troisième cas dont j'ai parlé, celui d'une guerre à entreprendre pour recouvrer ou conserver une possession ou un droit, ce qui rentre dans la guerre défensive. Il semble d'abord que dans une telle hypothèse, le corps-législatif aurait à délibérer même sur les préparatifs. Mais tâchez d'appliquer, mais réalisez ce cas hypothétique : un droit est-il usurpé ou contesté? Le pouvoir exécutif chargé des relations extérieures, tente d'abord de les recouvrer par la négociation. Si ce premier moyen est sans succès, et que le droit soit important, laissez encore au pouvoir exécutif le droit des préparatifs de défense ; mais forcez-le à notifier aux représentans de la nation l'usurpation dont il se plaint, le droit qu'il réclame, tout comme il sera forcé de notifier une guerre imminente ou commencée. Vous établirez par ce moyen une marche uniforme dans tous les cas, et je vais démontrer qu'il suffit que le concours du pouvoir législatif commence à l'époque de la notification dont je viens de parler, pour concilier parfaitement l'intérêt national avec le maintien de la force publique.

Les hostilités sont donc ou commencées ou imminentes ; quels sont alors les devoirs du pouvoir exécutif ? quels sont les droits du pouvoir législatif ?

Je viens de l'annoncer ; le pouvoir exécutif doit notifier sans aucun délai l'état de guerre ou existant, ou prochain, en faire connaître les causes, demander les fonds nécessaires, requérir la réunion du corps-législatif, s'il n'est point assemblé.

Le corps-législatif, à son tour, a quatre sortes de mesures à prendre. La première est d'examiner si les hostilités étant commencées, l'agression coupable n'est pas venue de nos ministres ou de quelque agent du pouvoir exécutif. Dans un tel cas, l'auteur de l'agression doit être poursuivi comme criminel de lèse-nation. Faites une telle loi, et par cela seul vous bornerez vos guerres au seul exercice du droit d'une juste défense ; par cela seul vous ferez plus pour la liberté publique, que si, pour attribuer exclusivement le droit de la guerre au corps représentatif, vous perdiez les avantages que l'on peut tirer de la royauté.

La seconde mesure est d'improuver la guerre si elle est inutile ou injuste, de requérir le roi de négocier la paix, et de l'y forcer en refusant les fonds ; voilà, Messieurs, le véritable droit du corps-législatif. Les pouvoirs alors ne sont pas confondus, les formes des divers gouvernemens ne sont pas violées, et sans tomber dans l'inconvénient de faire délibérer sept cents personnes sur la paix ou sur la guerre; ce qui, certainement, n'est pas sans de grands dangers, ainsi que je le démontrerai bientôt; l'intérêt national est également conservé. Au reste, Messieurs, lorsque je propose de faire improuver la guerre par le corps-législatif, tandis que je lui refuse le droit exclusif de faire la paix ou la guerre, ne croyez pas que j'élude en cela la question, ni que je propose la même délibération sous une forme différente. Il est une nuance très-sensible entre improuver la guerre et délibérer la guerre, et vous allez l'apercevoir. L'exercice du droit de faire la paix et la guerre, n'est pas simplement une action ni un acte de pure volonté; il tient au contraire à ces deux principes; il exige le concours des deux pouvoirs; et toute la théorie de cette question ne consiste qu'à assigner, soit au pouvoir législatif, soit au pouvoir exécutif, le genre de concours, qui, par sa nature, lui est plus propre qu'aucun autre. Faire délibérer directement le corps-législatif sur la paix et sur la guerre, comme autrefois en délibérait le sénat de Rome, comme en délibèrent les états de Suède, la diète de Pologne, la confédération de Hollande, ce serait faire d'un roi de France un stathouder ou un consul; ce serait choisir, entre deux délégués de la nation, celui qui, quoique épuré sans cesse par le choix du peuple, par le renouvellement continuel des élections, est cependant le moins propre, sur une telle matière, à prendre des délibérations utiles. Donner au contraire au pouvoir législatif le droit d'examen, d'improbation, de réquisition de la paix, de poursuivre contre un ministre coupable de refus des fonds, c'est le faire concourir à l'exercice d'un droit national, par les moyens qui sont propres à la nature d'un tel corps; c'est-à-dire, par le poids de son influence, par ses soins, par sa surveillance, par son droit exclusif de disposer des forces et des revenus de l'Etat.

Cette différence est donc très-marquée, et conduit au but, en conservant les deux pouvoirs dans toute leur intégrité, tandis qu'autrement vous vous trouverez forcés de faire un choix exclusif entre deux pouvoirs qui doivent marcher ensemble.

La troisième mesure du corps-législatif, consiste dans une suite de moyens que j'indique pour prévenir les dangers de la guerre, en la surveillant, et je lui en attribue le droit.

Le premier de ces moyens est de ne point prendre de vacances tant que dure la guerre.

Le second, de prolonger sa session dans le cas d'une guerre imminente.

Le troisième, de réunir en telle quantité qu'il le trouvera nécessaire, la garde nationale du royaume, dans le cas où le roi ferait la guerre en personne.

Le quatrième, de requérir, toutes les fois qu'il le jugera convenable, le pouvoir exécutif de négocier la paix.

Je m'arrête un instant sur ces deux derniers moyens, parce qu'ils font connaître parfaitement le système que je propose.

De ce qu'il peut y avoir des dangers à faire délibérer la guerre par le corps-législatif, quelques personnes soutiennent que le droit de la guerre et de la paix n'appartient qu'au monarque; ils affectent même le doute que la nation ait ce droit, tandis qu'elle a celui de déléguer la royauté. Eh!.. qu'importe en effet à ces hommes, de placer à côté de notre constitution une autorité sans bornes, toujours capable de la renverser? La chérissent-ils cette constitution? Est-elle leur ouvrage comme le nôtre? Veulent-ils la rendre immortelle comme la justice et la raison?

D'un autre côté, de ce que le concours du monarque, dans l'exercice du droit de faire la paix ou la guerre, peut présenter des dangers, et il en présente en effet, vous concluez qu'il faut le priver du droit d'y concourir : or, en cela, ne voulez-vous pas une chose impossible? A moins d'ôter au roi les préparatifs de la paix et de la guerre. Pour moi, j'établis le contre-poids des dangers qui peuvent naître du pouvoir royal dans la constitution même, dans les balancemens des pouvoirs, dans les forces intérieures que vous donnera cette garde nationale, seul équilibre propre au gouvernement représentatif, contre une armée placée aux frontières; et félicitez-vous, Messieurs, de cette découverte. Si votre constitution est immuable, c'est de là que naîtra sa stabilité.

D'un autre côté, Messieurs, si j'attribue au corps-législatif le droit de requérir le pouvoir exécutif de négocier la paix, remarquez que je ne donne pas pour cela au corps-législatif l'exercice du droit exclusif de faire la paix ; ce serait retomber dans tous les inconvéniens dont j'ai déjà parlé. Qui connaîtra le moment de faire la paix, si ce n'est celui qui tient le fil de toutes les relations politiques ? Déciderez-vous aussi que les agens employés pour cela ne correspondront qu'avec vous ? leur donnerez-vous des instructions ? répondrez-vous à leurs dépêches ? les remplacerez-vous, s'ils ne remplissent pas toute votre attente ? Découvrirez-vous, par des discussions solennelles, les motifs secrets qui vous porteront à faire la paix ? Donnerez-vous ainsi la mesure de votre force ou de votre faiblesse ? et votre loyauté vous fit-elle une loi de ne rien dissimuler, forcerez-vous aussi les envoyés des puissances ennemies à l'éclat d'une discussion ?

Je distingue donc le droit de requérir le pouvoir exécutif de faire la paix, d'un ordre donné pour la conclure, et de l'exercice même du droit de faire la paix ; car est-il une autre manière de remplir l'intérêt national que celle que je propose ? Lorsque la guerre est commencée, il n'est plus au pouvoir d'une nation de faire la paix ; l'ordre même de faire retirer les troupes arrêtera-t-il l'ennemi ? Fût-on disposé à des sacrifices, sait-on si des conditions altérées ou exagérées par notre propre ministère ne seront pas tellement onéreuses, que l'honneur ne permette pas de les accepter ? La paix même étant entamée, la guerre cesse-t-elle pour cela ? C'est donc au pouvoir exécutif à choisir le moment convenable pour une négociation, à la préparer en silence, à la conduire avec habileté : c'est au pouvoir législatif à le requérir de s'occuper sans relâche de cet objet important ; c'est à lui à faire punir le ministre ou l'agent coupable, qui, dans une telle fonction, ne remplirait pas ses devoirs. Voilà les limites invincibles que l'intérêt public ne permet pas d'outrepasser, et que la nature même des choses a posées.

Enfin, la quatrième mesure du corps-législatif est de redoubler d'attention pour remettre sur-le-champ la force publique dans son état permanent lorsque la guerre vient à cesser. Ordonnez alors de congédier sur-le-champ les troupes extraordinaires; fixez un court délai pour leur séparation; bornez la continuation de leur solde jusqu'à cette époque, et rendez le ministre responsable, poursuivez-le comme coupable si des ordres aussi importans ne sont pas exécutés : voilà ce que prescrit encore l'intérêt public.

J'ai suivi, Messieurs, le même ordre de questions pour savoir à qui doit appartenir le droit de faire des traités de paix, d'alliance, de commerce, et toutes les autres conventions qui peuvent être nécessaires au bien de l'Etat. Je me suis demandé d'abord à moi-même, si nous devions renoncer à faire des traités, et cette question se réduit à savoir si, dans l'Etat actuel de notre commerce et de celui de l'Europe, nous devons abandonner au hasard l'influence des autres puissances sur nous, et notre réaction sur l'Europe; si, parce que nous changerons tout à coup notre système politique (et en effet, que d'erreurs, que de préjugés n'aurons-nous pas à détruire!) nous forcerons les autres nations de changer le leur; si, pendant long-temps, notre paix et la paix des autres peuvent être autrement conservées que par un équilibre qui empêche une réunion soudaine de plusieurs peuples contre un seul? Le temps viendra sans doute où nous n'aurons que des amis et point d'alliés, où la liberté du commerce sera universelle, où l'Europe ne sera qu'une grande famille; mais l'espérance a aussi son fanatisme : serons-nous assez heureux, pour que dans un instant le miracle auquel nous devons notre liberté se répète avec éclat dans les deux mondes?

S'il nous faut encore des traités, celui-là seul pourra les préparer, les arrêter, qui aura le droit de les négocier, car je ne vois pas qu'il pût être utile ni conforme aux bases des gouvernemens que nous avons déjà consacrés, d'établir que le corps-législatif communiquera sans intermédiaires avec les autres puissances. Ces traités vous seront notifiés sur-le-champ; ces traités n'auront de force qu'autant que le corps-législatif les approuvera. Voilà encore les justes bornes du concours entre les deux pouvoirs; et ce ne sera pas même assez de refuser l'approbation d'un traité dangereux : la responsabilité des ministres vous offre encore ici le moyen de punir son coupable auteur.

Je n'examine pas s'il serait plus avantageux qu'un traité ne fût conclu qu'après l'approbation du corps-législatif; car, qui ne sent pas que le résultat est le même, et qu'il est bien plus avantageux pour nous-mêmes qu'un traité devienne irrévocable, par cela seul que le corps-législatif l'aura accepté; que si, même après son approbation, les autres puissances avaient encore le droit de la refuser?

N'y a-t-il point d'autres précautions à prendre sur les traités, et ne serait-il pas de la dignité, de la loyauté d'une convention nationale, de déterminer d'avance, pour elle-même et pour toutes les autres nations, non ce que des traités pourront renfermer, mais ce qu'ils ne renfermeront jamais? Je pense sur cette question comme plusieurs des préopinans : je voudrais qu'il fût déclaré que la nation française renonce à toute espèce de conquête, qu'elle n'emploiera jamais ses forces contre la liberté d'aucun peuple.

Voilà, messieurs, le système que je me suis fait sur l'exercice du droit de la paix et de la guerre; mais je dois présenter d'autres motifs de mon opinion; je dois surtout faire connaître pourquoi je me suis si fortement attaché à ne donner au corps-législatif que le concours nécessaire à l'exercice de ce droit, sans le lui attribuer exclusivement : le concours dont je viens de parler peut seul prévenir tous les dangers.

Et d'abord, pour vous montrer que je ne me suis dissimulé aucune objection, voici ma profession de foi sur la théorie de la question, considérée indépendamment de ses rapports politiques. Sans doute la paix et la guerre sont des actes de souveraineté qui n'appartiennent qu'à la nation; et peut-on nier le principe, à moins de supposer que les nations sont esclaves? Mais il ne s'agit pas du droit en lui-même; il s'agit de la délégation.

D'un autre côté, quoique tous les préparatifs et toute la direction de la guerre et de la paix tiennent à l'action du pouvoir exécutif, on ne peut pas se dissimuler que la déclaration de la guerre et de la paix ne soit un acte de pure volonté ; que toute hostilité, que tout traité de paix ne soit en quelque sorte traductible par ces mots : *moi, nation, je fais la guerre, je fais la paix*, et dès lors, comment un seul homme, comment un roi, un ministre pourra-t-il être l'organe de la volonté de tous ? Comment l'exécuteur de la volonté générale pourra-t-il être en même temps l'organe de cette volonté ? Voilà sans doute des objections bien fortes : eh bien ! ces objections, ces principes m'ont paru devoir céder à des considérations beaucoup plus fortes.

Je ne me suis pas dissimulé non plus, Messieurs, tous les dangers qu'il peut y avoir de confier à un seul homme le droit, ou plutôt les moyens de ruiner l'État, de disposer de la vie des citoyens, de compromettre la sûreté de l'empire, d'attirer sur nos têtes, comme un génie malfaisant, tous les fléaux de la guerre. Ici, comme tant d'autres, je me suis rappelé le nom de ces ministres impies, ordonnant des guerres exécrables, pour se rendre nécessaires ou pour écarter un rival. Ici j'ai vu l'Europe incendiée pour le gant d'une duchesse trop tard ramassé. Je me suis peint ce roi guerrier et conquérant, s'attachant ses soldats par la corruption et par la victoire, tenté de redevenir despote en rentrant dans ses États, fomentant un parti au-dedans de l'empire, et renversant les lois avec ces mêmes bras que les lois seules avaient armés.

Examinons si les moyens que l'on propose pour écarter ces dangers, n'en feront pas naître d'autres non moins funestes, non moins redoutables à la liberté publique.

Et d'abord, je vous prie d'observer qu'en examinant si on doit attribuer le droit de la souveraineté à tel délégué de la nation plutôt qu'à tel autre, au délégué qu'on appelle *roi*, ou au délégué graduellement épuré et renouvelé qui s'appellera *corps-législatif*, il faut écarter toutes les idées vulgaires d'incompatibilité ; qu'il dépend de la nation de préférer pour tel acte individuel de sa volonté le délégué qu'il lui plaira ; qu'il ne peut donc être question, puisque nous déterminons ce choix, que de consulter, non l'orgueil national, mais l'intérêt public, seule et digne ambition d'un grand peuple. Toutes les subtilités disparaissent ainsi pour faire place à cette question : « Par qui est-il plus utile que le droit de faire la paix ou la guerre soit exercé? »

Je vous le demande à vous-mêmes : sera-t-on mieux assuré de n'avoir que des guerres justes, équitables, si on délègue à une assemblée de 700 personnes l'exercice du droit de faire la guerre? Avez-vous prévu jusqu'où les mouvemens passionnés, jusqu'où l'exaltation du courage et d'une fausse dignité pourraient porter et justifier l'imprudence? Nous avons entendu un de nos orateurs vous proposer, si l'Angleterre faisait à l'Espagne une guerre injuste, de franchir sur-le-champ les mers, de renverser une nation sur l'autre, de jouer dans Londres même, avec ces fiers Anglais, au dernier écu et au dernier homme; et nous avons tous applaudi; et je me suis surpris moi-même applaudissant; et un mouvement oratoire a suffi pour tromper un instant votre sagesse. Croyez-vous que de pareils mouvemens, si jamais vous délibérez ici de la guerre, ne vous porteront pas à des guerres désastreuses, et que vous ne confondrez pas le conseil du courage avec celui de l'expérience? Pendant que vous délibérerez, on demandera la guerre à grands cris : vous verrez autour de vous une armée de citoyens. Vous ne serez pas trompés par des ministres : ne le serez-vous jamais par vous-mêmes?

Il est un autre genre de danger, qui n'est propre qu'au corps législatif, dans l'exercice du droit de la paix et de la guerre : c'est qu'un tel corps ne peut être soumis à aucune espèce de responsabilité. Je sais bien qu'une victime est un faible dédommagement d'une guerre injuste; mais quand je parle de responsabilité, je ne parle pas de vengeance : ce ministre que vous supposez ne devoir se conduire que d'après son caprice, un jugement l'attend, sa tête sera le prix de son imprudence. Vous avez eu des Louvois sous le despotisme : en aurez-vous encore sous le régime de la liberté?

On parle du frein de l'opinion publique pour les représentans de la nation; mais l'opinion publique souvent égarée, même par des sentimens dignes d'éloges, ne servira qu'à la séduire; mais l'opinion publique ne va pas atteindre séparément chaque membre d'une grande assemblée.

Ce Romain, qui, portant la guerre dans les plis de sa toge, menaçait de secouer, en la déroulant, tous les fléaux de la guerre, celui-là devait sentir toute l'importance de sa mission. Il était seul ; il tenait en ses mains une grande destinée : il portait la terreur ; mais le sénat nombreux qui l'envoyait au milieu d'une discussion orageuse et passionnée, avait-il éprouvé cet effroi que le redoutable et douteux avenir de la guerre doit inspirer ? On vous l'a déjà dit, Messieurs ; voyez les peuples libres : c'est par des guerres plus ambitieuses, plus barbares, qu'ils se sont toujours distingués.

Voyez les assemblées politiques : c'est toujours sous le charme de la passion qu'elles ont décrété la guerre. Vous le connaissez tous le trait de ce matelot, qui fit, en 1740, résoudre la guerre de l'Angleterre contre l'Espagne. *Quand les Espagnols, m'ayant mutilé, me présentèrent la mort, je recommandai mon âme à Dieu et ma vengeance à ma patrie.* C'était un homme bien éloquent que ce matelot ; mais la guerre qu'il alluma n'était ni juste ni politique : ni le roi d'Angleterre, ni les ministres ne la voulaient. L'émotion d'une assemblée moins nombreuse et plus assouplie que la nôtre aux combinaisons de l'insidieuse politique, en décida.

Voici des considérations bien plus importantes. Comment ne redoutez-vous pas, Messieurs, les dissentions intérieures qu'une délibération sur la guerre, prise par le corps-législatif, pourra faire naître, et dans son sein, et dans tout le royaume ? Souvent entre deux partis qui embrasseront violemment des opinions contraires, la délibération sera le fruit d'une lutte opiniâtre, décidée seulement par quelques suffrages ; et dans ce cas, si la même division s'établit dans l'opinion publique, quel succès espérez-vous d'une guerre qu'une grande partie de la nation désapprouvera ? Observez la diète de Pologne : plusieurs fois une délibération sur la guerre ne l'a excitée que dans son sein. Jetez les yeux sur ce qui vient de se passer en Suède : en vain le roi a forcé, en quelque sorte, le suffrage des États ; les dissidens ont presque obtenu le coupable succès de faire échouer la guerre. La Hollande avait déjà présenté cet exemple : la guerre était déclarée contre le vœu d'un simple stathouder. Quels fruits avons-nous recueilli d'une alliance qui nous avait coûté tant de soins, tant de trésors ? Nous allons donc mettre un germe de dissensions civiles dans notre constitution, si nous faisons exercer exclusivement le droit de la guerre par le corps-législatif ; et comme le *veto* suspensif que vous avez accordé au roi ne pourrait pas s'appliquer à de telles délibérations, les dissensions dont je parle n'en seront que plus redoutables.

Je m'arrête un instant, Messieurs, sur cette considération, pour vous faire sentir que dans la pratique des gouvernemens, on est souvent forcé de s'écarter, même pour l'intérêt public, de la rigoureuse pureté d'une abstraction philosophique : vous avez vous-mêmes décrété que l'exécuteur de la volonté nationale aurait, dans certains cas, le droit de suspendre l'effet de la première manifestation de cette volonté ; qu'il pourrait appeler de la volonté connue des représentans de la nation, à la volonté présumée de la nation. Or, si nous avons donné un tel concours au monarque, même dans les actes législatifs, qui sont si étrangers à l'action du pouvoir exécutif, comment poursuivre la chaîne des mêmes principes ? Ne ferions-nous pas concourir le roi, je ne dis pas seulement à la direction de la guerre, mais à la délibération sur la guerre ?

Écartons, s'il le faut, le danger des dissensions civiles : éviterez-vous aussi facilement celui de la lenteur des délibérations sur une telle matière ? Ne craignez-vous pas que votre force publique ne soit paralysée comme elle l'est en Pologne, en Hollande, et dans toutes les républiques ? Ne craignez-vous pas que cette lenteur n'augmente encore, soit parce que notre constitution prend insensiblement les formes d'une grande confédération, soit parce qu'il est inévitable que les départemens n'acquièrent une grande influence sur le corps-législatif ? Ne craignez-vous pas que le peuple étant instruit que ses représentans déclarent la guerre en son nom, ne reçoive par cela même une impulsion dangereuse vers la démocratie, ou plutôt l'oligarchie; que le vœu de la guerre et de la paix ne parte du sein des provinces, ne soit compris bientôt dans les pétitions, et ne donne à une grande masse d'hommes toute l'agitation qu'un objet aussi important est capable d'exciter? Ne craignez-vous pas que le corps-législatif, malgré sa sagesse, ne soit porté à franchir lui-même les limites de ses pouvoirs par les suites presque inévitables qu'entraîne l'exercice du droit de la guerre et de la paix? Ne craignez-vous pas que, pour seconder les succès d'une guerre qu'il aura votée, il ne veuille influer sur la direction, sur le choix des généraux, surtout s'il peut leur imputer des revers, et qu'il ne porte sur toutes les démarches du monarque cette surveillance inquiète qui serait, par le fait, un second pouvoir exécutif?

Ne comptez-vous encore pour rien l'inconvénient d'une assemblée non permanente, obligée de se rassembler dans le temps qu'il faudrait employer à délibérer: l'incertitude, l'hésitation, qui accompagneront toutes les démarches du pouvoir exécutif, qui ne saura jamais jusqu'où les ordres provisoires pourront s'étendre; les inconvéniens même d'une délibération publique sur les motifs de faire la guerre ou la paix; délibération dont tous les secrets d'un Etat (et long-temps encore nous aurons de pareils secrets) sont souvent les élémens?

Enfin, ne comptez-vous pour rien le danger de transporter les formes républicaines à un gouvernement qui est tout à la fois représentatif et monarchique? Je vous prie de considérer ce danger par rapport à notre constitution, à nous-mêmes, et au roi.

Par rapport à notre constitution, pouvons-nous espérer de la maintenir, si nous ne composons notre gouvernement de différentes formes opposées entre elles? J'ai soutenu moi-même qu'il n'existe qu'un seul principe de gouvernement pour toutes les nations, je veux dire leur propre souveraineté; mais il n'est pas moins certain que les diverses manières de déléguer les pouvoirs donnent aux gouvernemens de chaque nation des formes différentes, dont l'unité, dont l'ensemble, constituent toute la force ; dont l'opposition au contraire et la sévérité font naître dans un Etat des sources éternelles de division, jusqu'à ce que la forme dominante ait renversé toutes les autres ; et de là naissent, indépendamment du despotisme, tous les bouleversemens des empires.

Rome ne fut détruite que par ce mélange de formes royales, aristocratiques et démocratiques. Les orages qui ont si souvent agité plusieurs Etats de l'Europe n'ont point d'autre cause. Les hommes tiennent à la distribution des pouvoirs ; les pouvoirs sont exercés par des hommes ; les hommes abusent d'une autorité qui n'est pas suffisamment arrêtée, en franchissent les limites. C'est ainsi que le gouvernement monarchique se change en despotisme, et voilà pourquoi nous avons besoin de prendre tant de précautions ; mais c'est encore ainsi que le gouvernement représentatif devient oligarchique, selon que deux pouvoirs faits pour se balancer l'emportent l'un sur l'autre, et s'envahissent au lieu de se contenir.

Or, Messieurs, excepté le seul cas d'une république proprement dite, ou d'une grande confédération, ou d'une monarchie dont le chef est réduit à une vaine représentation, qu'on me cite un seul peuple qui ait exclusivement attribué l'exercice de la guerre et de la paix à un sénat. Il prouvera très-bien, dans la théorie, que le pouvoir exécutif conservera toute sa force, si tous les préparatifs, toute la direction, toute l'action appartiennent au roi, et si le corps-législatif se borne à dire : *je veux la guerre ou la paix.* Mais montrez-moi comment ce corps représentatif, tenant de si près à l'action du pouvoir exécutif, ne franchira pas les limites presque insensibles qui les sépareront ? Je le sais, la séparation existe encore. L'action n'est pas la volonté ; mais cette ligne de démarcation est bien plus facile à démontrer qu'à conserver ; et n'est-ce pas s'exposer à confondre les pouvoirs, ou plutôt n'est-ce pas déjà les confondre en véritable pratique sociale, que de les rapprocher de si près ?

Si j'examine les inconvéniens de l'attribution exclusive au corps-législatif, par rapport à nous-mêmes, c'est-à-dire, par rapport aux obstacles que les ennemis du bien public n'ont cessé de vous opposer dans votre carrière, que de nouveaux contradicteurs n'allez-vous pas exciter parmi ces citoyens qui ont espéré de pouvoir concilier toute l'énergie de la liberté avec la prérogative royale! Je ne parle que de ceux-là, non des flatteurs, non des courtisans, de ces hommes avilis qui préfèrent le despotisme à la liberté; non de ceux qui ont osé soutenir, dans cette tribune, que nous n'avions pas eu le droit de changer la constitution de l'Etat, ou que l'exercice du droit de la paix et de la guerre est indivisible de la royauté, ou que le conseil, si souvent corrompu, dont s'entourent les rois est un plus fidèle organe de l'intérêt public que les représentans choisis par le peuple : ce n'est point de ces contradicteurs, ni de leurs impiétés, ni de leurs impuissans efforts que je veux parler; mais de ces hommes qui, faits pour être libres, redoutent cependant les commotions du gouvernement populaire; de ces hommes qui, après avoir regardé la permanence d'une assemblée nationale comme la seule barrière du despotisme, regardent aussi la royauté comme une utile barrière contre l'aristocratie.

Enfin, par rapport au roi, par rapport à ses successeurs, que sera l'effet inévitable d'une loi qui concentrerait dans le corps-législatif le droit de faire la paix ou la guerre? Pour les rois faibles, la privation de l'autorité ne sera qu'une cause de découragement et d'inertie; mais la dignité royale n'est-elle donc plus au nombre des propriétés nationales? Un roi environné de perfides conseils, ne se voyant plus l'égal des autres rois, se croira détrôné; il n'aura rien perdu, car le droit de faire les préparatifs de la guerre est le véritable exercice du droit de la guerre; mais on lui persuadera le contraire; et les choses n'ont de prix, et jusqu'à un certain point, de réalité, que dans l'opinion. Un roi juste croira du moins que le trône est environné d'écueils, et tous les ressorts de la force publique se relâcheront; un roi ambitieux, mécontent du lot que la constitution lui aura donné, sera l'ennemi de cette constitution dont il doit être le garant et le gardien.

Faut-il donc pour cela redevenir esclaves? faut-il, pour diminuer le nombre des mécontens, souiller notre immortelle constitution par de fausses mesures, par de faux principes? Ce n'est pas ce que je propose, puisqu'il s'agit au contraire de savoir si le double concours que j'accorde au pouvoir exécutif et au pouvoir législatif, dans l'exercice du droit de la guerre et de la paix, ne serait pas plus favorable à la liberté nationale.

Ne croyez pas que j'aie été séduit par l'exemple de l'Angleterre, qui laisse au roi l'entier exercice du droit de la paix et de la guerre. Je le condamne moi-même cet exemple.

Là, le roi ne se borne pas à repousser les hostilités; il les commence, il les ordonne; et je vous propose au contraire de poursuivre comme coupables les ministres ou leurs agens qui auront fait une guerre offensive.

Là, le roi ne se borne pas à faire la guerre; il la déclare par une simple proclamation en son nom; et une telle proclamation étant un acte véritablement national, je suis bien éloigné de croire qu'elle doive être faite au nom du roi chez une nation libre.

Là, le roi n'est pas forcé de convoquer le parlement, lorsqu'il commence la guerre; et souvent, durant un long intervalle, le corps-législatif non rassemblé est privé de tout moyen d'influence pendant que le monarque, déployant toutes les forces de l'empire, entraîne la nation dans des mesures qu'elle ne pourra prévenir lorsqu'elle sera consultée; et je vous propose au contraire de forcer le roi à notifier sur-le-champ les hostilités ou imminentes ou commencées, et de décréter que le corps-législatif sera tenu de se rassembler à l'instant.

Là, le chef de l'Etat peut suivre la guerre pour s'agrandir, pour conquérir, c'est-à-dire, pour s'exercer au métier de la tyrannie; et je vous propose au contraire de déclarer à toute l'Europe que vous n'emploierez jamais la force publique contre la liberté d'aucun peuple.

Là, le roi n'éprouve d'autre obstacle que celui des fonds publics; et l'énorme dette nationale prouve assez que cette barrière est insuffisante, et que l'art d'appauvrir les nations est un moyen de despotisme non moins redoutable que tout autre; je vous propose au contraire d'attribuer au corps-législatif le droit d'improuver la guerre, et de requérir le roi de négocier la paix.

Là, le roi n'est pas obligé de faire connaître au parlement les pactes secrets des traités d'alliance; et la nation anglaise se trouve ainsi engagée dans des guerres, dans des livraisons d'hommes, d'argent, de vaisseaux, sans qu'elle y ait consenti; et je vous propose au contraire d'abolir tous les pactes secrets des rois, parce que les rois ne peuvent avoir de secret pour les peuples.

Enfin, les milices de l'Angleterre ne sont pas organisées de manière à servir de contre-poids à la force publique, qui est tout entière dans les mains du roi; et je propose au contraire d'attribuer au corps-législatif, si le roi fait la guerre en personne, le droit de réunir telle portion de la garde nationale du royaume en tel lieu qu'il jugera convenable; et sans doute vous organiserez cette force intérieure, de manière à faire une armée pour la liberté publique, comme vous en avez une pour garantir vos frontières.

Voyons maintenant s'il reste encore des objections que je n'ai pas détruites dans le système que je combats.

Le roi, dit-on, pourra donc faire des guerres injustes, des guerres anti-nationales! Et comment le pourrait-il, je vous le demande à vous-mêmes? Est-ce de bonne foi qu'on dissimule l'influence d'un corps-législatif toujours présent, toujours surveillant, qui pourra non-seulement refuser des fonds, mais improuver la guerre, mais requérir la négociation de la paix? Ne comptez-vous encore pour rien l'influence d'une nation organisée dans toutes ses parties, qui exercera constamment le droit de la pétition dans des formes légales? Un roi despote serait arrêté dans ses projets; un roi-citoyen, un roi placé au milieu d'un peuple armé, ne le sera-t-il pas?

On demande qui veillera pour le royaume, lorsque le pouvoir exécutif déploiera toutes ses forces? Je réponds; la loi, la constitution, l'équilibre toujours maintenu de la force intérieure avec la force extérieure.

On dit *que nous ne sommes pas encadrés pour la liberté comme l'Angleterre*; mais aussi nous avons de plus grands moyens de conserver la liberté, et je propose de plus grandes précautions.

Notre constitution n'est point encore affermie; on peut nous susciter une guerre pour avoir le prétexte de déployer une grande force, et de la tourner bientôt contre nous. Eh bien! ne négligeons pas ces craintes; mais distinguons le moment présent des effets durables d'une constitution, et ne rendez pas éternelles les dispositions provisoires que la circonstance extraordinaire d'une grande convention nationale pourra vous suggérer : mais si vous portez les défiances du moment dans l'avenir, prenez garde qu'à force d'exagérer les craintes, nous ne rendions les préservatifs pires que les maux, et qu'au lieu d'unir les citoyens par la liberté, nous ne les divisions en deux partis toujours prêts à conspirer l'un contre l'autre. Si à chaque pas on nous menace de la résurrection du despotisme écrasé; si l'on nous oppose sans cesse les dangers d'une très-petite partie de la force publique, malgré plusieurs millions d'hommes armés pour la constitution, quel autre moyen nous reste-t-il? Périssons dans ce moment! Qu'on ébranle les voûtes de ce temple, et mourons aujourd'hui libres, si nous devons être esclaves demain!

Il faut, continue-t-on, restreindre l'usage de la force publique dans les mains du roi: je le pense comme vous, et nous ne différons que dans les moyens. Mais prenez garde encore qu'en voulant la restreindre vous ne l'empêchiez d'agir, et qu'elle ne devienne nulle dans ses mains.

Mais dans la rigueur des principes, la guerre peut-elle jamais commencer sans que la nation ait décidé si la guerre doit être faite?

Je réponds: l'intérêt de la nation est que toute hostilité soit repoussée par celui qui a la direction de la force publique: voilà la guerre commencée. L'intérêt de la nation est que les préparatifs de guerre des nations voisines soient balancés par les nôtres : voilà la guerre. Nulle délibération ne peut précéder ces événemens, ces préparatifs. C'est lorsque l'hostilité, ou la nécessité de la défense, de la voie des armes, ce qui comprend tous les cas, sera notifié au corps-législatif, qu'il prendra les mesures que j'indique; il improuvera, il requerra de négocier la paix; il accordera ou refusera les fonds de la guerre; il poursuivra les ministres; il disposera de la force intérieure; il confirmera la paix, ou refusera de la sanctionner. Je ne connais que ce moyen de faire concourir utilement le corps-législatif à l'exercice du droit de la paix et de la guerre, c'est-à-dire à un pouvoir mixte, qui tient tout à la fois de l'action et de la volonté.

Les préparatifs même, dites-vous encore, qui seront laissés dans la main du roi, ne seront-ils pas dangereux ? Sans doute, ils le seront; mais ces dangers sont inévitables dans tous les systèmes. Il est bien évident que pour concentrer utilement dans le corps-législatif l'exercice du droit de la guerre, il faudrait aussi lui laisser le soin d'en ordonner les préparatifs. Mais le pouvez-vous sans changer la forme de gouvernement? Et si le roi doit être chargé des préparatifs, s'il est forcé par la nature, par l'étendue de nos possessions, de les disposer à une grande distance, ne faut-il pas lui laisser aussi la plus grande latitude dans les moyens? Borner les préparatifs, ne serait-ce pas les détruire? Or, je demande si lorsque les préparatifs existent, le commencement de la guerre dépend de nous, ou du hasard, ou de l'ennemi? Je demande si souvent plusieurs combats n'auront pas été formés avant que le roi en soit instruit, avant que la notification puisse en être faite à la nation?

Mais ne pourrait-on pas faire concourir le corps-législatif à tous les préparatifs de guerre pour en diminuer le danger? Ne pourrait-on pas les faire surveiller par un comité pris dans l'assemblée nationale? Prenez garde: par cela seul nous confondrions tous les pouvoirs, en confondant l'action avec la volonté, la direction avec la loi; bientôt le pouvoir exécutif ne sera que l'agent d'un comité: nous ne ferions pas seulement les lois, nous gouvernerions; car, quelles seront les bornes de ce concours, de cette surveillance? c'est en vain que vous voudrez en assigner ; malgré votre prévoyance, elles seront toutes violées.

Prenez garde encore. Ne craignez-vous pas de paralyser le pouvoir exécutif par ce concours de moyens? Lorsqu'il s'agit de l'exécution, ce qui doit être fait par plusieurs personnes n'est jamais bien fait par aucune. Où serait d'ailleurs, dans un tel ordre de choses, cette responsabilité qui doit être l'égide de notre nouvelle constitution?

Enfin, dit-on encore, n'a-t-on rien à craindre d'un roi qui, couvrant les complots du despotisme sous l'apparence d'une guerre nécessaire, rentrerait dans le royaume avec une armée victorieuse, non pour reprendre son poste de roi-citoyen, mais pour reconquérir celui des tyrans?

Eh bien! qu'arrivera-t-il? Je suppose qu'un roi conquérant et guerrier, réunissant aux talens militaires les vices qui corrompent les hommes et les qualités aimables qui les captivent, ne soit pas un prodige, et qu'il faille faire des lois pour des prodiges.

Je suppose qu'aucun corps d'une armée nationale n'eût assez de patriotisme et de vertu pour résister à un tyran, et qu'un tel roi conduisît des Français contre des Français, aussi facilement que César, qui n'était pas né sur le trône, fit passer le Rubicon à des Gaulois.

Mais je vous demande si cette objection n'est pas commune à tous les systèmes, si nous n'aurons jamais à armer une grande force publique, parce que ce sera au corps-législatif à exercer le droit de faire la guerre?

Je vous demande si, par une telle objection, vous ne transportez pas précisément aux monarchies l'inconvénient des républiques ; car c'est surtout dans les Etats populaires que de tels succès sont à craindre. C'est parmi les nations qui n'avaient point de rois que ces succès ont fait des rois. C'est pour Carthage, c'est pour Rome que de tels citoyens, tels qu'Annibal et César, étaient dangereux. Tarissez l'ambition ; faites qu'un roi n'ait à regretter que ce que la loi ne peut accorder ; faites de la magistrature ce qu'elle doit être, et ne craignez plus qu'un roi rebelle, abdiquant lui-même sa couronne, s'expose à courir de la victoire à l'échafaud!

*M. d'Esprémenil.* Je demande que M. de Mirabeau soit rappelé à l'ordre : il oublie que la personne des rois a été déclarée inviolable. (Une grande partie de l'assemblée applaudit.)

*M. de Mirabeau.* Je me garderai bien de répondre à l'inculpation de mauvaise foi qui m'est faite; vous avez tous entendu ma supposition d'un roi despote et révolté, qui vient avec une armée de Français conquérir la place des tyrans; or, un roi dans ce cas n'est plus un roi.... (La salle retentit d'applaudissemens.)

Il serait difficile et inutile de continuer une discussion déjà bien longue, au milieu d'applaudissemens, d'improbations également exagérées, également injustes. J'ai parlé, parce que je croyais le devoir dans une occasion aussi importante : je ne dois à cette assemblée que ce que je crois la vérité, et je l'ai dite. Je l'ai dite assez fortement peut-être, quand je parlais contre les puissans : je serais indigne des fonctions qui me sont imposées, je serais indigne d'être compté parmi les amis de la liberté, si je dissimulais ma pensée, quand je penche pour un parti mitoyen entre l'opinion de ceux que j'aime et que j'honore, et l'avis des hommes qui ont montré le plus de dissentiment avec moi depuis le commencement de cette assemblée. Vous avez saisi mon système : il consiste à attribuer concurremment le droit de faire la paix et la guerre aux deux pouvoirs que la constitution a consacrés, c'est-à-dire au droit mixte qui tient tout à la fois de l'action et de la volonté. Je crois avoir combattu avec avantage les argumens qu'on alléguera sur cette question en faveur de tous les systèmes exclusifs. Il est une seule objection insoluble, qui se retrouve dans tous comme dans le mien, et qui embarrassera toujours les diverses questions qui avoisineront la confusion des pouvoirs; c'est de déterminer les moyens d'obvier au dernier degré de l'abus. Je n'en connais qu'un; on n'en trouvera qu'un, et je l'indiquerai par cette locution triviale, et peut-être de mauvais goût, que je me suis déjà permise dans cette tribune, mais qui peint nettement ma pensée. C'est *le tocsin de la nécessité*, qui seul peut donner le signal quand le moment est venu de remplir l'imprescriptible devoir de la résistance, devoir toujours impérieux lorsque la constitution est violée, toujours triomphant lorsque la résistance est juste et vraiment nationale.

Je vais vous lire mon projet de décret : il n'est pas bon. Un décret sur le droit de la paix et de la guerre ne sera jamais complet, ne sera jamais véritablement le code moral du droit des gens, qu'alors que vous aurez constitutionnellement organisé l'armée, la flotte, les finances, vos gardes nationales et vos colonies. Il est donc bien médiocre mon projet de décret ; je désire vivement qu'on le perfectionne, je désire que l'on en propose un meilleur. Je ne chercherai pas à dissimuler le sentiment de déférence avec lequel je vous l'apporte ; je ne cacherai pas même mon profond regret, que l'homme qui a posé les bases de la constitution, et qui a le plus contribué à votre grand ouvrage, que l'homme qui a révélé au monde les véritables principes du gouvernement représentatif, se condamnant lui-même à un silence que je déplore, que je trouve coupable, à quelque point que ses immenses services aient été méconnus, que l'abbé Sieyès.... je lui demande pardon, je le nomme... ne vienne pas poser lui-même dans sa constitution un des plus grands ressorts de l'ordre social. J'en ai d'autant plus de douleur, qu'écrasé d'un travail trop au-dessus de mes forces intellectuelles ; sans cesse ravi au recueillement et à la méditation qui sont les premières puissances de l'homme, je n'avais pas porté mon esprit sur cette question, accoutumé que j'étais à me reposer sur ce grand penseur, de l'achèvement de son ouvrage. Je l'ai pressé, conjuré, supplié au nom de l'amitié dont il m'honore, au nom de l'amour de la patrie, ce sentiment bien autrement énergique et sacré, de nous doter de ses idées, de ne pas laisser cette lacune dans la constitution : il m'a refusé ; je vous le dénonce. Je vous conjure, à mon tour, d'obtenir son avis, qui ne doit pas être un secret ; d'arracher enfin au découragement un homme, dont je regarde le silence et l'inaction comme une calamité publique.

Après ces aveux, de la candeur desquels vous me saurez gré du moins, voulez-vous me dispenser de lire mon projet de décret, j'en serai reconnaissant. (On dit de toutes parts : *Lisez, lisez.*) Vous voulez que je le lise : souvenez-vous que je n'ai fait que vous obéir, et que j'ai eu le courage de vous déplaire pour vous servir.

Je propose de décréter comme articles constitutionnels :

Que le droit de faire la guerre et la paix appartient à la nation; que l'exercice de ce droit sera délégué concurremment au pouvoir législatif et au pouvoir exécutif, de la manière suivante :

1° Que le soin de veiller à la sûreté extérieure du royaume, de maintenir ses droits et ses possessions appartient au roi; qu'ainsi lui seul peut entretenir des relations politiques au-dehors, conduire les négociations, en choisir les agens, faire des préparatifs de guerre proportionnés à ceux des Etats voisins, distribuer les forces de terre et de mer, ainsi qu'il le jugera convenable, et en régler la direction en cas de guerre.

2° Que dans le cas d'hostilités imminentes ou commencées, d'un allié à soutenir, d'un droit à conserver par la force des armes, le roi sera tenu d'en donner, sans aucun délai, la notification au corps-législatif, d'en faire connaître les causes et les motifs, et de demander les fonds qu'il croira nécessaires; et si le corps-législatif est en vacance, il se rassemblera sur-le-champ.

3° Que sur cette notification, si le corps-législatif juge que les hostilités commencées sont une agression coupable de la part des ministres, ou de quelque autre agent du pouvoir exécutif, l'auteur de cette agression sera poursuivi comme criminel de lèse-nation; l'assemblée nationale déclarant à cet effet que la nation française renonce à toute espèce de conquête, et qu'elle n'emploiera jamais ses forces contre la liberté d'aucun peuple.

4° Que sur la même notification, si le corps-législatif refuse les fonds nécessaires et témoigne son improbation de la guerre, le pouvoir exécutif sera tenu de prendre sur-le-champ des mesures pour faire cesser ou prévenir toute hostilité, les ministres demeurant responsables des délais.

5° Que la formule de déclaration de guerre et des traités de paix sera DE LA PART DU ROI ET AU NOM DE LA NATION.

6° Que dans le cas d'une guerre imminente, le corps-législatif prolongera sa gestion dans ses vacances accoutumées, et pourra être sans vacances durant la guerre.

7° Que pendant tout le cours de la guerre, le corps-législatif pourra requérir le pouvoir exécutif de négocier la paix, et que, dans le cas où le roi fera la guerre en personne, le corps-législatif aura le droit de réunir le nombre des gardes nationales, et dans tel endroit qu'il le trouvera convenable.

8° Qu'à l'instant où la guerre cessera, le corps-législatif fixera le délai dans lequel les troupes extraordinaires seront congédiées, et l'armée réduite à son état permanent; que la solde desdites troupes ne sera continuée que jusqu'à la même époque, après laquelle, si les troupes extraordinaires restent rassemblées, le ministre sera responsable, et poursuivi comme criminel de lèse-nation; qu'à cet effet, le comité de constitution sera tenu de donner incessamment son travail sur le mode de la responsabilité des ministres.

9° Qu'il appartiendra au roi d'arrêter et de signer, avec les puissances étrangères, toutes les conventions qu'il jugera nécessaires au bien de l'Etat, et que les traités de paix, d'alliance et de commerce ne seront exécutés qu'autant qu'ils auront été ratifiés par le corps-législatif.]

### SÉANCE DU 21 MAI.

[*M. de Cazalès.* L'assemblée nationale a reconnu que le gouvernement français est monarchique; par un second décret, elle a déterminé d'une manière précise ce qu'elle entend par une monarchie, en disant que la plénitude du pouvoir exécutif suprême réside entre les mains du roi. Ce second décret n'offre pas d'équivoque. Il n'est pas de publiciste qui ne soit convenu que le droit de faire la paix et la guerre est une partie essentielle du pouvoir exécutif. Toutes les nations qui ont connu la division des pouvoirs, ont confié ce droit au pouvoir exécutif. A Rome, ce peuple-roi, jaloux jusqu'au délire du pouvoir législatif, avait confié au sénat le pouvoir de faire la paix et la guerre, avec le pouvoir exécutif. Il n'est pas possible de méconnaître l'utilité de cette combinaison; le sénat a souvent prévenu les guerres civiles par les guerres étrangères : il conservait, il réglait le saint amour de la patrie, en réveillant l'amour de la gloire. Il est donc prouvé que le droit de paix et de guerre est une partie inhérente du pouvoir exécutif. Vous l'avez reconnu, vous l'avez encore décrété, en disant que les fonctions du corps-législatif étaient de faire la loi. Il n'est pas un membre de cette assemblée qui ose soutenir que faire un traité de paix c'est faire une loi. Dans un gouvernement libre, le corps-législatif doit se borner à déterminer les principes des traités et des déclarations de guerre. Arrêtez que le pouvoir exécutif ne s'écartera jamais de ces principes; c'est à lui qu'il appartient d'en faire l'application. J'en atteste la bonne foi de l'assemblée nationale; est-il un seul de ses membres qui, quand il a voté pour que le pouvoir exécutif appartînt au roi, n'ait pas cru lui donner le droit de faire la paix et la guerre? (Une grande partie de l'assemblée crie : *non, non.*)

Je réponds à ceux qui m'interrompent en ce moment, qu'il a existé une discussion à Versailles lors de ce décret. Le mot *suprême* a été long-temps débattu; et sans doute ceux qui viennent de me répondre, n'ont pas été d'avis du mot *suprême*. (Il s'élève encore des murmures.) Il n'est pas douteux que si l'assemblée nationale était composée des mêmes individus; et si nos collègues n'avaient pas déserté lâchement le poste où la confiance publique les avait placés, cette question ne serait pas même l'objet d'une délibération. Mais puisqu'il est malheureusement vrai que cette assemblée ne peut être liée par ses propres décrets, qu'ils ne sont, à son égard, que de simples résolutions, et qu'elle détruit le lendemain ce qu'elle a fait la veille (les murmures redoublent); puisque l'assemblée nationale a décidé que cette question doit être discutée; persuadé qu'elle n'a pas changé de principes en six mois, et qu'elle ne donnera pas l'exemple d'une mobilité dans les lois de l'empire, mobilité vraiment déshonorante pour les législateurs, et vraiment effrayante pour les peuples que ces lois doivent régir.... Plusieurs orateurs ont dit dans cette tribune, qu'il n'y a pas de guerre offensive qui soit juste; ils ont étalé les principes qu'affiche la philosophie moderne; mais ce n'est pas sur les principes vagues de l'humanité, que des législateurs doivent établir leurs opérations; ces principes embrassent tous les peuples du monde. Laissez ce sentiment qui n'est qu'ostentation; la patrie doit être l'objet exclusif de notre amour. L'amour de la patrie fait plus que des hommes, il fait des citoyens. Il a créé les Spartiates, à l'existence desquels nous sommes tentés de ne pas croire, en voyant combien nous sommes indignes de les imiter. Quant à moi, je le déclare, ce ne sont pas les Russes, les Allemands, les Anglais que j'aime, ce sont les Français que je chéris; le sang d'un seul de mes concitoyens m'est plus précieux que celui de tous les peuples du monde..... (Le murmure devient général.)

Pardonnez à la chaleur, et peut-être à l'exagération de mon discours; il est l'élan d'un citoyen qui idolâtre sa patrie, il est produit par l'indignation que me font éprouver les manœuvres dont on se sert pour vous circonscrire dans les adages de la philosophie moderne; cette philosophie qui flétrit le cœur, qui rapetisse l'esprit.... Tout ce qui est nécessaire, pour la conservation de la liberté est légitime : quand une guerre offensive est nécessaire, elle est légitime. — Je prendrai mes exemples dans la circonstance où nous nous trouvons. Dans la dernière guerre, l'Angleterre a été forcée de souscrire à une paix désavantageuse; toutes ses démarches ont tendu à diviser nos alliés pour les combattre séparément. Ce peuple qu'on vous a dit généreux a puissamment contribué à l'asservissement de la Hollande. Aujourd'hui que la France est travaillée de divisions intestines, il fomente peut-être ces divisions.

Il y a quelques mois que des contrebandiers ont été arrêtés

sur les côtes de la Californie. La cour de Londres a long-temps dissimulé cette prétendue injure; mais quand elle vous a vus occupés des grands intérêts qui agitent la France, qui paralysent toutes vos forces et tous vos moyens, elle a réclamé : l'Espagne a rendu les vaisseaux qui avaient été saisis. Alors l'Angleterre a exigé que l'Espagne s'expliquât sur la navigation du Sud, c'est-à-dire qu'elle abandonnât ses possessions dans ces contrées; car elle doit renoncer à ses propriétés, si elle abandonne la navigation exclusive dans ces mers. Si l'Angleterre persiste, il est impossible que l'Espagne se soumette. Si vous n'allez à son secours, cette puissance alliée sera forcée, après une campagne, de conclure une paix désastreuse. Il est certain qu'alors l'Angleterre vous attaquera. Travaillés par des dissensions intestines, privés de vos alliés, elle vous attaquera avec succès..... J'ai long-temps hésité pour savoir si je répondrais à cette flatterie grossière, à cette assertion imprudente, que vous n'avez rien à craindre de vos voisins. Je ne sais ce que vous serez, ce que vous deviendrez par la constitution; mais dans ce moment, vous êtes le royaume le plus faible de l'Europe.... Au murmure qui m'interrompt, je reconnais la nécessité de prouver ce que j'avance. Une partie de votre armée a déserté; l'autre partie est dans une insubordination manifeste. Dans cet état, une armée n'existe plus. L'ébranlement de toutes les propriétés a tari jusqu'à la source des revenus publics; vos finances ne se soutiennent qu'à l'aide d'une monnaie factice; vos dépenses ne sont plus soldées que sur vos capitaux; vous avez perdu une partie considérable de votre population; votre numéraire est passé chez l'étranger; vos concitoyens, riches ou pauvres, vous ont abandonnés; ils fuient les horreurs des séditions, de la misère et de la famine.

Enfin, et voici ce qui présage les plus affreux malheurs, il existe une division entre toutes les classes de citoyens; il n'est pas un village où les citoyens ne soient divisés en deux partis (il s'élève des murmures). Ne vous dissimulez pas les maux qui travaillent l'empire : il est de votre devoir de les prévenir, et d'annoncer qu'ils vous affligent. Parlez quelquefois à ce peuple de ses devoirs. Bannissez, proscrivez ces mots affreux d'*aristocratie* et de *démocratie*; ils servent de ralliement à des factieux. Prêchez l'union à tous les Français, réunissez-les de sentiment et de pensées, d'intérêt et d'affection; que tous les intérêts particuliers se confondent dans l'intérêt public, vous verrez alors ce que vous pouvez. A présent vous êtes dans un état de faiblesse, inséparable peut-être de toutes les révolutions, mais qui vous rend le royaume le moins redoutable de l'Europe. Et si vous rompez avec vos alliés, vos colonies seront envahies, votre commerce détruit. Je ne réponds pas sérieusement à ceux qui ont dit que la France doit s'isoler du système politique de l'Europe; ce qui nécessiterait conséquemment à renoncer à tout commerce extérieur; mais ce n'est pas sans surprise que j'ai vu mettre en question, parmi les représentans de la plus loyale de toutes les nations, d'une nation qui a porté jusqu'au scrupule son respect pour les créanciers de l'Etat, si les traités d'alliance seront maintenus, si vous abandonnerez des alliés fidèles.

Je ne puis croire que les objections auxquelles je viens de répondre aient produit assez d'effet pour que la majorité ne convienne pas qu'une guerre offensive peut être juste; qu'il est absurde de s'isoler du système de l'Europe; qu'il est de notre intérêt, de notre honneur et de notre loyauté, de ne pas abandonner de fidèles alliés. La question est uniquement de savoir à qui, pour le bonheur du peuple, serait délégué le droit de la paix et de la guerre. Si vous l'attribuez à l'assemblée nationale, il s'ensuivra qu'elle pourra nommer les ambassadeurs, les généraux d'armée, et disposer de tout ce qui concerne la paix ou la guerre. Si la conduite des affaires exige du secret, de la rapidité, de l'adresse, tant que la politique de l'Europe existera, il est impossible qu'une assemblée nombreuse en tienne le fil et le dirige. M. de Sérent l'a prouvé, et je me réfère à son opinion. On vous a trop exagéré le danger des passions des rois et de celles des ministres. Le corps-législatif est-il donc exempt de passions? Comme si de tous les temps les assemblées nationales n'avaient pas été le foyer de la corruption. C'est pour cela que le corps-législatif ne fera jamais de bonnes lois que des lois générales, et que l'intérêt des individus influera toujours sur les lois particulières....... On vous a fait des distinctions métaphysiques de la guerre défensive et offensive : dans toutes les guerres dont l'histoire nous a laissé le fastidieux récit, peut-on voir quel était l'agresseur? Faudra-t-il que la France perde le précieux avantage de porter la première les malheurs de la guerre dans une terre voisine?...

M. de Mirabeau vous a proposé de rassembler près du corps-législatif la milice nationale. Comment se peut-il qu'on veuille établir le germe de la guerre civile? Réunir le corps-législatif quand la guerre est déclarée, ne me parait pas sans inconvéniens. Ne doit-on pas redouter la tendance naturelle des hommes à augmenter leur autorité? Le corps-législatif tendrait à s'emparer de la guerre. Rappelez-vous les principes de la monarchie et de la liberté; ils vous disent que tout doit se rallier au roi, pourvu que la liberté ne soit point attaquée. Tant que nulle autorité ne pourra sauver un ministre prévaricateur, tant que l'assemblée aura droit de voter les impôts, une guerre pourra être légèrement entreprise, mais elle ne sera pas longue. Le dernier degré de sagesse est d'établir un tel ordre de choses, que le délit soit puni, que l'imprudence soit réparée. Décrétons que toutes les forces de la nation reposent entre les mains du roi, qui ne peut avoir d'intérêt à en abuser ; décrétons des précautions si sévères, une responsabilité si terrible, que le ministère devienne un poste tellement périlleux, que les brigands tremblent d'en approcher, et que le patriotisme seul puisse y faire monter des hommes pleins de confiance dans leurs vertus et dans leurs talens. Ceux qui prétendent que le droit de déclarer la guerre appartient au pouvoir législatif, veulent ou rendre la législature perpétuelle, en la chargeant de la guerre qu'elle aura commencée, et tel est le but de M. de Mirabeau, ou se venger du décret qu'ils ont rendu à Versailles au sujet du droit de la branche d'Espagne au trône de France. Vous avez déjà ôté au roi deux de ses droits; l'administration intérieure et l'administration de la justice : si vos décrets lui ôtent le troisième, il faut révéler un grand secret au peuple; ce jour, il n'aura plus de roi. Je propose enfin que vous décrétiez que le droit de paix et de guerre appartient au monarque; que le comité de constitution fixera les principales règles de l'exercice de ce droit; qu'il déterminera les formes les plus sévères pour la responsabilité des ministres, et que la question des traités et des alliances sera ajournée. Cette question mérite une discussion particulière.

*M. Barnave.* Jamais objet plus important n'a fixé les regards de cette assemblée; la question qui s'agite aujourd'hui intéresse essentiellement votre constitution; c'est de là que dépend sa conservation. Il ne vous reste plus à constituer que la force publique; il faut le faire de manière qu'elle s'emploie avec succès pour repousser des étrangers et arrêter les invasions, mais qu'elle ne puisse jamais retomber sur nous. Au point où nous en sommes, il ne s'agit plus de discuter sur les principes et sur les faits historiques, ou sur toute autre considération; il faut réduire la question à ses termes les plus simples, en chercher les difficultés, et tâcher de les résoudre. Excepté ceux qui, depuis le commencement de nos travaux, ont contesté tous les principes, personne ici n'a nié les principes théoriques qui doivent déterminer votre décision. Je ne parlerai point de la souveraineté du peuple, elle a été consacrée dans la déclaration des droits; quand vous avez commencé la constitution, vous avez commencé à appliquer ce grand principe. Il est donc inutile de le rappeler; il s'agit seulement de savoir à qui doit être délégué le droit de déclarer la guerre ou la paix, de chercher à qui l'utilité publique invite à le déléguer. On a universellement reconnu le principe de la division des pouvoirs, on a reconnu que l'expression de la volonté générale ne pouvait être donnée que dans les assemblées élues par le peuple, renouvelées sans cesse, et par-là même propres à en imprimer l'opinion, parce que sans cesse on en reconnaît l'impression. Vous avez senti que l'exécution de cette volonté exigeait promptitude et ensemble, et que, pour combiner cet ensemble, il fallait absolument la confier à un seul homme. De là vous avez conclu que l'assemblée nationale aurait le droit de faire la loi, et le roi celui de la faire exécuter. De là il résulte que la détermination de faire la guerre, qui n'est autre chose que l'acte de la volonté générale, doit être dévolue aux représentans du peuple.

On ne peut contester que l'acte qui nécessite après lui l'augmentation des impositions, la disposition des propriétés; que l'acte qui peut anéantir la liberté publique, dissoudre la machine politique, doit être confié à ceux qui doivent exprimer la volonté générale. Les fonctions du monarque ne sont pas moins évidentes : il a l'inspection des résolutions nationales; il peut prendre les précautions nécessaires pour la sûreté de l'empire. Non-seulement il doit diriger la guerre, avoir en sa disposition les forces destinées au secours de l'État, nommer des négociateurs, mais encore il est chargé de pourvoir de son propre mouvement à la sûreté de ses frontières; il a le droit de faire les préparatifs de guerre; il a encore un plus grand caractère, celui de représenter le peuple français auprès des autres peuples. Les actes dévolus au corps-législatif sont indispensables pour la liberté. Tout ce qui porte un caractère de majesté, nous l'avons mis sur la tête du roi : pourvoir à la sûreté de cet empire, veiller à ce qu'il ne soit porté aucune atteinte à sa dignité, tel est le caractère du chef de la nation.

Voilà, d'après les différentes discussions, quel m'a paru être le but de tous ceux qui avaient des principes conformes à notre constitution. Je laisse de côté tous les projets de décret qui attribuent au roi le droit de faire la guerre; ils sont incompatibles avec la liberté; ils n'ont pas besoin d'être approfondis. La contestation existe entre les décrets puisés dans le système général. Plusieurs opinans, MM. Pétion, de Saint-Fargeau, de Menou, ont présenté des décrets qui, avec les différences de rédaction, arrivent aux mêmes résultats. M. de Mirabeau en a offert un autre qui, destiné, je le crois, à remplir le même objet, ne le remplit pas à mes yeux; c'est celui-là que je vais discuter. L'examen que j'en ferai est tellement lié à la question principale, que lorsque j'en aurai examiné toutes les parties, j'arriverai immédiatement à mon résultat. Je présenterai d'abord deux observations de détail : le premier article est inutile, j'en ai déduit la raison ; c'est que la souveraineté du peuple est consacrée. Le second article ne renferme pas ce qu'il veut dire, ou il est vicieux : dans tous les cas, il doit être rejeté. Il est impossible que le pouvoir de déclarer la guerre soit exercé concurremment et par le roi et par les représensans du peuple. Cette concurrence n'est autre chose qu'une confusion de pouvoirs politiques et une *anarchie constitutionnelle*. Ce défaut de rédaction ne serait rien, si le résultat du décret ne l'interprétait point. Le vice radical du projet de M. de Mirabeau, c'est qu'il donne de fait au roi, exclusivement, le droit de faire la guerre. C'est par la confusion d'une chose bien différente de celle de déclarer la guerre qu'il a attribué ce droit au roi.

Il est universellement reconnu que le roi doit pourvoir à la défense des frontières et à la conservation des possessions nationales. Il est reconnu que, sans la volonté du roi, il peut exister des différends entre les individus de la nation et des individus étrangers. M. de Mirabeau a paru penser que c'était-là que commençait la guerre ; qu'en conséquence le commencement de la guerre étant spontané, le droit de déclarer la guerre ne pouvait appartenir au corps-législatif. En partant de cette erreur, en donnant une grande latitude aux hostilités, en les portant jusqu'à la nécessité de défendre les droits nationaux, M. de Mirabeau a donné au roi le droit de faire toute espèce de guerre, même les guerres injustes, et laissé à la nation la frivole ressource, le moyen impuissant d'arrêter la guerre, quand sa cessation devient impossible. Cependant il est universellement reconnu, je ne dis pas seulement par les militaires, par les marins, par les rois, mais par tous ceux qui connaissent le droit des gens, mais d'après le sentiment de Montesquieu et de Mably, que des hostilités ne sont rien moins qu'une déclaration de guerre ; que des hostilités premières ne sont que des duels de particuliers à particuliers, mais que l'approbation et la protection que donne la nation à ces hostilités, constituent seules la déclaration de la guerre.

En effet, si le commencement des hostilités constituait les nations en état de guerre, ce ne serait plus ni le pouvoir législatif, ni le pouvoir exécutif qui la déclarerait ; ce serait le premier capitaine de vaisseau, le premier marchand, le premier officier, qui, en attaquant un individu, ou en résistant à son attaque, s'emparerait du droit de déclarer la guerre. Il est bien vrai que ces hostilités deviennent souvent des principes de guerre ; mais c'est toujours par la volonté de la nation que la guerre commence : on rapporte l'offense à ceux qui ont l'exercice de ce droit ; ils examinent s'il y a intérêt à soutenir l'offense, à demander une réparation. Si on la refuse, c'est alors que la guerre est ou repoussée ou entreprise par la volonté nationale. J'en présente un exemple récent : chacun sait ce qui s'est passé sur la mer du Sud entre l'Angleterre et l'Espagne. Eh bien ! je demande s'il y a actuellement guerre entre ces deux nations, si le pouvoir qui dispose de ce droit l'a déclarée, si les choses ne sont pas entières ? Qu'arriverait-il, si l'Espagne avait une assemblée nationale ? Les agens du pouvoir exécutif donneraient aux représentans de la nation espagnole connaissance des hostilités commencées ; d'après ces connaissances, l'assemblée examinerait s'il est de la justice, de l'intérêt de la nation de continuer la guerre. Si la justice l'exigeait, elle accorderait une réparation ; si au contraire elle trouvait juste de refuser cette réparation, elle déciderait la guerre, et chargerait le roi d'exécuter cette décision. Voilà le cas où se trouve la nation française. Des hostilités, de quelque nature qu'elles soient, seront toujours de simples hostilités, du moment où la législature n'aura pas déclaré la guerre : ainsi des hostilités peuvent conduire la nation à la guerre, mais ne peuvent jamais la priver de déclarer qu'elle préfère se soumettre aux plus grands sacrifices. Donc jamais un état ne peut être constitué en guerre sans l'approbation de ceux en qui réside le droit de la faire. Le raisonnement de M. de Mirabeau n'est donc qu'un moyen d'éluder la question, qu'un écart de la question. Quelque résolution que vous preniez, soit que vous déléguiez ce pouvoir au corps législatif, soit que vous le déléguiez au pouvoir exécutif, le décret de M. de Mirabeau sera toujours imparfait ; car il est indispensable de savoir le moment où la nation est en guerre; il est indispensable de savoir à qui il appartient de la déclarer en son nom; et, dans les deux cas, il nous laisse la même incertitude. Du moment où on décide que le roi la déclarera concurremment avec la nation, il est évident qu'on confère ce droit au pouvoir exécutif, puisque ces fonctions précèdent l'agression, et que c'est lui qui prononce si les hostilités seront continuées. Je demande si la faculté qu'on laisse au corps-législatif de décider si la guerre cessera n'est pas illusoire; si, lorsque la guerre sera commencée, lorsqu'elle aura excité les mouvemens de puissances redoutables, il sera possible alors de déclarer qu'elle ne sera pas continuée. C'est donc au roi qu'il attribue constitutionnellement le droit de déclarer la guerre; c'est si bien là son système, qu'il l'a appuyé par tous les raisonnemens dont s'étaient servies les personnes qui soutiennent cette opinion. Les propositions et les maximes qu'il a présentées sont tellement tendantes à prouver qu'il faut déléguer au roi le droit de faire la guerre, que pour répondre à son système, je ne vais qu'examiner ses propositions et ses maximes. Deux points sont divisés dans le discours de M. de Mirabeau.

1° Les inconvéniens d'attribuer aux législateurs le droit de déclarer la guerre.

2° Les inconvéniens de l'accorder au pouvoir exécutif et le moyen de remédier à ces mêmes inconvéniens. Il s'est attaché à établir qu'ils étaient immenses pour les législatures, et qu'ils étaient moindres pour le pouvoir exécutif; enfin, il a proposé les moyens de pallier ces derniers inconvéniens; il a dit que le droit de faire la guerre exigeait de l'unité, de la promptitude et du secret, et qu'il ne pouvait en supposer dans les délibérations du corps-législatif. En s'appuyant de l'exemple des républiques anciennes, on n'a pas cessé de comparer notre constitution avec la démocratie de la place publique d'Athènes, avec le sénat aristocratique de Rome, qui tâchait de distraire le peuple de la liberté par sa gloire; on l'a confondue avec celle de Suède, où il existe quatre ordres différens divisés en quatre chambres, le roi et le sénat, où les pouvoirs publics sont dispersés entre six pouvoirs différens, qui sans cesse se combattent, et qui, après avoir combattu la délibération, combattent encore l'exécution, ainsi que vous l'avez vu dans la dernière révolution; on l'a comparée avec celle de la Hollande ; on n'a pas craint même de l'assimiler à celle de Pologne, où des aristocrates rassemblés, exerçant personnellement un *veto* personnel, sont obligés de prendre à l'unanimité leurs délibérations, où les guerres extérieures doivent toujours être malheureuses, puisque la guerre intestine est presque constitutionnelle dans ce pays.

Il est donc impossible de tirer aucune conséquence de ces constitutions pour les appliquer à la France, où les intérêts sont discutés par une assemblée unique composée d'hommes qui n'existent pas par leurs droits, mais élus par le peuple, renouvelée tous les deux ans, suffisamment nombreuse pour parvenir à un résultat mûr. Cherchons maintenant dans la nature même des choses.

Il est vrai qu'accorder aux législatures le droit de faire la guerre, ce serait enlever la promptitude et le secret qu'on regarde comme absolument nécessaire; quant à la promptitude, il me semble qu'en confiant au roi le droit de faire tous les préparatifs qu'exigent pour le moment la sûreté de l'État et les mesures nécessaires pour l'avenir, on a levé tous les inconvéniens. Il fait mouvoir toutes les troupes à son gré, quand il juge que le mouvement d'un empire exige qu'on s'oppose avec célérité à ses dispositions nuisibles, s'il pouvait en avoir. Le corps-législatif s'assemble tous les ans pendant quatre mois ; s'il est séparé, il sera aisé de le convoquer ; ce rassemblement se fera pendant les préparatifs qui précèdent toujours une action. Le roi et ses agens auront tous les moyens de repousser une attaque subite, et de prendre les mesures pour le danger à venir ; ainsi la promptitude sera la même, et vous aurez pourvu à votre indépendance et à votre liberté. Quant au secret, je demanderai d'abord si ce secret existe; on a prouvé, avant moi, qu'il n'existe pas réellement; mais s'il pouvait exister, serait-il utile? Je pourrais, pour répondre, m'appuyer de l'autorité bien imposante de M. l'abbé de Mably; il a constamment pensé que la politique de la nation française devait exister, non dans le secret, mais dans la justice : ce n'était pas, comme on l'a dit, un simple théoricien. Il a écrit plusieurs volumes sur la politique moderne; il a fait le meilleur traité sur le droit politique de l'Europe. S'il n'a pas négocié lui-même, c'est uniquement à cause de ses vertus; c'est qu'il a échappé aux sollicitations du gouvernement.

M. de Mably pensait que, pour la puissance dominante de l'Europe, il n'y avait pas d'autre politique que la loyauté et une fidélité constante. Il a démontré que, de même que dans les finances la confiance double le crédit, de même il existe un crédit politique qui place en vous la confiance des nations, et qui double votre influence. Mais dans quel cas le secret serait-il nécessaire? C'est lorsqu'il s'agit des mesures provisoires, des négociations, des opérations d'une nation avec une autre; tout cela doit être attribué au pouvoir exécutif. Il aura donc encore le moyen de s'appuyer du secret; les seules choses que vous ferez sont inutiles à cacher. L'acceptation définitive des articles d'un traité de paix, la résolution de faire la guerre, rien de tout cela ne peut être dissimulé. Tout ce que vous vous réservez ne peut et ne doit donc être fait qu'au grand jour. Dans toute constitution où le peuple a une influence quelconque, la faculté de délibérer oblige à la même publicité. Lorsque l'Angleterre délibère sur l'octroi des subsides, n'est-elle pas obligée de discuter en même temps si la guerre qui les rend nécessaires, est juste et légitime.

Après avoir écarté les principaux motifs par lesquels on a cherché à prouver que le droit de la guerre ne pouvait être attribué au corps-législatif, il reste à examiner les inconvéniens qui résulteraient de confier ce droit au pouvoir exécutif. On a dit qu'en le confiant aux législatures, elles se laisseraient entraîner par l'enthousiasme des passions, et même par la corruption : est-il un seul de ces dangers qui ne soit plus grand dans la personne des ministres que dans l'assemblée nationale? Contestera-t-on qu'il ne soit plus facile de corrompre le conseil du roi que sept cent vingt personnes élues par le peuple? Je pourrais continuer cette comparaison entre les législatures et le ministre unique qui guide les délibérations du conseil, soit dans le danger des passions, des ressentimens et des motifs d'intérêt personnel.

Il arrivera peut-être que la législature pourra s'égarer; mais elle reviendra, parce que son opinion sera celle de la nation, au lieu que le ministre s'égarera presque toujours, parce que ses intérêts ne sont pas les mêmes que ceux de la nation. Le gouvernement dont il est agent est pour la guerre, et par conséquent, opposé aux intérêts de la nation : il est de l'intérêt d'un ministre qu'on déclare la guerre, parce qu'alors on est forcé de lui attribuer le maniement des subsides immenses dont on a besoin : parce qu'alors son autorité est augmentée sans mesure; il crée des commissions, parce qu'il nomme à une multitude d'emplois; il conduit la nation à préférer la gloire des conquêtes à la liberté; il change le caractère des peuples et les dispose à l'esclavage; c'est par la guerre surtout qu'il change le caractère et les principes des soldats. Les braves militaires qui disputent aujourd'hui de patriotisme avec les citoyens, rapporteraient un esprit bien différent s'ils avaient suivi un roi conquérant, un de ces héros de l'histoire, qui sont presque toujours des fléaux pour les nations.

Enfin, tout sollicite le corps-législatif de conserver la paix, tandis que les intérêts les plus puissans des ministres, les engage à entreprendre la guerre. Vainement on oppose la responsabilité et le refus des impôts; et dans le cas où le roi lui-même irait à la tête de ses troupes, on propose d'autoriser le corps-législatif à rassembler les milices nationales : la responsabilité ne s'applique qu'à des crimes ; la responsabilité est absolument impossible, autant que dure la guerre, au succès de laquelle est nécessairement lié le ministre qui l'a commencée. Ce n'est pas alors qu'on cherche à exercer contre lui la responsabilité. Est-elle nécessaire quand la guerre est terminée, lorsque la fortune publique est diminuée? Lorsque vos concitoyens et vos frères auront péri, à quoi servira la mort d'un ministre? Sans doute elle présentera aux nations un grand exemple de justice; mais vous rendra-t-elle ce que vous aurez perdu? Non-seulement la responsabilité est impossible en cas de guerre, mais chacun sait qu'une entreprise de guerre est un moyen banal pour échapper à une responsabilité déjà encourue lorsqu'un déficit est encore ignoré : le ministre déclare la guerre pour couvrir, par des dépenses simulées, le fruit de ses déprédations. L'expérience du peuple a prouvé que le meilleur moyen que puisse prendre un ministre habile pour ensevelir ses crimes, est de se les faire pardonner par des triomphes : on n'en trouverait que trop d'exemples ailleurs que chez nous. Il n'y avait point de responsabilité quand nous étions esclaves. J'en cite un seul; je le prends chez le peuple le plus libre qui ait existé.

Périclès entreprit la guerre du Péloponèse quand il se vit dans l'impossibilité de rendre ses comptes; voilà la responsabilité. Le moyen du refus des subsides est tellement jugé et décrié dans cette assemblée, que je crois inutile de m'en occuper. Je dirai seulement que l'expérience l'a démontré inutile en Angleterre. Mais il n'y a pas de comparaison à cet égard entre l'Angleterre et nous. L'indépendance nationale y est mise à couvert et protégée par la nature : il ne faut en Angleterre qu'une flotte. Vous avez des voisins puissans, il vous faut une armée. Refuser les subsides, ce ne serait pas cesser la guerre, ce serait cesser de se défendre, ce serait mettre les frontières à la merci de l'ennemi. Il ne me reste à examiner que le dernier moyen offert par M. de Mirabeau. Dans le cas où le roi ferait la guerre en personne, le corps-législatif aurait le droit de réunir des gardes nationales en tel lieu et en tel nombre qu'il jugerait convenable pour les opposer à l'abus de la force publique, à l'usurpation d'un roi général d'armée. Il me semble que ce moyen n'est autre chose que de proposer la guerre civile pour s'opposer à la guerre. Un des avantages dominant du gouvernement monarchique, un des plus grands motifs d'attachement à la monarchie pour ceux qui cherchent la liberté, c'est que le monarque fait le désespoir de tous les usurpateurs. Or, avec le moyen proposé, je demande s'il ne se trouvera jamais un législateur ambitieux qui veuille devenir usurpateur ; un homme qui, par ses talens et son éloquence, aura assez de crédit sur la législature pour l'égarer, sur le peuple pour l'entraîner ? Si le roi est éloigné, ne pourra-t-il pas lui reprocher ses succès et ses triomphes ? Ne peut-il pas lui venir dans la tête d'empêcher le monarque des Français de rentrer dans la France ? Il y a plus : la législature ne commanderait pas elle-même ; il lui faudrait un chef, et l'on sait qu'avec des vertus, des talens et des grâces, on se fait aisément aimer de la troupe qu'on commande. Je demande quel serait le vrai roi, et si vous n'auriez pas alors un changement de race ou une guerre civile ? Je ne m'attacherai pas plus long-temps à réfuter ce moyen : mais j'en tire une conséquence très-naturelle.

Il faut que M. de Mirabeau ait aperçu de très-grands inconvéniens dans le plan qu'il a présenté, puisqu'il a cru nécessaire d'employer un remède si terrible. On m'objectera qu'une partie des maux que je redoute se trouvera dans la faculté de déclarer la guerre, accordée au pouvoir législatif. Le corps-législatif se décidera difficilement à faire la guerre. Chacun de nous a des propriétés, des amis, une famille, des enfans, une foule d'intérêts personnels que la guerre pourrait compromettre. Le corps législatif déclarera donc la guerre plus rarement que le ministre ; il ne la déclarera que quand notre commerce sera insulté ; persécuté, les intérêts les plus chers de la nation attaqués. Les guerres seront presque toujours heureuses. L'histoire de tous les siècles prouve qu'elles le sont quand la nation les entreprend. Elle s'y porte avec enthousiasme ; elle y prodigue ses ressources et ses trésors : c'est alors qu'on fait rarement la guerre et qu'on la fait toujours glorieusement. Les guerres entreprises par les ministres sont souvent injustes, souvent malheureuses, parce que la nation les réprouve, parce que le corps-législatif fournit avec parcimonie les moyens de les soutenir. Si les ministres font seuls la guerre, ne pensez pas à être consultés. Les ministres calculent froidement dans leur cabinet ; c'est l'effusion du sang de vos frères, de vos enfans qu'ils ordonnent. Ils ne voient que l'intérêt de leurs agens, de ceux qui alimentent leur gloire ; leur fortune est tout, l'infortune des nations n'est rien: voilà une guerre ministérielle. Consultez aujourd'hui l'opinion publique ; vous verrez d'un côté des hommes qui espèrent s'avancer dans les armées, parvenir à gérer les affaires étrangères ; les hommes qui sont liés avec les ministres et leurs agens ; voilà les partisans du système qui consiste à donner au roi, c'est-à-dire aux ministres, ce droit terrible. Mais vous n'y verrez pas le peuple, le citoyen paisible, vertueux, ignoré, sans ambition, qui trouve son bonheur et son existence dans l'existence commune, dans le bonheur commun. Les vrais citoyens, les vrais amis de la liberté n'ont donc aucune incertitude. Consultez-les, ils vous diront : donnez au roi tout ce qui peut faire sa gloire et sa grandeur, qu'il commande seul, qu'il dispose de nos armées, qu'il nous défende quand la nation l'aura voulu : mais n'affligez pas son cœur en lui confiant le droit terrible de nous entraîner dans une guerre, de faire couler le sang avec abondance, de perpétuer ce système de rivalité, d'inimitié réciproque, ce système faux et perfide qui déshonorait les nations. Les vrais amis de la liberté refuseront de conférer au gouvernement ce droit funeste, non-seulement pour les Français, mais encore pour les autres nations, qui doivent tôt ou tard imiter notre exemple. Je vais vous lire un projet de décret qui ne vaut peut-être pas mieux, qui vaut peut-être moins que ceux de MM. Pétion, de Saint-Fargeau, de Menou : n'importe, je vais vous le soumettre.—Au roi, dépositaire suprême du pouvoir exécutif, appartient le droit d'assurer la défense des frontières, de protéger les propriétés nationales, de faire à cet effet les préparatifs nécessaires, de diriger les forces de terre et de mer, de commencer les négociations, de nommer les ambassadeurs, de signer les traités, de faire au corps-législatif, sur la paix et la guerre, les propositions qui lui paraîtront convenables ; mais le corps-législatif exercera exclusivement le droit de déclarer la guerre et la paix, et de conclure les traités. Dans le cas où la situation politique des nations voisines obligerait à faire des armemens extraordinaires, il les notifiera au corps-législatif s'il est assemblé, ou s'il ne l'est pas, il le convoquera sans délai.

On demande à aller aux voix.

M. de Cazalès demande la parole sur la question de savoir si la discussion sera fermée. — Après quelques discussions, l'assemblée décide qu'il sera entendu.

*M. de Cazalès.* L'intention de l'assemblée ne peut pas être douteuse. M. Barnave vient de présenter des raisons infiniment spécieuses et qui ont grand besoin d'être discutées. Si l'assemblée voulait fermer la discussion, elle serait déterminée par le désir d'économiser le temps : on ne peut délibérer à l'heure qu'il est. Je demande qu'on ajourne à demain, en déclarant que la discussion sera fermée et la question décidée.

*M. de Mirabeau l'aîné.* Je monte à la tribune pour appuyer la proposition qui vous est faite ; mais je demande une explication sur ces mots : « la discussion sera fermée. » Le grand nombre des membres de cette assemblée qui paraissent séduits, persuadés ou convaincus par le discours de M. Barnave, croient que ce discours triomphera de toutes les répliques, ou ils ne le croient pas. S'ils le croient, il me semble qu'on peut attendre de la générosité de leur admiration qu'ils ne craindront pas une réplique, et qu'ils laisseront la liberté de répondre : s'ils ne le croient pas, leur devoir est de s'instruire. En reconnaissant une très-grande habileté dans le discours de M. Barnave, il me paraît que son argumentation tout entière peut être détruite, qu'il n'a pas posé les véritables points de difficulté, et qu'il a négligé, ou quelques-uns de mes argumens, ou quelques-uns des aspects sous lesquels ils se présentent. Je prétends du moins au droit de répliquer à mon tour. Je demande que la question soit encore discutée demain, et qu'elle ne soit décidée qu'après que, par un sentiment de confiance ou de méfiance, d'ennui ou d'intérêt, l'assemblée aura fermé la discussion. Mon principal argument en ce moment est la chaleur même que vous montrez contre ma demande.

L'assemblée décrète que la question sera décidée demain sans désemparer.

La séance est levée à quatre heures.]

SÉANCE DU SAMEDI 22 MAI.

M. *de Mirabeau l'aîné.* C'est quelque chose sans doute, pour rapprocher les oppositions, que d'avouer nettement sur quoi l'on est d'accord et sur quoi l'on diffère. Les discussions amiables valent mieux pour s'entendre que les insinuations calomnieuses, les inculpations forcenées, les haines de la rivalité, les machinations de l'intrigue et de la malveillance. On répand depuis huit jours que la section de l'assemblée nationale qui veut le concours de la volonté royale dans l'exercice du droit de la paix et de la guerre, est parricide de la liberté publique; on répand les bruits de perfidie, de corruption; on invoque les vengeances populaires pour soutenir la tyrannie des opinions. On dirait qu'on ne peut, sans crime, avoir deux avis dans une des questions les plus délicates et les plus difficiles de l'organisation sociale. C'est une étrange manie, c'est un déplorable aveuglement que celui qui anime ainsi les uns contre les autres des hommes qu'un même but, un sentiment unique, devraient, au milieu des débats les plus acharnés, toujours rapprocher, toujours réunir; des hommes qui substituent ainsi l'irascibilité de l'amour-propre au culte de la patrie, et se livrent les uns les autres aux préventions populaires. Et moi aussi on voulait, il y a peu de jours, me porter en triomphe, et maintenant l'on crie dans les rues : LA GRANDE TRAHISON DU COMTE DE MIRABEAU.... Je n'avais pas besoin de cette leçon pour savoir qu'il est peu de distance du Capitole à la roche tarpéienne; mais l'homme qui combat pour la raison, pour la patrie, ne se tient pas si aisément pour vaincu. Celui qui a la conscience d'avoir bien mérité de son pays, et surtout de lui être encore utile; celui que ne rassasie pas une vaine célébrité, et qui dédaigne les succès d'un jour pour la véritable gloire; celui qui veut dire la vérité, qui veut faire le bien public indépendamment des mobiles mouvemens de l'opinion populaire: cet homme porte avec lui la récompense de ses services, le charme de ses peines et le prix de ses dangers; il ne doit attendre sa moisson, sa destinée, la seule qui l'intéresse, la destinée de son nom, que du temps, ce juge incorruptible qui fait justice à tous. Que ceux qui prophétisaient depuis huit jours mon opinion sans la connaître, qui calomnient en ce moment mon discours sans l'avoir compris, m'accusent d'encenser des idoles impuissantes au moment où elles sont renversées, ou d'être le vil stipendié de ceux que je n'ai pas cessé de combattre; qu'ils dénoncent comme un ennemi de la révolution celui qui peut-être n'y a pas été inutile, et qui, fût-elle étrangère à sa gloire, pourrait, là seulement, trouver sa sûreté; qu'ils livrent aux fureurs du peuple trompé celui qui, depuis vingt ans, combat toutes les oppressions, et qui parlait aux Français de liberté, de constitution, de résistance, lorsque ces vils calomniateurs vivaient de tous les préjugés dominans. Que m'importe? Ces coups de bas en haut ne m'arrêteront pas dans ma carrière. Je leur dirai : répondez si vous pouvez; calomniez ensuite tant que vous voudrez.

Je rentre donc dans la lice, armé de mes seuls principes et de la fermeté de ma conscience. Je vais poser à mon tour le véritable point de la difficulté avec toute la netteté dont je suis capable, et je prie tous ceux de mes adversaires qui ne m'entendront pas, de m'arrêter, afin que je m'exprime plus clairement, car je suis décidé à déjouer les reproches tant répétés d'évasion, de subtilité, d'entortillage; et s'il ne tient qu'à moi, cette journée dévoilera le secret de nos loyautés respectives. M. Barnave m'a fait l'honneur de ne répondre qu'à moi; j'aurai pour son talent le même égard qu'il mérite à plus juste titre, et je vais à mon tour essayer de le réfuter.

Vous avez dit: nous avons institué deux pouvoirs distincts: le pouvoir législatif et le pouvoir exécutif. L'un est chargé d'exprimer la volonté nationale, et l'autre de l'exécuter : ces deux pouvoirs ne doivent jamais se confondre.

Vous avez appliqué ces principes à la question sur laquelle nous délibérons, c'est-à-dire à l'exercice du droit de la paix et de la guerre.

Vous avez dit : il faut distinguer l'action et la volonté; l'action appartiendra au roi, la volonté au corps-législatif. Ainsi, lorsqu'il s'agira de déclarer la guerre, cette déclaration étant un acte de volonté, ce sera au corps-législatif à la faire.

Après avoir exposé ce principe, vous l'avez appliqué à chaque article de mon décret. Je suivrai la même marche : j'examinerai d'abord le principe général ; j'examinerai ensuite l'application que vous en avez faite à l'exercice du droit de la paix et de la guerre ; enfin je vous suivrai pas à pas dans la critique de mon décret.

Vous dites que nous avons établi deux pouvoirs distincts, l'un pour l'action, l'autre pour la volonté : je le nie.

Le pouvoir exécutif, dans tout ce qui tient à l'action, est certainement très-distinct du pouvoir législatif ; mais il n'est pas vrai que le corps-législatif soit entièrement distinct du pouvoir exécutif, même dans l'expression de la volonté générale.

En effet, quel est l'organe de cette volonté, d'après notre constitution ? C'est tout à la fois l'assemblée des représentans de la nation ou le corps-législatif, et les représentans du pouvoir exécutif, ce qui a lieu de cette manière. Le corps-législatif délibère et déclare la volonté générale ; le représentant du pouvoir exécutif a le double droit ou de sanctionner la résolution du corps-législatif, et cette sanction consomme la loi, ou d'exercer le *veto* qui lui est accordé pour un certain espace de temps ; et la constitution a voulu que durant cette période la résolution du corps-législatif ne fût pas loi. Il n'est donc pas exact de dire que notre constitution a exprimé deux pouvoirs très-distincts, même lorsqu'il s'agit d'exprimer la volonté générale. Nous avons au contraire deux pouvoirs qui concourent ensemble dans la formation de la loi, dont l'un fournit une espèce de vœu secondaire ; exerce sur l'autre une sorte de contrôle, met dans la loi sa portion d'influence et d'autorité. Ainsi, la volonté générale ne résulte pas de la simple volonté du corps-législatif.

Voyons maintenant l'application de votre principe à l'exercice du droit de la paix et de la guerre.

Vous avez dit : tout ce qui n'est que volonté en ceci, comme dans tout le reste, retourne à son principe naturel, et ne peut être énoncé que par le pouvoir législatif. Ici je vous arrête, et je découvre votre sophisme en un seul mot que vous-même avez dit : ainsi vous ne m'échapperez pas.

Dans votre discours, vous attribuez l'énonciation de la volonté générale.... à qui ? *au pouvoir législatif;* dans votre décret, à qui l'attribuez-vous? *au corps-législatif.* Sur cela je vous appelle à l'ordre; vous avez forfait à la constitution. Si vous entendez que le corps-législatif est le pouvoir législatif, vous renversez par cela seul toutes les lois que nous avons faites : si, lorsqu'il s'agit d'exprimer la volonté générale en fait de guerre, le corps-législatif suffit...., par cela seul le roi n'ayant ni participation, ni influence, ni contrôle, ni rien de tout ce que nous avons accordé au pouvoir exécutif par notre système social, vous auriez en législation deux principes différens; l'un pour la législation ordinaire, l'autre pour la législation en fait de guerre, c'est-à-dire pour la crise la plus terrible qui puisse agiter le corps politique; tantôt vous auriez besoin, et tantôt vous n'auriez pas besoin pour l'expression de la volonté générale de l'adhésion du monarque.... Et c'est vous qui parlez d'homogénéité, d'unité, d'ensemble dans la constitution ! Et ne dites pas que cette distinction est vaine; elle l'est si peu à mes yeux et à ceux de tous les bons citoyens qui soutiennent ma doctrine, que si vous voulez substituer, dans votre décret, à ces mots : *le corps-législatif*, ceux-ci : *le pouvoir législatif*, et définir cette expression en l'appelant un acte de l'assemblée nationale, sanctionné par le roi, nous sommes d'accord. Vous ne me répondez pas.... Je continue.

Cette contradiction devient encore plus frappante dans l'application que vous en avez faite vous-même, au cas d'une déclaration de guerre.

Vous avez dit : Une déclaration de guerre n'est qu'un acte de volonté; donc c'est au corps-législatif à l'exprimer.

J'ai sur cela deux questions à vous faire, dont chacune embrasse deux cas différens.

*Première question.* Entendez-vous que la déclaration de guerre soit tellement propre au corps-législatif que le roi n'ait pas l'initiative, ou entendez-vous qu'il ait l'initiative?

Dans le premier cas, s'il n'a pas l'initiative, entendez-vous qu'il n'ait pas aussi le *veto*? Dès-lors, voilà le roi sans concours dans l'acte le plus important de la volonté nationale. Comment conciliez-vous cela avec les droits que la constitution a donnés au monarque? Comment le conciliez-vous avec l'intérêt public? Vous aurez autant de provocateurs de la guerre que d'hommes passionnés.

Y a-t-il ou non de grands inconvéniens à cela? Vous ne niez pas qu'il y en ait.

Y en a-t-il au contraire à accorder l'initiative au roi? J'entends par l'initiative, une notification, un message quelconque, et je n'y vois aucun inconvénient.

Voyez d'ailleurs l'ordre naturel des choses. Pour délibérer il faut être instruit. Par qui l'être, si ce n'est par le surveillant des relations extérieures?

Ce serait une étrange constitution que celle qui, ayant conféré au roi le pouvoir exécutif suprême, donnerait un moyen de déclarer la guerre sans que le roi en provoquât la délibération par les rapports dont il est chargé; votre assemblée ne serait plus délibérante, mais agissante : elle gouvernerait.

Vous accorderez donc l'initiative au roi.

Passons au second cas.

Si vous accordez au roi l'initiative, ou vous supposez que cette initiative consistera dans une simple notification, ou vous supposez que le roi déclarera le parti qu'il veut prendre.

Si l'initiative du roi doit se borner à une simple notification, le roi, par le fait, n'aura aucun concours à une déclaration de guerre.

Si l'initiative du roi consiste au contraire dans la déclaration du parti qu'il croit devoir être pris, voici la double hypothèse sur laquelle je vous prie de raisonner avec moi.

Entendez-vous que le roi se décidant pour la guerre, le corps-législatif puisse délibérer la paix? je ne trouve à cela aucun inconvénient. Entendez-vous au contraire que le roi ne voulant que la paix, le corps-législatif puisse ordonner la guerre, et la lui faire soutenir malgré lui? Je ne puis adopter votre système, parce que c'est de ceci que naissent des inconvéniens auxquels il est impossible de remédier.

De cette guerre délibérée malgré le roi, résulterait bientôt une guerre d'opinion contre le monarque, contre tous ses agens. La surveillance la plus inquiète présiderait à cette guerre; le désir de la seconder, la défiance des ministres, porteraient le corps-législatif à sortir de ses propres limites. On proposerait des comités d'exécution militaire, comme on vous a proposé naguère des comités d'exécution politique; le roi ne serait plus que l'agent de ces comités; nous aurions deux pouvoirs exécutifs, ou plutôt le corps-législatif régnerait.

Ainsi, par la tendance d'un pouvoir sur l'autre, notre propre constitution se dénaturerait entièrement; de monarchique qu'elle est, elle deviendrait purement aristocratique. Vous n'avez pas répondu à cette objection et vous n'y répondrez jamais. Vous ne parlez que de réprimer les abus ministériels, et moi je vous parle des moyens de réprimer les abus d'une assemblée représentative; je vous parle d'arrêter la pente insensible de tout gouvernement vers la forme dominante qu'on lui imprime.

Si au contraire le roi voulant la guerre, vous bornez les délibérations du corps-législatif à consentir la guerre ou à décider qu'elle ne doit pas être faite, et à forcer le roi de négocier la paix, vous évitez tous les inconvéniens : et remarquez bien, car c'est ici que se distingue éminemment mon système, que vous restez parfaitement dans les principes de la constitution.

Le *veto* du roi se trouve, par la nature des choses, presque entièrement émoussé en fait d'exécution; il peut rarement avoir lieu en matière de guerre. Vous parez à cet inconvénient; vous rétablissez la surveillance, le contrôle respectif qu'a voulu la constitution, en imposant aux deux délégués de la nation, à ses représentans amovibles, et à son représentant inamovible, le devoir mutuel d'être d'accord lorsqu'il s'agit de guerre : vous attribuez ainsi au corps-législatif la seule faculté qui puisse le faire concourir sans inconvéniens à l'exercice de ce terrible droit : vous remplissez en même temps l'intérêt national, autant qu'il est en vous, puisque vous n'aurez besoin, pour arrêter le pouvoir exécutif, que d'exiger qu'il mette le corps-législatif continuellement à portée de délibérer sur tous les cas qui peuvent se présenter.

Il me semble, Messieurs, que le point de la difficulté est enfin complétement connu, et que M. Barnave n'a point du tout abordé la question. Ce serait un triomphe trop facile maintenant que de le poursuivre dans les détails, où, s'il a fait voir du talent, il n'a jamais montré la moindre connaissance d'homme d'état, ni des affaires humaines. Il a déclamé contre les maux que peuvent faire et qu'ont faits les rois; et il s'est bien gardé de remarquer que dans notre constitution le monarque ne pouvait plus désormais être despote, ni rien faire arbitrairement ; et il s'est bien gardé surtout de parler des mouvemens populaires.... Il a cité Périclès faisant la guerre pour ne pas rendre ses comptes : ne semblerait-il pas, à l'entendre, que Périclès ait été un roi ou un ministre despotique? Périclès était un homme qui, sachant flatter les passions populaires et se faire applaudir à propos, en sortant de la tribune, par ses largesses ou celles de ses amis, a entraîné à la guerre du Péloponèse..... Qui? L'assemblée nationale d'Athènes.

J'en viens à la critique de mon projet de décret, et je passerai rapidement en revue les diverses objections :

Art. Ier. « Que le droit de faire la paix et la guerre appartient à la nation. »

M. Barnave soutient que cet article est inutile : pourquoi donc inutile? Nous n'avons pas délégué la royauté, nous l'avons reconnue en quelque sorte comme préexistante à notre constitution : or, puisqu'on a soutenu dans cette assemblée que le droit de faire la paix et la guerre est inhérent à la royauté, puisqu'on a prétendu que nous n'avions pas même la faculté de déléguer, j'ai donc pu, j'ai donc dû mettre dans mon décret que le droit de la paix et de la guerre appartient à la nation. Où est le piége?

II. « Que l'exercice du droit de la paix et de la guerre doit être délégué concurremment au corps-législatif et au pouvoir exécutif de la manière suivante. »

Selon M. Barnave, cet article est contraire aux principes et dévoile le piége de mon décret. Quelle est la question qui nous agite? Parlez nettement : les deux délégués de la nation doivent-ils concourir ou non à l'expression de la volonté générale? S'ils doivent y concourir, peut-on donner à l'un d'eux une délégation exclusive dans l'exercice du droit de la paix et de la guerre? Comparez mon article avec le vôtre ; vous n'y parlez ni d'initiative proprement dite, ni de proposition, ni de sanction de la part du roi. La ligne qui nous sépare est donc bien connue : c'est moi qui suis dans la constitution, c'est vous qui vous en écartez. Il faudra bien que vous y reveniez. De quel côté est le piége?

Il est, dites-vous, en ce que je n'exprime pas de quelle manière le concours de ces deux délégués doit s'exercer. Quoi! je ne l'exprime pas! Que signifie donc cette expression *de la manière suivante*, et quel est l'objet des articles qui suivent? N'ai-je pas dit nettement dans plusieurs de ces articles que la notification est au roi, et la résolution, l'approbation, l'improbation à l'assemblée nationale? Ne résulte-t-il pas évidemment de chacun de mes articles, que le roi ne pourra jamais entreprendre la guerre, ni même la continuer, sans la décision du corps-législatif : où est le piége? Je ne connais qu'un seul piége dans cette discussion : c'est d'avoir affecté de ne donner au corps-législatif que la décision de la guerre et de la paix, et cependant d'avoir, par le fait, au moyen d'une réticence, d'une déception de mots, exclu entièrement le roi de toute participation, de toute influence à l'exercice du droit de la paix et de la guerre.

Je ne connais qu'un seul piége dans cette affaire ; mais ici un peu de maladresse vous a dévoilé : c'est en distinguant la déclaration de la guerre dans l'exercice du droit, comme un acte de pure volonté, de l'avoir en conséquence attribué au corps-législatif seul, comme si le corps-législatif, qui n'est pas le pouvoir législatif, avait l'attribution exclusive de la volonté.

III. Nous sommes d'accord.

IV. Vous avez prétendu que je n'avais exigé la notification que dans le cas d'hostilités, que j'avais supposé que toute hostilité était une guerre, et qu'ainsi je laissais faire la guerre sans le concours du corps-législatif. Quelle insigne mauvaise foi! J'ai exigé la notification dans le cas *d'hostilités imminentes ou commencées, d'un allié à soutenir, d'un droit à conserver par la force des armes*: ai-je ou non compris tous les cas? Où est le piége?

J'ai dit dans mon discours que souvent des hostilités précéderaient toute délibération; j'ai dit que ces hostilités pourraient être telles que l'état de guerre fût commencé, qu'avez-vous répondu? Qu'il n'y avait guerre que par la déclaration de guerre. Mais disputons-nous sur les choses ou sur les mots? Vous avez dit sérieusement ce que M. de Bougainville disait au combat de la Grenade, dans un moment de gaîté héroïque. Les boulets roulaient sur son bord, il cria à ses officiers: *Ce qu'il y a d'aimable, Messieurs, c'est que nous ne sommes point en guerre*; et en effet elle n'était pas déclarée.

Vous vous êtes longuement étendu sur le cas actuel de l'Espagne. Une hostilité existe; l'assemblée nationale d'Espagne n'aurait-elle pas à délibérer? Oui, sans doute, et je l'ai dit, et mon décret a formellement prévu ce cas: ce sont des hostilités commencées, un droit à conserver, une guerre imminente: donc, avez-vous conclu, l'hostilité ne constitue pas l'état de guerre. Mais si, au lieu de deux navires pris et relâchés dans le Nord-Castle, il y avait eu un combat entre deux vaisseaux de guerre; si, pour les soutenir, deux escadres s'étaient mêlées de la querelle; si un général entreprenant eût poursuivi le vaincu jusque dans ses ports; si une île importante avait été enlevée, n'y aurait-il pas alors état de guerre? Ce sera tout ce que vous voudrez; mais puisque ni votre décret ni le mien ne présentent le moyen de faire devancer de pareilles agressions par la délibération du corps-législatif, vous conviendrez que ce n'est pas là la question. Mais où est le piége?

V. J'ai voulu parler d'un cas que vous ne prévoyez pas dans votre décret; l'hostilité commencée peut être une agression coupable; la nation doit avoir le droit d'en poursuivre l'auteur, et le devoir de le punir : il ne suffit pas de ne pas faire la guerre, il faut réprimer celui qui, par une démarche imprudente ou perfide, aurait couru le risque ou tenté de nous y engager. J'en indique le moyen : est-ce là un piége? Mais, dites-vous, je donne ou je suppose donc par là au pouvoir exécutif le droit de commencer une hostilité, de commettre une agression coupable. Non, je ne lui donne pas ce droit; mais je raisonne sur un fait qui peut arriver, et que ni vous ni moi ne pouvons prévenir. Je ne puis pas faire que le dépositaire suprême de toutes les forces nationales n'ait pas de grands moyens et les occasions d'en abuser; mais cet inconvénient se trouve dans tous les systèmes. Ce sera, si vous le voulez, le mal de la royauté; mais prétendez-vous que des institutions humaines, qu'un gouvernement fait par des hommes pour des hommes, soit exempt d'inconvéniens? Prétendez-vous, parce que la royauté a des dangers, nous faire renoncer aux avantages de la royauté? Dites-le nettement; ce sera alors à nous à déterminer si, parce que le feu peut brûler, nous pouvons nous priver de la chaleur de la lumière que nous empruntons de lui. Tout peut se soutenir, excepté l'inconséquence; dites-nous qu'il ne faut pas de roi, ne dites pas qu'il ne faut qu'un roi inutile.

Art. VI, VII et VIII. Vous ne les avez pas attaqués, je crois; ainsi nous sommes d'accord; mais convenez que celui qui impose au pouvoir exécutif de telles limitations qu'aucun autre décret n'a présentées, n'a pas doté d'usurpation le pouvoir royal, comme on n'a pas rougi de le dire, et qu'il sait aussi munir de précautions constitutionnelles les droits de ce peuple, qu'aussi bien qu'un autre, peut-être, il a défendus.

Art. IX. « Que dans le cas où le roi fera la guerre en personne, le corps-législatif aura le droit de réunir tel nombre de gardes nationales, et dans tel endroit qu'il le trouvera convenable. » Vous me faites un grand reproche d'avoir proposé cette mesure. Elle a des inconvéniens, sans doute ; quelle institution n'en a pas ? Si vous l'aviez saisie, vous auriez vu que si cette mesure avait été, comme vous l'avez dit, un accessoire nécessaire à mon système, je ne me serais pas borné à l'appliquer au cas, très-rare sans doute, où le roi ferait la guerre en personne, mais que je l'aurais indiquée pour tous les cas de guerre indéfiniment. Si dans tout cela il y a un piége, ce piége est tout entier dans votre argumentation. Il n'est pas dans le système de celui qui veut écarter le roi du commandement des armées hors des frontières, parce qu'il ne pense pas que le surveillant universel de la société doive être concentré dans des fonctions aussi hasardeuses ; il n'est pas dans le système de celui qui met dans votre organisation sociale le seul moyen d'insurrection régulière qui soit dans le principe de votre constitution. Il y a évidemment de la mauvaise foi à chercher la faiblesse de mon système, ou quelque intention artificieuse dans la prévoyance d'un inconvénient présenté par tous ceux qui ont parlé avant moi, et qui existe également dans tous les systèmes ; car il est évident qu'un roi guerrier peut être égaré par ses passions et servi par ses légions élevées à la victoire, soit que le pouvoir législatif, soit que le pouvoir exécutif ait commencé la guerre. Si dans toutes les hypothèses constitutionnelles, ce malheur terrible peut également se prévoir, il n'y a d'autre remède à lui opposer qu'un remède terrible ; vous et moi nous reconnaissons également le devoir de l'insurrection dans des cas infiniment rares. Est-ce un moyen si coupable que celui qui rend l'insurrection plus méthodique et plus terrible ? Est-ce un piége que d'avoir assigné aux gardes nationales leur véritable destination ? Et que sont ces troupes, sinon les troupes de la liberté ? Pourquoi les avons-nous instituées, si elles ne sont pas éternellement destinées à conserver ce qu'elles ont conquis ?... Au reste, c'est vous qui le premier nous avez exagéré ce danger. Il existe ou il n'existe pas ; s'il n'existe pas, pourquoi l'avez-vous fait tant valoir ? s'il existe, il menace mon système comme le vôtre. Alors acceptez mon moyen ou donnez en un autre, ou n'en prenez point du tout, cela m'est égal, à moi, qui ne crois pas à ce danger ; aussi donnai-je mon consentement à l'amendement de M. Chapelier qui retranche cet article.

Il est plus que temps de terminer ces longs débats. J'espère que l'on ne dissimulera pas plus long-temps le vrai point de la difficulté. Je veux le concours du pouvoir exécutif à l'expression de la volonté générale en fait de paix et de guerre, comme la constitution le lui a attribué dans toutes les parties déjà fixées de notre système social.... Mes adversaires ne le veulent pas. Je veux que la surveillance de l'un des délégués du peuple ne l'abandonne pas dans les opérations les plus importantes de la politique, et mes adversaires veulent que l'un des délégués possède exclusivement la faculté du droit terrible de la guerre, comme si, lors même que le pouvoir exécutif serait étranger à la confection de la volonté générale, nous avions à délibérer sur le seul fait de la déclaration de la guerre, et que l'exercice de ce droit n'entraînât pas une série d'opérations mixtes, où l'action et la volonté se pressent et se confondent.

Voilà la ligne qui nous sépare. Si je me trompe, encore une fois que mon adversaire m'arrête, qu'il substitue dans son décret, à ces mots, *le corps-législatif*, ceux-ci, *le pouvoir législatif*, c'està-dire, un acte émané des représentans de la nation et sanctionné par le roi, et nous sommes parfaitement d'accord.

On vous a proposé de juger la question par le parallèle de ceux qui soutiennent l'affirmative et la négative ; on vous a dit que vous verriez d'un côté des hommes qui espèrent s'avancer dans les armées, parvenir à gérer les affaires étrangères ; des hommes qui sont liés avec les ministres et leurs agens ; de l'autre, le citoyen paisible, vertueux, ignoré, sans ambition, qui trouve son bonheur et son existence dans l'existence, dans le bonheur commun.

Je ne suivrai pas cet exemple. Je ne crois pas qu'il soit plus conforme aux convenances de la politique qu'aux principes de la morale, d'affiler le poignard dont on ne saurait blesser ses rivaux sans en ressentir bientôt sur son propre sein les atteintes. Je ne crois pas que des hommes, qui doivent servir la cause publique en véritables frères d'armes, aient bonne grâce à se combattre en vils gladiateurs, à lutter d'imputations et d'intrigues, et non de lumières et de talens; à chercher dans la ruine et la dépression les uns des autres, de coupables succès, des trophées d'un jour, nuisibles à tous, et même à la gloire. Mais je vous dirai: parmi ceux qui soutiennent ma doctrine, vous compterez, avec tous les hommes modérés qui ne croient pas que la sagesse soit dans les extrêmes, ni que le courage de démolir ne doive jamais faire place à celui de reconstruire, la plupart de ces énergiques citoyens, qui, au commencement des États-généraux (c'est ainsi que s'appelait alors cette convention nationale, encore garottée dans les langes de la liberté), foulèrent aux pieds tant de préjugés, bravèrent tant de périls, déjouèrent tant de résistances pour passer au sein des communes à qui ce dévoûment donna les encouragemens et la force qui ont vraiment opéré votre révolution glorieuse; vous y verrez ces tribuns du peuple que la nation comptera long-temps encore, malgré les glapissemens de l'envieuse médiocrité, au nombre des libérateurs de la patrie; vous y verrez des hommes dont le nom désarme la calomnie, et dont les libellistes les plus effrénés n'ont pas essayé de ternir la réputation ni d'hommes, ni de citoyens; de ces hommes enfin, qui sans tache, sans intérêt et sans crainte, s'honoreront jusqu'au tombeau de leurs amis et de leurs ennemis.

Je conclus à ce que l'on mette en délibération mon projet de décret, amendé par M. Chapelier.

On demande à aller aux voix.

L'assemblée est consultée, et le président prononce que la discussion est fermée.

*M. Charles de Lameth.* L'assemblée nationale s'est trouvée hier dans la même position. M. de Cazalès demandait à parler, et l'assemblée a accueilli cette demande. Vous venez de proposer une délibération à l'assemblée, et vous l'avez fait tumultueusement, j'ose le dire: j'ai cru que vous mettiez aux voix si M. Barnave serait entendu. M. de Mirabeau a demandé hier à réfuter M. Barnave, et tout le monde a pensé que M. Barnave parlerait deux fois, comme M. de Mirabeau. M. le vicomte de Noailles vient de faire la motion que l'on entende M. Barnave. Je demande si, dans une question de cette importance, l'assemblée nationale ne jette pas déjà dans l'opinion publique une défaveur sur la décision.

*M. de Mirabeau l'aîné.* Je demande que M. Barnave soit entendu.

*M. de la Fayette.* Il me paraît de toute justice que quand M. Barnave demande à répondre à M. de Mirabeau, on le laisse répondre. Je demande la parole pour lui; et comme je ne suis pas de l'avis de son décret, je la demande après lui.

*M. le président.* L'assemblée a décidé que la discussion était fermée. On l'a parfaitement entendu. Il ne faut pas bien long-temps pour que l'assemblée confirme ou réforme son vœu. Ceux qui veulent que M. Barnave soit entendu, seront d'avis que la discussion ne soit pas fermée.

L'assemblée décide que la discussion est fermée.

On fait lecture de vingt-deux projets de décrets.

*M. de Castellane* demande la priorité pour celui de M. de Mirabeau, amendé par M. Chapelier.

*M. Alexandre de Lameth* la demande pour le projet de M. Barnave.

*M. Charles de Lameth.* Je m'élève contre la priorité demandée pour le projet de M. de Mirabeau, et je déclare que j'aimerais mieux adopter ceux de MM. l'abbé Maury et de Cazalès.

*M. l'abbé Maury.* Qu'ai-je à faire dans vos propos?

*M. Charles de Lameth.* Je dis qu'il me paraît plus dangereux pour la liberté publique. (On observe qu'il s'agit du décret tel qu'il est amendé.) Il donne au roi l'initiative de fait, et ne fait jouer au pouvoir législatif qu'un rôle secondaire, en lui accordant le *veto.* Ce n'est point sur des projets obscurs et ambigus qu'il faut déclarer nos intentions : cette obscurité, j'ose le dire, ne justifiera pas l'assemblée du parti qu'elle prendrait; voilà pourquoi je rejette la rédaction de M. de Mirabeau.

*M. de Cazalès.* La question n'est pas de discuter les principes des différens décrets, il s'agit seulement d'établir une règle de priorité ; elle me paraît devoir être décidée par les motifs les plus triviaux de la raison, c'est-à-dire, le sens commun. Le décret qui s'approche le plus de l'ordre actuel des choses, doit l'obtenir. Je crois que celui que j'ai proposé ayant respecté la distinction des deux pouvoirs politiques, en attribuant successivement au corps-législatif et au roi ce qui leur appartient, doit être préféré. S'il était rejeté, je réclamerais en faveur de celui de M. de Mirabeau, parce qu'il s'éloigne le moins des principes.

*M. Barnave.* On a fait la motion d'accorder la priorité au décret de M. de Mirabeau, amendé par M. Chapelier, quoique ce projet soit différent de celui qui avait été d'abord proposé, et qui, restant dans les archives de l'histoire, n'a pas besoin qu'on s'occupe à l'analyser, il ne doit pas l'obtenir, s'il n'énonce pas le vœu réel de la majorité de l'assemblée. (Il s'élève des murmures.) Je demande si le vœu réel de la majorité de l'assemblée n'est pas d'accorder l'initiative au roi et la décision au corps-législatif ; je demande si l'intention de l'assemblée n'est pas que pour constituer la nation en état de guerre, on ait préalablement réuni la volonté du roi, qui proposera, et celle de la législature, qui consentira. Je dis que si c'est là le but, le projet proposé ne le touche pas, même avec l'amendement de M. Chapelier. Il est contraire aux principes d'une constitution bien ordonnée. L'initiative, la sanction et le décret ne peuvent jamais être confondus. Entre les différens pouvoirs, l'un a toujours privativement l'initiative, l'autre, le décret ou la sanction. L'assemblée nationale a décrété que les lois se feraient toujours sur la motion d'un de ses membres ; il n'en peut être de même pour une déclaration de guerre ; tout ce qui doit la précéder et y conduire, ne peut se préparer dans l'assemblée. Les motifs qui vous ont engagés à donner le *veto* au roi sont les mêmes pour l'initiative. Ainsi donc il est inutile d'altérer les formes simples de la constitution, et d'introduire une confusion de pouvoirs. Donner au corps-législatif, non pas le droit de décréter la guerre, mais un droit négatif sur la guerre, c'est donner au pouvoir exécutif le droit de la commencer, c'est prendre une forme moins constitutionnelle, moins convenable à la majesté nationale et à celle du roi. Le décret de M. de Mirabeau ne présente aucune détermination claire et peut avoir la priorité.

M. de la Fayette. Je ne dirai qu'un mot sur la priorité; je l'ai demandée pour le projet de M. de Mirabeau, tel qu'il a été amendé par M. Chapelier, parce que j'ai cru voir dans cette rédaction ce qui convient à la majesté d'un grand peuple, à la morale d'un peuple libre, à l'intérêt d'un peuple nombreux, dont l'industrie, les possessions et les relations étrangères exigent une protection efficace. J'y trouve cette distribution de pouvoirs qui me paraît la plus conforme aux vrais principes constitutionnels de la liberté et de la monarchie, la plus propre à éloigner le fléau de la guerre, la plus avantageuse au peuple et dans le moment où l'on semble l'égarer sur cette question métaphysique, où ceux qui, toujours réunis pour la cause populaire, diffèrent aujourd'hui d'opinion, en adoptant cependant à peu près les mêmes bases, dans ce moment où l'on tâche de persuader que ceux-là seuls sont ses vrais amis qui adoptent tel décret, j'ai cru qu'il convenait qu'une opinion différente fût nettement prononcée par un homme, à qui quelque expérience et quelques travaux dans la carrière de la liberté ont donné le droit d'avoir un avis.

J'ai cru ne pouvoir mieux payer la dette immense que j'ai contractée envers le peuple, qu'en ne sacrifiant pas à la popularité d'un jour l'avis que je crois lui être le plus utile.

J'ai voulu que ce peu de mots fussent écrits pour ne pas livrer aux insinuations de la calomnie le grand devoir que je remplis envers le peuple, à qui ma vie entière est consacrée.

Ce discours est vivement applaudi.

M. Dubois de Crancé. Ma vie est aussi consacrée à la patrie. Quand on a commencé une carrière, il faut la finir.

L'assemblée délibère et accorde, à une très-grande majorité, la priorité au projet de décret de M. de Mirabeau.

On lit le premier article ainsi conçu. « Le droit de faire la paix et la guerre appartient à la nation. »

M. *Alexandre de Lameth*. Dans la disposition d'esprit et d'intention où se trouve l'assemblée, je n'oserais demander une longue discussion. Comme je suis persuadé que ce décret, s'il passe tel qu'il est, sans aucun amendement, remettrait de fait le droit de déclarer la guerre entre les mains du roi.... (Il s'élève des murmures.) Le premier article doit renfermer le principe de telle manière qu'aucun des autres articles ne puisse conserver un sens louche et ambigu. Voici l'article que je propose de substituer. « La guerre ne pourra être décidée que par un décret du corps-législatif..... (Il s'élève encore des murmures.) Il est nécessaire que cette délibération n'ait pas l'air d'avoir été concertée hors de cette salle. Le premier article serait donc ainsi conçu : « La guerre ne pourra être déclarée que par un décret du corps-législatif, rendu sur la proposition formelle du roi. »

M. *Blin*. Je demande que le premier article soit conservé, afin de bien avertir que ce n'est ni au corps-législatif exclusivement, ni au pouvoir exécutif exclusivement, mais à la nation, mais aux deux pouvoirs réunis, qui constituent le pouvoir législatif, qu'appartient le droit de la paix et de la guerre. L'article de M. de Lameth n'annonce pas que pour déclarer la guerre il faudra le concours des deux volontés. Si les deux délégués ne sont pas d'accord, c'est à la volonté directe de la nation à se faire connaître.

M. *Fréteau*. Il paraît convenu qu'il faut le consentement formel de la nation et la proposition formelle du roi. Je propose de conserver l'article premier en y joignant l'amendement de M. de Lameth ainsi développé. « Le droit de paix et de guerre appartient à la nation : la guerre ne pourra être décidée que par un décret de l'assemblée nationale, qui ne pourra lui-même être rendu que sur la proposition formelle du roi. »

M. *de Mirabeau l'aîné*. Et qui sera sanctionné par le roi.

M. *Fréteau*. Il y a dans le projet de M. de Mirabeau deux articles qui détournent le sens véritable du décret, l'article 4 et l'article 5. Il est certain que si vous ne déterminiez pas par un décret constitutionnel, que le ministre ne pourra entamer la guerre par des hostilités commencées par son ordre. La liberté nationale serait gênée, et l'honneur du pavillon français compromis. L'auteur du projet a déclaré formellement que nulle guerre ne pourra être commencée que sur un décret de l'assemblée nationale.

*M. de Mirabeau l'aîné.* M. Fréteau a tiré une mauvaise conséquence de l'article, s'il en a conclu qu'il laissait aux ministres le droit de commencer la guerre. Cet article prévoit le cas où un ministre ordonnerait une agression ou une hostilité coupable. Il est absolument impossible d'empêcher que cela n'arrive; il est très-possible qu'il y ait un ministre assez pervers pour commencer sous main une guerre : je demande dans quel système cet inconvénient ne se trouve pas. Je ne puis prendre que les précautions que j'indique, en faisant juger si l'agression est coupable. L'article ne dit-il pas cela clairement?..... Mais pourquoi ne répond-on pas à la question que j'ai faite? Le pouvoir législatif n'est pas le corps-législatif; n'est-il pas composé du corps-législatif délibérant et du roi consentant et sanctionnant? Qu'on réponde; c'est là le principe du système auquel vous avez accordé la priorité.

*M. Alexandre de Lameth.* Je retire mon amendement, et je me réfère à celui de M. Fréteau.

On demande la question préalable sur cet amendement.

*M. le Camus.* Il est impossible d'admettre la question préalable. Cet amendement a deux objets; l'un de déclarer un principe que l'on soutient être constitutionnel; l'autre d'exposer un vœu que l'on croit être celui de l'assemblée. Quand il s'agit d'un principe constitutionnel, il ne peut y avoir de doute. Ce principe est, « qu'à la nation seule appartient le droit de paix et de guerre, et qu'il faut donner au roi le droit de proposer la paix ou la guerre. » — Je vais plus loin, et je dis que dans les principes mêmes de l'auteur du projet de décret, il devrait s'opposer à la question préalable.....

*M. de Mirabeau l'aîné.* Aussi ne l'ai-je pas demandée.

*M. le Camus.* On dit que tout le monde est d'accord sur ce

principe; il me semble que la question préalable est dès-lors impossible. Il s'agit d'exprimer ce dont tout le monde convient........

*M. de Mirabeau l'aîné.* Cela est exprimé dans l'article.

*M. le Camus.* Je dis que cela fût-il exprimé plus clairement, il n'y aurait pas d'inconvénient à l'exprimer plus clairement encore. L'assemblée est flottante entre ces questions. Le principe est-il exprimé assez clairement par M. de Mirabeau? Oui ou non. La nation ne peut exprimer son vœu par le corps-législatif; il faut dire nettement que la guerre ne peut être déclarée que par un décret du corps-législatif.

*M. de Menou.* Il y a un premier article dont toute l'assemblée convient, je l'adopte; mais M. de Mirabeau a dit que l'amendement présenté par M. Fréteau est compris dans son décret. S'il n'y est pas compris, comme je le crois, il faut en faire un article à part; je demande qu'on aille aux voix par appel nominal sur cet amendement, qui deviendrait un article.

*M. de Mirabeau l'aîné.* Il est nécessaire d'examiner par quel étrange motif on s'obstine depuis si long-temps à ne pas voir dans mon décret ce qui y est, et à prétendre que j'ai dit ce que je n'ai pas dit. Si l'ordre des numéros est à changer, je laisse l'honneur et la gloire de cette sublime découverte à qui voudra s'en emparer. Comme le cinquième article porte précisément le principe, comme il n'est pas un seul article qui ne suppose le principe, qu'il n'en est pas un qui ne dise que le roi sera tenu d'obéir à la réquisition du corps-législatif; comme nulles de mes dispositions, nuls de mes articles ne sont équivoques, vous me permettrez de ne pas changer mon opinion en faveur des bienveillans qui, depuis deux heures, veulent faire croire au public que mon opinion n'est pas mon opinion.

L'assemblée décide qu'il y a lieu à délibérer sur l'amendement de M. Fréteau.

*M. Desmeuniers.* J'ai demandé la parole, pour appuyer l'amendement; mais il me parait ne pas suffire. Dans le cours de la discussion, j'ai entendu que deux choses sont nécessaires : la volonté et le consentement du roi, la volonté et le consentement de la législature. Il ne faut pas que le roi puisse seul déclarer la guerre; je le crois dans mon âme et conscience. (On murmure.) Je déclare une fois pour toutes, que je défendrai, jusqu'à la mort la liberté; on pourra alors murmurer, lorsque je parlerai de ma conscience. Il ne faut pas non plus que le corps-législatif puisse seul déclarer la guerre. Il faut donc le déclarer nettement. Si le mot *proposition* ne suffit pas, on peut y substituer *notification*; mais puisqu'il faut aussi le concours du roi, on doit l'exprimer positivement. « Une déclaration de guerre ne pourra avoir lieu que d'après un décret du corps-législatif proposé par le roi et consenti par lui. » Cette rédaction est simple, conforme à vos principes et à l'intention de tout le monde.

*M. Fréteau.* Je rédige définitivement ainsi l'article, avec l'amendement :

1º Le droit de la paix et de la guerre appartient à la nation. La guerre ne pourra être décidée que par un décret de l'assemblée nationale, qui sera rendu sur la proposition formelle et nécessaire du roi, et qui sera consenti par lui.

*M. de Mirabeau l'aîné.* On n'aura pas de peine à croire que j'adhère de tout mon cœur à cet amendement, pour lequel je combats depuis cinq jours. Si j'avais su plus tôt que ceci n'était qu'une lutte d'amour-propre, la discussion aurait été moins longue. Je demande que le mot *sanctionné*, mot de la constitution, soit mis à la place de *consenti*.

Ce mot est ajouté à l'article.

L'article Ier est presque unanimement adopté.

Les articles II et III sont adoptés presque unanimement.

On fait lecture de l'art. IV.

*M. de Richier.* Mettez-vous dans la place d'un capitaine de vaisseau rencontrant un autre vaisseau qui l'attaque; dans quelle alternative le placez-vous? D'un côté, il est responsable de la dignité de son pavillon; de l'autre, il ignore jusqu'à quel point il peut se défendre.

*M. de Menou.* Il doit attendre le premier coup de canon, et tirer toujours le dernier.

L'article est adopté, ainsi que les articles V et VI, presque unanimement.

L'article VII ainsi conçu, est ajourné et renvoyé au comité de constitution.

« Dans le cas d'une guerre imminente, le corps-législatif prolongera sa session dans ses vacances accoutumées, et pourra être sans vacances durant la guerre. »

Les autres articles sont encore décrétés presque à l'unanimité.

La séance est levée à six heures, au bruit des applaudissemens de l'assemblée et des cris d'allégresse des spectateurs.]

---

La discussion dont nous venons de voir le résultat, fut accompagnée de quelques troubles dans Paris. Tous les jours, un rassemblement considérable entourait la salle des séances, et encombrait les Tuileries. Aussi, M. la Fayette fit-il mettre sous les armes toute la garde nationale.

« Si le droit de la guerre et de la paix, dit *l'Orateur du peuple* de Fréron (1), eût été accordé au roi, c'en était fait; la guerre civile éclatait dans la nuit du samedi au dimanche, et aujourd'hui Paris nagerait dans le sang. A minuit, le tocsin aurait appelé le citoyen aux armes; le château des Tuileries eût été livré aux flammes; le peuple eût pris sous sa sauvegarde le monarque et sa famille; mais Saint-Priest, mais Necker, mais Montmorin, mais la

(1) *L'Orateur du Peuple,* par FRÉRON, sous le nom de *Martel,* avec cette épigraphe:
« Qu'aux accens de ma voix, la France se réveille!
» Rois, soyez attentifs, peuples, prêtez l'oreille. »

Le premier numéro a dû paraître le 23 ou 24 mai; car il annonce, en criant victoire, le décret sur le droit de guerre et de paix. Nous disons a dû paraître, parce que ce numéro est sans date : l'apparition des autres est nettement indiquée par la date des décrets dont il annonce l'adoption.—Cependant, M. *Deschiens* dit positivement, dans sa *bibliographie révolutionnaire,* que ce journal commença en décembre 1789 (page 412). C'est une erreur grave : au reste, quand nous en aurons relevé encore quelques-unes du même genre, nous n'en parlerons plus.

Luzerne, auraient été lanternés, et leurs têtes promenées dans la capitale. Qu'on se figure tous les attentats qu'une pareille nuit aurait couverts de son ombre, les massacres, les brigandages, le son des cloches, le fracas de l'artillerie, le cliquetis des armes, la lueur des flambeaux, le trouble, la confusion, les cris des femmes et des enfans ; aucun aristocrate n'aurait échappé à la fureur et au ressentiment du peuple, qui en eût fait à la constitution une hécatombe solennelle. Et voilà tous les maux, toutes les horreurs que nous préparaient les ministres, et dont l'assemblée nationale nous a préservés ! Vainement la garde nationale eût-elle voulu s'opposer à un peuple irrité ; il en serait résulté des combats entre les citoyens. Il n'est pas douteux qu'on s'attendait à un mouvement épouvantable, il avait été distribué plus de quatre cents cartouches dans chaque compagnie....

« On conseille au comte de Mirabeau de marcher droit dans les sentiers du patriotisme. Si samedi dernier il ne fût pas revenu habilement sur ses pas, toute son éloquence ne l'eût pas garanti des plus cruels outrages. Qu'il sache que plus de cent mille Argus ont les yeux sur lui. Déjà on criait partout sa *trahison*. Quelques personnes prévinrent les députés, au moment où ils entraient dans l'assemblée, qu'elles avaient des pistolets tout chargés, destinés pour le comte de Mirabeau, au sortir de la séance, si sa conduite et ses discours présentaient le moindre louche. *Le bruit s'était répandu qu'il avait reçu quatre cent mille francs du ministre.* Les pistolets n'ont pas servi, car c'est son projet de décret qui a été adopté, sauf deux articles essentiels qu'on y a ajoutés. Il avait bien raison de dire ce jour-là à la tribune, qu'il n'y avait qu'un pas du triomphe au supplice. *Mirabeau, Mirabeau,* moins de talens et plus de vertu, ou gare la lanterne ! » (*n° 2, p. 12 à 15.*)

Nous avons cité fidèlement ces premiers mots de Fréron, bien qu'ils soient revêtus d'une couleur d'exagération remarquable ; mais ils peignent l'homme, et un homme qui jouera plus tard un certain rôle. Au reste, dans ces quinze derniers jours, il s'était passé de singulières choses dans la ville et dans l'assemblée.

La population était préoccupée de la pensée de quelque conspiration contre-révolutionnaire, et elle croyait que tous les efforts de l'opposition n'étaient autre chose que des réserves faites dans l'espérance et en vue du triomphe qu'on préparait, et qui, disait-on, s'accomplirait avec l'aide de l'étranger. Qu'on juge donc de la colère des patriotes à la lecture de la déclaration de la minorité sur l'affaire du clergé dont nous avons parlé, et où l'on lisait qu'on adhérait à l'opinion de l'évêque d'Uzès, pour valoir ce que de droit. Cette déclaration amena d'ailleurs maintes manifestations analogues de la part d'un grand nombre de chapitres, et du clergé de plusieurs paroisses. Le curé de Saint-Sulpice prêcha dans ce sens; puis voyant son sermon accueilli avec des murmures, et lui-même menacé d'être chassé de l'église, s'il recommençait, il se rétracta. La population mécontente croyait trouver partout des agens de l'aristocratie. Elle accusait le Châtelet de travailler à faire regretter l'ancien régime, en ne rendant qu'une justice partiale : on disait que ce tribunal, si sévère pour les patriotes, remettait en liberté les voleurs.

Aussi la population émue par la discussion sur le droit de paix et de guerre, irritée par ces cris des colporteurs, *grande trahison du comte de Mirabeau*, ne se borna pas à des rassemblemens aux Tuileries, sur la terrasse des Feuillans. Elle se mit elle-même à agir pour ce qu'elle croyait son salut. Ses mouvemens pendant cette semaine manifestèrent toutes ses méfiances. Elle reconnut, rue Royale, butte Saint-Roch, un club d'aristocrates, composé *de financiers, de robins, de prêtres; qui se réunissait chez une* C.... *nommée de Leval*, on y venait discuter, et souper et jouer. Un attroupement de quelques milliers de personnes se forma le soir à l'heure de la réunion, et commença à préluder à une attaque à coups de pierres. Heureusement pour les robins, un bataillon de garde nationale, vint se placer entre eux et le peuple, et remplir la rue. Mais le peuple tint ferme, et afin de faire déserter la place à ce *tripot aristocratique qui a l'audace de s'appeler club français*, dit l'observateur de Feydel, il se mit à le charivariser tous les après-midi avec une énergie remarquable, et un bruit qui mit en émoi le quartier. On remarqua que M. l'abbé Maury et le *gros*

*Mirabeau* (celui qu'on appelait aussi *Mirabeau tonneau*), en faisaient partie. En vain M. Bailly vint lui-même assurer le public que cette assemblée n'avait rien de répréhensible; les charivariseurs persistèrent et agirent avec d'autant moins de ménagemens, que les nobles membres du tripot le provoquaient par toute espèce de gestes de mépris et d'insultes. Sans la garde nationale, il n'est pas douteux que la maison n'eût été envahie. Elle seule la protégeait et permettait à la réunion de continuer. Il semblait qu'il y eût un pari fait entre elle et les charivariseurs à qui resterait maître du terrain. Le peuple crut qu'un excellent moyen de dissiper ses ennemis était de les affamer; en conséquence, il saisit au passage et fit retourner traiteurs et limonadiers. Sans doute les opposans se seraient laissé réduire par la soif et la faim; mais le comité de police provoqué par les unanimes réclamations des voisins, vint faire lever le siége en faisant évacuer la place et suspendre des assemblées qui troublaient tout le quartier.

Ailleurs, c'était autre chose : un attroupement saisissait une rame des *Actes des Apôtres*, et la *trentième* édition de la déclaration d'une partie de l'assemblée nationale : il les portait processionnellement sur le parvis Notre-Dame. Arrivé là, une députation alla inviter les chanoines à venir assister à la cérémonie; mais on n'en trouva aucun. Alors on fit un feu de joie de tous ces papiers.

Le lendemain, une librairie du Palais-Royal, celle d'un nommé Gattey, éditeur de brochures royalistes, et qui était connu pour prêter sa boutique à quelques réunions des membres du côté droit, fut menacée par l'attroupement; mais, la police et la garde nationale s'y trouvèrent en force, et l'on fit circuler et placarder une protestation de patriotisme du sieur Gattey; il promettait de ne plus vendre des brochures royalistes. L'attroupement laissa le libraire tranquille, et il alla attaquer le bureau de la *Gazette de Paris*, rue Saint-Honoré; il saisit une édition de ce journal, et la brûla; il arracha l'écriteau et alla le brûler au Palais-Royal.

Nous venons de raconter des faits qui ne furent que grotesques;

en voici de plus sérieux. Nous transcrivons la narration de Desmoulins.

« Depuis quelque temps le peuple de Paris se plaignait que le lieutenant-criminel restât les bras croisés; on accusait le Châtelet d'une incroyable facilité à relâcher le lendemain les voleurs arrêtés la veille, et chacun de faire des conjectures. En général, le peuple n'est guère plus content des robins que des calotins, et on venait de crier dans les rues un papier qui ne devait pas le réconcilier avec la magistrature. C'était une dénonciation patriotique que faisait la Bazoche, de l'assemblée extraordinaire tenue au Palais, le dimanche 23 à midi. Ce jour, on avait vu entrer dans les cours nombre de voitures pleines de magistrats. Un instant après, voici venir le procureur-général, puis le garde-des-sceaux, tous arrivant par des portes différentes. Ces Messieurs étaient entrés dans les détours du Palais, et aussitôt toutes les grilles avaient été fermées. Cette assemblée de chambres, au moment où il n'y avait plus de chambres que celles des vacations, et le lendemain du fameux décret du 22, avait alarmé la vigilance de la Bazoche. Pourquoi le garde-des-sceaux venait-il protester contre le décret?... » (On n'a jamais su positivement quel était le but de cette réunion de parlement. Comme elle fit beaucoup de bruit, et excita de vifs mécontentemens, le garde-des-sceaux se justifia par une lettre à l'assemblée nationale dans laquelle il déclarait qu'il n'y avait pas eu réunion de parlement; mais que seulement il avait été visiter le dépôt des chartres avec quelques magistrats.)

» Le lendemain lundi, continue Desmoulins, trois fripons conduits par leur mauvaise étoile, étaient allés sur le boulevart de l'Hôpital, manger une matelotte à l'auberge de l'Arc-en-Ciel, et avaient emporté l'argenterie de l'hôte; celui-ci qui n'était ni aveugle, ni boiteux, ni muet, se mit à la poursuite des larrons, et, comme ils passaient la rivière (en batelet), cria si haut qu'il attroupa le peuple sur les deux rives. Le débarquement fut fâcheux pour le *triumvirat*, qui, à la descente du bateau, fut fouillé et assailli de toutes parts. Celui qui était porteur de la grande cuiller à ragoût, se servit inutilement de plus d'habileté pour la faire sortir de sa poche, qu'il n'en avait employée à l'y faire entrer ; il fut surpris jetant sur la rive la pièce de conviction ; les autres furent également trouvés nantis et menés chez le commissaire, qui témoigna sa surprise de reconnaître dans l'un d'eux le visage d'un coquin que depuis peu, il venait d'envoyer deux fois en prison. La multitude les y reconduisait et allait les recommander au geôlier, quand l'un d'eux s'écrie qu'il s'en moquait, qu'après demain ils seraient hors du Châtelet avec chacun six livres dans leur poche. Cette jactance fut leur arrêt de mort ; on leur prouva que si on peut braver la justice des tribunaux ; on ne brave point la justice du peuple. — Ceci se passait sur le Marché-Neuf du faubourg Saint-Antoine. Le peuple délibéra ; on prit les voix. Quelques-uns représentèrent qu'il y avait trop de rigueur à pendre un homme pour filouterie, que la peine de la loi n'était que les galères ; que si on pendait les voleurs, le meilleur de nos rois eût été pendu sans faute, puisque l'histoire raconte que Henri IV était enclin au vol, qu'il avait les mains naturellement furaces, et qu'il ne les retint pas toujours comme il s'en accusait lui-même....

» Le peuple était rangé en cercle autour des criminels, et prenait sa délibération prévôtale. Cet exemple de Henri IV, et la citation de la loi, qui ne prononce de peine afflictive que les galères dans l'espèce, faisait impression sur les opinans ; mais un jurisconsulte du faubourg répliqua que la loi, il est vrai, ne punissait la filouterie que des galères pour la première fois, mais qu'il y avait peine de mort pour la récidive ; que ceux-ci étaient de leur aveu dans ce cas ; que l'impunité d'une multitude de voleurs relaxés presque aussitôt après leur détention, nécessitait un grand exemple ; qu'on n'entendait parler que de vols ; que les propriétés n'étaient pas en sûreté ; que les tribunaux ne poursuivaient pas même les assassins ; que le boucher qui avait tué un homme dans la chambre de sa femme n'était pas encore absous ou condamné ; que le Suisse qui avait éventré un quidam, et qui en avait blessé deux autres chez une fille, rue Jean-Saint-Denis, n'était pas encore jugé; que Lambesc n'était pas encore pendu, quoique depuis six mois le Châtelet promit sans cesse de le pendre sous huitaine; bref que lui concluait à la lanterne, en gémissant d'y être forcé par la prévarication du Châtelet. Ses conclusions furent suivies *unâ voce*. Deux des voleurs furent accrochés au poteau du Marché-Neuf; le troisième qui était trop difficile à pendre, fut assommé. En moins d'une heure, le trio avait été pris, jugé et pendu sans confession. Le sieur Roger, le traiteur volé, avec ses couverts et sa grande cuiller, repassait le batelet, et les voleurs passaient la barque à Caron. — On s'afflige de voir l'usage de la lanterne devenir trop fréquent, et servir aux châtimens de vols et de délits minces, au lieu qu'on devrait la réserver aux crimes de lèse-nation, et dans le cas où le peuple a recours à sa loi martiale...

» Le mal est que le peuple se familiarise avec ces jeux.... 24 heures après la mort de ces trois voleurs, un autre a été pris en flagrant délit, sur le quai de la Ferraille. Sur le lieu même, il était déjà accroché à une lanterne et suspendu à douze pieds de terre, lorsque l'on a crié : *voilà M. la Fayette!* Aussitôt le pendeur lâche sa corde, et le pendu tombe; on l'enlève; il n'était pas encore mort, mais il n'en valait guère mieux.

» M. de la Fayette, que je voudrais pouvoir louer plus souvent a montré beaucoup de fermeté en cette occasion; il était accouru presque seul au lieu de l'exécution, et a eu le courage d'exposer sa vie pour la défense de celle d'un voleur, arrivé au moment où on l'assommait par terre, il a arrêté de sa main celui qui lui avait porté le dernier coup, et l'a conduit lui-même à la prison du Châtelet. Après l'avoir fait enfermer, il est revenu au milieu du peuple, qu'il a prêché : « Ce voleur, a-t-il dit, aurait été condamné à la marque, au pilori, aux galères, peut-être on l'aurait pendu.... Vous êtes des assassins. » Le peuple l'a tranquillement écouté; il a crié : *vive la Fayette!* et s'est séparé en disant le commandant a raison. »

Ces exécutions furent universellement blâmées par la presse.

Il en fut question le lendemain à l'assemblée nationale. Voici ce qui fut dit à ce sujet.

### SÉANCE DU 26 MAI.

[*M. Bailly.* Je vais vous rendre compte des mesures que M. le commandant-général et moi avons prises pour assurer la tranquillité publique. Nous nous sommes aperçus, depuis huit ou dix jours, qu'il régnait dans la ville une grande fermentation. Des vagabonds étrangers s'y sont ramassés et cherchent à y semer le désordre; ils excitent le peuple : on assure même qu'il a été répandu de l'argent. Samedi, des mesures prises ont été efficaces. Vous savez les malheurs de lundi : les victimes avaient été trouvées saisies d'argenterie volée; et, s'il est permis de parler ainsi, le désordre s'est passé avec ordre, puisque, après l'exécution, on s'est retiré très-tranquillement. Hier encore, on a voulu pendre un homme; M. le commandant-général est arrivé à temps pour le sauver. Un homme du peuple ayant dit qu'il fallait le rependre, M. de la Fayette a arrêté cet homme de sa main, et l'a conduit au Châtelet. Il a prouvé par là que la main-forte prêtée à la loi est une fonction très-honorable. Aussitôt on a crié : *Bravo! vive la Fayette!* On nous annonce encore du trouble. Nous avons déployé une grande force : tout paraît cependant tranquille. Le peuple est rassemblé dans quelques endroits, mais en petit nombre et sans tumulte. Les officiers municipaux ont fait afficher une proclamation, qui va être proclamée dans les carrefours; elle est conçue en ces termes :

*Proclamation de M. le maire et de MM. les officiers municipaux de la ville de Paris, du 26 mai.*

L'administration municipale n'a pu apprendre, sans la plus vive douleur, ce qui s'est passé les deux jours derniers. Elle ne veut point caractériser ces événemens funestes; elle craindrait de laisser un monument honteux pour ce peuple, dont les motifs sont purs, lors même que ses actions sont criminelles : un faux zèle pour la justice l'égare. Il ignore sans doute ce qu'il y a d'odieux à se rendre à la fois partie, juge et exécuteur. Ce peuple, qui a conquis la liberté, voudrait-il donc exercer la plus violente tyrannie? Ce peuple bon et sensible veut-il ramener des jours de meurtre et de sang, souiller les regards de l'assemblée nationale, ceux du roi et de son auguste famille, de spectacles atroces et de scènes révoltantes? Ne voit-il pas que ces violences, ces assassinats, déguisés sous le nom de justice, ne peuvent qu'effrayer les bons citoyens, les forcer à fuir le séjour de la capitale, détruire entièrement ses ressources et son commerce, et priver toutes les classes industrieuses des moyens de subsistances que leur offrent les dépenses et les consommations des hommes riches qui cherchent la tranquillité et la paix? Ne voit-il pas qu'il sert, par de pareils excès, les ennemis de la révolution, qui ne peuvent manquer de contempler avec plaisir les désordres qui la feraient haïr de ceux qui confondent la licence, dont elle est quelquefois le prétexte, avec la liberté qu'elle doit nous assurer pour jamais? Non, l'administration ne peut croire que ce soient les habitans de Paris, ses véritables citoyens, qui se portent volontairement à des violences aussi coupables. Une foule d'étrangers et de vagabonds infectent la capitale. Ils sont payés pour nuire, pour troubler tout. L'administration est instruite que l'argent a été répandu dans le dessein d'entretenir une dangereuse fermentation; et, sans la continuelle vigilance, les efforts soutenus de la garde nationale et son infatigable patriotisme, l'or prodigué à des hommes sans principes, sans patrie, sans autre ressource que le crime, eût peut-être déjà renversé la constitution qui s'élève. Voilà ce dont le bon peuple de la capitale doit être averti. Qu'il se sépare donc de ces hommes pervers qu'il est temps de punir, et qui seront punis, s'ils osent tenter quelques entreprises criminelles; qu'il se fie à la loi, et qu'il lui laisse le soin de juger ceux qui oseraient l'enfreindre. Si, depuis quelque temps, elle a paru dormir, si les vols et les brigandages ont été plus communs, c'est l'effet des circonstances, d'une législation nouvelle, peut-être moins réprimante, mais plus humaine, et par là plus assortie à une constitution libre; législation qui, d'ailleurs, n'a pu encore recevoir toute sa perfection. Cependant, des mesures vont être prises pour protéger plus efficacement les propriétés des citoyens, éloigner de la capitale les brigands qui les menacent sans cesse, assurer aux jugemens une prompte exécution, et par là rétablir la paix, la tranquillité, le travail et l'abondance. Mais c'est à la puissance publique à prendre ces mesures; c'est à elle seule à agir. Que les citoyens ne l'oublient jamais; qu'ils sachent que rendre, sans pouvoir, un jugement de mort, est un crime, et l'exécuter, un opprobre. — Fait en l'Hôtel-de-ville, le 26 mai 1790.

*M. de Vilas.* On se plaint par toute la ville de ce que les prisonniers sont relâchés vingt-quatre heures après leur détention.

*M. l'abbé Gouttes.* On est venu chez moi m'avertir que non-seulement ces brigands sortaient de prison, mais encore qu'ils en sortaient avec de l'argent.

*M. de Vilas.* Je me suis approché par curiosité d'un groupe de personnes qui causaient au milieu de la rue, et j'y ai entendu dire qu'outre ces brigands, il y avait encore des mendians payés à 20 sous par jour pour mendier.

*M. Bailly.* J'ai entendu dire aussi que l'on donnait de l'argent aux prisonniers en les élargissant. Un des trois qui ont été pendus, l'a dit publiquement; mais il est aisé de voir qu'il est arrêté entre eux de tenir ce langage. Ce que je puis assurer, c'est que pour détruire ces soupçons, le Châtelet a pris le parti d'admettre des adjoints lors de l'élargissement des prisonniers.

*M. l'abbé Gouttes.* Le commandant du district Saint-André-des-Arcs m'a assuré qu'en huit jours il avait pris deux fois le même homme. Un autre officier m'a dit la même chose. Il faut que les coupables soient punis s'il y en a.

*N. .....* Je désirerais qu'on s'occupât de faire droit sur la demande de la commune, relativement à la mendicité; c'est le meilleur moyen d'arrêter tous ces désordres.

*M. Prieur.* Le comité de mendicité s'est occupé de cette pétition pendant plusieurs séances. On avait dit que les mendians et vagabonds étaient au nombre de 20,000; des vérifications faites par les districts, font penser que ce nombre n'est que de 15 à à 1800.

*M. Voidel.* Il convient à tout bon citoyen de dire ce qu'il a appris, quand il peut être utile à la chose publique de le faire connaître. Je sais qu'il y a au comité des recherches des lettres de Turin et de Nice, qui annoncent que beaucoup de mendians de ces villes ont été envoyés à Paris.

*M. Fréteau.* Il serait peut-être convenable de renouveler les mesures déjà prises au mois d'août. On pourrait ordonner que sur les ponts des grandes routes, qui conduisent à Paris, par exemple, sur ceux de Pontoise, etc., un officier municipal, accompagné d'une garde imposante, exigeât des passeports des voyageurs suspects, et en donnât à ceux qui n'en auraient pas. Ces passeports seraient ensuite visés aux barrières....

*M. Talon*, *membre du Châtelet.* Il n'est aucun bon citoyen qui ne soit vivement affecté de ce qui vient de se passer. Je vais rendre compte des opérations du Châtelet. Une fois instruit de l'exacte sévérité avec laquelle la justice est rendue, le peuple ne sera plus trompé et ne se portera pas aux violences qu'il a commises ces jours derniers. On a prétendu que le Châtelet ne jugeait pas les coupables, et que même on les relâchait en leur donnant de l'argent. La lenteur apparente de ce tribunal a plusieurs causes. Le nombre habituel de tous les prisonniers était de 350 ; aujourd'hui il s'élève à plus de 800..... Je ne parle pas de la misère publique : le peuple, qui voit établir son bonheur futur, ne l'a jamais plus courageusement supportée. Les nouvelles formes ne permettent pas la même célérité que les anciennes. Autrefois huit procès étaient jugés dans une matinée ; à présent on en juge à peine deux. Ne croyez donc pas que le Châtelet ait eu moins d'activité : son travail est plus considérable. Jamais le zèle de ces officiers n'a payé avec plus d'exactitude leur dette de magistrat et de citoyen. Je dois faire connaître pourquoi les peines sont moins fréquentes. Vos décrets ont suspendu l'exécution des jugemens prévôtaux : ainsi les prisons renferment des coupables qui ont été condamnés et qui ne sont pas punis. Depuis qu'un conseil est donné aux accusés, on n'obtient plus d'aveu ; depuis que les témoins sont publiquement interrogés, ils mettent plus de retenue dans leurs dépositions. Un voleur est arrêté saisi des pièces de son délit, le peuple croit qu'il pourra être condamné dans deux fois vingt-quatre heures. L'accusé dit que l'objet dont il a été trouvé nanti lui a été remis pour faire une commission, il n'y a point de témoins, il n'y a qu'un dénonciateur : il ne peut y avoir de jugement. Plusieurs accusés étaient retenus ; ils présentaient des certificats de commissaires de district et des désistemens de notaires de campagne, pour obtenir provisoirement leur liberté. La multiplicité d'actes a fait craindre qu'ils ne fussent faux. Le Châtelet a pris des précautions pour éviter cet inconvénient ; et la liberté n'est désormais accordée à aucun prisonnier, que d'après l'examen d'un juge assisté de deux adjoints. Je pense que ce récit suffira pour tranquilliser le peuple. Lorsqu'un sentiment d'injustice l'égare, c'est à la raison à le ramener.

L'assemblée ordonne l'impression de ce discours.]

— Ce ne fut pas le seul retentissement que ces événemens eurent dans l'assemblée. Il en était résulté encore que l'on avait fait un rapport, sur la demande de Bailly, relativement à des mesures pour empêcher l'affluence des mendians et des vagabonds à Paris. Ce rapport avait été suivi de la proposition d'un décret, qui fut voté sans discussion, et par lequel, droit était donné à la municipalité de Paris de délivrer des feuilles de route aux étrangers non domiciliés, pour retourner dans leur département avec une indemnité de 3 sous par lieue.

Au reste, la pièce suivante servira à juger si l'alarme, qui sans doute avait provoqué ces scènes, était suffisamment justifiée.

*État comparé des déclarations de vols et captures faites à Paris pendant les mois de décembre 1788, janvier et février 1789, décembre 1789, janvier et février 1790.* (Moniteur.)

[Le département de police a ordonné le relevé des déclarations de vols et captures faites pendant ces différens mois, qui sont les plus rigoureux de l'année, ceux où les nuits sont les plus longues, et où par conséquent les vols sont plus nombreux, afin de connaître l'effet des troubles sur la sûreté publique, et la vigilance des officiers chargés d'y veiller.

On remarquera que, dans l'ancien régime, il y a plus de captures que de déclarations de vols. On sait que les officiers de sûreté étaient payés par capture : dans le nouveau régime, il y a plus de déclarations de vols : c'est l'effet des troubles ; et la moitié à peu près de captures : c'est l'effet de la destruction de l'espionnage.

Ce dernier résultat est fâcheux sans doute pour les partisans de la liberté civile ; mais c'est inévitable. Il faut ou être personnellement livré à l'arbitraire de l'espionnage de la police, ou se résoudre à mieux fermer ses portes, à connaître les gens avec qui l'on contracte. C'est au public à dire s'il aime mieux courir le dernier que le premier danger. Je dois dire que la police penche pour le premier, qui va droit à rétablir au moins une inquisition stupide et avilissante, pour faire retrouver à quelques individus, leurs montres, leurs créanciers, leurs maîtresses, ou quelques escrocs.

| *Déclarations de vols.* | *Captures.* |
|---|---|
| Décembre 1788, 45 | 61 |
| Janvier 1789, 59 | 50 |
| Février idem, 38 | 65 |
| Total...... 122 | 176 |
| Décembre 1789, 221 | 103 |
| Janvier 1790, 161 | 69 |
| Février idem, 178 | 89 |
| Total...... 560 | 261 |

Parmi le grand nombre de déclarations fournies pendant les trois mois les plus fâcheux de l'année, on doit remarquer avec satisfaction qu'il y a peu et même point d'attaques.

Les vols avec effraction aux portes d'entrée sont très-communs ; et un genre assez fréquent est celui de vols de couverts d'argent chez les traiteurs, avec l'usage d'en laisser de cuivre à la place; beaucoup de vols de portefeuilles: quant au surplus, vols très-ordinaires.]

« Cependant, dit Desmoulins, on varie beaucoup sur la véritable cause de ce tumulte, qui n'a point laissé de traces après lui, comme il n'avait point eu de pronostic et d'avant-coureurs; la cause en est difficile à fixer. Est-ce l'ivresse ou le désœuvrement, suites naturelles des fêtes (la Pentecôte)? est-ce à la fermentation des têtes, suite des attroupemens du 22, au sujet de la motion de Mirabeau, fermentation qui ne pouvait manquer de faire son effet et de produire une explosion quelconque. J'ai ouï soutenir par aucuns que c'était une sédition feinte. On voulait, disaient ces observateurs, donner le change au peuple, et détourner sur les voleurs et le Châtelet les regards trop curieux qu'il attachait sur quelques membres suspects de l'assemblée nationale; on voulait montrer au peuple une image des désordres d'une démocratie absolue et effrénée, et lui faire désirer les avantages d'un pouvoir exécutif suprême qui aurait la plus grande force coërcitive. Ce qu'il y a de certain, c'est que ceux qui ont vu le peuple qui composait l'attroupement de mardi sur le quai de la Ferraille, disent n'avoir jamais vu de représentans de la nation si déguenillés. Laissons au temps à dévoiler les manœuvres qu'on soupçonne, et à démasquer les traîtres, ou bien confondre les calomniateurs.

» Je ne veux point ici accréditer les bruits qui se sont répandus sur les ravages qu'a faits la corruption dans l'assemblée nationale; quel besoin ai-je de recueillir ces bruits vagues, et qui n'ont point d'auteur certain? quel besoin ai-je de suivre les députés dans le secret de leurs maisons, au milieu des ténèbres dont se couvrent les conjurés, et dans les souterrains de l'intrigue? Faut-il pour asseoir sur eux un jugement, d'autre chose que leur opinion. Entrons dans l'assemblée nationale: écoutons leurs discours dans la célèbre discussion qui a consumé toute la semaine. La chose parle de soi. En entendant telle motion, les citoyens éclairés pourront-ils ne pas être aussi certains de la vénalité de l'orateur, que s'ils lui avaient vu compter l'or de Philippe de leurs propres yeux. Non, la séparation des bons et des méchans n'aurait pas été mieux établie par l'ange dans la vallée de Josaphat, que la séparation des blancs et des noirs n'a été faite dans l'assemblée nationale par cette discussion.

» Partout le petit nombre est celui des élus.

» Tu as beau me dire que tu n'as pas été corrompu, que tu n'as pas reçu d'or, j'ai entendu ta motion; si tu en as reçu, je te méprise; si tu n'en as pas reçu, c'est bien pis, je t'ai en horreur. » (*Révolutions de France et de Brabant*, n° 27.)

Au reste, l'opinion sur la conversion de M. le comte de Mirabeau, et de celle de quelques membres obscurs, et sur leurs motifs, était générale. Cependant les amis de ce grand orateur cherchaient à le justifier : ils disaient qu'il n'était pas l'auteur du discours qu'il avait lu à la tribune, et qu'avant d'y monter il n'avait pris connaissance que du décret qui le terminait. Pendant ce temps, Mirabeau louait un hôtel et prenait un train de maison. Il faisait imprimer son discours, mais il y changeait un grand nombre de passages. Ce discours, ainsi modifié dans le sens même du décret voté par l'assemblée, et dans le sens de l'opinion qui avait triomphé, celle de Barnave, fut, par lui, envoyé à tous les administrateurs de départemens, avec une lettre où il se plaignait amèrement des accusations portées contre lui, et qu'il retournait contre ses antagonistes de l'assemblée, prétendant qu'il y avait un parti payé pour calomnier les meilleurs patriotes, et jeter le trouble en France. Il résulta de là que M. Lameth publia une brochure ayant pour titre *Examen d'un écrit intitulé discours et réplique du comte de Mirabeau*. En voici quelques extraits. On nous pardonnera de nous occuper quelques instans d'un homme qui joua un si grand rôle dans le commencement de notre révolution.

« M. de Mirabeau, dit M. Lameth, vient de publier son discours et sa réplique à l'assemblée nationale sur l'exercice du droit de guerre et de paix; il y a joint une lettre d'envoi aux administrateurs des départemens.

» Si M. de Mirabeau se fût borné à défendre ses opinions, si même il eût seulement entrepris de donner le change au public sur le système qu'il avait adopté, s'il s'en était tenu à changer dans son discours toutes les phrases, toutes les expressions qui caractérisaient sa doctrine, on aurait dû lui laisser cette consolation, et ceux qui l'avaient combattu auraient dû se trouver satisfaits, en voyant dans sa nouvelle version l'aveu formel de l'erreur qu'il avait commise, et le retour aux principes qu'on avait opposés à ceux qu'il avait d'abord soutenus.

» Ils auraient dû le faire : ils l'auraient fait ; car, forts des principes qu'ils ont professés, et des occasions qui s'offrent chaque jour de les manifester encore, ils ont vu sans inquiétude tous les artifices pratiqués pour égarer ou pour embarrasser l'opinion publique : des libelles multipliés et répandus avec profusion, le changement subit qu'on a remarqué dans le langage de plusieurs journaux... Persuadés que dans un pays libre, au milieu des assemblées publiques, on ne peut être perdu que par ses fautes, on n'est jugé que sur ses actions, ils ont mis toute leur sécurité dans la persévérance de leurs principes....

» Mais pourquoi se permet-il (M. de Mirabeau) de publier, d'adresser aux départemens un manifeste contre des hommes auxquels il ne peut reprocher que d'avoir pensé, que d'avoir soutenu qu'il présentait un mauvais système ?... Il est impossible de laisser sans réponse une dénonciation publique..... On doit la vérité au caractère public dont on est revêtu ; on la doit au respect de l'opinion publique qu'il n'est point permis de négliger ; on la doit à la nation pour qui c'est un intérêt puissant de savoir en qui sa confiance est justement placée.

» Dans l'ouvrage qu'il vient de publier, M. de Mirabeau s'efforce d'établir, comme on l'avait fait dans plusieurs libelles et dans quelques-uns des papiers qui l'ont défendu, que le dissentiment élevé entre les membres du parti populaire portait sur ce point de la question : Le roi doit-il participer à l'acte du pouvoir législatif par lequel la guerre sera décidée? Selon lui, c'était un principe universellement reconnu que la décision de la guerre appartenait au pouvoir législatif; mais, à l'entendre, il demandait que le roi prît part à l'acte par lequel elle serait décidée, et ses adversaires voulaient qu'il en fût exclus. Il est faux, il est absolument faux que ce fut là le point de la dissention....

» Il est tellement faux que M. de Mirabeau ait eu besoin de combattre pour obtenir au roi la participation dans la décision de la guerre, que M. Pétion de Villeneuve ayant parlé un des premiers, avait établi et développé la nécessité de son initiative, et que la plupart de ceux qui avaient parlé après lui s'étaient référés à son décret....

» Quant à son projet (de Mirabeau) d'exclure le corps-législatif du droit de décider la guerre, on lui citera tout ce qu'il a dit avant la séance du 22.

» Dans la séance du 20, il lut à l'assemblée son discours et son décret.

» Le même jour, la question fut discutée dans le club des Jacobins. M. Barnave posa en fait que M. de Mirabeau excluait le corps-législatif du droit de décider la guerre, en la confondant avec les hostilités.... M. de Mirabeau reconnut franchement que M. Barnave avait établi le vrai point de la difficulté..... Et M. de Mirabeau termina en disant: *C'est sur ce terrain-là que nous nous battrons demain.* Plus de trois cents personnes étaient présentes et peuvent attester ces faits....

» Pour attaquer l'opinion qu'on s'était formée des principes professés par lui (Mirabeau), à la séance du 20 mai, le moyen, non le plus loyal sans doute, mais le plus efficace, eût été de changer son discours à l'impression, s'il n'en eût pas existé un monument authentique. Mais, lorsque chacun a dans les mains la pièce de comparaison, lorsque le journal, le *Moniteur*, offre la transcription exacte et littérale du discours prononcé par M. de Mirabeau, lorsqu'il sait que ce discours a été transcrit sur son propre manuscrit (1), altérer aujourd'hui ce discours, y

---

(1) Lettre de M. H. de Marcilly, rédacteur du journal *le Moniteur* à M. Théodore Lameth :

« Je renouvelle à M. T. Lameth l'assurance que M. de Mirabeau l'aîné

changer précisément et seulement les phrases où sa doctrine était enseignée, y substituer celles qui sont propres à caractériser une autre doctrine, je ne m'expliquerai pas sur la nature de ce procédé; mais je dirai que c'est prononcer soi-même l'aveu de sa propre condamnation.... »

A l'appui de cette accusation, M. Th. Lameth fit imprimer en regard les deux discours de Mirabeau : celui qui avait été inséré au *Moniteur*, et que nous-mêmes avons donné, et celui qu'il avait corrigé et envoyé aux départemens; il marqua les différences en *italique*. Nous croyons devoir faire connaître les principales altérations, en les accompagnant des remarques de M. Lameth.

| *Discours de Mirabeau prononcé à la tribune et inséré dans le* Moniteur. | *Discours que Mirabeau envoya comme authentique dans tous les départemens.* |
|---|---|
| « Si vous décidez cette première question en faveur du roi, et je ne sais comment vous pourriez la décider autrement sans créer dans le même royaume deux pouvoirs exécutifs, vous êtes contraints de reconnaître, par cela seul, *que la force publique peut être dans le cas de repousser une première hostilité* avant que le corps-législatif ait eu le temps de manifester aucun vœu, ni d'approbation, ni d'improbation : *qu'est-ce que repousser une première hostilité, si ce n'est commencer la guerre?* (a)» | « Si vous décidez cette première question en faveur du roi, et je ne sais comment vous pourriez la décider autrement sans créer dans le même royaume deux pouvoirs exécutifs, vous êtes contraints de reconnaître, par cela seul, *que souvent une première hostilité sera repoussée* avant que le corps-législatif ait eu le temps de manifester aucun vœu, ni d'approbation ni d'improbation : *or qu'est-ce qu'une première hostilité reçue et repoussée, si ce n'est un état de guerre, non dans la volonté, mais dans le fait* (a)?» |

(a) « Ici commencent les changemens pour déguiser le système par lequel M. de Mirabeau avait attribué au pouvoir exécutif le droit de décider la guerre, en la confondant avec les hostilités. Déjà l'on voit qu'au moyen de cette confusion, il lui attribuait le pouvoir de commencer la guerre; la suite ne pourra laisser aucun doute sur ce système. »

| «...... Hé bien, par cela seul, la guerre existe, et la nécessité en a | «.... Hé bien, j'en conclus que par cela seul, la guerre existe, et que la |

nous a envoyé son discours, et que c'est sur le manuscrit qu'il nous a fourni qu'on l'a imprimé *littéralement* dans *le Moniteur* ; il est également vrai que M. de Mirabeau nous a envoyé directement sa réplique, imprimée aussi littéralement. *Signé*, H. DE MARGILLY.»

| | |
|---|---|
| donné le signal. *De là je conclus que presque dans tous les cas, il ne peut y avoir de délibération à prendre que pour savoir si la guerre doit être continuée (b).* Je dis presque dans tous les cas ; en effet, Messieurs, il ne sera jamais question pour des Français, dont la constitution vient d'épurer les idées de justice, de faire ou de concerter une guerre offensive, c'est-à-dire d'attaquer les peuples voisins lorsqu'ils ne nous attaquent point : *dans ce cas sans doute une délibération serait nécessaire (c)* ; mais une telle guerre doit être regardée comme un crime, et j'en ferai l'objet d'un article de décret. » | nécessité en a donné le signal. *De là il résulte que,* presque dans tous les cas, il ne peut y avoir de délibération à prendre que pour savoir *si l'on donnera suite à une première hostilité c'est-à-dire si l'état de guerre devra être constitué (b).* Je dis presque dans tous les cas ; en effet, Messieurs, il ne sera jamais question pour des Français, dont la constitution vient d'épurer les idées de justice, de faire ou de concerter une guerre offensive, c'est-à-dire d'attaquer les peuples voisins lorsqu'ils ne nous attaquent point. *Dans cette supposition sans doute la délibération devrait précéder même les préparatifs* ; mais une telle guerre doit être regardée comme un crime, et j'en ferai l'objet d'un article de décret. » |

(b) « Dans le premier discours, le droit du corps-législatif se bornait à délibérer sur la continuation de la guerre ; aujourd'hui c'est lui qui la *constitue*. »

(c) « Donc vous pensiez alors qu'elle n'était pas nécessaire dans les autres cas, tandis qu'aujourd'hui vous voulez seulement que les préparatifs puissent la précéder. »

| | |
|---|---|
| « Ne s'agit-il donc que d'une guerre défensive où l'ennemi a commis des hostilités ? *voilà la guerre* ; où, sans qu'il y ait encore des hostilités, les préparatifs de l'ennemi en annoncent le dessein ? *déjà, par cela seul, la paix n'existe plus, la guerre est commencée (d).* » | « Ne s'agit-il donc que d'une guerre défensive où l'ennemi a commis des hostilités ? *et nous voilà dans un état passif de guerre,* où, sans qu'il y ait encore des hostilités, les préparatifs de l'ennemi en annoncent le dessein ? *déjà, par cela seul, la paix étant troublée, nos préparatifs de défense deviennent indispensables.* » |

(d) « Ici le système est clairement énoncé : *la guerre est commencée* sans qu'il y ait eu aucune délibération du corps-législatif. »

| | |
|---|---|
| « Mais quoi, direz-vous, le corps législatif n'aura-t-il pas toujours le pouvoir d'empêcher le commencement *de la guerre* (e) ? Non, car c'est comme si vous demandiez s'il est un moyen d'empêcher qu'une nation voisine ne nous attaque ; et quel moyen prendriez-vous ? » | « Mais quoi, direz-vous, le corps-législatif n'aura-t-il pas toujours le pouvoir d'empêcher le commencement *de l'état de guerre* (e) ? Non, car c'est comme si vous demandiez s'il est un moyen d'empêcher qu'une nation voisine ne nous attaque ; et quel moyen prendriez-vous ? » |

(e) « Il est à remarquer que M. de Mirabeau, en changeant de système, a partout changé ces mots, *la guerre*, en ceux-ci : *l'état de guerre*, qui, dans le sens qu'il leur donne, ne signifient autre chose que les hostilités. »

« ..... Mais les hostilités commencent-elles moins entre deux vaisseaux qu'entre deux escadres ? *L'état permanent de la marine et de l'armée ne suffirait-il pas au besoin pour commencer la guerre (f)*? Mais ne serez-vous pas forcés, etc. »

« ..... Mais les hostilités commencent-elles moins entre deux vaisseaux qu'entre deux escadres ? Mais ne serez-vous pas forcés, etc. »

(f) « Donc, dans votre premier système, le pouvoir exécutif pouvait commencer la guerre, et n'avait besoin du corps-législatif que lorsqu'il lui fallait des fonds pour augmenter ou soutenir l'état de ses forces ? »

« La seconde mesure est d'*improuver la guerre* (g) si elle est inutile ou injuste, de requérir le roi de négocier la paix, et de l'y forcer en refusant les fonds. Voilà, Messieurs, le véritable droit du corps-législatif. Les pouvoirs alors ne sont pas confondus ; les formes des divers gouvernemens ne sont pas violées, et, *sans tomber dans l'inconvénient de faire délibérer sept cents personnes sur la paix ou sur la guerre, ce qui certainement n'est pas sans de grands dangers, ainsi que je le démontrerai bientôt* (h), l'intérêt national est également conservé. »

« La seconde mesure est *d'approuver, de décider la guerre* (g) si elle est nécessaire ; de l'improuver si elle est inutile ou injuste ; de requérir le roi de négocier la paix, et de l'y forcer en refusant les fonds. Voilà, messieurs, le véritable droit du corps-législatif. Les pouvoirs alors ne sont pas confondus, les formes des divers gouvernemens ne sont pas violées, et l'intérêt national est conservé. »

(g) « Dans l'ancien système la guerre est commencée ; le pouvoir législatif n'a que le droit, presque toujours illusoire de la faire cesser : dans le nouveau système il juge si la guerre est nécessaire, il la *décide*. »

(h) « Ici il ne peut rester aucun doute ; il faut que M. de Mirabeau nie avoir prononcé ces paroles, ou qu'il avoue qu'il ne voulait pas que le corps-législatif délibérât sur la guerre. Il a si bien senti que ce passage présentait contre lui un argument sans réplique, qu'il n'a trouvé d'autre moyen que de le supprimer. »

| | |
|---|---|
| « Au reste, Messieurs, lorsque je propose de faire *improuver* la guerre par le corps-législatif, tandis que je lui refuse le droit exclusif de *faire* la paix ou la guerre, ne croyez pas que j'élude en cela la question, ni que je propose la même délibération sous une forme différente. *Il est une nuance très-sensible entre improuver la guerre et délibérer la guerre* (i) ; vous allez l'apercevoir. L'exercice du droit, etc. » | « Au reste, Messieurs, lorsque je propose de faire *approuver* ou *improuver* la guerre par le corps-législatif, tandis que je lui refuse le droit exclusif de *délibérer* la paix ou la guerre, ne croyez pas que j'élude en cela la question, ni que je propose la même délibération sous une forme différente. L'exercice du droit, etc. » |

(i) « Certes il existe une nuance très-sensible entre ces deux choses: vous vouliez la première, et nous voulions la seconde. Vous vouliez borner le pouvoir législatif au droit illusoire d'improuver la guerre déjà commencée, comme vous l'avez répété plusieurs fois, et nous nous voulions qu'elle ne pût être commencée sans un décret du corps-législatif, comme l'assemblée nationale l'a décrété. »

| | |
|---|---|
| «.... Faire délibérer *directement* (k) le corps-législatif, etc. » | «..... Faire délibérer *exclusivement* (k) le corps-législatif, etc. » |

(k) « Vous ne disiez pas, au 20 mai, *exclusivement*, mais *directement*. Vous saviez bien alors que la question n'était pas de savoir si le corps-législatif délibérerait *exclusivement* sur la guerre, mais s'il en délibérerait *directement*; c'est-à-dire si, comme nous le voulions, il délibérerait sur la décision de la guerre; ou si, comme vous le vouliez, il délibérerait seulement sur l'octroi de l'impôt, et pour *témoigner son improbation* sur une guerre déjà commencée. »

| | |
|---|---|
| «.... Ce serait choisir, entre les deux délégués de la nation, celui qui, quoique épuré sans cesse par le choix du peuple, par le renouvellement continuel des élections, *est cependant le moins propre, sur une telle matière, à prendre des délibérations utiles* (l). Donner au contraire au pouvoir législatif le droit d'examen, d'improbation, de réquisition de la paix, de poursuite contre un ministre coupable, de refuser des fonds, c'est le faire concourir à l'exercice d'un droit national par les moyens qui | «.... Ce serait choisir, entre les deux délégués de la nation, celui qui, quoique épuré sans cesse par le choix du peuple, par le renouvellement continuel des élections, *ne peut cependant prendre seul, et exclusivement de l'autre, des délibérations utiles sur cette matière*. Donner, au contraire, au pouvoir le droit *de délibérer par forme d'approbation*, d'improbation, de réquisition de la paix, de poursuites contre un ministre coupable, de refus de contributions, c'est le faire concourir à l'exercice d'un droit na- |

sont propres à la nature d'un tel corps, *c'est-à-dire par le poids de son influence; par ses soins, par sa surveillance, par son droit exclusif de disposer des forces et des revenus de l'état (m).*

» Cette différence, etc.»

tional par les moyens qui appartiennent à la nature d'un tel corps (*l*).

« Cette différence, etc.»

(*l*) « Il ne s'agissait pas alors de savoir si le corps-législatif délibérerait seul et exclusivement sur la guerre, mais lequel des deux délégués était le plus propre à en délibérer, et M. de Mirabeau ne pensait pas que ce fût le corps-législatif.

(*m*) « Ici M. de Mirabeau explique clairement en quoi consistait le concours tardif, illusoire, inutile, qu'il accordait au corps-législatif dans les déterminations sur la guerre; nulle délibération directe, nulle part à la première décision. »

« La troisième mesure du corps législatif consiste dans une suite de moyens que j'indique pour *prévenir les dangers de la guerre en la surveillant*, et je lui en attribue le droit.»

« La quatrième de requérir, toutes les fois qu'il le jugera convenable, le pouvoir exécutif de négocier la paix.«

« La troisième mesure du corps-législatif consiste dans une suite de moyens que j'indique, et dont je lui attribue le droit.

» La quatrième, *même après avoir approuvé la guerre*, de requérir, toutes les fois qu'il le jugera convenable, le pouvoir exécutif de négocier la paix.

..............................

« De ce qu'il peut y avoir des dangers à faire délibérer la guerre par le corps-législatif, quelques personnes, etc.»

..............................

» De ce qu'il peut y avoir des dangers à délibérer la guerre, *directement et exclusivement* (*n*), par le corps-législatif, quelques personnes, etc.»

(*n*) « Ce changement et les deux précédens confirment la différence entre les deux systèmes de M. de Mirabeau. »

«.... Découvrirez-vous, par des discussions solennelles les motifs secrets qui vous porteront à faire la paix? *donnerez-vous ainsi la mesure de votre force ou de votre faiblesse (o); et votre loyauté vous fît-elle une loi de ne rien dissimuler, forcerez-vous ainsi les envoyés des puissances ennemies à l'éclat d'une discussion?*

» Je distingue donc le droit de requérir le pouvoir exécutif de faire la paix d'un ordre donné pour la conclure, et

«.... Découvrirez-vous dans des discussions solennelles, *provoquées par un membre du corps-législatif* (*o*) les motifs secrets qui vous porteront à faire la paix, *ce qui souvent serait le moyen le plus assuré de ne pas l'obtenir? et lors même que nos ennemis désireront la paix comme nous*, votre loyauté vous fît-elle une loi de ne rien dissimuler, forcerez-vous aussi les envoyés des puissances ennemies à l'éclat d'une discussion?

» Je distingue donc le droit de requérir le pouvoir exécutif de faire la paix d'un ordre donné pour la conde *l'exercice même* du droit de faire la paix ; car est-il une autre manière de remplir l'intérêt national que celle que je propose? Lorsque la guerre est commencée, il n'est plus au pouvoir d'une nation de faire la paix; l'ordre même de faire retirer les troupes arrêtera-t-il l'ennemi? Fût-on disposé à des sacrifices, sait-on si des conditions *altérées ou exagérées par notre propre ministère* ne seront pas tellement onéreuses, etc. »

clure, et de l'*exercice exclusif* du droit de faire la paix; car est-il une autre manière de remplir l'intérêt national que celle que je propose ? Lorsque la guerre est commencée, il n'est plus au pouvoir d'une nation de faire la paix; l'ordre même de faire retirer les troupes arrêtera-t-il l'ennemi? Fût-on disposé à des sacrifices, sait-on si les conditions ne seront pas tellement onéreuses, etc.»

(*o*) « Ici M. de Mirabeau cherche clairement à donner le change sur son système. Il refusait au corps-législatif le droit de délibérer, dans la crainte de donner publiquement la mesure *de sa force et de sa faiblesse* : aujourd'hui il se borne à lui refuser l'initiative, parce que, dit-il, ce serait souvent *le moyen le plus assuré de ne pas obtenir la paix*. Donc il déplace le point de la question ; il feint de n'avoir demandé que l'initiative pour le roi, tandis qu'il excluait le corps-législatif de délibérer. »

«.... Et dès-lors comment un seul homme, comment un roi, un ministre pourra-t-il être l'organe de la volonté de tous ? Comment l'exécuteur de la volonté générale pourra-t-il être en même temps l'organe de cette volonté ? *Voilà sans doute des objections bien fortes ; hé bien, ces objections, ces principes m'ont paru devoir céder à des considérations beaucoup plus fortes* (*p*). »

«.... Et dès lors comment un seul homme, comment un roi, un ministre pourra-t-il être l'organe de la volonté de tous ? Comment l'exécuteur de la volonté générale pourra-t-il être en même temps l'organe de cette volonté?
» Je ne me suis, etc. »

(*p*) « Il y avait, disiez-vous, des *objections bien fortes* contre la délégation au pouvoir exécutif, et cependant elles vous paraissaient devoir céder à des *considérations beaucoup plus fortes*, et qui vous décidaient contre le pouvoir législatif. Cette phrase était décisive pour expliquer votre premier système ; aussi l'avez-vous supprimée. »

« Examinons si les moyens que l'on propose pour écarter ces dangers n'en feront pas naître d'autres non

« Hé bien, Messieurs, discutons ces objections, examinons si les moyens que l'on propose pour écarter ces

moins funestes, non moins redouta-bles à la liberté publique.

» Et d'abord je vous prie d'observer, etc.

..............................

» Je vous le demande, etc.»

dangers n'en feront pas naître d'autres non moins funestes, non moins redoutables à la liberté publique.

» *Je ne dirai qu'un mot sur les principes. Sans doute le roi n'est point l'organe de la volonté publique; mais il n'est point étranger non plus à l'expression de cette volonté. Ainsi, lorsque je me borne à demander le concours des deux délégués de la nation, je suis parfaitement dans les principes constitutionnels.*

» D'un autre côté, je vous prie d'observer, etc.»

...............................

» *Remarquez d'ailleurs que ce point de vue est étranger à mon système. Ceux-là doivent répondre à l'objection d'incompatibilité, qui veulent attribuer exclusivement au roi l'exercice du droit de la paix et de la guerre; mais ce système je le combats avec tous les bons citoyens.* On parle d'un droit exclusif, et je ne parle que d'un concours (q).

» Voyons maintenant le danger de chaque système.

» Je vous le demande, etc.»

(q) « Cette addition et la précédente ont pour objet de changer le sens du concours que M. de Mirabeau attribuait au corps-législatif : c'était, comme on l'a vu dans plusieurs passages, la *surveillance*, *l'octroi de l'impôt*, la faculté de *témoigner* son improbation. Il voudrait persuader aujourd'hui que c'était le droit de délibérer sur la décision de la guerre. »

« .... Croyez-vous que de pareils mouvemens, si jamais *vous délibérez ici de la guerre* (r), ne vous porteront pas à des guerres désastreuses, et que vous ne confondrez pas le conseil du courage avec celui de l'expérience ? *Pendant que vous délibérerez* (s) on demandera la guerre à grands cris, etc.»

«....Croyez-vous que de pareils mouvemens, si jamais *le corps-législatif délibère directement et exclusivement* (r), ne vous porteront pas à des guerres désastreuses, et que vous ne confondrez pas le conseil du courage avec celui de l'expérience ? *Pendant qu'un des membres proposera de délibérer* (s) on demandera la guerre à grands cris, etc.»

(r) « Donc, vous ne vouliez pas, le 20 mai, que le corps-législatif délibérât sur la guerre. »

(s) « Nouvelle tentative pour déplacer le point de la question,

«Voici des considérations *bien* plus importantes. Comment ne redoutez-vous pas, messieurs, les dissensions intérieures qu'une délibération sur la guerre, prise par le corps-législatif, pourra faire naître et dans son sein et dans tout le royaume? Souvent, etc.»

» Voici des considérations plus importantes. Comment ne redoutez-vous pas, messieurs, les dissensions qu'une délibération *inopinée* sur la guerre, prise *sans le concours du roi* (*t*) par le corps-législatif, pourra faire naître et dans son sein et dans tout le royaume? Souvent, etc.»

(*t*) « Le premier discours condamne indistinctement toute délibération sur la guerre prise par le corps-législatif, le nouveau n'improuve qu'une délibération *inopinée, prise sans le concours du roi*. Ici se trouve, dans le rapprochement le plus sensible, la différence entre l'ancien et le nouveau système de M. de Mirabeau. »

« ..... On prouvera très-bien dans la théorie que le pouvoir exécutif conservera toute sa force si tous les préparatifs, toute la direction, toute l'action, appartiennent au roi, et si le corps-législatif *se borne à dire* : *Je veux la guerre ou la paix* (*u*); mais montrez-moi comment le corps représentatif, tenant de si près à l'action du pouvoir exécutif, ne franchira pas les limites presque insensibles qui les sépareront. Je le sais ; la séparation existe encore, l'action n'est pas la volonté; mais cette ligne de démarcation est bien plus facile à démontrer qu'à conserver ; et n'est-ce pas s'exposer à confondre les pouvoirs, ou plutôt n'est-ce pas déjà les confondre en véritable pratique sociale, que de les rapprocher de si près ?

« ... On prouvera très-bien dans la théorie que le pouvoir exécutif conservera toute sa force si tous les préparatifs, toute la direction, toute l'action, appartiennent au roi, et si le corps-législatif *a seul le droit exclusif de dire*: *Je veux la guerre ou la paix*(*u*); mais montrez-moi comment le corps représentatif, tenant de si près à l'action du pouvoir exécutif, ne franchira pas les limites presque insensibles qui les sépareront. Je le sais; la séparation existe encore; l'action n'est pas la volonté; mais cette ligne de démarcation est bien plus facile à démontrer qu'à conserver; et n'est-ce pas s'exposer à confondre les pouvoirs, ou plutôt n'est-ce pas déjà les confondre en véritable pratique sociale, que de les rapprocher de si près? *N'est-ce pas d'ailleurs nous écarter des principes que notre constitution a déjà consacrés ?*»

(*u*) « Nouvelle preuve du changement de système. Dans le premier discours M. de Mirabeau refuse au corps-législatif la *simple faculté* de dire : *je veux la guerre ou la paix*; dans le nouveau discours il lui refuse seulement *le droit exclusif* de dire : *Je veux la guerre ou la paix*. Dans le second discours il s'appuie sur les principes déjà consacrés de la constitution ; dans le premier il paraissait convenir que la théorie pure était contre lui. »

« Enfin, par rapport au roi, par rapport à ses successeurs, quel sera l'effet inévitable d'une loi qui concentrerait dans le corps législatif le droit de faire la paix ou la guerre ? Pour les rois faibles la privation de l'autorité ne sera qu'une cause de découragement et d'inertie ; mais la dignité royale n'est-elle donc plus au nombre des propriétés nationales ? Un roi environné de perfides conseils, ne se voyant plus l'égal des autres rois, se croira détrôné ; il n'aura rien perdu, *car le droit de faire les préparatifs de la guerre est le véritable exercice du droit de la guerre* (v); mais on lui persuadera le contraire, et les choses n'ont de prix, et jusqu'à un certain point de réalité, que dans l'opinion.»

« Enfin, par rapport au roi, par rapport à ses successeurs, quel sera l'effet inévitable d'une loi qui concentrerait *exclusivement* dans le corps législatif le droit de faire la paix ou la guerre ? Pour les rois faibles la privation de l'autorité ne sera qu'une cause de découragement et d'inertie; mais la dignité royale n'est-elle donc plus au nombre des propriétés nationales ? Un roi environné de perfides conseils, ne se voyant plus l'égal des autres rois, se croira détrôné ; *il n'aurait rien perdu qu'on lui persuaderait le contraire* (v), et les choses n'ont de prix, et jusqu'à un certain point de réalité, que dans l'opinion.»

(v) « Ici, comme sur les hostilités, M. de Mirabeau cherchait à persuader que le droit de faire des préparatifs (qui, comme on le sait, ne peuvent excéder la masse de force qui a été déterminée par la législature) était le véritable exercice du droit de faire la guerre et la paix, afin que l'assemblée se déterminât sans répugnance à donner, soit à la majesté royale, soit au désir d'attacher le monarque à la constitution, un droit que, par la nature des choses, il ne pouvait, disait-il, manquer d'exercer. Le retranchement de cette phrase, dans le nouveau discours, et l'addition du mot *exclusivement* quelques lignes plus haut, sont donc encore des moyens employés par M. de Mirabeau pour déguiser son premier système. »

« Là, le roi n'éprouve d'autre obstacle que celui des fonds publics, et l'énorme dette nationale prouve assez que cette barrière est insuffisante, et que l'art d'appauvrir les nations est un moyen de despotisme non moins redoutable que tout autre : je vous propose au contraire d'attribuer au corps législatif le droit d'improu-

« Là, le roi n'éprouve d'autre obstacle que le refus des fonds ; et l'énorme dette nationale prouve assez que cette barrière est insuffisante, et que l'art d'appauvrir les nations est un moyen de despotisme non moins redoutable que tout autre : je vous propose au contraire d'attribuer au corps-législatif le droit *d'approuver*

« ver la guerre, et de requérir le roi de négocier la paix.

« Là, le roi n'est pas obligé de faire connaître au parlement les pactes secrets des traités d'alliance, et la nation anglaise se trouve ainsi engagée dans des guerres, dans des livraisons d'hommes, d'argent, de vaisseaux, sans qu'elle y ait consenti : et je vous propose au contraire d'abolir tous les pactes secrets des rois, parce que les rois ne peuvent pas avoir de secret pour les peuples.

» Enfin, etc. »

ou d'improuver la guerre, d'empêcher qu'on ne recoure à la voie des armes lorsqu'il n'y a point encore d'hostilité, et même lorsque la guerre a été approuvée (x), de requérir le roi de négocier la paix.

» Enfin, etc. »

(x) « Les deux systèmes de M. de Mirabeau sont ici l'un à côté de l'autre; on peut les comparer. Dans le premier le corps-législatif *témoigne son improbation* sur une guerre déjà commencée : dans le second *il l'approuve*, c'est-à-dire, il la décide, sur la proposition du roi, suivant le sens que M. de Mirabeau donne à ce mot *approuver;* il empêche de recourir à la voie des armes, etc. Pourquoi tous ces changemens, si M. de Mirabeau avait réellement soutenu, le 20 mai, le système qu'il s'attribue aujourd'hui? »

« Il faut, continue-t-on, restreindre l'usage de la force publique dans les mains du roi : je le pense comme vous, et nous ne différons que dans les moyens. Mais prenez garde encore qu'en voulant la restreindre, vous ne l'empêchiez d'agir, *et qu'elle ne devienne nulle dans ses mains.*

» Mais, dans la rigueur des *principes, la guerre peut-elle* (y) jamais commencer sans que la nation ait décidé si la guerre doit être faite?

Je réponds : l'intérêt de la nation est que toute hostilité soit repoussée par celui qui a la direction de la force publique : *voilà la guerre commencée* (y). L'intérêt de la nation est que les préparatifs de guerre des nations voisines soient balancés par les nôtres : *voilà la guerre* (y). Nulle délibération ne peut précéder ces événemens, ces préparatifs : c'est lorsque l'hostilité ou la nécessité de la défense, de la voie des armes, ce qui com-

« Il faut, continue-t-on, restreindre l'usage de la force publique dans les mains du roi : je le pense comme vous, et nous ne différons que dans les moyens. Prenez garde qu'en voulant la restreindre, vous ne l'empêchiez d'agir.

» Mais dans la rigueur du principe, *l'état de guerre peut-il* jamais commencer sans que la nation ait décidé si la guerre peut être faite ?....

Je réponds : l'intérêt de la nation est que toute hostilité soit repoussée par celui qui a la direction de la force publique : voilà ce que j'entends par *un état de guerre.* L'intérêt de la nation est que les préparatifs de guerre des nations voisines soient balancés par les nôtres ; *voilà*, sous un autre rapport, *un état de guerre.* Nulle délibération ne peut précéder ces événemens, ces préparatifs. C'est lorsque l'hostilité, ou la nécessité de la

prend tous les cas, sera notifiée au corps-législatif, qu'il prendra les mesures que j'indique ; il improuvera : il requerra de négocier la paix ; *il accordera ou refusera les fonds de la guerre; il poursuivra les ministres ; il disposera de la force intérieure ; il confirmera la paix ou refusera de la sanctionner.*»

défense, de la voie des armes, ce qui comprend tous les cas, sera notifiée au corps-législatif, qu'il prendra les mesures que j'indique : *il approuvera ou improuvera*; il requerra de négocier la paix; *il confirmera le traité de paix, ou refusera de le ratifier.*»

(*y*) « Ici l'on voit clairement comment M. de Mirabeau, confondant la guerre avec les hostilités, même avec les préparatifs, avait su, par un abus de mots, la mettre entièrement dans la volonté du pouvoir exécutif. »

---

Bien d'autres scandales vinrent affliger les patriotes; le côté gauche de l'assemblée était menacé d'une scission, ou plutôt elle commençait déjà. Les uns persistaient dans le sentiment et les doctrines qui avaient commencé la révolution; ils marchaient en avant, poursuivant les conséquences de ces principes premiers, et en apercevaient chaque jour une nouvelle. Les autres voulaient s'arrêter, et croyaient qu'il fallait laisser à la monarchie le peu de force qu'elle possédait.

Le 28 mai, l'*Observateur* de Feydel, journal considéré en général comme très-bien et très-vite instruit, annonçait que, depuis deux jours, la désunion s'était mise dans le parti patriote, que Lameth, Barnave, Duport, etc., etc., s'étaient séparés de Mirabeau, Sieyès, Chapelier, la Fayette, de l'évêque d'Autun, etc. « Les premiers, ajoutait-il, disent partout que ceux-ci ont abandonné la cause du peuple, et sont devenus aristocrates. Cette accusation met le trouble parmi les meilleurs membres de l'assemblée nationale. Mercredi au soir (26 mai), au comité des Jacobins, où ils s'assemblent tous pour préparer les discussions, un grand nombre de bons députés, vrais amis de la liberté et de la constitution, proposèrent de ne plus y venir, et de former une assemblée à part de celle des Lameth, Duport, etc... à quoi peut-on en attribuer la cause? Est-ce à la procédure du Châtelet sur l'affaire du 6 octobre? Est-ce à l'avarice de quelques membres que l'argent a corrompus? Ou bien, est-ce seulement à la manière différente dont les hommes du même parti voient les choses? Dans tous les cas, cet événement est du plus mauvais augure. »

Le lendemain, dans un autre journal, les *Annales patriotiques* de Carra, membre, ainsi que nous l'avons déjà dit, de la société des Jacobins, on lisait l'article suivant :

« Depuis quelque temps, les ennemis de la France et de la liberté répandaient dans le public, et faisaient imprimer dans les libelles, que le parti le plus populaire de l'assemblée nationale était intéressé à entretenir le trouble dans Paris, pour s'élever à la faveur de l'anarchie et des terreurs du peuple, aux premières places : c'est-à-dire, que ces ennemis de la révolution prêtaient aux vrais patriotes leurs vues, leurs sentimens et leur bassesse. On disait que M. Duport aspirait à la mairie, et M. Charles Lameth au commandement de la garde nationale. Ce dernier, pour faire tomber tous ces bruits, a cru devoir écrire la lettre suivante à M. de la Fayette. « J'apprends, Monsieur, que sur la différence qui s'est manifestée depuis quelque temps dans nos opinions à l'assemblée nationale, et particulièrement dans la délibération relative au droit de la paix et de la guerre, on répand avec profusion dans Paris que j'aspire à vous remplacer dans le commandement de la garde nationale. Quelque éloigné que je sois de croire qu'on puisse jeter les yeux sur moi, et quelque prix que je mette à toutes les distinctions qu'on peut devoir au suffrage de ses concitoyens, je me dois de déclarer que je n'en ai jamais conçu la pensée, et que si cet honneur m'était offert, je ne l'accepterais pas. C'est sans aucune ambition, c'est avec la ferme résolution de n'accepter jamais aucune place, que je me suis dévoué à la défense de la liberté, et que je ne cesserai jamais de travailler pour elle, jusqu'à ce que la constitution qui nous l'assure ait été achevée dans les principes suivant lesquels elle a été commencée. Je rougirais, si rien dans ma conduite pouvait jamais autoriser à croire que j'eusse été guidé par quelque motif d'intérêt personnel. *Signé, Charles de Lameth.* — *P. S.* Vous trouverez simple, Mon-

sieur, que dans un moment où je vois mes intentions attaquées par des menées obscures et des propos calomnieux, je mette à les repousser, toute la publicité qui convient à mon caractère. »
M. la Fayette répondit qu'il ne comprenait pas le but de cette lettre, *qu'il espérait que les amis de la liberté s'accorderaient toujours sur les vrais principes, et qu'il désirait qu'ils s'entendissent également sur les meilleurs moyens d'affermir la constitution.* Cette correspondance qui continua d'être publique, fut terminée par une seconde lettre de M. Charles de Lameth, qui n'avait pour but que de répondre aux insinuations contenues dans celle du général : il disait que, *quant aux moyens d'affermir la constitution, les siens qui avaient été et qui seraient toujours à découvert, étaient la vérité, la franchise et la persévérance.*

Pendant en effet que les ministériels, car à cette époque il se formait un parti qui méritait à un certain degré ce titre, pendant donc que les ministériels accusaient les plus énergiques patriotes de ne persister dans la voie révolutionnaire que par ambition, et qu'ils réveillaient les bruits d'une conspiration en faveur de d'Orléans, et qu'ils disaient que l'or de ce prince ou celui des Anglais avaient payé les derniers troubles de Paris, les Jacobins, au contraire, les accusaient de tripotages et d'intrigues. On a vu les imputations portées contre Mirabeau : le bruit s'était répandu, en outre, que Saint-Priest avait demandé à Necker 400,000 francs pour soudoyer des libelles et acheter des journaux. Enfin, lorsqu'il s'agissait pour le ministère de donner avis à l'assemblée nationale des probabilités d'une guerre, il se trouva que vingt personnes étaient déjà inscrites pour parler sur le message de Montmorin, lorsque tout ce qui était patriote pur ignorait encore qu'il dût avoir lieu. A cette occasion, il y eut des disputes individuelles assez vives. Il en résulta que Barnave et M. de Noailles allèrent sur le terrain ; mais les témoins arrangèrent l'affaire. On remarquait encore comme une des démarches des ministériels l'établissement d'un nouveau club. En effet, plus tard il essaya de s'opposer à l'ascendant de celui des Amis de la constitution. Il célébra le 13 mai, dans un brillant local au Palais-Royal, son installation sous le nom de *Société patriotique de 1789*. Bailly, la Fayette, Sieyès, Chapelier, Mirabeau l'aîné, Roederer, l'évêque d'Autun, en faisaient partie.

L'ouverture de cette société, dont le but était, disait-elle, *de s'occuper de tout ce qui peut concourir au perfectionnement de l'art social*, se fit par un grand dîner de cent vingt-quatre couverts. Avant de se mettre à table, on fit une quête qui produisit un peu moins de 600 liv., et à la fin du repas, on porta des toasts. Il y en eut quelques-uns assez curieux par les rapprochemens auxquels ils prêtent; nous croyons devoir les rapporter : d'abord, le toast officiel, *à la révolution*, *à la nation*, *à la loi et au roi*; ensuite M. Sieyès, président, proposa, et l'on but *à la meilleure des constitutions*, *aux États-Unis d'Amérique*, *aux Françaises patriotes*, etc. Le peuple entendait du jardin tous ces *vivat* et le bruit des verres, et voyait l'éclat des lumières. Il lui prit aussi envie de faire du bruit et de siffler; il commençait lorsque les députés qu'il respectait se présentèrent aux fenêtres : alors il changea ses murmures en applaudissemens. Cependant le club de 1789 s'ajourna au 17 juin pour tenir sa seconde séance gastronomique.

Malgré ces grotesques distractions, il fallait que la situation parût assez grave, puisque le ministère jugea à propos de faire signer à Louis XVI une proclamation où l'on invitait tous les Français à l'union, et à porter tous la même cocarde. Cette proclamation fut d'abord envoyée à l'assemblée, qui l'accueillit avec de vifs applaudissemens, et elle y répondit par des remercîmens dont une députation fut chargée.

« A mon avis, disait alors Desmoulins, jugeant sur le tout, la meilleure pierre de touche, si un décret est bon, c'est la consternation des Tuileries, et l'alongement des faces ministérielles. Il n'y a pas jusqu'aux enfans du château, dont la contenance n'avertisse les citoyens de ce qu'ils doivent craindre ou espérer. Par exemple, le samedi 22 mai, le petit dauphin applaudissait au décret de Mirabeau avec un bon sens au-dessus de son âge. Le peuple applaudissait aussi de son côté, il reconduisait en triomphe Barnave, Pétion, Lameth, d'Aiguillon, Duport, et tous les

Jacobins illustres. Il s'imaginait avoir remporté une grande victoire, et ces députés avaient la faiblesse de l'entretenir dans une erreur dont ils jouissaient. Robespierre fut plus franc, il dit à la multitude qui l'entourait et l'étourdissait de ses battemens : *Eh! Messieurs, de quoi vous félicitez-vous? le décret est détestable, du dernier détestable; laissons ce marmot battre des mains à sa fenêtre, il sait mieux que nous ce qu'il fait.*

» Depuis ce temps le roi prend plus souvent le grand air. Il va à la chasse et à la procession, il fait des remercîmens à la garde nationale parisienne, il la passe en revue au Champ-de-Mars, et je l'ai vu avec douleur galoper au milieu de cris infinis de *vive le roi! moi seul* m'égosillant à lui crier aux oreilles *vive la nation*! Je me souviens qu'il y a quelques années, sa femme, à une certaine entrée dans Paris, où on lui faisait un accueil très-froid, disait ce mot du plus haut comique : *Je crois que mon peuple me boude.* Depuis tantôt un an, à son tour, Madame boudait un peu son peuple, mais elle commence à nous sourire d'une manière moins forcée, et même parfois avec une grâce infinie. » (*Révolution de France et de Brabant*, n° 28.)

En effet, le 30 mai, Louis XVI passa en revue au Champ-de-Mars, six mille hommes choisis dans toutes les compagnies de la garde nationale. Et ce fut peut-être moins pour lui témoigner sa satisfaction de sa conduite dans les derniers troubles, que pour obéir à un ancien usage; car, suivant une coutume établie depuis long-temps, le roi passait au printemps une revue des troupes de sa maison. Celles-ci, cette fois, furent remplacées par la garde nationale.

Mais revenons à l'assemblée nationale. La question du droit de guerre et de paix avait fait complétement oublier le sujet même à l'occasion duquel elle s'était élevée. Une lettre de M. la Luzerne vint le rappeler à la séance du 28 mai. Il envoya le détail de l'armement maritime qu'on préparait dans les ports. Cela amena à parler de l'organisation de l'armée de mer, et de la nécessité que le comité se hâtât de terminer un travail commencé il y avait plusieurs mois pour mettre fin aux réclamations et aux résistances des matelots, lequel semblait oublié. Un membre du comité répondit qu'il n'y avait pas de doute parmi ses collègues sur l'utilité des *classes*. L'assemblée sans plus délibérer, décida donc que provisoirement les levées de matelots se feraient suivant les ordonnances comme par le passé.

### Provinces.

Les événemens des provinces occupèrent dans ce mois une grande partie des séances de l'assemblée nationale, car elle seule encore maintenant avait assez de pouvoir pour imposer aux troubles qui les agitaient; elle seule était obéie. Les désordres furent considérables et nombreux, à ce point qu'il serait impossible d'en donner le détail. Il y eut encore quelques châteaux brûlés; il y eut dans le Midi des émeutes pour les grains; il y en eut une assez sérieuse à Tours. Ailleurs, ce furent des difficultés pour les élections, des arrestations illégales de suspects. Parmi tous ces faits nous choisissons les plus importans, et nous commencerons par parler de l'insurrection de Marseille, qu'on prévoyait déjà le mois précédent.

#### SÉANCE DU 12 MAI.

[Un de messieurs les secrétaires fait lecture de trois lettres envoyées par M. de Saint-Priest; l'une est écrite par ce ministre; les deux autres lui ont été adressées par la municipalité de Marseille. Voici la substance de ces lettres:

*Lettre de M. de Saint-Priest à M. le président de l'assemblée nationale.*

» Dès le commencement de l'année dernière, des troubles ont régné à Marseille; le roi a fait passer dans cette ville trois régimens d'infanterie et 200 dragons. Vous savez que ces troubles ont duré pendant long-temps. A peine la nouvelle municipalité a été formée, qu'elle a demandé le renvoi de ces troupes. Elles ont en effet été transférées à Aix sur la fin du mois dernier : le 30 du même mois, à 4 heures du matin, à l'instant où l'on venait de baisser le pont-levis du fort de Notre-Dame-de-la-Garde, et de placer la sentinelle, des gens sans aveu se sont jetés sur le factionnaire, lui ont mis le pistolet sur la gorge pour le forcer à se rendre, et il s'est rendu. La garnison a été surprise, et ces gens au nombre de 30, se sont rendus maîtres de la place. Le peuple et la garde nationale, excités par cette entreprise, se sont portés sur les forts Saint-Jean et Saint-Nicolas, qui ont été remis aux officiers-municipaux qui s'y étaient transportés. Le fort Saint-Jean avait fait quelque résistance : elle a été attribuée au chevalier de Beausset, major de cette place. Cet officier se rendant le lendemain, premier mai, à la municipalité, accompagné de la garde nationale et de deux officiers municipaux, a été attaqué, poursuivi et massacré. Le roi, sensiblement affecté de ces désordres, et des malheurs qui en ont été la suite, a ordonné de poursuivre les coupables avec toute la rigueur des lois. Il m'a chargé de faire parvenir à la municipalité l'ordre de faire évacuer les forts, et de les remettre aux troupes auxquelles leur garde avait été confiée. S. M. ne doute pas que l'assemblée nationale ne reçoive avec satisfaction la communication de ces mesures. M. de Miran, commandant de Marseille, ayant donné sa démission, le roi a choisi M. le marquis de Crillon pour le remplacer. S. M. désire que la qualité de député ne soit pas un obstacle à ce que M. de Crillon accepte ce commandement : elle verrait avec peine que son choix ne fût pas accueilli par l'assemblée.

*P.S.* La forteresse de Montpellier vient d'être prise par les jeunes volontaires ; la remise aux troupes de Sa Majesté en sera également ordonnée. On a appris en même temps ce qui est arrivé à Nîmes. Le roi a fait témoigner sa satisfaction au régiment de Guyenne.

*Première lettre des officiers municipaux de la ville de Marseille, du 30 avril.* — Les approvisionnemens extraordinaires faits pour les forts de cette ville, l'artillerie de ces forts augmentée et braquée d'une manière menaçante sur la cité, ont inquiété nos concitoyens à un tel point, que les opérations de commerce et d'industrie en ont été vraiment suspendues. A l'aspect de ces préparatifs effrayans, le génie français n'a pu se contenir dans une lâche inertie; la garde nationale s'est emparée du fort Notre-Dame-de-la-Garde. A cette nouvelle, deux des nôtres se sont transportés dans ce fort, dont nous sommes maintenant responsables, et que nous gardons à la nation et au roi....

*Seconde lettre des officiers municipaux de Marseille, en date du 1ᵉʳ mai.* — Les commandans des forts Saint-Jean et Saint-Nicolas ayant écrit, après la prise de Notre-Dame-de-la-Garde, que si on les attaquait, ils feraient une vigoureuse résistance, le peuple, toujours effrayé, n'a point été arrêté par ces menaces; il a marché contre les forts. Nous avons pris alors des moyens de conciliation; nous avons proposé de faire faire la garde des forts par la garde nationale, concurremment avec les troupes réglées. Ces propositions ayant été d'abord refusées, nous nous sommes portés aux deux forts; elles ont été acceptées et insérées dans une convention signée par nous et par les commandans de ces places. Ainsi nous avons rétabli la tranquillité dans la ville de Marseille....

M. *d'André.* Je crois qu'il est de mon devoir de vous rendre compte de quelques détails qui ne vous sont pas encore connus, et de vous présenter quelques observations sur des faits connus.

La ville de Marseille devait être calme; une amnistie avait été accordée; le grand-prévôt s'était vu dépossédé d'une procédure qui inquiétait les citoyens; les troupes avaient été renvoyées; l'ancienne garde nationale remplacée par une milice plus agréable à la cité; enfin, il n'y avait plus rien à demander. Les 22 et 23 du mois dernier, le régiment de Royal-Marine, les dragons et l'artillerie sortirent de la ville. Le 27, à une fête donnée à la municipalité d'Aix, on dit que les ennemis de la révolution avaient encore des projets, et l'on forma celui de s'emparer des forts. Le 30, 50 hommes menacent une sentinelle, surprennent le fort de Notre-Dame-de-la-Garde et s'en emparent. Ils braquent le canon contre la citadelle et le fort Saint-Nicolas; ce qui engage le peuple à attaquer ces deux places. On dit qu'on a vu un officier municipal parcourir les rues, et exciter à cette entreprise. Si le fait est vrai, on le saura, quand un officier de justice osera faire des informations sans crainte d'être massacré. La municipalité se rassembla; elle décida de sommer les forts de se rendre. M. Jean-François Lieutaud s'opposa à ce parti; cette opposition ne servit à rien; la municipalité se transporta dans les deux places. Le conseil de guerre assemblé au fort Saint-Nicolas ne voulait le livrer qu'au roi et à la nation; la municipalité n'était ni l'un ni l'autre; mais les soldats du régiment de Vexin ayant annoncé des intelligences avec les citoyens, il fallut bien se rendre. Le fort Saint-Jean, dont M. de Beausset est major, fit beaucoup plus de résistance; mais la citadelle étant prise; il se rendit à huit heures du soir. Le lendemain on demanda à M. de Beausset la clef du magasin des poudres et des fusils; il répondit qu'il n'avait pas ces clefs; on s'adressa au commandant qui dit que M. de Beausset les avait : deux officiers municipaux, du nombre des citoyens que le prévôt avait fait arrêter, assurèrent que c'était par l'ordre du maire qu'ils faisaient cette demande.

M. de Beausset dit qu'il voulait parler au maire, et proposa de se rendre à la maison commune : il demanda à y être conduit par mer; on le lui refusa, et il partit avec les deux officiers municipaux et avec un détachement de la garde nationale. Arrivé sur le glacis, il fut insulté par le peuple; il continua sa route : et voyant qu'on l'insultait encore, sans que personne cherchât à le défendre, il voulut se sauver et entrer dans la boutique d'un perruquier; cette boutique lui fut fermée; il reçut un coup de baïonnette dans le dos, il tomba et fut bientôt massacré. La populace, parmi laquelle la garde nationale était mêlée, se livra sur ce cadavre aux plus affreuses atrocités. Voilà les faits : que devait faire la garde nationale? On ne peut admettre, dans aucune hypothèse, que 50 hommes, sans aveu, aient le droit de surprendre une citadelle. La municipalité devait donc ordonner de vider le fort et prendre les précautions nécessaires pour qu'on ne se portât plus à de semblables entreprises. La municipalité devait employer tous les moyens qui étaient en son pouvoir, pour dissiper les attroupemens qui se dirigeaient vers les forts. Quel a été le prétexte d'une conduite opposée? Des prétendus approvisionnemens, des préparatifs hostiles. — Ces préparatifs n'étaient-ils pas naturels? Depuis quatre jours les forts étaient menacés. Mais je vais plus loin : je dis que ces approvisionnemens étaient manifestement faux. En effet, le 23, une compagnie d'artillerie était partie avec cinq pièces de canon et plusieurs voitures chargées de munitions. Le 24, une autre voiture chargée de cartouches, était sortie, et avait été arrêtée à la porte d'Aix. Si on avait voulu faire des approvisionnemens, les commandans n'auraient pas laissé sortir ces munitions. Je me dis, les municipalités sont donc souveraines; elles sont donc en guerre avec le roi! Mais je demande si le roi ne s'est pas mis à la tête de la révolution ; si attaquer des forts qui sont gardés sous ses ordres, ce n'est pas violer tous les principes! La municipalité est donc coupable! L'assemblée doit donc la blâmer! Si quelqu'un s'élève pour la défendre, je déclare que je le regarde comme responsable de tous les maux qui peuvent arriver. Je vous prie de considérer où nous menerait une tolérance déplorable. Si une municipalité telle que Marseille venait à s'élever contre vos décrets, et que les moyens qui appartiennent au pouvoir exécutif fussent en ses mains, comment pourriez-vous la réprimer? Si partout les forces du pouvoir exécutif étaient usurpées, il n'y aurait plus de police, plus de gouvernement en France.

Je ne parlerai pas de M. de Beausset, mais j'observerai seulement qu'il a été tué d'un coup de baïonnette à côté de deux officiers municipaux. On a prétendu que cet officier voulait mettre le feu à la poudrière; c'est une chose invraisemblable. Il était gardé à vue dans sa chambre; le fort était rempli de gardes nationales, il y a toujours à la poudrière une sentinelle le sabre à la main,.... Je ne vous présenterai pas le projet de décret; c'est bien assez d'avoir été obligé de vous retracer des faits de cette nature, et de vous développer les torts de la municipalité. Je l'ai fait, parce que j'ai dû le faire; je l'ai fait avec le sentiment des dangers que peut attirer sur moi mon exactitude à remplir ce devoir. Toutes mes propriétés, ma femme, mes enfans, sont à cinq lieues de Marseille; j'ai oublié leurs périls et mes intérêts les plus chers, parce qu'il fallait soutenir la révolution et la liberté, réprimer la licence et l'anarchie.

*M. de Larochefoucault.* Je me serais bien gardé de rien ajouter à ce qu'a dit le préopinant, s'il avait proposé un projet de décret. Il vous a peint les malheurs qui affligent la capitale de la Provence. Vous voulez que le peuple jouisse d'une liberté entière, mais vous voulez aussi qu'il soit soumis à une autorité légitime. Vous devez donc réprimer les excès auxquels les ennemis de la révolution ont porté le peuple. A Toulon, à Grenoble, on veut aussi s'emparer des citadelles. Il faut montrer aux peuples des provinces combien vous êtes déterminés à réprimer tous les désordres. — Je ne vous proposerai pas des mesures violentes. Voici le projet de décret que je crois devoir vous soumettre. « L'assemblée nationale, profondément affligée des désordres et de l'insubordination à l'autorité légitime qui se sont manifestés dans une grande partie du royaume, et notamment de la surprise du fort de Notre-Dame-de-la-Garde à Marseille, par des gens sans aveu; de l'occupation des autres forts, et des excès qui en ont été la suite, charge son président de se retirer par devers le roi, pour remercier sa majesté des recherches qu'elle a ordonnées, et des mesures qu'elle a prises pour réprimer ces excès et faire punir les coupables. »

*M. de Castellane.* Toute la députation de Marseille a vu avec satisfaction la sagesse des dispositions que le roi a prises; elle ne verra pas avec le même sentiment un membre de la députation de Provence venir avec affectation donner un détail circonstancié d'événemens dont il n'a pas été le témoin, et qu'il ne connaît que par des ouï-dire, et jeter ainsi des préventions défavorables sur une municipalité plus à plaindre que coupable. Qu'il me soit permis de jeter, à mon tour, un coup d'œil sur ces faits. Selon l'expression du ministre, le 30 avril, le fort de Notre-Dame-de-la-Garde est surpris par des gens sans aveu; dans le même jour les mêmes gens et le peuple attaquent les deux autres forts. Que fait la municipalité? Elle se transporte au milieu de ce désordre; elle cherche à calmer ce peuple; elle monte dans les forts pour engager la garnison à ne pas faire une défense qui pourrait attirer les plus grands malheurs. Je ne vous rappellerai pas ce qu'a souffert cette malheureuse ville. Depuis six mois elle demandait à être débarrassée du pesant fardeau de cinq à six mille hommes qui logeaient chez les citoyens ; chaque jour quelques Marseillais périssaient sous les coups de cette soldatesque insolente. La municipalité veillait au sort des citoyens, elle mettait tous ses soins à calmer une effervescence que ces accidens journaliers augmentaient sans cesse ; chaque jour on cherchait à effrayer la ville ; les forts montraient un appareil menaçant, on faisait continuellement des manœuvres d'artillerie, des déplacemens ordonnés par les chefs amenaient à tout moment des soldats dans l'intérieur de la ville ; on paraissait se faire un jeu de tromper la municipalité ; les troupes ne partirent qu'un mois après l'ordre donné pour leur départ ; ce départ fut encore signalé par des menaces insultantes ; il se faisait des approvisionnemens considérables aux forts ; et chacun se demandait, sommes-nous en guerre ? Avons-nous donné des preuves de sédition ?

Les officiers municipaux prièrent M. de Miran de faire détourner les batteries dirigées sur la ville ; ils n'obtinrent qu'un refus. Les approvisionnemens augmentant toujours, la municipalité insista avec aussi peu de succès. Dans le même moment, des navires entraient dans le port, et apportaient la nouvelle que des armemens considérables se faisaient dans les ports d'Espagne ; on apprenait d'une autre part, qu'à Nice, qu'en Savoie, que dans le Piémont, les ennemis de la révolution se réunissaient et menaçaient de faire des incursions en France. Je ne crois pas qu'il soit possible d'opérer une contre-révolution ; mais je vous rappellerai seulement que cette ville est à très-peu de distance d'un lieu où l'on prétendait que se faisaient des rassemblemens inquiétans ; je vous rappellerai qu'il était possible de se tromper sur la cause d'armemens trop certains ; je vous observerai que les Marseillais, jaloux de conserver la liberté, et inquiétés par des préparatifs menaçans, ne se sont peut-être livrés à des démarches téméraires que sourdement excités par des méchans.

Qu'a fait la municipalité? Elle a employé les moyens de conciliation ; elle ne pouvait pas en employer d'autres. Marseille est peut-être la seule ville où l'exécution de la loi martiale soit impossible. Le port recèle 20,000 matelots étrangers qui habitent sur la mer, et se répandent sans cesse sur les quais. Au premier mouvement, il faut d'abord songer à défendre le lazaret, d'où l'on peut en un moment faire sortir et jeter sur toute la France le plus horrible des fléaux. Il faut veiller sur le bassin pour empêcher un grand nombre d'étrangers de se livrer au pillage des vaisseaux. Il fallait donc que la municipalité employât les moyens de conciliation ; elle l'a fait, et on ne peut l'en blâmer. Je ne suis pas monté à la tribune pour excuser les coupables, mais pour justifier la municipalité. Je ne dirai rien sur l'accident affreux arrivé à M. de Bausset. Les informations ordonnées par le roi feront connaître des criminels, et appelleront sur eux la vengeance des lois. — J'adopte la proposition de M. de la Rochefoucault.

*M. de la Fayette.* L'affaire de Marseille vous a été suffisamment expliquée. Lorsque j'ai appris que le roi rappelait à son devoir une municipalité égarée; qu'il ordonnait de rechercher et de punir les horreurs d'un assassinat; qu'il s'empressait à veiller à la sûreté de nos ports, j'ai vu dans ces précautions l'exercice nécessaire du pouvoir exécutif. Sans doute nous n'avons à craindre pour la chose publique que le désordre. Il serait insensé de tenter une contre-révolution ; il serait pusillanime de la redouter; mais il faut veiller à ce que rien ne la favorise. Je ne crains pas même les efforts des nations étrangères. La nation française ornée de ses nouvelles vertus et sûre de son chef, n'a rien à redouter; l'énergie du peuple et la bonté du roi suffisent pour assurer la révolution. Cependant on ne peut s'empêcher d'observer des mouvemens combinés qui semblent se lier de Strasbourg à Nîmes, de Brest à Toulon. S'agit-il de former les départemens? on désigne les victimes, on dévaste les campagnes. Les puissances voisines arment-elles? on jette le désordre dans nos ports. Si les municipalités s'écartent de leurs fonctions, il faut repousser de vains désirs de popularité, et rappeler avec sévérité ces municipalités à leurs devoirs. Votre reconnaissance doit adresser des remercîmens au roi; mais je me réserve de présenter mon opinion sur le décret qui vous est proposé, lorsque M. de Larochefoucault aura indiqué l'amendement qu'il veut vous soumettre.

*M. de Larochefoucault.* Cet amendement consiste à mander à la barre deux membres de la municipalité de Marseille.

*M. de Mirabeau l'aîné.* Je commence par faire observer la différence prodigieuse que je trouve entre l'ordre que le roi a fait passer à la municipalité de Marseille et le plaidoyer insidieux, j'ai pensé dire davantage, que son ministre vous a envoyé. Je prouverai, quand il en sera temps, qu'il est juste de qualifier ainsi ce plaidoyer; je dirai, quand il en sera temps, parce que sans doute vous ne voudrez pas condamner à la hâte une cité importante, la métropole d'une de nos riches provinces, la mère-patrie du commerce et de l'industrie; vous ne voudrez pas que cette affaire soit si légèrement, si systématiquement jugée en trente minutes; lorsque le roi exige de la municipalité que les gardes nationales qui ont surpris ou occupé d'une manière quelconque, mais illégale, les forts de Marseille, évacuent ces forts; il fait non-seulement son devoir; non-seulement il use avec sagesse de la force publique qui lui est confiée, mais il rappelle une vérité constitutionnelle. Car tant que le corps constituant n'aura pas fixé l'organisation des gardes nationales, on ne peut souffrir que des forts soient gardés en concurrence avec les soldats du pouvoir exécutif. Le roi a rappelé ce principe; il a fait un acte de père, en chargeant les commissaires du département des Bouches-du-Rhône d'aller faire connaître ses ordres; il a pensé que ces commissaires ne traiteraient pas une illégalité de rébellion, et n'apprendraient pas à une province qui se croit fidèle, qu'elle est rebelle. Le roi a senti qu'il ne devait pas juger; qu'il ne le pouvait qu'après avoir pris des éclaircissemens et des informations; il les a demandés; il n'a exigé qu'une restitution simple et légale; on vous propose, au contraire, de tout juger, de tout préjuger. C'est en effet préjuger qu'une municipalité est coupable, que de la mander à la barre, c'est le dire de la manière la plus prudente. Il est trop clair qu'il y a eu une grande fermentation à Marseille ; vous l'augmenterez ; vous tirerez de cette ville les seuls modérateurs pacifiques. Est-ce le moment de donner au peuple des craintes sur le sort des officiers municipaux ? Ne dirait-on pas qu'on veut provoquer à la rébellion ce peuple fidèle ?.... Mais quel est donc cette balance dans laquelle on pèse d'une manière si différente des faits d'une même nature, arrivés dans les mêmes circonstances ? Que pouvait faire la municipalité quand elle voyait le peuple attaquer les forts, les forts prêts à se défendre, les malheurs les plus affreux menacer la ville ; que pouvait-elle faire ? Dire au peuple : « Je vais obtenir ce que vous demandez. » Dire aux forts : « Cédez au maître des maîtres, à la nécessité. » Voilà ce qu'elle a fait. Mais s'il était vrai que la garde nationale et la municipalité, liées par le même serment à la constitution, eussent donné des preuves de projets funestes, de conspiration contre la constitution et la liberté....

Pourquoi le 5 octobre ne serait-il pas coupable ici, et le 30 avril serait-il coupable à Marseille ? Pourquoi la municipalité de Marseille ne dirait-elle pas à ceux qui appellent sur elle les foudres du pouvoir exécutif, appelez donc la hache sur vos têtes ? Etes-vous donc assez étrangers aux mouvemens illégaux, pour oser récriminer contre nous, pour oser récriminer sans connaître les faits ?...—Je demande que cette affaire soit renvoyée au comité des rapports.

*M. le vicomte de Mirabeau.* Je voulais répondre au préopinant ; mais une seule phrase qui vient de lui échapper m'en dispense : il a assimilé la journée du 1ᵉʳ mai à la nuit du 5 au 6 octobre. Je demande pour amendement de renvoyer cette journée aux mêmes juges chargés de connaître des forfaits d'une nuit exécrable.

*M. l'abbé....* On veut provoquer la ville de Marseille ; elle n'a pas tort. Les soldats ont occasionné les désordres. Je crains qu'on ne veuille se faire donner un commandement d'armée, pour traîner le roi à la suite de l'armée..... (Il s'élève de grands murmures.)

*M. de laFayette.* C'est avec la confiance qui convient à une conscience pure.... (La partie droite interrompt.—M. de la Fayette jetant les yeux de ce côté, reprend son discours). C'est avec la confiance qui convient à une conscience pure; c'est avec la confiance d'un homme qui n'a jamais eu à rougir, ni d'aucune action, ni d'aucun sentiment; c'est avec le désir que j'ai que tout soit éclairci, que j'adopte le renvoi au comité des rapports. Quant aux remercîmens que nous devons au roi, je suis persuadé que le sentiment de reconnaissance est unanime, et que cette partie de la motion sera unanimement décrétée.

*M. de Menou.* Je demande aussi que sa majesté soit suppliée de rappeler des commandemens tous les commandans opposés à la révolution; car c'est de cette cause que proviennent tous les désordres. A l'instant de leur rappel, l'ordre renaîtra, et la tribune ne retentira plus des plaintes qui arrivent de toutes les parties du royaume. J'observerai que je ne puis désigner les personnes, mais il suffit de prier le roi de retirer ceux qu'il sait être contraires à la révolution. L'assemblée connaît la probité et le patriotisme de Louis XVI, et si tous ceux qui l'entourent aimaient comme lui la révolution, et si les ministres avaient, depuis trois mois, veillé sur les commandans des places, les désordres, les massacres qui sont arrivés n'auraient pas eu lieu.

*M. Charles de Lameth.* Il existe une accusation : des orateurs ont parlé contre le peuple et la municipalité; d'autres pour l'un et pour l'autre. Il existe un délit, il existe un crime affreux. Je me tais sur ce crime, et le silence de quelqu'un qui ne monte jamais à la tribune que pour défendre le peuple, me paraît déjà une inculpation contre lui. Mais s'il ne m'est pas permis de défendre le peuple, il m'est peut-être permis d'attaquer les ministres. C'est sur la lettre de M. de Saint-Priest que je vous prie de fixer votre attention : personne ne doute des intentions bienfaisantes du roi; mais il serait bien à désirer que ces mêmes intentions s'étendissent à son conseil. Le ministre vous propose une violation des principes : sa lettre n'a-t-elle pas pour objet de donner tort au corps-législatif envers le roi, ou au roi envers la nation? C'est une véritable déclaration de guerre. Vous avez voulu repousser l'initiative des ministres, et les ministres viennent vous faire des propositions contraires à vos décrets. Le roi verra, disent-ils, avec la plus grande peine, que M. de Crillon ne puisse pas accepter le commandement qui lui est offert. Ainsi, vous verrez les ministres, forts de l'amour des Français pour leur roi, venir vous donner des lois. Que penseront les peuples de vos décrets, quand ils verront que les ministres les méconnaissent? Ils vous proposent de consentir à ce qu'un membre de l'assemblée accepte ce qu'aucun membre de l'assemblée ne peut accepter. En adoptant le projet de décret de M. de Larochefoucault, vous adoptez les mesures prises par le roi, vous adoptez aussi cette disposition. Je regrette dans cette circonstance particulière, que nous ne puissions jouir de l'utile influence du patriotisme et des vertus connues de M. le marquis de Crillon, et je suis sûr qu'il n'acceptera pas la preuve que le roi lui donne de sa confiance; mais cette sécurité ne suffit pas au corps-législatif; il faut blâmer la confiance des ministres, et l'invitation de corruption faite à l'assemblée nationale. Je demande que le président se retire vers le roi pour lui exprimer notre confiance.... en lui.... seul.

*M. le comte de Virieu.* Peut-on blâmer un ministre vertueux, qui, pour l'utilité publique, s'oppose aux dégoûts d'un refus? Vous devez des remercîmens au roi pour les mesures qu'il a prises. Ces mesures étaient nécessaires pour ramener l'ordre, assurer la liberté, et ne pas favoriser les ennemis de la France. Si l'on ne réprimait pas les désordres qui nous sont dénoncés, si l'on venait nous attaquer, vous demanderiez en vain où sont vos arsenaux, où sont vos forts : ils se trouveraient dans les mains *de vos ennemis.* — Je propose d'adopter le projet de décret de M. de Larochefoucault, et subsidiairement, je me réfère aux conclusions de M. de la Fayette.

*M. de Mirabeau l'aîné.* Je ne demande la parole que pour vous solliciter de mettre aux voix, et les actions de grâces que vous devez au roi, et le renvoi au comité des rapports. Je n'ignore pas que je suis l'objet des plus noires imputations ; je n'ignore pas que ces imputations, qui n'ont fait que flotter d'incertitudes en incertitudes, ont été répandues et recueillies avec zèle ; je n'ignore pas que les gens qui les répandent font circuler en ce moment même, au sein de cette assemblée, que je suis l'instigateur des troubles de Marseille. J'ai vu ces gens dire que la procédure du Châtelet n'existait que pour m'illuminer de crimes; ces gens, dont les langues empoisonnées n'ont jamais su me combattre qu'avec le style de la calomnie ; ces gens qui n'ont pu me faire varier un seul instant des véritables principes, ces gens qui m'auraient condamné au silence qu'inspire le mépris, s'il n'existait que des hommes comme eux. J'ai mis la paix à Marseille, je mets la paix à Marseille, je mettais la paix à Marseille. Qu'ils viennent au comité des rapports ; qu'ils me dénoncent au tribunal du comité des rapports ; je le demande ; je demande que tous mes crimes soient mis à découvert.

*M. le comte de Virieu.* On demande autour de moi ce que j'ai entendu dire par les *ennemis* de la nation ; j'ai voulu parler de l'Angleterre.

— On demande la priorité pour le projet de décret proposé par M. de Larochefoucault. Cette priorité est adoptée.

*M. Alexandre de Lameth.* Il faut retrancher de ce projet de décret tout ce qui a rapport à la ville de Marseille, puisque l'assemblée renvoie cette affaire au comité des rapports. Il me semble qu'on doit se borner à ce renvoi et aux remerciemens que le roi a droit d'attendre de notre reconnaissance.

*M. le marquis de Crillon.* Membre de l'assemblée nationale, je me fais gloire d'y demeurer sans cesse ; je ne puis accepter cette commission : voilà ma profession de foi ; on n'en a jamais douté. Je demande à n'être envoyé nulle part, que sur les ordres de l'assemblée.

On demande la question préalable sur la proposition de M. Alexandre de Lameth.

M. Barnave paraît à la tribune.

*M. le marquis de Foucault.* Je demande que la discussion sur la question préalable soit fermée ; elle a assez duré, et l'assemblée est suffisamment éclairée.

On observe que la discussion n'est pas ouverte.

*M. le vicomte de Mirabeau.* Je demande la question préalable sur ce que va dire M. Barnave.

*M. Barnave.* L'amendement sur lequel on demande la question préalable est adopté par M. de Larochefoucault, et consiste dans la suppression du préambule du projet de décret proposé par cet honorable membre. Il faut se borner à dire : « L'assemblée, profondément affectée des malheurs, etc. » L'assemblée ne peut aller plus loin sans préjuger l'affaire.... Je pense donc qu'il y a lieu à délibérer sur l'amendement de M. Alexandre de Lameth.

*M. Malouet.* D'après les preuves mises sous vos yeux, et certifiées par les ministres, pourquoi l'assemblée ne qualifierait-elle pas d'excès les événemens arrivés à Marseille? C'est certainement un excès que la surprise d'un fort et l'occupation de deux autres, faites sur l'ordre de la municipalité contre les ordres du roi.... J'appuie donc la question préalable.

L'assemblée décide qu'il y a lieu à délibérer sur l'amendement de M. Alexandre de Lameth.

Le décret est rendu en ces termes :

« L'assemblée nationale profondément affectée des désordres qui ont eu lieu dans plusieurs endroits du royaume, et notamment à Marseille, charge son président de se retirer vers le roi, pour remercier S. M. des mesures qu'elle a prises, tant pour la recherche des coupables, que pour la réparation des excès commis : ordonne le renvoi de l'affaire de Marseille au comité des rapports. »

La séance est levée. ]

Voyons maintenant comment la presse locale rendait compte de ce grave événement : voici la narration de la *Gazette de Beaucaire.*

« Ennemis de la constitution, s'écrie-t-elle en commençant, qui vous flattiez de vous servir de ces forteresses pour introduire dans le royaume les armées étrangères, que vous deviez augmenter par votre réunion, et soudoyer par cet or que vous avez volé au peuple; elles sont maintenant gardées par de généreux patriotes, prêts à verser leur sang pour sauver la patrie de vos lâches attentats!

» M. *Doihet*, mécanicien, sergent de la garde nationale, avait formé le dessein de s'emparer, par surprise, du fort de Notre-Dame-de-la-Garde. Il le communiqua à M. *Troubat*, capitaine de sa compagnie, et à quelques zélés patriotes. Jeudi 29 avril, ils partirent de la maison de M. Troubat à onze heures du soir; ils ne devaient être que quarante pour cette expédition dont la réussite dépendait du plus grand secret : il s'y trouva néanmoins cinquante-deux braves volontaires; embusqués auprès du fort, ils attendirent patiemment le point du jour, et qu'on eût baissé le pont-levis. Alors, MM. *Renaud*, sculpteur, et Julien *Feissoles*, feignant de venir entendre la messe, sautèrent sur la sentinelle, et lui appliquant un pistolet sur l'estomac : *si tu parles*, lui dirent-ils, *nous te brûlons* : *c'est la nation qui vient s'emparer du fort*. Au signal que donna M. *Garnier*, fils, tous les volontaires se portèrent en foule dans le fort; ils s'emparèrent de tous les postes, firent la garnison prisonnière, et arborèrent sur le donjon, le drapeau du district, n° 21, sur lequel est écrit : *La liberté ou la mort*.

» Ces braves patriotes, après avoir pourvu à tout, et donné avis à MM. de la municipalité du succès de leur entreprise, étaient à table à se divertir, et à porter des santés à la nation ; des cris les obligèrent à paraître sur la terrasse, d'où ils virent les dispositions de l'armée marseillaise.

» L'armée marseillaise était décidée à emporter les forts de gré ou de force : on manquait de canons de gros calibre. M. *Truquis*, ancien militaire, secondé de M. *Guignon*, avait réussi à désarmer le gardien de la batterie de *la Majore*, et à s'en emparer; il les avait fait mettre sur des charrettes pour les transporter où ils auraient pu servir. Il n'en fut pas besoin. Les deux forts capitulèrent.

» Le dimanche, la garde nationale demanda à M. *de Beausset*, commandant du fort Saint-Jean, les clés des magasins, et entre autres du magasin à poudre; il les refusa, et voyant que les citoyens-soldats se disposaient à entrer en foule, il ordonna qu'on haussât le pont-levis et qu'on fît feu sur le peuple. Les soldats eurent horreur d'un pareil ordre; ils refusèrent d'obéir et baissèrent le pont-levis. M. de Beausset se voyant perdu, chercha à s'esquiver. Reconnu sur la place Saint-Jean, il y fut massacré. (Sa tête fut promenée au bout d'une pique.)

» Les forts de Marseille sont en la puissance de la garde nationale, qui y fait le service avec le régiment du Vexin.»

L'affaire de Marseille occupa plusieurs séances de l'assemblée. D'abord il fut question de la démolition des forts : la municipalité faisait raser celui de Saint-Nicolas, qui, à ce qu'il paraît, menaçait particulièrement la ville. M. de Saint-Priest lui écrivit pour lui défendre de continuer; la municipalité répondit par un *il n'y a lieu à délibérer*. Alors, le ministre vint solliciter l'intervention de l'assemblée nationale. Celle-ci rendit un décret ordonnant de suspendre la démolition; mais, lorsqu'il arriva à Marseille, il se trouva que, grâce à la diligence des habitans, le fort Saint-Nicolas n'existait plus. Cependant la municipalité envoya une députation à l'assemblée. Elle y fut admise, le 29, écoutée, et reçut les honneurs de la séance.

Le mouvement énergique de Marseille retentit dans les environs et y fut imité.

La ville de Montpellier était dominée par une citadelle armée de canons. Le 1er mai, quarante jeunes gens se présentèrent à la porte, et sommèrent les soldats du régiment de Bresse, qui la gardaient, de leur en laisser la garde. Cela fut accepté aux cris de *Vive la nation*. Il y avait à Montpellier une société des *Amis de la constitution et de l'égalité*, composée de plus de 400 membres, qui gouverna toute cette affaire, et fit demander à l'assemblée nationale de procéder à la démolition.

A Valence, le commandant de l'artillerie en garnison dans la ville, *M. de Voisins*, craignant que la citadelle n'éprouvât le sort de celle de Marseille, en renforça la garde, fit distribuer des cartouches à la garnison, et charger deux pièces de canon qui commandaient la porte du fort. Cette vue mit la population en émoi. Sur ces entrefaites, un des officiers fit mettre en prison un soldat qui disait qu'il ne ferait pas feu sur les bourgeois. Ses camarades, irrités, instruisirent le peuple qui alla attaquer le commandant chez lui, en ville. Les officiers municipaux le suivirent. M. de Voisins fut arrêté, et conduit dans l'église Saint-Jean, où étaient assemblés le peuple, la garde nationale et les soldats. Après une délibération tumultueuse, on l'entraîne pour le conduire en prison. En sortant, il reçut un coup de fusil qui le tua; plusieurs officiers furent arrêtés, et la garnison se mit sous les ordres de la municipalité. On saisit chez ce commandant diverses correspondances venant de Hollande où M. Maillebois s'était réfugié; et une lettre écrite de Turin, ainsi conçue : « Me voilà ici, jusqu'à ce qu'il ait plu à Dieu de ramener un autre ordre de choses. Mandez-moi quelles sont les dispositions des esprits; ce qu'on pourrait espérer de la disposition des troupes que vous commandez, le nom des divers régimens et l'esprit qui les anime.... Quel fonds d'armes avez-vous?.... J'imagine que vous n'ayez pas oublié la rue Poissonnière. Écrivez-moi d'une manière ostensible, jusqu'à ce que nous ayons reçu des nouvelles des princes. » Cette trouvaille fut légalement constatée. Le décret de l'assemblée qui intervint sur cette affaire, ordonnait de poursuivre les meurtriers.

Quelques jours auparavant, le 30 avril, la municipalité de Pont-Beauvoisin avait arrêté un sieur Bone Savardin. On saisit sur lui de nombreuses pièces relatives au plan de M. Maillebois; il fut transporté à Lyon, et de là emprisonné à Pierre-en-Size.

A Toulon, le 3 mai, le peuple s'attroupa, et demanda des armes; il s'empara du commandant, M. de Glandèves. L'intervention de la municipalité et de la garde nationale apaisèrent ce tumulte, dans lequel il n'y eut que quelques officiers blessés, et auquel la population gagna d'être suffisamment armée. L'assemblée nationale témoigna sa satisfaction pour la conduite des officiers municipaux de Toulon.

Sur ces entrefaites, on reçut les détails d'une affaire autrement grave qui venait de se passer en Corse.

**EXTRAIT TRADUIT DE L'ITALIEN DU JOURNAL PATRIOTIQUE DE CORSE.**

*Bastia, le 25 avril 1790.*

« On annonça le 18, vers les cinq heures après-midi, l'arrivée de plusieurs bâtimens dans le golfe de San-Fiorenzo : on les croyait généralement destinés à transporter en France le régiment du Maine, en garnison ici. Ce départ était soupçonné d'après les ordres de M. de Barrin, général, et les délibérations du comité supérieur de Corse, et du conseil-général de la commune. Les soupçons se changèrent bientôt en certitude, par l'arrivée du comte de Rully, colonel dudit régiment, qui se présenta à la barrière de San-Giuseppe, escorté par cinq soldats, armé d'un large sabre, et portant deux pistolets à sa ceinture. Malgré l'ordre de s'arrêter jusqu'à ce qu'ils eussent été reconnus par la garde nationale, M. de Rully poursuit son chemin, et se transporte à la citadelle. Il rencontre sur la place di Costi des officiers et des soldats : il leur annonce avec transport qu'ils partiront le lendemain, et que si le peuple a la hardiesse de s'opposer à ce départ, il est en état de lui faire payer cher sa résistance, ayant apporté du bon plomb et de l'excellente poudre.

» Ces fanfaronnades ne furent pas plutôt connues, que l'alarme devint générale parmi les habitans. Le comte de Rully se rend aussitôt à l'hôtel du commandant, accompagné de presque tous ses officiers : il s'abouche avec M. le vicomte de Barrin, qui lui fait sentir ses torts, et même lui remontre, à ce qu'on prétend, son imprudence de reparaître dans une ville où il avait laissé des souvenirs cruels. Il assure que le régiment ne partira pas sans de nouveaux ordres de sa majesté, lui conseille de se sauver, et le menace de lui ôter le commandement du régiment, afin d'éviter tout désordre. On prétend que le colonel répondit avec une arrogance incroyable aux sages conseils du général, et qu'il porta l'insolence jusqu'à dire qu'il ne le jugeait pas capable d'être général des capucins. Après ces propos injurieux, il lui tourna le dos de la manière la plus insultante.

» Pendant cet intervalle, la garde nationale s'empara des portes de la citadelle et du magasin à poudre. Le major de la place renvoya très-honnêtement à leurs quartiers les soldats français qui étaient de garde. Peu de temps après, le colonel remontant à la citadelle avec ses officiers, le peuple, sans commettre contre eux la moindre hostilité, leur cria de loin qu'ils se retirassent ; et ils crurent faire bien de ne pas s'y refuser. Le colonel, s'avançant avec ses pistolets en main, rencontra un de ses officiers. Il s'élève entre eux une violente dispute : le colonel veut la terminer par un coup de pistolet que l'officier évite, mais qui malheureusement blesse au ventre une dame qui passait, et qui est morte trente heures après. Le jour tombait quand cet accident arriva, et dans le même instant deux officiers furent blessés ; les autres cherchèrent un asyle où ils purent.

» Le général écrivit alors au régiment, qu'il en ôtait le commandement au colonel, et qu'il le donnait provisoirement à M. de Saint-Martin, major. Il envoya copie de sa lettre au major de la place, qui en donna communication à la municipalité.

» Dans ces circonstances, les officiers municipaux firent sonner le tocsin, pour avertir de se rendre à ses postes respectifs la garde nationale chargée de prévenir le désordre, et de maintenir la tranquillité publique. Les rues furent remplies de citoyens armés : le tumulte et l'agitation continuèrent toute la nuit. Le peuple voulait qu'on lui livrât le colonel ; mais on ne savait où le trouver : ce fut inutilement qu'on fit perquisition dans plusieurs maisons. A la pointe du jour, une dame, qui avait été témoin de la querelle entre l'officier et le colonel, qui avait vu celui-ci charger son pistolet, et qui l'avait suivi, rapporta qu'il s'était réfugié à la caserne des grenadiers, près du collége des Pères-Doctrinaires. On recommença, sans savoir par quel ordre, à sonner le tocsin : le peuple occupa tous les postes et les maisons qui avoisinent la caserne. On aperçut un fusil placé sur une des fenêtres de ce quartier ; le peuple crut qu'on voulait faire feu sur lui : ce n'en fut assez pour faire pleuvoir une grêle de balles contre les fenêtres et la porte de cette caserne. Une seconde décharge suivit la première ; et la porte ayant été brisée par la mousqueterie, le colonel se présenta au peuple, peut-être dans l'intention de le calmer par des paroles conciliatoires ; mais à peine fut-il aperçu, que mille balles le percèrent. Il était alors environ six heures du matin du 19.

» Le conseil de la commune, assemblé à l'Hôtel-de-ville, avait proclamé la loi martiale, et demandé main-forte à la garde nationale et au régiment provincial ; mais pendant que les officiers municipaux se rendaient au lieu de l'attroupement, on annonça la mort du colonel, et tout rentra dans le calme le plus parfait. Peu de momens après, le conseil fit publier une ordonnance qui enjoignait au peuple de respecter, de laisser passer librement dans la ville, et de traiter comme citoyens et frères les officiers, bas-officiers et soldats du régiment du Maine, et tous ceux de la garnison. On vit alors paraître dans les rues plusieurs officiers et soldats qui s'étaient tenus soigneusement cachés pendant le tumulte de la nuit ; beaucoup d'entre eux devaient la vie à la générosité des citoyens qui, pour les sauver, avaient exposé leurs jours.

» Le major du régiment s'était retiré à l'hôtel du général ; deux officiers municipaux et deux notables, escortés d'un détachement de la garde nationale, allèrent trouver cet officier, et le prièrent de se rendre à l'Hôtel-de-ville, où il assura la municipalité de ses intentions patriotiques, et convint qu'il devait la vie à trois citoyens qui, dans la soirée précédente, avaient bravé les plus grands dangers pour le soustraire à nombre de coups de poignards qu'on lui avait portés.

» Quatre officiers, trois grenadiers et deux fusiliers ont été blessés dans cette émeute ; mais aucun d'eux ne l'est dangereusement. Si les citoyens n'ont éprouvé aucune violence, ils le doivent à la conduite exemplaire des soldats, qui sont restés tranquilles dans leurs quartiers, depuis l'ordre donné par le major de la place, au nom de la nation, du roi et de la loi, de ne prendre les armes contre les citoyens que d'après un ordre par écrit des officiers municipaux.

» Quelques pauvres femmes ont fait éclater une générosité peu commune, en accueillant et cachant dans leurs demeures plusieurs officiers : presque toutes ont poussé le désintéressement jusqu'à refuser la moindre récompense.

» La mort de la victime a mis fin au tumulte, et depuis longtemps la tranquillité et la bonne harmonie entre le soldat et le citoyen n'avaient si sensiblement été manifestées. Un détachement de la garde nationale, commandé par M. de Tenente-Bragini, donna l'exemple de l'union, en invitant les soldats du régiment du Maine à se divertir ensemble. Les bas-officiers de la même garde ont assisté aux obsèques d'un sergent de ce régiment, mort de maladie, et ensuite ils ont donné aux camarades du défunt un grand repas, que ceux-ci se proposent de leur rendre.

» Le colonel a été inhumé le soir du 19, à six heures du soir, dans le cimetière de la ville : le corps était accompagné par le major du régiment, un capitaine, deux curés et quatre prêtres.

» Le conseil-général de la commune s'étant fait apporter le portefeuille du défunt, on y a trouvé deux mémoires manuscrits, dans l'un desquels, intitulé : *État des rapports politiques entre la France et la Corse*, on prétend prouver qu'il ne convient pas à la France de retenir la Corse. L'autre manuscrit a pour titre : *Moyens sûrs pour embarquer le peu de troupes de sa majesté qui restent en Corse, et ses employés*. On a trouvé aussi, dans ce portefeuille, un exemplaire imprimé d'une réponse au dernier rapport du comité de Bastia, de l'exposé des officiers du régiment du Maine, au sujet de l'affaire du 5 novembre. On prétend que cet imprimé contient un grand nombre de faussetés et de calomnies contre notre respectable maire et contre les habitans de cette capitale. »

Nous venons de voir les résultats de la croyance qui régnait parmi les patriotes, et suffisamment justifiée d'ailleurs, d'une conspiration pour introduire des troupes étrangères en France à l'aide de la possession des villes rapprochées de la frontière. Il faut maintenant voir le retentissement des démarches de l'opposition qui formait le côté droit de l'assemblée : il faut aller à Montauban et à Nîmes.

« A Montauban, dit Loustalot, l'aristocratie militaire, ecclésiastique et judiciaire, a fait périr dans un quart-d'heure plus de citoyens que vingt-trois millions d'hommes n'en ont immolé dans une grande révolution où ils avaient à se venger de quatre siècles de malheurs et d'outrages.

» Un mandement de l'évêque de Montauban et des prières publiques avaient fait fermenter les têtes : la déclaration de la partie aristocratique de l'assemblée nationale, et la protestation des catholiques de Nîmes n'avaient point rassereiné les imaginations, etc.... »

Le 10 mai, la municipalité devait faire l'inventaire du mobilier des Cordeliers. Ses officiers en arrivant trouvèrent un attroupement considérable de femmes, qui s'opposèrent à ce qu'ils missent le pied dans le couvent : ils se retirèrent. En effet, on remarqua qu'une messe solennelle avait été célébrée ce matin même, sous les auspices d'une dame Laforce-Caumont, dans l'église du couvent, et que toutes ces femmes y avaient assisté.

Cependant il y avait émeute : les dragons nationaux et quelques compagnies de garde nationale se réunirent à l'hôtel-de-ville pour y prendre les armes qui y étaient déposées. Mais pendant ce temps, l'émeute poursuivait sa course ; elle attaquait la maison du commandant de la garde nationale, et menaçait de le pendre. Les troupes de l'hôtel-de-ville allèrent le délivrer : elles furent suivies par l'attroupement, et bientôt attaquées. Quelques dragons nationaux sont tués et l'hôtel-de-ville pris. D'un autre côté on délibérait dans l'église des Cordeliers. Le duc de Laforce met le sabre à la main, et se met à la tête de ceux qui s'y trouvaient réunis. La municipalité, prisonnière, obéit aux révoltés; le régiment de Languedoc reste en conséquence immobile. Les dragons nationaux sont promenés nus dans les rues pour faire amende honorable, puis jetés en prison. On se met à la chasse des protestans; on arbore une cocarde blanche portant une croix au milieu.

A la nouvelle de ces événemens, la garde nationale de Bordeaux demanda à marcher sur Montauban, et la municipalité prit sur elle de détacher quinze cents hommes qui se mirent en effet en route.

Toutes ces nouvelles arrivèrent simultanément à l'assemblée nationale; elle chargea le ministère de ramener le calme dans la ville insurgée, et de se servir, dans ce but, des Bordelais et du régiment de Languedoc.

*Nîmes, le 3 mai.* On avait annoncé depuis quelques jours dans cette ville, que plusieurs compagnies, composées en entier de catholiques, devaient arborer la cocarde blanche: quelques-uns de ces légionnaires l'avaient déjà prise. La municipalité, qui aurait dû prévenir ce désordre, a fermé les yeux sur les malheurs qui se préparaient. Avant-hier même, plusieurs compagnies, dont les membres portaient des cocardes blanches, sont allées planter un mai devant la porte du maire, qui les a parfaitement bien reçus. Cependant les soldats de Guyenne voyaient avec indignation le mépris que quelques légionnaires témoignaient pour la cocarde nationale. Hier, 2 mai, sur les cinq heures du soir, tandis qu'il se promenait beaucoup de monde sur le Cours, sept à huit soldats de Guyenne arrachèrent la cocarde blanche à quelques particuliers; mais des journaliers s'attroupèrent et leur lancèrent des pierres. Les soldats fondirent sur eux à coups de sabre. Chacun s'arma de son côté, et des légionnaires-patriotes soutinrent les soldats qui étaient en petit nombre; l'affaire fut vive sans être meurtrière: il y a eu de part et d'autre sept à huit personnes blessées. Les officiers retenaient et faisaient rentrer dans le quartier tous les soldats qu'ils rencontraient; enfin on donna l'éveil aux officiers municipaux, qui se mirent à délibérer s'il fallait défendre de porter la cocarde blanche. Ils se rendirent sur-le-champ au Cours, et la nuit étant survenue, le trouble cessa. Cette nuit il n'y a point eu de mouvement; mais une compagnie de la Croix se permit de faire la patrouille sans être commandée. Le régiment est consigné aux casernes. La municipalité prend les dépositions des journaliers agresseurs. Les capitaines des compagnies de la Croix achètent les armes qui sont chez les armuriers. Du reste, on vient de dire que les officiers municipaux vont publier une proclamation pour défendre de porter des cocardes blanches: ils auraient dû y songer plus tôt.

### SÉANCE DU 11 MAI.

[Adresse du conseil-général de la commune de Montélimar, qui dénonce à l'assemblée nationale un imprimé séditieux, intitulé: *Délibération des citoyens catholiques de la ville de Nîmes*, comme outrageant pour la religion, et attentatoire au respect dû à l'assemblée nationale et au roi.

Adresses du même genre de la commune de Saint-Paul-Trois-Châteaux, de celle d'Ossonç et de celle de Saint-Veitier.

Adresse du club des *Amis de la constitution*, composée de 400 citoyens actifs de la ville de Nîmes. « Notre ville est en proie aux dissensions intestines: déjà le sang coule, et les *Amis de la constitution* sont alarmés. Le 17 avril, quelques légionnaires de la ville de Nîmes ont substitué la cocarde blanche à la cocarde nationale. Le lendemain ils ont fait de cette marque de ralliement une interprétation criminelle; ils se sont permis des propos indécens contre la nation, en cherchant à la mettre en opposition avec le roi. Une feuille infâme, sous le titre d'*Avis à l'armée française*, circulait dans la ville et augmentait le trouble. La vigilance des officiers municipaux aurait dû arrêter ces désordres, et cependant elle a négligé de le faire: la discorde s'est accrue. Le premier du mois de mai, deux compagnies de la garde nationale avaient planté un mai à la porte de M. le baron de Marguerites, maire de la ville et député à l'assemblée nationale; il les invite à un déjeûner pour le lendemain dimanche, où ils se trouvèrent la plupart en cocardes blanches. M. de Marguerites fit quelques observations pour la forme, et les cocardes furent conservées. Dans l'après-dîner, un légionnaire étant à se promener au Cours avec une cocarde blanche, un sergent du régiment de Guyenne l'invita à la quitter. Non, lui dit le légionnaire, je suis aristocrate. A ces mots, le soldat lui arrache la cocarde et la foule aux pieds. Aussitôt des légionnaires se réunirent; des soldats du régiment de Guyenne vinrent à la défense de leur camarade. Les sabres furent tirés. On courut avertir le corps municipal : il était occupé à signer une délibération contre la cocarde blanche. Les officiers municipaux se transportèrent au lieu du combat, et le firent heureusement cesser. La nuit il fallut veiller à la sûreté de la ville. Les patrouilles furent doublées; mais on ne vit point sans peine la compagnie du n° 31, la même qui, le matin, avait déjeuné chez le maire, être choisie pour garde, quoique ce ne fût pas son tour de service. Des hommes armés de piques et de bâtons, éclairés par des torches, ont parcouru la ville, et y ont répandu l'alarme, sans que la municipalité parût s'en occuper. Les troupes n'ont point été requises, et ce n'est qu'à la sollicitation réitérée du respectable commandant du régiment de Guyenne, que la loi martiale vient enfin d'être publiée. Nous vous envoyons la proclamation des officiers municipaux; vous verrez le peu d'importance qu'ils attachent aux calamités qui nous désolent. Notre ville est en proie aux deux aristocraties, politique et religieuse, hautement avouées par les uns, bassement déguisées par les autres. Il n'est pas inutile de vous faire remarquer, Messieurs, que ces faits se passent à la veille des assemblées primaires.

» Fait à Nîmes, ce 4 mai. »

Suivent quatre pages de signatures.

M. *Charles de Lameth.* Tout dans cette affaire annonce un délit. Je demande le renvoi des pièces au comité des recherches, et que M. le baron de Marguerites soit mandé à la barre pour rendre compte de sa conduite. (Murmures de la partie droite.) J'observe que le congé de M. de Marguerites est expiré; j'ignore ce qui a pu prolonger son séjour dans la ville de Nîmes : par les résultats, il y a lieu de croire que ce n'est pas son amour pour le bien public. (Nouveaux murmures.) Si quelqu'un blâme la hardiesse de mon opinion, je lui réponds que j'ai déjà pour moi les délibérations des villes voisines, qui nous dénoncent la conduite d'une municipalité dont il est le chef. J'ai droit de m'inquiéter sur la conduite d'un maire qui, membre de l'assemblée nationale, a dû avoir beaucoup d'influence sur l'esprit des citoyens. Ce n'est point comme membre de l'assemblée nationale que je demande qu'il soit mandé à la barre, c'est comme chef de la municipalité. Cette démarche sur laquelle on se récrie n'a rien d'humiliant; pour moi, j'avoue que je tiendrais à honneur de venir déposer dans le sein de l'assemblée mes inquiétudes, et d'y prouver mon innocence. M. de Marguerites, après avoir subi la responsabilité qu'exige sa qualité de maire, rentrera parmi nous comme membre de l'assemblée.... (S'il en est digne, s'écrie-t-on de la partie gauche.) Plus le peuple nous accorde de confiance, plus nous lui sommes comptables. Qu'on ne parle pas de l'inviolabilité des membres de cette assemblée: elle est en raison de l'estime publique qu'ils se sont conciliée. S'ils se comportent mal, on leur doit moins d'égards qu'aux derniers des citoyens. L'état inquiétant de la ville de Nîmes ne peut être l'effet d'une cabale ordinaire: depuis que nous voyons les aristocrates prendre de la confiance, ils n'ont point encore été si loin qu'aujourd'hui. (Des murmures interrompent l'opinant.) Les mots ne sont que des conventions pour se faire entendre, et je crois que le mot est consacré. Tandis que l'assemblée nationale acquiert une nouvelle gloire, elle semble s'endormir au sein de ses succès; elle oublie que l'ennemi de la liberté publique veille encore; et lorsque sa folie prend tous les caractères du délit, il est impossible que l'assemblée n'en prenne pas connaissance. Je demande donc que le rapport des pièces dont on nous a fait lecture soit renvoyé au comité des recherches, et que le président de ce comité soit chargé d'écrire au régiment de Guyenne pour toutes les instructions nécessaires, relativement à cette affaire.

*M. de Clermont-Tonnerre.* En me rappelant les résultats intéressans des travaux patriotiques du comité des recherches, j'insiste avec M. Charles de Lameth, pour qu'une affaire aussi grave lui soit dénoncée. J'observe seulement, en opposition directe sur ce point avec lui, qu'il ne vient dans mon esprit aucune suspicion sur le patriotisme de M. de Marguerites. Sa dignité de membre de l'assemblée nationale, demande qu'il ne soit traduit à la barre que lorsqu'il y aura contre lui accusation en forme, et j'appuie mon opinion par un exemple. Lorsque M. Malouet, accusé devant vous, entraîné par l'indiscrétion de son zèle, voulut se rendre à la barre, on lui ordonna de monter à la tribune. Je propose donc seulement d'inviter M. de Marguerites à venir reprendre la place qui lui appartient dans cette assemblée, et que là il rende les comptes qu'il jugera convenables. (L'opinant est interrompu.) Si on persiste à vouloir mander à la barre M. de Marguerites, j'espère qu'on voudra bien amener à cette même barre les officiers municipaux sous les yeux desquels on a assassiné.... On m'entend.

*M. Martineau.* Il est certain qu'il existe à Nîmes un foyer de fermentation: quels en sont les auteurs? Je ne sais. Quelle en est la cause? Vous allez l'apprendre. En ma qualité de président du comité ecclésiastique, j'ai reçu de la municipalité de Châlons-sur-Saône, une lettre par laquelle on m'annonce qu'il lui a été envoyé une délibération de la ville de Nîmes, où l'on cherche à insinuer que l'objet de nos décrets est d'anéantir la religion catholique. Dans de pareilles circonstances, je propose d'inviter M. l'évêque de Nîmes à se rendre dans son diocèse pour apaiser les troubles. Personne n'en est plus capable, et par son caractère personnel, et par le caractère sacré dont il est revêtu, et enfin par la connaissance particulière qu'il a des intentions de l'assemblée nationale de conserver la religion catholique dans toute sa pureté.

*M. Barnave.* Je ne m'arrêterai qu'au seul point de la délibération qui peut être l'objet d'une discussion sérieuse, c'est-à-dire celle de mander à la barre le maire de la ville de Nîmes. J'appuie de toutes mes forces cette proposition; et je ne crois pas que la qualité de député puisse affranchir le maire de Nîmes de la responsabilité à laquelle il est sujet en cette dernière qualité. N'avons-nous pas vu plusieurs fois le maire de Paris et le commandant de la garde nationale paraître à la barre pour y faire des pétitions ou pour y rendre des comptes? De ces faits, il résulte que tout citoyen qui réunit un autre caractère à celui de député, peut venir à la barre, et y figurer ainsi qu'il le ferait s'il n'était pas membre de l'assemblée nationale. Ce serait un terrible privilége que celui de député, s'il nous affranchissait de la responsabilité. Votre délicatesse vous dit assez, sans que j'aie besoin de le développer, qu'il vous est impossible de vous établir susceptibles d'une fonction, et d'en supprimer la responsabilité. Je crois avoir prouvé que vous avez ce droit, et je dis que d'après les faits de notoriété publique, il y a preuve suffisante pour le faire. Il est de notoriété qu'il a été imprimé dans la ville de Nîmes une affiche commençant par ces mots: *L'infâme assemblée nationale*. C'est peu de jours après que sont arrivés les troubles, et la municipalité ne s'y est point opposée. Qu'on ne me dise point qu'elle les ignorait, car je dis qu'elle serait coupable de les ignorer. Il n'est pas permis aux pères du peuple d'ignorer ce qu'on médite dans leur ville, au moment où l'opinion publique en murmure. La délibération par laquelle elle a paru vouloir rassurer les citoyens, est un titre assez suffisant pour le mander à la barre. Comment qualifier son insouciance, au moment où il se passe de pareils événemens? Nous les apprenons, non par le maire, mais par un club patriotique. Je demande si le courrier de la municipalité n'aurait pas dû précéder tous les autres? je demande, dis-je, comment les amis de la paix peuvent excuser une pareille conduite? Je conclus en disant que l'assemblée a le droit de mander à la barre le maire de Nîmes, et qu'il y a preuve suffisante pour lui ordonner de rendre compte de sa conduite.

*M. le vicomte de Noailles.* J'appuie la proposition de M. Barnave avec d'autant plus de raison que M. de Clermont-Tonnerre lui-même vient de me dire qu'il se rendait à cet avis. Pour rassurer les bons citoyens de la ville de Nîmes, je demande que M. le président se retire par-devers le roi, pour le supplier de faire rester le régiment de Guyenne en garnison dans cette ville.

On demande que la discussion soit fermée.

*M. Lachèze.* On devrait du moins parler autant pour que contre l'accusé.

L'assemblée décide que la discussion est fermée.

M. Barnave propose le décret suivant, qui est adopté.

« L'assemblée nationale décrète que le maire de la ville de Nîmes se rendra sans délai à la barre de l'assemblée nationale, pour y rendre compte de sa conduite et de celle de la municipalité, relativement aux troubles de cette ville.

» Renvoie toutes les pièces relatives à cette affaire au comité des recherches, lequel sera chargé de prendre tous les éclaircissemens qui lui paraîtront nécessaires; décrète en outre que son président se retirera par-devers le roi pour le supplier de ne pas éloigner de Nîmes le régiment de Guyenne. »

*M. de Menou.* Ce n'est pas seulement le régiment de Guyenne qui donne des preuves de patriotisme; je tiens la minute d'une adresse du régiment d'Aquitaine à tous les grenadiers et chasseurs de l'armée. — M. de Menou fait lecture de cette adresse, qui reçoit les plus vifs applaudissemens.

M. le président est autorisé à témoigner la satisfaction de l'assemblée au régiment d'Aquitaine.

---

Nous ne nous étendrons pas davantage sur les troubles des départemens pendant ce temps : ce ne furent que des émeutes sans importance et sans durée; mais, quelque petites qu'elles fussent, l'assemblée était obligée de s'en occuper, tant il est vrai qu'en réalité à elle seule appartenait le pouvoir exécutif, qui n'était que nominalement entre les mains du roi. Il y eut des troubles pour les grains à Tours, à Perpignan, à Montbrison, etc. Dans ces deux dernières localités, les campagnes marchèrent sur la ville; mais la garde nationale suffit pour mettre l'ordre. A Toulouse, à Caen, ce furent des émeutes politiques. Dans cette dernière cité, beaucoup de gens portaient la cocarde noire; et il y eut quelques duels entre les habitans et des officiers de la garnison, plus patriotes que les bourgeois. Tous ces mouvemens contribuèrent sans doute à provoquer la proclamation du roi, dont nous avons déjà parlé, et qui se bornait textuellement à recommander l'union, et l'usage de la cocarde tricolore. Nous croyons inutile d'insérer ici cette pièce; nous préférons donner la suivante, qui nous paraît plus curieuse.

*Pacte fédératif des bas-officiers, caporaux, grenadiers et fusiliers des régimens de Normandie et de Beauce, en garnison à Brest.*

« Quand de dangereuses manœuvres semblent se tramer pour s'opposer à la régénération de l'Etat, et qu'il est essentiel que tous les bons citoyens manifestent de plus en plus leur dévoûment à la patrie, pour que la France connaisse le nombre de ses vrais défenseurs, et que nos ennemis du dehors, et surtout ceux du dedans, sachent enfin ce que peuvent des hommes libres.

Nous, bas-officiers, caporaux, grenadiers et fusiliers desdits régimens, réitérons devant Dieu le serment d'être fidèles à la nation, à la loi et au roi.

Nous jurons de défendre jusqu'à la mort la nouvelle constitution du royaume, et nos dignes représentans, qui, d'accord avec un roi-citoyen, ne travaillent que pour le bonheur de la France.

Nous jurons de protéger et de défendre tous nos braves compatriotes, tant citoyens militaires, que militaires citoyens.

Nous jurons de surveiller et de traverser de tout notre pouvoir toutes les trames et manœuvres des ennemis du bien public.

Nous jurons de plutôt mourir, que de cesser un seul instant d'être libres; mais nous protestons n'entendre d'autre liberté, que celle conforme à la loi, et à la subordination qui en émane.

Nous jurons enfin d'empêcher, même au prix de notre sang, qu'aucun de nous devienne la victime de la manifestation de ses sentimens patriotiques. Mais nous regardons comme infâme et indigne d'être soldat-citoyen ; quiconque d'entre nous serait assez lâche pour craindre de donner ouvertement des preuves de son patriotisme. *Signés*, tous les bas-officiers, sergens, caporaux, grenadiers et fusiliers des régimens de Normandie et de Beauce. »

Ce pacte fédératif a été adressé de Brest à la municipalité de Paris, avec prière de le faire passer au régiment des gardes-suisses. La suscription était : *A nos frères les gardes-suisses, premier régiment helvétique de la nation.* La municipalité a fait passer cet écrit au régiment des gardes-suisses ; et six bas-officiers, sergens, caporaux ou soldats en ont donné un reçu. C'est le 18 que cet acte a été reçu à la Ville et envoyé à son adresse.

*Paris*. — A travers ses occupations, l'assemblée arrêta une instruction pour la vente des biens nationaux ; décréta quelques articles sur les droits féodaux, sur des difficultés d'élections municipales ; elle acheva en partie la loi sur la municipalité de Paris. Nous allons insérer ici, en son entier, l'exposé de la séance où l'on s'occupa pour la première fois de cette question : c'est la seule, au reste, où il y ait eu une discussion. Plus tard, les articles de la loi sur la municipalité de Paris furent votés, sans débats, par assis et levé, tels qu'ils étaient présentés ; car alors l'attention était ailleurs. L'assemblée ne s'occupa point de finances pendant ce mois : elle abandonna la direction de ce genre d'affaires à son comité des finances, qui traita directement avec Necker.

### SÉANCE DU 3 MAI AU SOIR.

[*Discussion sur le plan de municipalité pour la ville de Paris.*

M. *Desmeuniers*. Messieurs, avant de commencer ce rapport, je dois vous observer que votre comité a examiné tous les plans qui lui ont été envoyés, soit par les mandataires provisoires siégeant à l'Hôtel-de-ville, soit par les députés des districts réunis à l'archevêché, ainsi que les remarques qui lui ont été adressées par les diverses sections ; et que ce n'est qu'après avoir mûrement réfléchi sur leur contenu, qu'il a adopté le plan que je vais avoir l'honneur de vous soumettre.

« L'organisation municipale de la ville de Paris est d'une telle importance pour la prospérité de la capitale et le maintien de la liberté, que chacun des membres de votre comité a regardé comme un de ses devoirs de donner une attention scrupuleuse à cet objet particulier. Nous avons étudié à diverses reprises l'effet des combinaisons qu'on pourrait adopter, et le plan dont je vais avoir l'honneur de vous rendre compte est le résultat d'un long travail.

» Il faut que les mêmes principes régissent désormais toute la France. Cette nation ne peut avoir qu'un gouvernement représentatif : les législateurs doivent ménager au citoyen le repos et le temps qu'exigent ses affaires personnelles; ils doivent écarter avec un soin extrême les sujets de discorde, de jalousie ou de troubles, qui se propageraient du centre aux extrémités d'un État. En rapprochant de ces vérités incontestables les plans où les pétitions des représentans ou des commissaires de la commune ou des districts, nous ne craindrons pas de le dire, nous avons vu le patriotisme égaré par le zèle; la passion du bien public entraînée par le moment actuel, sans songer à l'avenir; un généreux dévoûment qui dédaigne ses intérêts particuliers et se trompe sur l'intérêt général; et enfin l'enthousiasme de la liberté observant mal les institutions humaines que la sagesse ordonne de calculer sur les dispositions habituelles de l'homme et l'instinct de la raison.

» Si les opinions deviennent exagérées, c'est à vous, Messieurs, de les ramener au vrai; si la théorie des gouvernemens n'est pas encore bien connue; si l'art de maintenir et d'assurer la liberté publique est nouveau parmi nous, il est de votre devoir d'en étendre les progrès et de créer, par votre sagesse et votre prévoyance, la prévoyance et la sagesse de tous les citoyens.

» Les circonstances obligent à relever ici des erreurs qui, en se répandant, attireraient sur nous d'innombrables calamités. Le comité a vu avec douleur plusieurs communes du royaume faire une fausse application des grands principes du pouvoir constituant et du pouvoir législatif; chercher leur force en elles-mêmes, au lieu de la chercher dans la constitution et dans l'unité nationale ; oublier que l'assemblée permanente des représentans de la nation garantira mieux la liberté de tous les Français, qu'une commune ne pourra jamais garantir son territoire ; rappeler le régime des cités de la Grèce, comme si la France pouvait, sans se dissoudre, devenir un gouvernement fédératif sous aucun rapport ; appeler les citoyens à des délibérations continuelles, sans faire attention que la sagesse ne dirigerait pas de pareilles assemblées ; compter sur leur présence journalière, comme s'ils n'avaient pas une famille et des affaires à soigner ; annoncer comme le résultat de la majorité, ce qui serait le caprice du petit nombre ; recommander des établissemens qui livreraient la chose publique à la fantaisie de quelques hommes riches, intrigans ou désœuvrés ; enfin, réclamer pour le moment et pour l'avenir des droits de régler et de gouverner, qui, ne se bornant pas au pouvoir municipal, attentent à l'autorité souveraine de la nation et au pouvoir du corps-législatif.

» Mais c'est assez d'avoir indiqué ces erreurs : l'empire de la raison, celui de vos décrets, les fera disparaître ; le sentiment qui les a inspirées suffirait seul pour ne laisser aucune crainte, et je me hâte d'entrer dans les détails.

» L'article XXV de votre décret du 14 décembre, contient cette disposition, relativement à la capitale : « Quant à la ville de Paris, attendu son immense population, elle sera gouvernée par un réglement particulier, qui sera donné par l'assemblée nationale, sur les mêmes bases, et d'après les mêmes principes que le réglement général de toutes les municipalités du royaume. »

» Si le sens de cette disposition a embarrassé quelques personnes, il a paru très-clair à votre comité, qui connaît vos principes, et l'indispensable nécessité de les maintenir. Votre intention, Messieurs, n'a pas été, elle n'a pu être de supprimer les notables dans la municipalité de la ville de Paris ; de les remplacer par les diverses sections ; de reconnaître, dans celles-ci, le droit de *régler* ou d'*administrer*, qu'on a réclamé plusieurs fois :

vous avez voulu seulement réserver à la capitale les modifications que demandait la nature des choses. La forme des élections, ordonnée pour le reste du royaume, se trouvant ici impraticable, vous avez voulu, en conservant le principe général du scrutin, en varier pour elle les combinaisons ; vous avez voulu encore établir les détails de surveillance ou de régime intérieur, que sa position rend nécessaires, et surtout prévenir les abus et les désordres qu'une si grande masse de revenus, de dépenses et d'affaires pourrait occasionner. Vous avez senti qu'il fallait contenir dans les bornes de son pouvoir une municipalité si imposante, et en lui donnant l'activité dont elle a besoin pour maintenir la tranquillité de sa nombreuse population, lui ôter les moyens d'abuser de sa force ; enfin, Messieurs, vous avez senti qu'il était pour vous d'un devoir rigoureux d'assurer les droits de ses citoyens par des expédiens qui produisent leur effet sans convulsions.

» D'autres considérations nous ont frappés. La ville de Paris sera constamment sous les yeux de l'assemblée nationale : si la municipalité s'écartait de son devoir, chacune des sections, et chacun des citoyens pouvant se plaindre au corps législatif, celui-ci serait toujours prêt à la contenir ; et l'intervalle d'une session à l'autre ne peut donner aucune inquiétude. Les officiers municipaux devant rendre compte, et rendre un compte sévère, il ne faut pas redouter légèrement les abus de leur pouvoir, et il est plus à craindre que la commune n'abuse de ses forces contre eux. Tenir les sections en activité, ce serait anéantir la responsabilité des officiers municipaux, et, au lieu de ce moyen légal et sûr de les réprimer, les troubler sans fruit, mais non sans danger pour la capitale. Des délibérations populaires, trop multipliées, fournissent et fourniront toujours, aux ennemis du bien public, des moyens de semer de la discorde, et un instant de réflexion convaincra qu'il est de l'intérêt de la ville de Paris de se soumettre au régime commun des autres villes ; que si les modifications dans les détails sont nécessaires, les exceptions aux principes seraient dangereuses, et qu'on essaierait vainement de vous les présenter, puisqu'il serait de votre devoir de ne pas les souffrir.

» Il nous a semblé, Messieurs, qu'on pouvait donner une bonne organisation à la capitale, sans fléchir sur les principes, et sans altérer les bases sur lesquelles vous avez établi les municipalités de toutes les communes. Quoique nous ayons écarté les détails qui n'étaient pas nécessaires, le plan est d'une assez grande étendue; mais les rapports de la tranquillité de la ville de Paris avec la tranquillité de tout le royaume, vous sont tellement connus, que si la discussion exige plusieurs séances du soir, vous les accorderez volontiers.

Les articles constitutionnels qui auront toute la stabilité de la constitution, et qui forment la matière du titre premier, y sont séparés des articles réglementaires. Ceux-ci pourront, d'après l'expérience, être changés par un simple décret du corps-législatif, et composent trois titres; ils traitent des formes des élections, du régime intérieur de l'administration municipale, et de quelques institutions utiles à la police et au bon ordre de chaque section. Nous avons recueilli, dans la partie réglementaire, toutes les idées saines qu'on nous a communiquées; et si le zèle qui nous anime pour le bonheur de la capitale, nous a fait une loi impérieuse de ne pas vous proposer, Messieurs, la permanence active des sections, nous n'avons rien négligé d'ailleurs de ce qui peut apaiser les craintes des hommes les plus inquiets.

Le corps municipal offre dans le plan, un maire et quarante-huit officiers municipaux, parmi lesquels seize, sous le nom d'administrateurs, composent le bureau, et les trente-deux autres, le conseil municipal : nous demandons quatre-vingt-seize notables. Le conseil général de la commune serait donc de cent quarante-quatre personnes ou de cent quarante-cinq, en y comprenant le maire. Ce nombre, auquel on s'est arrêté après bien des combinaisons, ne paraît ni trop petit, ni trop considérable, et on a suivi exactement les proportions établies pour toutes les municipalités. J'observerai que si l'on n'adoptait pas la forme de scrutin établie au titre II, les élections dureraient plus de six mois, et que d'après cette forme, l'augmentation ou la diminution sur la quotité des membres du conseil général de la commune ne pourra se faire que par vingt-quatre ou quarante-huit.

» Nous proposons pour chaque section, un commissaire de police, et douze commissaires de section, chargés de la surveillance du commissaire de police, et de plusieurs fonctions utiles, les uns et les autres élus par les citoyens.

» Les motifs qui ont décidé notre opinion sur les détails du régime intérieur que contient le titre III, exigeraient un long développement; mais vos principes et l'esprit général de vos décrets nous ayant toujours guidés, vous saisirez ces motifs à la simple lecture, et on les exposera dans la discussion, si quelques articles sont contestés. Nous remarquerons seulement, qu'après avoir partagé les fonctions du bureau en cinq départemens, celui des subsistances, celui de la police, celui des domaines et finances, celui des établissemens publics et celui des travaux publics; qu'après avoir donné à chacun de ces départemens trois ou quatre administrateurs, selon le nombre de sous-divisions qu'on jugera nécessaire, nous nous sommes occupés du défaut d'ensemble et d'ordre, qui est le vice radical de toutes les grandes administrations. Il faut que les divers administrateurs, chargés de fonctions différentes, se surveillent néanmoins et s'éclairent mutuellement, qu'ils soient assujettis à une marche commune, et qu'il y ait de l'unité dans l'exécution. Nous avons donc pensé qu'il serait bon d'ordonner le rapport des affaires des cinq départemens; et, conformément à ces vues, un article du titre III enjoint aux seize administrateurs de se rassembler tous les deux jours, et de discuter, et de décider, à la majorité des voix, ce qui est de la compétence du bureau.

» Vous ne trouverez dans le plan, Messieurs, aucun article qui préjuge les questions que vous n'avez pas encore résolues. Jusqu'au décret de l'organisation de toutes les gardes nationales, celle de Paris resterait telle qu'elle est; quant au nom et à la quotité des bataillons ; et lorsque vous aurez arrêté le plan de la municipalité de la capitale, cette disposition provisoire sera la matière d'un décret séparé.

» Il en est de même du contentieux de la police, qui pourrait faire partie du plan : l'importante question de l'organisation de la police dans tout le royaume, n'ayant pas encore été discutée, nous avons cru qu'il fallait également la laisser à l'écart, et que si la capitale exige des modifications sur ce point, elles seront la matière d'un autre réglement.

» Enfin, le plan qu'on va soumettre à votre jugement, Messieurs, ne vous est pas présenté seulement par votre comité : on l'a lu à MM. les députés de la ville de Paris, qui l'adoptent. Nous pensons tous qu'il rétablira la prospérité et la paix dans cette grande cité, et que s'il rencontre des détracteurs, on ne tardera pas à sentir combien il y aurait de danger à l'établir sur d'autres bases.

» La capitale qui a servi de modèle au moment de la révolution, qui a montré un dévoûment si généreux et donné depuis un exemple si remarquable de soumission à la loi, doit conserver ce noble avantage ; pour établir la liberté, elle n'a point calculé ses sacrifices ; mais aujourd'hui qu'on ne peut plus avoir de doute raisonnable sur cette liberté, il faut qu'elle songe à ses nombreux enfans, et qu'elle craigne de les précipiter dans la misère. Après une secousse si forte, après les convulsions qui viennent de l'agiter, elle a besoin de calme et de repos ; si l'agitation se prolonge, elle perdra toutes ses richesses, son commerce disparaîtra, ses arts et ses ateliers s'anéantiront ; les gens aisés, les hommes paisibles, les étrangers fuiront cette cité orageuse, où un zèle mal entendu produirait une confusion inévitable ; et ce qui serait un grand malheur pour le genre humain, on la verrait un jour regretter sa servitude et maudire sa liberté.

Mais non, elle ne maudira point sa liberté ; elle ne perdra ni sa gloire ni ses richesses ; après avoir eu une si grande part à la plus belle des révolutions, elle en recueillera le prix ; sa prospérité, égale à la prospérité des autres parties du royaume, donnera un nouvel éclat au triomphe de la liberté; et dans sa profonde reconnaissance des travaux de l'assemblée nationale, elle se souviendra en particulier qu'elle avait désiré un département de dix-huit lieues de diamètre, et une organisation municipale défectueuse, mais que les représentans de la nation, touchés de ses services veillaient à ses intérêts. »

On fait observer à M. Desmeuniers qu'il est inutile de faire lecture de tous les articles; que c'est perdre un temps très-précieux, et qu'il faut passer sur-le-champ à la discussion des dix premiers articles du titre premier.

L'assemblée le décide ainsi.

M. Desmeuniers fait lecture des dix premiers articles, ainsi qu'ils suivent.

Art. I$^{er}$. L'ancienne municipalité de la ville de Paris, et tous les offices qui en dépendaient, la municipalité provisoire, subsistantes à l'hôtel-de-ville, ou dans les sections de la capitale, connues aujourd'hui sous le nom de districts, sont supprimées et abolies, et néanmoins la municipalité provisoire, et les autres personnes en exercice continueront leurs fonctions jusqu'à leur remplacement.

II. Les finances des offices supprimés seront liquidées et remboursées; savoir, des deniers communs de la ville, s'il est justifié que ces finances aient été versées dans sa caisse, et par le trésor public, s'il est justifié qu'elles aient été payées au roi.

III. La commune ou la municipalité de Paris sera renfermée dans l'enceinte des nouveaux murs; mais les boulevarts que l'on construit en-dehors de ces murs, feront partie de son administration.

IV. La ville de Paris observera en ce qui peut la concerner, les règles établies par les articles 2, 3, 4, 5, 7, 8, 9, 10, 11, 12, 13, 14, 15, 16, 18, 19, 26, 31, 34, 37, 39, 41, 42, 43, 44, 45, 47, 48, 53, 54, 56, 57, 58, 59, 60, 61 et 62 du décret du 14 décembre, sur l'organisation de toutes les municipalités du royaume, sans préjudice de quelques dispositions nouvelles, ajoutées dans les articles suivans, aux dispositions des articles que l'on vient de citer.

V. La municipalité sera composée d'un maire, de seize administrateurs, dont les fonctions seront déterminées au titre second ; de trente-deux membres du conseil, de quatre-vingt seize notables, d'un procureur de la commune, de deux substituts qui seront ses adjoints et exerceront ses fonctions à son défaut. Les législatures pourront changer le nombre et la proportion des membres du corps municipal, ainsi que le nombre et la proportion des notables.

VI. La ville de Paris sera divisée, par rapport à sa municipalité, en quarante-huit parties, sous le nom de *sections*, qu'on tâchera d'égaliser, autant qu'il sera possible, relativement au nombre des citoyens actifs.

VII. Ces quarante-huit sections ne pourront être regardées que comme des sections de la commune.

VIII. Elles formeront autant d'assemblées primaires, lorsqu'il s'agira de choisir les électeurs qui devront concourir à la nomination des membres de l'administration du département de Paris, ou des députés que ce département doit envoyer à l'assemblée nationale.

IX. Les citoyens actifs ne pourront se rassembler par métiers, professions ou corporations, ni se faire représenter ; ils se réuniront sans aucune distinction, de quelque état et conditions qu'ils soient, et ne pourront donner leurs voix que dans la section dont ils feront partie à l'époque des élections.

X. Si une section offre plus de neuf cents citoyens actifs présens, elle se formera en deux assemblées qui nommeront chacune leurs officiers, mais qui, après avoir dépouillé séparément le scrutin de l'une et de l'autre division, se réuniront par commissaires, pour n'envoyer qu'un résultat à l'hôtel-de-ville.

M. *l'abbé Maury*. Messieurs, le rapport et les articles qui viennent de vous être soumis me semblent renfermer des principes qui ne sont pas du tout ceux de l'assemblée. Il est dit dans le rapport : « que la ville de Paris sera constamment sous les yeux de l'assemblée nationale. » J'ignore, et vous ignorez sans doute comme moi, quel sera le siége des assemblées nationales. Je ne connais aucun décret qui accorde cette prérogative à la ville de Paris. — Dans un autre endroit, on lit cette phrase : « Les articles constitutionnels qui auront toute la stabilité de la constitution, et qui forment la matière du titre premier, y seront séparés des articles réglementaires. » Je ne connais rien de constitutionnel dans l'organisation de la ville de Paris. Ce serait un royaume particulier, si son réglement entrait dans la constitution générale du royaume. — J'ai lu un peu plus loin : « Il en est de même du contentieux de la police qui pourrait faire partie du plan,.... » J'observerai que la police me paraît le fondement de tout réglement municipal, et qu'il ne peut exister aucune municipalité sans police. On ne me citera pas, j'espère, l'exemple de l'ordre, où la police est suppléée par les bonnes mœurs, et où un simple connétable, armé d'un bâton blanc, se fait mieux obéir que nos gardes nombreuses, et cependant les bons esprits savent bien que c'est une cause de décadence dont les progrès se font sentir tous les jours. Mais pour la ville de Paris, remplie d'une foule d'étrangers, qui souvent viennent y chercher un asyle après le crime, il faut une police spéciale qui, partout ailleurs, serait une inquisition très-odieuse. — C'est encore une très-grande question de droit public, de savoir si la police d'une grande capitale doit être soumise à la municipalité ou au pouvoir exécutif.

Murmures de la partie gauche.

Messieurs, continue M. l'abbé Maury, si la discussion s'établissait sur ce point, je me flatte de pouvoir vous assurer qu'il y a des raisons de douter. La police, cette législation journalière, ne peut être un seul jour dans la capitale sans activité, et je pense que ce réglement doit être remis par vous à la municipalité, au moment où vous l'organiserez.

Je passe à l'examen des articles.

Je propose d'ajouter, par amendement, à l'article II, « que tous les anciens officiers municipaux comptables ne puissent être remboursés qu'après avoir rendu compte. Je désirerais que, par l'article III, les limites de la ville de Paris fussent circonscrites d'une manière plus claire. Au lieu d'indiquer, comme on le fait par l'article IV, les articles qui doivent servir de règle à la ville de Paris, il vaudrait beaucoup mieux qu'ils fussent tous rapportés, afin qu'on pût juger s'ils y sont applicables. Qu'on ne dise point que cela serait trop long. En matière de lois, il n'y a de long que ce qui est obscur. L'article V règle la formation des officiers municipaux. Nous nous sommes toujours occupés des officiers municipaux, et nous n'avons pas même soupçonné ce que c'était qu'une municipalité, d'où il résulte que nous avons des officiers municipaux sans municipalité.

Par le même article, on accorde aux législatures le droit de changer le nombre et la proportion du corps municipal. Nous ne sommes pas investis du droit de limiter les pouvoirs de nos successeurs. Si ce n'est qu'une simple précaution, elle est superflue, et je demande que l'article soit retranché. L'article VIII me présente une confusion qui n'est peut-être que purement grammaticale; je voudrais qu'on le rendît plus clair. Il serait nécessaire, selon moi, de joindre deux articles additionnels à l'article X, l'un pour expliquer la manière de former le scrutin, l'autre pour juger le résultat du scrutin. Voilà déjà quelques observations; je demande la permission de vous en présenter d'autres, à mesure que les articles sur lesquels elles porteront seront soumis à la discussion.

M. de Robespierre. Je ne crois pas qu'il soit de la sagesse de l'assemblée de préjuger une des plus grandes questions qui lui aient été soumises, je veux dire la permanence, ou la non-permanence des districts. Il faut la discuter solennellement avant le premier article du plan du comité, qui, s'il était admis, écarterait sans retour le vœu de la capitale entière. Quand vous avez parlé d'une exception en faveur de la ville de Paris, j'avoue que je n'ai entendu que la conservation des assemblées de districts, qu'exige impérieusement l'immense population de la capitale. Dans cette ville, le séjour des principes et des factions opposés, il ne faut pas se reposer sur la ressource des moyens ordinaires contre ce qui pourrait menacer la liberté; il faut que la généralité de cette ville conserve son ouvrage et le vôtre. Songez au moment où vous êtes ; quoique vous ayez beaucoup fait, vous n'avez pas tout fait encore. J'ose le dire, vous devez être aussi inquiets que si vous n'aviez pas commencé votre ouvrage. Qui de vous pourrait nous garantir que, sans la surveillance active des sections, l'on n'aurait pas employé des moyens plus efficaces pour ralentir vos opérations ? Ne nous laissons pas séduire par un calme peut-être trompeur : il ne faut pas que la paix soit le sommeil de l'insouciance. Je ne m'étendrai pas davantage, et je crois pouvoir conclure du peu que j'ai dit.... Que dis-je, peu ? J'en ai trop dit pour ceux qui désirent voir le peuple nul.

Je conclus à ce qu'on ne décrète aucun article avant d'avoir discuté, 1° si les districts seront autorisés à s'assembler, quand ils voudront, jusqu'après l'affermissement de la constitution ; 2° si après l'affermissement de la constitution, ils pourront s'assembler, au moins une fois par mois, pour répandre l'esprit public.

*M. de Robespierre* est applaudi de la partie droite et des tribunes.

*MM. de Mirabeau* se présentent ensemble à la tribune et se disputent la priorité de la parole.

*M. le vicomte* la cède.

*M. de Mirabeau l'aîné.* Fort de mes principes et du témoignage de ma conscience, je réfuterai deux opinions opposées, sans rechercher des applaudissemens perfides, et sans craindre les rumeurs tumultueuses. Je pense, comme M. l'abbé Maury, qu'il y a dans le plan, une confusion d'articles dont on pourrait le nettoyer, mais je ne pense pas comme lui que ce soit une grande question de droit de savoir si la police de la capitale sera attribuée à sa municipalité ou au pouvoir exécutif. Un de ces hommes fugitifs, pressé de revenir en France dans un moment où les agitions de l'enfantement de la liberté la secouaient encore, refusait de le faire en disant : *Je veux ma Bastille, je veux mon Lenoir.* Cette phrase serait la version fidèle du système de l'honorable membre M. l'abbé Maury, si la police qu'il voudrait établir était celle de l'ancien régime.

M. de Robespierre, qui a parlé après M. l'abbé Maury, a apporté à la tribune un zèle plus patriotique que réfléchi. Il a oublié que ces assemblées primaires toujours subsistantes seraient d'une existence monstrueuse : dans la démocratie la plus pure, jamais elles n'ont été administratives. Comment ne pas savoir que le délégué ne peut entrer en fonction devant le déléguant : demander la permanence des districts, c'est vouloir établir soixante sections souveraines dans un grand corps, où elles ne pourraient qu'opérer un effet d'action et de réaction capable de détruire notre constitution. Lorsqu'on nettoiera la rédaction, je proposerai aussi quelques amendemens. Surtout ne prenons pas l'exaltation des principes pour le sublime des principes.

*M. le vicomte de Mirabeau.* Si je ne me plaçais point dans la section de cette assemblée que l'on nomme aristocrate, et de laquelle on me fait l'honneur de me supposer un des arcs-boutans, j'appuierais l'opinion de M. de Robespierre, et je demanderais l'impression de son discours, pour en faire une seconde adresse aux provinces....

*M. de Virieu.* Je ne perdrai point le temps en facéties hors de saison ; l'opinion de l'assemblée me paraît unanime, et je demande qu'on aille aux voix sur le premier article.

M. le président consulte l'assemblée, et le premier article est adopté, ainsi qu'il est rapporté ci-dessus.

La séance est levée à dix heures.

―――

« Tous les républicains sont consternés de la suppression de nos soixante districts, disait Desmoulins, après cette séance qui donnait gain de cause au projet de Desmeuniers. Ils regardent ce décret d'aussi mauvais œil que celui du marc d'argent, et véritablement c'est le plus grand échec qu'ait reçu la démocratie.

» Il y a un grand moyen en faveur des districts ; on doit croire les faits avant les raisonnemens. Quels maux ont-ils faits ? Et n'est-ce pas à eux au contraire que l'on doit la révolution ? L'assemblée nationale, il faut en convenir, a dégénéré elle seule en cohue, plus souvent que les soixante districts ensemble. Ce qui parle plus haut encore en leur faveur; c'est que leur majorité a toujours voté pour l'intérêt général. Peut-on en dire autant de l'assemblée nationale, où les noirs ont remporté plus d'une victoire éclatante?

» O mes très-chers Cordeliers, adieu donc à notre sonnette, à notre fauteuil et à notre tribune retentissante et pleine d'orateurs illustres. A la place, il n'y aura plus qu'une grande urne, une cruche où les citoyens actifs qui ne se sont jamais vus, viendront déposer leur scrutin, et distribuer des écharpes aux trois couleurs à l'intrigant le plus adroit. Nous commencions à nous connaître assez bien : depuis bientôt un an, nous nous étions éprouvés... Le profil de James ne nous trompait plus, et nous avions vu ses deux visages; mais M. Desmeuniers et ses pareils ont bien su nous empêcher de profiter de ces connaissances. Fondons, a-t-il dit, les 60 districts en 48 sections. Ils ne pourront plus discerner les traîtres d'avec les citoyens,... périsse jusqu'au nom de district, ce nom formidable qui rappellerait aux Parisiens leur gloire, la prise de la Bastille et l'expédition de Versailles.

« Il y a plus de trois mois que M. Desmeuniers avait été dénoncé comme un faux frère au procureur-général de la Lanterne. A l'exemple du Châtelet, j'entends mes témoins, et j'instruis ma procédure criminelle à huis clos; je ne lui dissimule pas que les charges sont très-fortes... *M. Nibobet, M. Nibobet*, disait un certain procureur-général à un procureur en la cour qu'il avait mandé, *vous êtes un fripon*; je ne dis pas précisément cela à M. Desmeuniers. M. Prudhomme (Loustalot) trouvera le mot propre. Mais que Desmeuniers soit un misérable, un ingrat, qui depuis que les Jacobins l'ont élevé sur le fauteuil, ne s'est servi de l'importance qu'on lui avait donnée que pour vendre plus chèrement au pouvoir exécutif la voix d'un personnage consulaire, je crois que ce n'est point une question. Ce qui est une grande et belle question, c'est si l'assemblée nationale a le droit de fermer les districts, c'est-à-dire, *d'empêcher la nation de s'assembler* quand bon lui semble. Je me trompe fort, ou si le peuple n'oppose son *veto*; la France ne sera point une démocratie royale, mais une *aristocratie royale*....

« On assure que M. Bailly, qui avait appuyé en public le plan de l'archevêché, travaillait la nuit avec Desmeuniers à défaire la toile qu'il avait ourdie de jour avec les 1,200 de l'archevêché. Si le fait est vrai, l'heureux Bailly en portera la peine le premier. Il lui serait difficile d'être continué maire, et de recueillir le fruit d'un telle prévarication à son mandat.... »

Voici maintenant, une addition que nous trouvons dans le journal de Desmoulins, à la séance du 3 mai, empruntée par nous au *Moniteur*:

« On sait que les statuaires ont pris le front de Maury pour celui de l'impudence; et quand ils le prennent de la tête aux pieds, c'est l'hiéroglyphe et l'emblème des sept péchés capitaux. Il manquait pourtant à ses perfections la moitié de la gourmandise, c'est-à-dire l'ivrognerie; mais vendredi dernier, il a fait oublier les orgies du vicomte Rampoñneau (Mirabeau). Il paraît que le cher Limousin avait voulu se consoler de la trahison de Rosalie,... le nouveau Corybante s'est écrié à la tribune, d'une voix de stentor, que c'était inutilement qu'on voulait donner des lois aux districts de Paris, qu'ils n'obéiraient pas.... M. Camus, révolté de l'effronterie du personnage, requit un châtiment exemplaire; mais Maury lui a répondu qu'il voulait être censuré. Alors il s'est avancé au milieu de la salle, et narguant l'assemblée et la nation qu'elle représente, faisant trophée de sa propre turpitude, a demandé qu'elle fût consignée dans le procès-verbal. Mais voici le comble de l'insulte; non content d'applaudir de toutes ses forces, comme on prenait les voies pour le corriger; il a levé la jambe au milieu de la salle. Tout le monde a cru qu'il allait expulser le superflu de la boisson, et que son bon sens lui reviendrait; et pour que la raison lui revînt dans la rue, deux huissiers l'ont appréhendé au corps; mais Maury a répondu que sa jambe levée n'était qu'un geste oratoire, pour montrer qu'il ferait passer toute l'assemblée sous sa jambe. On conviendra qu'il n'y eut jamais irrévérence pareille.... Il en est de l'assemblée nationale comme du corps humain; elle a aussi ses ordures. » (*Révolutions de France et de Brabant*, n° 25.)

Cette sortie de Maury détermina plusieurs districts à déclarer qu'ils étaient dévoués aux volontés de l'assemblée nationale. Le district des Cordeliers, sur la proposition de Chénier, fit afficher une proclamation signée Danton, président, dans laquelle il exprimait le même dévoûment. Celui des filles Saint-Thomas alla processionnellement enterrer sa sonnette, et fit la plaisanterie de chanter un *De profondis* sur sa fosse.

Cependant, l'assemblée des représentans tenait toujours séance. Elle recevait encore des députations de diverses municipalités; elle vota même l'affiliation de la garde nationale de Paris avec celle de plusieurs villes, entre autres avec celle de la ville de Troyes. Le 14, elle prit une délibération rigoureuse contre M. Bailly. Voici ce que le *Moniteur* contient sur cette affaire.

*Assemblée des représentans des communes.*

*Du 20 mai.* Nos lecteurs ont sans doute déjà connaissance de la discussion élevée entre M. le maire de Paris et MM. les représentans de la commune; ainsi, nous serons brefs dans l'exposé que nous ferons de cette affaire, et nous nous interdirons toute réflexion, quoiqu'il fût peut-être très-naturel d'en faire en pareil cas.

Le 13 mai, M. le baron de Menou dit à l'assemblée nationale qu'on avait proposé un cautionnement pour l'achat de biens nationaux par la ville de Paris; que quelques personnes, qu'il ne voulait point nommer, lui avaient proposé un intérêt dans cette *affaire*, s'il voulait le faire recevoir; il ajouta que si ce cautionnement avait lieu, les capitalistes seraient à la fois cautionneurs, vendeurs et acheteurs, et conclut à le rejeter.

Le 14, plusieurs membres de l'assemblée de la commune y dénoncent une tentative faite auprès de M. le baron de Menou, pour l'engager, sous l'offre d'un intérêt considérable, à faire recevoir un cautionnement dont les capitalistes seraient à la fois *adjudicataires-municipaux*, revendeurs et acheteurs.

L'assemblée de la commune est agitée; les débats s'élèvent; plusieurs membres parlent; elle décide que cette prévarication sera annoncée aux districts, l'arrêté qui la constate imprimé sur le champ et rendu public; que M. le maire et le bureau de ville seront invités de venir donner sur cette affaire les renseignemens qui seraient à leur connaissance.

Arrête en outre que les commissaires nommés pour s'informer du fait auprès de M. de Menou, feront le lendemain leur rapport à l'assemblée, de ce qu'ils auront appris.

Lettre de M. le maire aux districts; il se plaint que l'assemblée ne se soit point fait instruire du résultat de la députation auprès de M. de Menou, avant d'avoir pris et rendu public un arrêté qui peut jeter des doutes sur l'intrégrité des membres et du chef de la municipalité; il voit, dans cette conduite, de la légèreté et de la précipitation. Il rapporte ensuite la lettre à lui écrite par M. de Menou : elle porte textuellement : « Je n'ai nommé dans mon opinion, ni M. le maire de Paris, ni le bureau de ville, ni les commissaires de la commune; je n'ai entendu parler ni de M. le maire, ni des commissaires de la commune, lorsque j'ai rendu compte à l'assemblée de propositions qui m'ont été faites, etc. »

M. le maire se rend, le 17, à la commune, demande à connaître le rapport des commissaires députés auprès de M. de Menou. M. Trévilliers, l'un d'eux, dit que M. de Menou a refusé de nommer les personnes qui lui avaient fait la proposition d'intérêt dans le cautionnement. M. le maire lit la motion de M. de Menou dans le *Moniteur*, où ce député national avait dit qu'elle était rapportée fidèlement : on n'y trouve rien qui puisse appuyer le soupçon de la commune. Il s'élève des débats, M. le maire se retire, et la séance continue de s'occuper de cet objet.

Lettre de l'assemblée à ses commettans. Elle a pour objet de répondre à celle de M. le maire; on y soutient qu'il n'y a point de légèreté dans l'arrêté du 14; qu'on n'y a point gratuitement inculpé le chef de la municipalité, ainsi que le bureau de ville, contre la teneur de la dénonciation de M. de Menou; on y veut voir absolument dans le mot *vendeurs*, employé par M. de Menou, les membres de la municipalité, et on appuie sur cette explication comme décisive.

Délibération des sections (*lisez quelques districts*. M. Peuchet était attaché à l'un des bureaux de la ville) de la capitale sur cette affaire. Lettres de plusieurs à M. le maire; elles annoncent que, convaincus de la justice de ses sentimens et de son patriotisme, ils ne cesseront jamais d'avoir la plus grande confiance en lui, et le plus grand respect pour sa personne et son autorité. (PEUCHET.) Nous avons sous les yeux le *Registre manuscrit des délibérations du bureau de ville*, et nous en extrayons ce qui suit. C'est en effet une chose assez grave que d'examiner si les accusations portées contre quelques membres sont complétement fausses. Nous laissons à nos lecteurs à juger d'après les pièces.

*Du mercredi 19 mai* 1790. — Le bureau, extraordinairement convoqué, et délibérant en l'absence de M. le maire, lecture faite 1° de l'arrêté de l'assemblée des représentans de la commune, du 14; 2° de la motion de M. de Menou à l'assemblée nationale, le 13; 3° de la lettre écrite par M. le maire à M. le baron de Menou; 4° de la réponse de M. de Menou, desquelles pièces copie suit par extrait.

*Copie de la motion de M. le baron de Menou.*

« Messieurs, plusieurs membres ayant demandé hier soir si la ville de Paris serait tenue d'effectuer le cautionnement de 70 millions proposé par elle, cette question a été ajournée à ce matin. Je dois avoir l'honneur d'observer à l'assemblée que lors de la formation du comité pour la vente des biens ecclésiastiques et domaniaux, elle décréta que le comité lui présenterait son opinion, tant sur la proposition du cautionnement que sur les conditions proposées par les capitalistes; je dois encore observer qu'ayant à cette époque été nommé président de l'assemblée nationale, je n'ai pu assister régulièrement aux séances du comité: aussi n'est-ce point en son nom que je prends ici la parole; mais je dois faire part à l'assemblée d'une proposition qui m'a été faite personnellement, et de mon opinion sur le cautionnement. Plusieurs personnes que je ne nommerai pas, sont venues me prier de ne pas m'opposer au cautionnement, m'offrant, en me faisant trouver un prête-nom, de me faire participer au bénéfice qu'il procurerait. Je n'avais pas besoin de ces offres pour avoir sur cette affaire une opinion bien déterminée. J'ai toujours pensé que si l'opération de la vente des biens est bonne, la ville de Paris ne sera nullement embarrassée pour payer les 70 millions qu'elle s'est engagée de fournir dans l'espace de sept ans, à raison de 10,000,000 par an; et si l'opération est mauvaise, les capitalistes ne fourniront certainement pas de fonds, puisqu'ils ne seraient pas assurés de leur rentrée. Je n'ai donc vu dans cette proposition qu'une opération purement fiscale et immorale; car d'un côté les capitalistes retireront un bénéfice considérable pour avoir simplement donné leur signature, et de l'autre ils pourront être tout à la fois cautionneurs, vendeurs et acheteurs. J'abandonne ces observations à la sagesse de l'assemblée. »

*Copie de l'arrêté de l'assemblée des représentans de la commune, du 14 mai 1790.*

« L'assemblée, dirigée par les principes d'honneur qui ont toujours été l'âme de ses opérations et de sa conduite, et alarmée en conséquence de la dénonciation faite à l'assemblée nationale, le 15 de ce mois, par M. de Menou:

1° De la proposition faite par M. le maire et par le bureau de ville d'un cautionnement de 70,000,000 pour l'achat des biens ecclésiastiques, avec profit de 3,500,000 livres, sans émission de fonds et sans aucun risque, comme étant souverainement immorale;

2° De la tentative faite par quelques-uns des membres de la compagnie des cautionnemens, agréée par le bureau de ville, de le corrompre, lui, baron de Menou, en lui offrant un intérêt pour appuyer cette opération immorale;

3° Que si ce projet était adopté, il y aurait des cautionneurs qui seraient tout à la fois adjudicataires municipaux, revendeurs et acheteurs, et qui participeraient aux 5,500,000 livres d'intérêt ;

» Considérant que cette dénonciation inculpe les personnes chargées de la vente des biens ecclésiastiques, et qu'il est important pour leur honneur et pour celui de la commune elle-même d'écarter toute espèce de soupçon, et de faire voir leur pureté dans le jour le plus évident :

» On a arrêté que MM. Fauchet, Trévillers, Godard, Robin et Bosquillon se rendraient demain, dès le matin, près de M. de Menou, pour lui demander les renseignemens les plus précis sur la dénonciation, et qu'ils se procureraient, par toutes les voies qu'ils se croiraient permises, les détails nécessaires sur les objets de la dénonciation ;

» Que le bureau de la ville, ayant son chef à la tête, serait invité à se rendre à la séance de demain pour donner à l'assemblée tous les détails et renseignemens qui seraient à sa connaisssance ;

» Que le présent arrêté serait imprimé, envoyé à M. le maire, ainsi qu'aux soixante districts, et que le résultat leur serait ensuite communiqué. »

*Signé*, l'abbé FAUCHET, président ; FOURREAU DE LA TOUR, THURIOT DE LA ROSIÈRE, QUATREMÈRE, MENESSIER, et PELLETIER, secrétaire.

*Extrait de la lettre écrite par M. le maire à M. le baron de Menou.*

« Je vous serai obligé de me déclarer par écrit :

» 1° Si vous avez, dans votre motion, nommé, soit le maire de Paris, soit le bureau de ville, soit les commissaires de la commune.

» 2° Si c'est de Messieurs les commissaires de la commune et de moi que vous avez entendu parler, lorsque vous avez entretenu l'assemblée nationale des propositions qui vous avaient été faites.

» 3° S'il n'est pas vrai que Messieurs les commissaires et

moi, bien loin de favoriser l'emprunt de 70 millions, nous nous sommes expliqués plus d'une fois contre cet emprunt, et d'une manière capable d'établir que nous étions convaincus de son inutilité.

» 4° Et enfin s'il n'est pas vrai, ainsi que vous m'avez fait l'honneur de me le dire vous-même, que vous avez textuellement rendu compte de cette dernière circonstance aux députés des représentans de la commune, qui sont venus vous trouver aux Jacobins, le vendredi, 14 de ce mois.

» *Signé*, BAILLY. »

*Extrait de la réponse de M. de Menou, du 17 mai 1790.*

« Voici précisément ce que j'ai dit à l'assemblée. (Ici la motion citée de M. de Menou.)

» 1° Je n'ai nommé, dans mon opinion, ni M. le maire de Paris, ni le bureau de la ville, ni les commissaires de la commune.

» 2° Je n'ai entendu parler ni de M. le maire, ni des commissaires de la commune, lorsque j'ai rendu compte à l'assemblée des propositions qui m'ont été faites.

» 3° Les commissaires de la commune, ainsi que M. le maire, se sont plusieurs fois expliqués dans le comité sur l'inutilité du cautionnement.

» 4° J'ai textuellement expliqué cette dernière circonstance aux députés des représentans de la commune, qui sont venus me trouver aux Jacobins.

» *Signé*, le baron DE MENOU. »

« LE BUREAU, considérant avec autant de surprise que de douleur la contradiction formelle qui existe entre la déclaration de M. de Menou et la dénonciation qu'on lui a prêtée, et qui a servi de base à l'arrêté de messieurs les représentans de la commune; considérant.... (Suivent deux pages de considérans dans lesquels on accuse les deux représentans dénonciateurs, dont l'un d'eux était, à ce qu'il paraît, l'abbé Fauchet, de sentimens de haine, etc....)

» A arrêté que MM. Cellerier et Tirou se transporteraient chez

M. de Menou, à l'effet de lui porter la liste de tous les membres du bureau de ville, de lui demander par écrit, si, dans le nombre des citoyens qui le composent, il en est aucun dont il ait parlé, entendu parler, ou qu'il ait voulu désigner même implicitement...., etc.

» *Signé*, Minier, de Joly, Duport du Tertre, d'Augy, de Jussieu, Cahier de Gerville, Davous, Canuel, Brousse, Desfaucherets, Vauvilliers, Jouanne de Saint-Martin, Cellerier, Boullemer de la Martinière, de la Noraye, Defresne, Desmousseaux, Mitoufflet de Beauvais. »

Il serait trop long de transcrire la suite des procès-verbaux du bureau de ville relatifs à cette affaire. Il suffira d'une analyse.

Un procès-verbal du 20 contient un certificat de M. de Menou, conçu en ces termes : « Je certifie, ainsi que je l'ai déjà fait dans une lettre à M. le maire de Paris, en date du 17, que je n'ai nommé, ni entendu désigner aucun membre du bureau de la ville de Paris. » Il fut décidé par suite que ce *certificat serait imprimé* et envoyé aux 60 districts.

Un second procès-verbal du 20 constate que, dans une assemblée des représentans qui eut lieu le 20, il avait été ordonné qu'il serait sursis à l'impression arrêtée par le bureau de ville, et que celui-ci avait été assigné à comparaître devant les représentans. Cependant le bureau persistant à faire imprimer sa justification, il s'en trouva empêché par un ordre donné à M. Lottin, imprimeur de la ville, par des commissaires de l'assemblée des représentans.

Nous voyons dans les autres procès-verbaux, qu'une minorité considérable de l'assemblée des représentans persista dans son opinion contre le bureau ; mais la majorité déclara qu'elle n'avait en rien inculpé aucun des membres du bureau. Cette affaire finit donc par des complimens, et par un ordre au procureur-syndic de dénoncer au procureur du roi, près le Châtelet, les propositions dont M. de Menou avait fait mention.

## JUIN 1790.

Les occupations principales de l'assemblée nationale pendant ce mois furent la constitution civile du clergé et les finances. Ainsi que toujours, ces travaux furent interrompus par une multitude de questions circonstancielles. On s'occupa ainsi incidemment de l'inviolabilité de la personne des représentans, de la suppression des titres de noblesse, de l'institution d'une fête nationale au 14 juillet, de dénonciations contre la presse patriote. Les événemens des provinces tinrent aussi une grande place, non pas, ainsi que nous ne le pouvons trop souvent répéter, parce qu'ils offraient une matière digne des délibérations législatives, mais parce qu'il n'y avait plus que l'assemblée qui possédât ce pouvoir, ou cette certitude d'être obéie, que la confiance des gouvernés peut seule donner aux gouvernans, et que la royauté avait perdue.

Nous présenterons d'abord l'organisation de l'Eglise; nous parlerons ensuite des finances, puis enfin des affaires occasionnelles.

### CONSTITUTION CIVILE DU CLERGÉ.

Ce travail occupa à peu près entièrement seize séances de l'assemblée. Nous y avons cependant trouvé très-peu de choses qui méritent d'être recueillies, en raison même des principes que nous nous sommes faits de relever seulement tout ce qui constitue un élément révolutionnaire, ou ce qui présente une valeur de document utilisable, ou un raisonnement dont on doit à jamais tenir compte.

Nous nous bornerons donc à extraire, de ce long débat d'articles, seulement les choses de principes. Pour juger de cette organisation, il suffira d'ailleurs de lire la loi, et nous la mentionnerons lorsque nous imprimerons la constitution que l'assemblée nationale donna à la France.

Ainsi que nous l'avons vu précédemment, la discussion générale était fermée. On allait passer à la discussion des articles; et le premier portait qu'il y aurait dans chaque département un siége épiscopal ou archiépiscopal. Il résultait donc de cette disposition que les diocèses alors existans allaient être changés, et que les archevêques et évêques perdraient, en totalité ou en partie, la juridiction qui leur avait été conférée par la cour de Rome.

Avant que cette question fût mise en délibération, une partie du clergé crut devoir demander qu'on en appelât à un concile national. On remarqua, dans le temps, à l'occasion de cette demande, que, selon la doctrine ultramontaine sur l'autorité canonique, un concile national n'avait pas plus qualité pour résoudre cette difficulté, que l'assemblée nationale elle-même; qu'on avait tort, par conséquent, d'exciper des droits du pape contre ceux de la constituante, puisque le mode proposé était selon la doctrine gallicane, et exclusif des droits de la cour de Rome. Néanmoins, voici quelle fut l'argumentation contradictoire des évêques et du comité ecclésiastique.

### SÉANCE DU 1ᵉʳ JUIN.

*M. l'évêque de Clermont.* Vous avez fermé la discussion; je ne me permettrai pas de la recommencer: mais je crois devoir à mon ministère et à mon caractère d'adhérer à la demande d'un concile national, pour prononcer sur tout ce qui concerne la discipline ecclésiastique, sauf l'accession et la protection de la puissance civile. Autant j'ai de respect pour les décrets rendus par cette assemblée, sur tout ce qui est temporel, autant je me dois de déclarer que je ne puis reconnaître la compétence de l'assemblée pour ce qui concerne le spirituel.

Quelques ecclésiastiques de la partie droite de l'assemblée se lèvent pour adhérer à cette déclaration.

*M. l'archevêque d'Arles.* Je supplie l'assemblée de statuer sur la demande d'un renvoi à un concile national. Cette demande est appuyée : l'assemblée peut décider par *oui* ou par *non*.

*M. l'évêque de Lidda.* Vos intentions n'ont jamais été et n'ont jamais pu être de méconnaître la ligne de démarcation qui sépare le spirituel et le temporel. Vous n'entendez pas soustraire aux lois de l'Eglise et aux sacremens les fidèles soumis à votre juridiction temporelle. Vous ne voulez pas sûrement établir des lois contraires au concile œcumène, et à la juridiction purement spirituelle. Il s'ensuit que les décrets du concile de Trente, sur la validité des sacremens, sont obligatoires en France, quoique ces conciles ne soient point admis à l'égard de la discipline. Le concile de Trente, section 14, sur la pénitence, a déclaré nulles les absolutions données par des personnes qui n'avaient point une juridiction spéciale. Suivant cette définition de l'Eglise universelle, assemblée au concile de Trente, les pouvoirs de remettre les péchés ne suffisent pas; il faut encore une juridiction particulière sur les personnes à absoudre. Voyons maintenant comment allier ces principes avec la division du royaume en quatre-vingt-trois diocèses : par exemple, Lille est dans la dépendance du diocèse de Tournai; en opérant ce démembrement, vous aurez fait une chose utile, avantageuse pour le spirituel et pour le temporel : mais l'intérêt spirituel dépend du pouvoir des évêques et des prêtres par eux délégués. D'après le concile de Trente, il n'y a que l'évêque de Tournai et le prêtre délégué par lui, qui puisse absoudre dans l'étendue de son diocèse. Or, je demande, d'après ce principe, qui aura le droit de dépouiller M. l'évêque de Tournai de ce pouvoir? Il s'agirait donc, après cette opération, de donner des pouvoirs nouveaux aux évêques. Croyez-vous être compétens pour cet objet? Un nouvel évêque pourra-t-il exister aux risques de priver des effets des sacremens des fidèles qui dépendaient spirituellement d'un autre diocèse? Permettez que naïvement, et suivant ma conscience, je vous dise que vous ne pouvez rien sur tout ce qui n'est que spirituel. Il faut chercher un moyen conciliateur : vous vous exposez à donner des anxiétés aux consciences.

Il est évident que les dispositions que vous proposez sont sages. Je désire bien sincèrement que vous preniez un parti qui allie vos véritables pouvoirs avec ce que vous devez à la juridiction spirituelle. Vous auriez regret de donner des alarmes sur ce sage projet, que j'adopte de toute mon âme : votre sagesse m'inspire la confiance que vous ne rejeteriez pas un parti de cette nature qui vous serait proposé. M. l'archevêque d'Arles a demandé la convocation d'un concile national. Je respecterai toujours les lumières des prélats qui ont parlé. Je sens qu'il serait à désirer que l'on fît une réforme encore plus étendue dans la discipline ecclésiastique; mais je le dirai sans craindre de déplaire dans l'état actuel des choses, vous avez bien des raisons de redouter une pareille convocation, malgré la bonne volonté des prélats qui ont parlé avant moi. Je préférerais simplement que vous détermineriez les articles que vous croirez nécessaires; que vous les combiniez avec la prospérité des fidèles; que vous arrêtiez le tableau des évêchés que vous voulez conserver. Mais ne pourriez-vous pas dire, que quant aux objets qui ne sont pas de votre compétence, mais de la juridiction spirituelle, le roi sera supplié de prendre à cet égard les voies canoniques. Je conclus donc à ce que l'assemblée, à la suite des articles, dise qu'à l'égard de l'exécution des articles qui renferment quelque connexité avec les objets purement spirituels, le roi prendra les voies canoniques.

*M. le Camus.* Les moyens que le préopinant a présentés sont très-respectables; ils exigent une discussion sérieuse. Je crois qu'il ne s'agit, pour faire cesser toutes les difficultés, que d'entrer dans quelques éclaircissemens. Il est dans les principes de la religion catholique, que le ministre ordonné par l'évêque reçoit le pouvoir d'exercer ses fonctions par tout le monde. La formule du pontificat romain le dit ainsi. L'évêque dit au prêtre dans l'ordination : « Recevez le Saint-Esprit : ceux à qui vous remettrez les péchés, ils leur seront remis. » Le pontife ne peut dire autre chose que ce que Jésus-Christ a dit à ses apôtres : *Euntes in mundum universum....* L'évêque emploie ces propres paroles. Je conviens que pour le bon ordre, l'étendue territoriale de l'exercice du pouvoir ecclésiastique doit être déterminée. Mais il est reconnu que dans les cas de nécessité, le prêtre peut exercer ses pouvoirs hors de l'étendue juridictionnelle. Il reste à voir comment l'évêque ou le prêtre acquièrent le droit d'exercer le pouvoir conféré par l'ordination, sur telle partie des fidèles. Il y a deux moyens : la possession du titre et la délégation spéciale. Au moment où le curé est pourvu de sa cure, il a toute juridiction sur l'étendue de la paroisse. La délégation spéciale a lieu quand il n'y a pas de titre : l'évêque donne par exemple au vicaire une juridiction personnelle. Venons à la question proposée, et suivons l'exemple cité, ou plutôt raisonnons dans l'hypothèse de deux paroisses, telles que Viroflai et Chaville. Si les bornes de ces paroisses étaient changées, les titres ne seraient pas changés pour cela : le curé aura toujours la juridiction sur la paroisse, quelle que soit son étendue. Voici la question dans les termes les plus simples. Dépend-il de la puissance civile de fixer l'étendue des diocèses et des paroisses? Si la puissance civile le peut, il est évident que le curé aura une juridiction sur tout ce qui formera sa paroisse. Or, je soutiens que la puissance civile le peut. L'Eglise n'a pas de territoire; elle n'a rien de temporel.

L'Eglise est dans l'Etat, l'Etat n'est pas dans l'Eglise. Des ministres de l'Eglise se présentent dans un empire; ils disent : nous devons avoir des évêchés dans les chefs-lieux, des cures dans les bourgs. La puissance civile leur dit : voilà des villes, placez-y des évêques; voilà des bourgs, placez-y des curés. Que faisons-nous? Nous sommes une convention nationale; nous avons assurément le pouvoir de changer la religion : mais nous ne le ferons pas; nous ne pourrions l'abandonner sans crime. La convention nationale dit : nous voulons conserver la religion catholique, nous voulons des évêques, nous voulons des curés; mais nous n'avons que quatre-vingt-trois villes épiscopales; mais nous ne pouvons donner qu'un territoire déterminé de telle et telle manière. Mais si plusieurs évêques sont établis dans ce territoire, on ne nommera qu'aux siéges qui doivent être conservés : voilà les principes. On peut rapporter des exemples. Il y a des bénéfices de pleine collation laïcale; les seigneurs conféraient seuls ces titres sans la participation des évêques : c'est un fait notoire. On m'opposera que ces titres ne sont pas dans l'ordre de la juridiction spirituelle. Je réponds que dans ces chapitres il y a un chef qui a la juridiction sur ses confrères. Il y a même des cures de pleine collation laïcale. Je conviens qu'on exige l'institution autorisable; mais cette institution est nouvelle : elle a été accordée au clergé par l'édit de Louis XIV, relatif à la régale. Cet exemple confirme le principe. Le laïc n'exerce aucune partie de la puissance spirituelle; il détermine le territoire : il n'y a rien de spirituel dans la question de savoir si l'évêque exercera sa juridiction sur dix-neuf ou vingt paroisses. Ainsi, il n'y a nul doute en principe que vous ne puissiez déterminer le territoire, et que l'évêque n'ait les pouvoirs nécessaires pour telle ou telle étendue.

Quant aux autorités tirées du concile de Trente, si ce que j'ai dit est vrai, l'évêque aura l'obligation et le devoir de déléguer, d'approuver les prêtres qui seront nécessaires. Il est bon que vous sachiez que cette approbation, après l'ordination, est une institution nouvelle qui date seulement du concile de Trente. Il paraîtrait singulier qu'après avoir jugé un ecclésiastique digne de l'ordination, on lui dît : Vous ne remettrez les péchés qu'après une approbation nouvelle. Le concile a dit que les prêtres n'auraient le pouvoir d'absoudre que quand ils seraient jugés idoines; c'est une disposition de discipline, et le concile de Trente n'est pas reçu en France pour la discipline : c'est pour cela que les évêques sollicitèrent, en 1695, un édit pour être autorisés à l'approbation limitée. Cet édit seul a donné ce droit, qui a été la source d'une multitude de vexations et de scrupules dans l'Eglise; il a introduit un pouvoir arbitraire et despotique, exercé pour le malheur des peuples : les fidèles étaient privés d'un prêtre vertueux, quand il avait déplu à un évêque ou à un grand-vicaire. Voilà ce que c'est que l'approbation limitée. L'édit lui-même en a excepté les curés.

Ainsi, vous voyez qu'ici rien n'attaque la juridiction spirituelle, puisqu'il ne s'agit que de la délimitation, que d'un objet temporel. Je conclus donc à ce que l'article soit mis aux voix; mais j'en changerais la fin, et je dirais simplement qu'on ne nommera pas aux autres évêchés. Je joindrais à cet article l'article VI, qui est ainsi conçu : « Il sera annexé au présent décret un état des évêchés ou archevêchés qui seront éteints ou conservés, ensemble des évêchés qui seront attachés à chaque métropole. »

*M. le président.* On demande à droite que je rappelle à l'assemblée qu'il s'agit de savoir si la priorité sera accordée à la motion de M. l'archevêque d'Aix, renouvelée par M. l'évêque de Clermont.

*M. le Prieur.* Je demande que la discussion soit fermée sur la question qu'on agite en ce moment.

*M. Dumouchel.* Ce qu'a dit M. l'évêque de Lidda est la doctrine du concile de Trente, et ne concerne en rien la discipline ecclésiastique. Tout ce qui tient à l'essence et à la validité des sacremens, tient à la foi et non à la discipline. Quand les apôtres ont institué les évêques d'Ephèse et autres, ils ne leur ont pas donné des pouvoirs qui s'étendissent sur toute la terre, autrement ils auraient établi l'anarchie épiscopale. Le gouvernement de Jésus-Christ est sage et modéré; de votre système résulterait le désordre. Il n'est donc pas conforme au gouvernement de Jésus-Christ. Un évêque est consacré pour toute la terre, un prêtre est ordonné pour tout le royaume; mais l'ordination et la consécration ne donnent aucune juridiction.... Le roi n'a jamais pu ériger ou supprimer des évêchés sans le concours de la puissance ecclésiastique. Le roi a la police extérieure; la police intérieure appartient aux successeurs des apôtres. Je demande que le plan proposé ne soit adopté qu'en observant les formes canoniques nécessaires et convenables.

*M. l'abbé Gouttes.* Je ne veux citer qu'un passage d'un procès-verbal d'une assemblée du clergé; je n'y ajouterai aucune réflexion. En 1665, l'évêque de Digne disait : on sait que dans les cas de nécessité les évêques sont dispensés de s'attacher aux formes. La charité doit être la première loi; ainsi Eusèbe parcourait plusieurs provinces et ordonnait les ministres dans celles qui en avaient besoin.

*M. le curé de Pontivi.* Je vais faire une proposition qui peut convenir aux deux partis; elle consiste à décréter d'abord, et en ces termes, le dernier article du projet de décret. « Le roi sera supplié de prendre toutes les mesures qui seront jugées nécessaires, *et qui seraient conformés aux saints canons et aux libertés de l'église gallicane*, pour assurer la pleine et entière exécution du présent décret. »

L'assemblée décide à une grande majorité de passer à l'ordre du jour.

Dans la séance suivante, on décida que chaque département formerait un diocèse. L'évêque de Clermont profita d'un instant de silence pour protester qu'il ne voulait plus prendre part à la délibération. M. Rœderer fit observer que l'institution d'un évêque par département serait chose favorable au *fédéralisme*. (C'est, nous le croyons, la première fois que ce mot fut prononcé dans un sens défavorable.) En effet, disait-il, chaque département forme un tout administratif, judiciaire, etc., complet, une petite république, il faut parer à cette division matérielle, par l'unité spirituelle. — On répondit à la difficulté élevée par Rœderer en ordonnant qu'il y aurait des siéges métropolitains.

Depuis ce moment, la délibération des articles se poursuivit avec assez de calme, sans autre discussion que celle des propositions élevées dans le but de leur perfectionnement. La seule question qui donna lieu à un débat un peu animé, fut celle de l'élection des magistrats ecclésiastiques. C'est la seconde grave question que nous ayons à recueillir. Elle fut suivie d'une interruption curieuse à saisir et à laisser en place, bien qu'elle appartienne à un tout autre terrain que celui dont nous nous occupons. C'est une lettre du roi relative à sa liste civile. C'est chose intéressante de laisser dans sa vraie position cette preuve de la préoccupation où la cour était d'elle-même pendant les débats d'une loi qui devint plus tard l'occasion d'une vive opposition de sa part.

### SÉANCE DU 9 JUIN.

M. Martineau fait lecture des deux premiers articles suivans :

Art. I$^{er}$. A compter du jour de la publication du présent décret, on ne connaîtra qu'une seule manière de pourvoir aux évêchés et aux cures. C'est à savoir la forme des élections.

II. Toutes les élections se feront par la voie du scrutin et à la pluralité des suffrages.

*M. l'abbé Grégoire.* Je demande qu'il soit dit, par scrutin de liste double.

L'amendement mis aux voix est rejeté, et les deux premiers articles adoptés.

M. Martineau fait lecture de l'article III. « L'élection des évêques se fera dans la forme prescrite, et par le corps électoral indiqué dans le décret du 22 décembre 1789, pour la nomination des membres de l'assemblée de département. »

*M. Martineau.* Pour abréger la discussion, je préviendrai quelques-unes des objections qu'on pourra me faire. On me dira que tous les anciens canons portent que les élections se faisaient par les métropolitains, du consentement du peuple, *consensu clericorum et plebis*, et que d'après l'article que je propose, il serait très-possible qu'aucun ecclésiastique ne concourût à la nomination de l'évêque; mais je réponds que tous les ecclésiastiques sont citoyens actifs; qu'assistant aux assemblées primaires, ils pourront assister aux assemblées électorales : il y en a même en ce moment qui viennent d'être élus maires; ils procéderont donc à la nomination des évêques, conjointement avec le peuple. J'entends plusieurs personnes dire que cela n'est pas vrai; que ceux qui le disent s'en aillent à la bibliothèque de Saint-Germain-des-Prés, ils prendront la collection des conciles, et ils y trouveront un recueil des décrets d'élections faites par le peuple et par le clergé. Lorsqu'il fut question de substituer un apôtre à celui qui avait trahi son divin maître, ce choix ne fut pas fait par les apôtres seulement, mais par tous les disciples. Après le martyre de saint Jacques, premier évêque de Jérusalem, tous les fidèles furent admis à nommer son successeur. Il est donc évident que, dans les temps où la religion était dans toute sa pureté, le peuple était admis à l'élection des évêques. Il n'y a donc point d'inconvénient à adopter le projet que je viens de vous soumettre.

*M. l'évêque de Clermont.* Fidèle à mes principes, dans cette circonstance où il s'agit du plus grand intérêt de la religion, de l'élection de ses principaux ministres, je crois devoir renouveler la déclaration de ne pouvoir participer.... (Il s'élève des murmures.)

M. *l'abbé Jacquemard.* Dans un siècle où on ne peut trop ramener à la pureté des principes, et rappeler l'intérêt et l'influence de la religion à ceux qui voudraient la méconnaître, mon cœur ose encore se livrer à un heureux espoir. J'ai médité dans le silence ce projet si religieusement énoncé; j'ai écarté de moi l'intérêt personnel, l'amour-propre; et concentré, pour ainsi dire, dans l'amour du bien général, j'ai profondément examiné toutes les dispositions; elles m'ont paru encore bien éloignées du but que le comité s'est proposé. Je n'en veux d'autre preuve que l'élection attribuée aux électeurs de département.

Cessons de former des spéculations chimériques, d'élever des édifices idéaux. Autres temps, autres mœurs. Regrettons les vertus apostoliques, mais ne nous flattons pas de les voir revivre au milieu de nous. Tant que le nom de chrétien fut synonyme avec celui de saint; que les fidèles, unis par la charité, ne faisaient qu'une famille de frères; qu'ils bornaient toute leur ambition à la palme du martyre, on put bien confier au peuple le soin de choisir ses pasteurs. Mais bientôt, hélas! comme cette première ferveur se refroidit! Faut-il rappeler ces temps malheureux, qui devraient être rayés des annales du monde, où l'on vit des hommes prostitués, égarer le peuple, et se faire élever à la tête de l'Eglise! Nous sommes, il est vrai, plus éclairés, plus décens; nous savons donner au vice des formes plus agréables, mais nous n'en sommes peut-être que plus vicieux. Dans un siècle où la soif de l'or a tout dénaturé, n'est-ce pas vouloir aggraver nos maux, et nous fermer la seule voie qui puisse nous en délivrer, que de faire un pompeux éloge des vertus?

On parle bien des Athanase et des Ambroise, mais on passe sous silence ces pontifes qui ont été le scandale de l'Eglise, et ces scènes de sang dont le souvenir fait frémir. Quelles que soient les bornes que vous imposiez à l'épiscopat, il tentera toujours la cupidité des ministres; les évêques seront toujours, par l'excellence de leur caractère, la partie la plus importante dans l'ordre religieux. Il faut fermer la barrière à l'intrigue. Croyez-vous que vous y parviendrez par la voie de l'élection populaire? Les habitans des campagnes, des fermiers peu capables de peser les vertus, et d'apprécier le mérite, des maires de villages, des êtres purement passifs, soit qu'ils soient éblouis par la richesse, soit qu'ils soient entraînés par les phrases d'un orateur intrigant, ne manqueront jamais de faire de mauvais choix. Ne pourra-t-il pas se faire aussi que le grand nombre des électeurs soit des protestans, qui se feront un plaisir d'avilir l'Eglise qu'ils rivalisent? Mais, dit-on, on pourra exiger une déclaration de catholicité. Avez-vous le droit d'établir une pareille inquisition ; avez-vous le droit de scruter les opinions religieuses? Si un non-catholique peut bien présider l'assemblée nationale, irez-vous ensuite lui ôter le droit d'élection dans les assemblées du peuple?

Je reviens au fond de la question : dépouillerez-vous les prêtres d'un droit dont ils ont toujours joui pour le bonheur des peuples et la gloire de la religion? Vous qui avez rendu au peuple le droit d'élire ses juges, d'élire ses représentans, irez-vous priver les ecclésiastiques de ce bienfait? Qui plus qu'eux a intérêt de faire un bon choix? Qui mieux qu'eux connaît les mœurs et les bonnes qualités des prêtres du diocèse? Mais, me dit-on, c'est vouloir ramener l'ancienne influence du clergé. Vous êtes-vous refusés à la convocation des synodes? Les ecclésiastiques seraient-ils moins dangereux dans ces assemblées, si toutefois ils pouvaient l'être? De tout cela : je conclus à ce que les évêques soient choisis, non par le prince qui ne sera pas toujours doué des vertus rares et particulières, qui n'aura pas toujours près de lui un prélat aussi vertueux que celui dont vous admirez aujourd'hui le patriotisme, mais par le clergé du département, convoqué en Synode, et auquel on pourrait joindre les membres de l'assemblée administrative. Je crois ce moyen propre à opérer la régénération de l'empire, et à rendre à la religion tout son éclat. Courez à une œuvre si glorieuse; faites aimer cette religion sainte; rendez ses ministres respectables; ne souffrez pas qu'on les avilisse. Qu'on n'entende plus ces dénominations odieuses par lesquelles on tâche de les dégrader dans l'opinion publique. Condamnez au feu ces caricatures bizarres qui finiraient par entraîner, avec le ridicule des ministres, la chute de la religion. En vain les prêtres seront-ils zélés, si le peuple n'est respectueux.

*M. Martineau.* Je déclare en mon nom seulement, que j'adopte le plan proposé par M. l'abbé Jaquemard.

*M. Robespierre.* M. l'abbé Jaquemard propose de faire nommer les évêques par les ecclésiastiques, concurremment avec les membres de l'assemblée administrative ; ceci est directement opposé aux principes de la constitution. Le droit d'élire ne peut appartenir au corps administratif; celui en qui réside la souveraineté, a seul le droit d'élire, et ce droit ne peut être exercé que par lui ou par ceux auxquels il l'a délégué. On vous propose de faire intervenir le clergé dans l'élection de cette portion d'officiers publics, appelés les évêques : c'est bien là l'exercice d'un droit politique. Vous l'appelez à l'exercice de ce droit, non comme citoyen, mais comme clergé, mais comme corps particulier, dès-lors vous dérogez aux premiers principes ; non-seulement vous rompez l'égalité des droits politiques ; vous faites du clergé un corps isolé ; vous consacrez vous-mêmes le retour des abus; vous vous exposez à l'influence dangereuse d'un corps qui a opposé tant d'obstacles à vos travaux. Ni les assemblées administratives ni le clergé ne peuvent concourir à l'élection des évêques. La seule élection constitutionnelle, c'est celle qui vous a été proposée par le comité. Quand on dit que cet article contrevient à l'esprit de piété; qu'il est contraire aux principes du bon sens; que le peuple est trop corrompu pour faire de bonnes élections, ne s'aperçoit-on pas que cet inconvénient est relatif à toutes les élections possibles ; que le clergé n'est pas plus pur que le peuple lui-même? Je conclus pour le peuple.

*M. Goupil de Préfeln.* C'est dans la grande vue du bien public et de la religion qu'il faut considérer la question. Il est facile de se convaincre que comme citoyens et comme chrétiens nous devons rendre grâces à M. l'abbé Jacquemard. Je ne chercherai point à capter les suffrages, à faire retentir le nom de peuple; c'est par la vérité qu'il faut opérer son plus grand bien; il ne faut pas le réduire par des illusions. On vous a développé les inconvéniens qui résulteraient de l'élection des évêques, attribuées au peuple; on vous a développé combien l'ambition et les intrigues auraient d'influence dans les assemblées populaires. Qu'on ne dise pas que vous renversez la constitution, en accordant aux membres des assemblées administratives la concurrence avec le clergé du diocèse : ces assemblées éliront pour le peuple, et en son nom. On a proposé d'exclure les non-catholiques, en considérant que c'est comme fidèles que nous participons au gouvernement de l'église. Je demande donc que dans le cas où il y aurait des non-catholiques dans les assemblées de départemens, elles soient autorisées à choisir, pour les remplacer, un nombre égal de citoyens catholiques, parmi les membres des assemblées de districts. Je n'ai qu'un mot à ajouter : je vous supplie de faire sur cette question les réflexions les plus mûres; de vous convaincre que la piété est utile à tous, et qu'elle ne contrarie jamais les vues d'une saine politique.

*M. Chapelier.* Il a été, je crois, irrésistiblement démontré par M. de Robespierre, qu'admettre le système de M. l'abbé Jacquemard, ce serait aller contre deux points essentiels de la constitution. La division des pouvoirs est contraire à toute corporation dans l'Etat : ce système détruit la séparation des pouvoirs. Les assemblées administratives ne sont pas électorales, et cette confusion ne peut être opérée sans la destruction des bases principales. Vous rétablirez une corporation égale à celle que vous avez détruite. Voyons si l'intérêt public commande cette dérogation aux principes. Qui est-ce qui a intérêt de bien choisir les ecclésiastiques? N'est-ce pas plutôt le peuple que les ministres de l'église? Faut-il pour cela un ministre sacré? Non sans doute. Celui qui doit être choisi pour cette place doit avoir la voix du peuple. Si le choix du sujet est concentré dans les seuls ecclésiastiques, chacun croira avoir des droits à occuper la place vacante, les intrigues se multiplieront. Les meilleures élections seront toujours faites par ceux qui n'ont aucun titre pour y prétendre. Considérez que tous les ecclésiastiques sont citoyens actifs; que beaucoup d'entre eux seront dans les assemblées primaires. Si des circonstances fâcheuses ont éloigné le peuple d'eux, ce sont peut-être eux-mêmes qui ont commencé à éloigner le peuple; mais bientôt nous aurons oublié toutes nos divisions, et nous nous rallierons autour de l'intérêt général. La constitution vous commande d'adopter le projet du comité; l'intérêt de la religion et du peuple vous l'ordonnent aussi. Je demande donc la préférence pour l'avis du comité.

On demande que la discussion soit fermée.

*M. Garat l'aîné.* Je conclus pour le peuple, a dit en finissant un des honorables préopinans; et moi aussi, je conclurai pour le peuple; et moi j'aurai, je crois, avec un peu plus de justesse que le préopinant, parlé dans l'intérêt du peuple. Est-ce bien pour le peuple que cet honorable préopinant a conclu? Non : c'est pour le corps que le peuple aura choisi pour nommer les membres des assemblées administratives. Autre chose est le corps électoral, autre chose est le peuple. Si le peuple lui-même pouvait intervenir dans les élections dont il s'agit, la question ne serait plus douteuse : mais le peuple ne peut intervenir en entier; il ne peut intervenir que par des délégués. L'unique question est donc de savoir quelle serait pour le peuple le délégué le plus convenable. Sous ce point de vue, je ne balance point à croire que la délégation, proposée par M. Jacquemard, est la plus convenable. Il y a à considérer deux sortes de mérites, celui des mœurs politiques, et celui des mœurs religieuses. Sous le premier rapport, les assemblées administratives présenteront le meilleur sujet, et c'est là précisément le seul rapport sous lequel il est nécessaire qu'elles interviennent.

L'autre rapport est celui des mœurs religieuses. Comment se permettre de dire que, pour faire un bon choix, tous les citoyens actifs vaudront mieux que les citoyens ecclésiastiques. Eux seuls savent si leurs principes et leurs mœurs sont purs. En admettant donc ces deux divisions, vous assurerez au peuple le meilleur choix. On parle de division de pouvoirs; eh bien! ne sera-t-elle pas constatée entre les métropolitaines et les membres du corps administratif? On parle du danger qu'il y a d'établir l'esprit de corps; on croit avoir tout dit quand on a fait sonner ce mot, *l'esprit de corps*. Si cela est, vous avez encouru le danger de l'esprit de corps par les synodes métropolitains. Je finis en concluant pour l'adoption du projet de M. l'abbé Jacquemard.

*M. de Biauzat.* On peut réduire la question à ces termes simples : l'élection sera-t-elle faite par la nation seulement, ou bien concurremment avec le clergé, pour la nomination des prélats? Je soutiens que c'est le peuple dans lequel se trouve réuni le clergé qui doit faire les élections.

On demande que la discussion soit fermée.

*M. le Camus.* L'élection doit appartenir au corps électoral et non au corps administratif. Il est bien établi que le clergé ne doit pas faire une corporation dans l'Etat; mais il doit l'être aussi qu'on ne doit pas procéder à l'élection d'un supérieur de diocèse sans la participation des membres du diocèse; les prêtres assistaient à toutes les élections dans les temps de la primitive église. Il ne faut pas de corporation ecclésiastique, mais il faut des individus ecclésiastiques. Mon amendement est donc que l'élection des évêques se fasse dans l'assemblée électorale, où se rendront les plus anciens curés et vicaires de chaque district avec voix délibérante.

*M. Barnave.* Je me réduirai à des réflexions très-courtes sur la première proposition, qui consiste à faire nommer les évêques par le corps administratif. Indépendamment des raisons prises dans notre constitution, il en est une autre d'un intérêt politique. Les pouvoirs ne peuvent être délégués que de deux manières, ou par le peuple ou par ceux qui les ont reçus de lui avec le droit d'en déléguer les parties. L'écueil le plus dangereux que vous ayez à éviter, c'est de voir l'autorité répartie sans ordre dans des corps qui n'ont pas les mêmes pouvoirs, et c'est là ce que produirait ce premier plan. Rien n'est plus contradictoire avec les principes d'une bonne constitution, que de donner à un corps particulier la faculté de se régénérer lui-même. Et certes, si les ecclésiastiques voulaient bien s'entendre, ce qu'ils ne manqueraient pas de faire, ils feraient seuls les élections. Je n'ajouterai qu'un mot sur le plan de M. le Camus, c'est que je ne vois point l'utilité de ces vicaires et de ces curés qu'il nous propose d'admettre aux assemblées électorales ; il y aurait au contraire bien des inconvéniens à les admettre. Ils pourraient y venir plutôt pour être élus que pour élire ; ils pourraient mener une conduite qui n'honorerait pas toujours la religion. Le peuple par son droit d'élire, n'influera en rien sur la puissance spirituelle. Il est bien évident que ce dernier caractère ne peut être transmis que par ceux qui l'ont déjà reçus eux-mêmes. Je conclus à ce que le projet du comité soit adopté.

La discussion est fermée.—La priorité est accordée à l'article proposé par le comité.

*M. Rewbel.* Le peuple peut avoir beaucoup de confiance dans le corps électoral pour choisir des administrateurs, et très-peu dans ce même corps pour élire les évêques. Je demande qu'on ajoute ces mots à l'article : « Par un corps électoral expressément choisi à cet effet, suivant les formes indiquées par le décret du 22 décembre. »

*M. l'abbé Grégoire.* Je propose aussi en amendement que dans le nombre des électeurs, on ne comprenne pas les non-catholiques.

*M. Duquesnoy.* Je demande la question préalable sur tous les amendemens.

*M. Ferand.* Tous ces amendemens ne tendent qu'à nous faire composer sur les principes de la constitution.

On applaudit vivement.— On demande à aller aux voix.

*M. Thevenot de Maroise.* Je demande la division de la question préalable. Il n'y a pas de raisons pour écarter l'amendement de M. Rewbel.

Cette division est adoptée.

L'assemblée décide qu'il n'y a pas lieu à délibérer sur l'amendement de M. le Camus.

La première épreuve sur celui de M. l'abbé Grégoire est douteuse.

*M. de Toulongeon.* Je demande à lire l'article VI du projet du comité, avant qu'on fasse la seconde épreuve. Il est ainsi conçu : « L'élection de l'évêque ne pourra se faire ou être commencée qu'un jour de dimanche, dans l'église cathédrale, à l'issue de la messe paroissiale, à laquelle seront tenus d'assister tous les électeurs. » — Vous ne pouvez établir une sorte d'inquisition qui aurait pour objet de demander compte à un homme de ses opinions religieuses. Je propose de réunir ces deux articles.

L'assemblée décide qu'il n'y a pas lieu à délibérer sur l'amendement de M. l'abbé Grégoire.

M. Rewbel retire son amendement. — M. Thevenot de Maroise le reprend. — L'assemblée l'écarte par la question préalable.

Les articles III et VI du projet du comité sont décrétés avec un seul changement dans l'article VI. — Ce changement consiste à remplacer ces mots : « Dans l'église cathédrale », par ceux-ci : « dans l'église principale. »

M. l'archevêque de Bordeaux envoie une lettre du roi. M. le président lit cette lettre. — La voici telle qu'il a été possible de la retenir sur une seule lecture, pendant laquelle la voix de M. le président a fréquemment été couverte par des cris de *vive le roi*, et par des applaudissemens universels.

« Combattu entre les principes de la plus sévère économie et la nécessité de la représentation du chef d'une grande nation, j'aurais préféré de m'en rapporter à l'assemblée nationale, pour qu'elle fixât elle-même les dépenses de ma maison ; mais ses nouvelles instances m'engagent à m'expliquer. Je vais le faire clairement et simplement.

» Les dépenses connues sous le nom de maison du roi comprennent, 1° ma dépense personnelle, celle de la reine, celle de mes enfans et de leur éducation ; la maison de mes tantes et celle que ma sœur peut attendre incessamment de moi ; 2° les bâtimens et le garde-meuble de la couronne ; 3° ma maison militaire.

» L'ensemble de ces divers objets, malgré les réductions qui ont été faites depuis mon avénement au trône, indépendamment de 900,000 liv. que je percevais sur les droits de Versailles, s'élevait encore à 51 millions. Avec mon séjour habituel à Paris, je crois que 25 millions, en y ajoutant le revenu des parcs, forêts et maisons de plaisance que je conserverai, pourront, à l'aide de beaucoup de réductions, suffire à ma dépense, quoique j'y comprenne ma maison militaire....

» Je n'hésite pas à penser que la garde pour la défense de ma personne doit être réglée par la constitution ; en conséquence, j'ai retardé l'époque où les gardes-du-corps doivent reprendre leur service. J'ai été d'autant plus porté à ce délai, que la garde nationale m'a montré beaucoup de zèle et d'attachement, et je désire que jamais elle ne soit étrangère à la garde de ma personne.

» Il me serait impossible d'assigner les fonds annuels et limités nécessaires pour le remboursement de la dette arriérée de ma maison. Je pense que l'assemblée nationale jugera à propos de s'acquitter de cette liquidation.

» Je crois que le remboursement des charges de ma maison et de celles de mes frères est d'autant plus juste, que la vénalité des charges est supprimée.

» Je finis par l'objet qui me tient le plus à cœur. J'ai promis, par mon contrat de mariage avec la reine, que dans le cas où je cesserais de vivre avant elle, une maison convenable lui serait conservée. Elle vient de faire le sacrifice de celle qui a toujours appartenu aux reines de France, et qui, avec le comptant, montait à quatre millions. C'est un motif de plus pour que je désire que l'engagement que j'ai pris avec elle et avec son auguste mère soit assuré. Je demande la fixation de son douaire. Il me sera doux de devoir aux représentans de la nation ma tranquillité sur un point qui intéresse aussi essentiellement mon bonheur.

» Après avoir répondu aux instances de l'assemblée nationale, j'ajouterai que jamais je ne serai en opposition avec elle pour ce qui me concerne, et pourvu que la liberté et la tranquillité soient assurées, je ne m'occuperai point de ce qui me manquerait en jouissances personnelles ; je les trouverai, et bien au de là, dans le spectacle attendrissant de la félicité publique. »

On propose que tous les articles que contient la lettre du roi soient décrétés sur-le-champ.

Toute l'assemblée se lève sans attendre que le président mette la question en délibération ; la salle retentit d'applaudissemens et de cris de *vive le roi !*

L'assemblée décide que la lettre du roi fera elle-même le décret, et qu'on insérera seulement au bas, que toutes ses dispositions ont été unanimement décrétées et par acclamation.

On propose de se rendre à l'instant même en corps chez le roi.

*M. Barnave.* Il ne s'agit, en ce moment, que d'un arrangement pécuniaire entre la nation et le roi : nous applaudissons avec transport aux sentimens que S. M. exprime ; mais je crois que ce serait mal juger les convenances, que d'aller en corps chez le roi. Nous n'avons pas fait cette démarche solennelle dans des circonstances plus importantes. Je demande que M. le président se retire vers le roi, pour lui faire connaître la délibération de l'assemblée, et la manière dont cette délibération a été prise.

Cette demande est décrétée.

On propose de statuer sur la demande relative au douaire de la reine.

*M. de Menou.* Je propose de charger M. le président de supplier le roi de faire connaître à l'assemblée à quelle somme il désire que le douaire de la reine soit fixé.

*M. le comte de Faussigny.* Le roi laisse assez connaître dans sa lettre, qu'il désire que ce douaire soit de quatre millions par année.

*M. le marquis de la Galissonnière.* Je demande que cette somme soit portée à cinq millions.

On se dispose à mettre aux voix la proposition de M. de Menou.

*M. de Clermont-Tonnerre.* Cette motion, qui tend à replacer encore sous les yeux du roi l'objet en question, est inutile. Le roi en a dit assez. Il est digne de la nation d'accorder les quatre millions.

Une grande partie de l'assemblée se lève et adhère par acclamation à cette dernière proposition.

*M. le comte de Virieu.* On ne parle pas de l'habitation.

L'assemblée délibère et décrète que le douaire de la reine est fixé à une somme annuelle de 4 millions.

On applaudit avec transport, et les cris de *vive le roi!* se font entendre de toutes parts.

La séance est levée. ]

---

Les derniers mots de la séance précédente forment la transition par laquelle nous sommes conduits à parler des finances. Tous les principes sur lesquels fut fondée la constitution du clergé, ont en effet été épuisés dans les débats que nous venons d'exposer. Une seule partie de cette constitution n'était pas contenue dans les prémices; c'était celle qui réglait la quotité des traitemens. La discussion sur ce sujet fut très-longue, très-disputée, quelquefois scandaleuse. Le haut clergé insista surtout sur la nécessité d'un traitement élevé, afin que la *charité* ne faillit pas dans les mains des primats de l'Eglise.

« Messieurs, dit Robespierre (*séance du 16 juin*); j'adopte le principe de la *charité*; mais j'en tire une conséquence un peu différente : on vous a parlé de religion et de charité : saisissons l'esprit de la religion, agrandissons les idées de charité, et nous verrons que l'article du comité ne pêche rien moins que par l'économie. L'auteur pauvre et bienfaisant de la religion a recommandé au riche de partager ses richesses avec les indigens; il a voulu que ses ministres fussent pauvres; il savait qu'ils seraient corrompus par les richesses; il savait que les plus riches ne sont pas les plus généreux; que ceux qui sont séparés des misères de l'humanité ne compatissent guère à ces misères, et que, par leur luxe et par les besoins attachés à leur richesse, ils sont souvent pauvres au sein même de l'opulence. D'après ces idées, fondées en raison et en vérité, il est évident que le vrai moyen de soulager les pauvres n'est pas de remettre des sommes considérables entre les mains d'un petit nombre de ministres. Sont-ce donc là les vues du législateur? Le législateur doit travailler à diminuer le nombre des malheureux, et pour cela il ne suffit pas de remettre des trésors entre les mains de quelques-uns et de les charger de les répandre. Non, les législateurs ne soumettront pas la vie des hommes, le bonheur du peuple au caprice et à l'arbitraire de quelques hommes : c'est par les grandes vues de l'administration qu'ils peuvent secourir les malheureux ; c'est en réformant les lois qui outragent l'humanité; c'est en faisant que des lois égales pour tous frappent également sur tous et protègent tous les bons citoyens sans distinction. Voilà la véritable bienfaisance qui convient à des législateurs. »

L'assemblée, passant outre aux observations, vota les salaires proposés par le comité ecclésiastique. Il fut ensuite question, c'était le 28 juin, des pensions à accorder aux prêtres trop âgés pour exercer aucun ministère. A cette occasion, il s'éleva une discussion assez curieuse, et qui nous paraît digne d'être notée, en ce que ce furent les plus énergiques jacobins qui prirent seuls la parole pour défendre cette dette nationale. On venait de présenter, au nom du comité, le projet d'article suivant :

« Les évêques qui seront anciennement démis, les coadjuteurs des évêques, les évêques suffragans de Trèves et de Bâle, en France, jouiront d'un traitement annuel de 10,000, à prendre, soit à cause des pensions dont ils jouissaient. Dans le cas où ils ne jouiraient pas actuellement, soit en pensions, soit en bénéfices, leur traitement demeurera tel qu'il est : leur traitement, comme coadjuteur, cessera lorsqu'ils auront un titre effectif. »

[*M. Chassey*. Je vais vous présenter un article additionnel que vous jugerez sans doute très-nécessaire. Le *maximum* fixé dans l'article I$^{er}$ pour les évêques, pourra être augmenté d'un tiers en faveur de ceux qui se trouveraient, avant la publication du présent décret, âgés de 70 ans. Il en sera de même du *maximum* de tous les autres bénéficiers.

On demande la question préalable.

*M. Fricaud.* Lorsque le clergé formait un corps redoutable, il dictait des lois : voyez aujourd'hui quels moyens on met en usage pour le rétablir dans son ancienne splendeur. Je demande si son traitement n'est pas excessif ou porté à une juste valeur. Votre intention n'est pas sans doute de tripler la dépense du clergé. J'appuie donc la question préalable sur l'article proposé.

— L'assemblée est consultée sur la question préalable. — L'épreuve paraît douteuse.

*M. Martineau.* Je réclame un instant votre attention. (Une grande partie de la gauche de l'assemblée demande à aller aux voix.

*M. Desmeuniers.* On ne voudra jamais croire qu'on ait interrompu l'opinant, lorsqu'il réclamait en faveur des vieillards. (M. Desmeuniers est interrompu par des murmures.)

*M. Toulongeon.* Je demande à parler contre la question préalable. Je vous rappelle d'abord que lorsque les Gaulois, nos ancêtres (nouveaux murmures). Sans faire aucune citation, et dégagé de tout intérêt personnel, car je n'ai aucun bénéficier dans ma famille, je réclame pour les curés et les évêques, ce que vous avez fait pour les religieux et les militaires au-dessus de 70 ans, ou bien il me paraît nécessaire de constater l'impossibilité où l'on est de le faire.

*M. Lucas.* Je m'oppose à l'article proposé. Si on a des largesses à faire, je les réclame pour cinq millions d'hommes qui n'ont pas de pain.

On demande la division de l'article proposé. — On réclame la question préalable sur la division. — L'assemblée décide qu'il y a lieu à délibérer.

*M. Robespierre.* J'invoque la justice de l'assemblée en faveur des ecclésiastiques qui ont vieilli dans le ministère, et qui, à la suite d'une longue carrière, n'ont recueilli de leurs longs travaux que des infirmités. Ils ont aussi pour eux le titre d'ecclésiastiques, et quelque chose de plus, l'indigence. Je demande la question préalable sur l'article proposé, et que l'assemblée déclare qu'elle pourvoira à la subsistance des ecclésiastiques de 70 ans qui n'ont ni pensions ni bénéfices.

*M. l'abbé Grégoire.* Permettez à un jeune homme de réclamer en faveur de la vieillesse : c'est un bel exemple à donner, que d'apprendre à la respecter. Je ne pense pas qu'il faille adopter l'article proposé, mais seulement améliorer, proportionnellement à leur âge, le sort de ceux dont le traitement sera au-dessous de 5,000 livres.

On demande la priorité pour la motion de M. Robespierre.

*M. le Camus.* Je ne sais pas quel est le privilége d'un homme, parce qu'il a pris la tonsure. Je demanderais volontiers que tout citoyen actif ou non actif, âgé de 70 ans, qui n'aura pas mille livres de revenu, obtienne cette somme.

On demande la question préalable sur l'article et sur les amendemens.

L'assemblée décide qu'il n'y a pas lieu à délibérer sur l'article et sur les amendemens.]

Pour terminer ce que nous avons à dire de cette discussion, nous ferons remarquer que dans la séance du 14 on vota, sans discussion préalable, l'article suivant : « Avant que la cérémonie de la consécration commence, l'élu prêtera, en présence des officiers municipaux, du peuple et du clergé, le serment solennel de veiller avec soin sur le troupeau qui lui est confié, *d'être fidèle à la nation, à la loi et au roi*, et de maintenir, de tout son pouvoir, la constitution décrétée par l'assemblée nationale. »

Venons maintenant aux affaires de finances.

*Finances.*

Cette question fut amenée par un mémoire qui fut présenté, le 29 mai, par le ministre. Il y traitait des dépenses et des besoins des huit derniers mois de 1790. C'est le premier budget, à peu près régulier, qui ait été présenté à une assemblée française ; mais l'ordre est chose si difficile dans ces matières, que nous verrons encore long-temps le provisoire se prolonger.

Le rapport de Necker est long et diffus, ne contenant rien qui mérite d'être conservé, sauf les chiffres; et nous allons soigneusement les extraire tous.

Il évalue le capital des charges de magistrature, qu'il propose de rembourser en le convertissant en capital de rentes, à 250 millions; il élève à 150 millions le montant des intérêts arriérés de la dette; et il pense qu'il faut aussi le convertir en capital de rentes. Ensemble, ces deux chapitres forment un total de 400 millions, et grevaient le trésor de 20 millions d'intérêts annuels. Enfin, le ministre propose d'indemniser tous les individus auxquels les événemens révolutionnaires ont causé quelques dommages, en leur répartissant trois millions de rente. Voici, au reste, son budget.

*Aperçu de l'état général des finances, pendant les huit derniers mois de l'année 1790, tant pour l'ordinaire que pour l'extraordinaire.*

### RECETTES.

| | |
|---|---|
| Totalité des fonds en caisse, au 30 d'avril 1790, tant en argent qu'en billets de la caisse d'escompte, ci............ 14,860,000 liv. A déduire pour quelques bons de caisse à acquitter................ 2,250,000 | 12,610,000 liv. |
| Effets du commerce, échéant dans divers mois de l'année........................... | 2,755,000 liv. |
| Impositions directes, déduction faite des charges assignées sur leur produit........... | 100,530,000 |
| Fermes générales, déduction faite des charges assignées sur leur produit, dans lesquelles n'est compris aucun versement de deniers entre les mains des payeurs des rentes, parce que les rentes sont portées en totalité dans la colonne des dépenses........ | 24,000,000 |
| Ferme des postes, y compris l'abandon fait par les fermiers de leurs bénéfices, et déduction faite des charges assignées sur ses | |

produits, dans lesquelles charges est comprise l'indemnité accordée aux maîtres des postes pour la suppression de leurs priviléges, conformément au décret de l'assemblée nationale...................... 6,240,000 liv.

Ferme des messageries, dont toute l'année est due........................... 1,040,000

Ferme de Sceaux et de Poissy, *idem*......... 540,000

Ferme des affinages, *idem*............... 105,000

Régie générale des aides, déduction faite des charges qu'elle est tenue d'acquitter, dans lesquelles on ne comprend aucuns versemens de deniers entre les mains de payeurs des rentes............................ 19,900,000

Régie des domaines, déduction faite des charges assignées sur ses produits........... 17,645,005

Régie de la loterie royale, déduction faite des charges qu'elle est tenue d'acquitter...... 2,700,000

Régie des poudres et salpêtres. Le peu de produits qu'elle espère cette année sera absorbé par le paiement exigible des billets que les régisseurs ont faits et renouvelés successivement depuis plusieurs années....... *Mémoire.*

Impositions des pays d'États, en supposant qu'on ne remboursera rien sur les emprunts............................. 10,865,000

Impositions abonnées, en y comprenant ce qui reste à rentrer du dixième sur les taxations des receveurs-généraux et des receveurs particuliers des finances................ 600,000

Impositions particulières aux fortifications des villes........................... 575,000

Revenus de la caisse du commerce......... 400,000

| | |
|---|---:|
| Loyers des maisons des Quinze-Vingts..... | 120,000 liv. |
| De la Monnaie. Reliquat dû par le directeur de Paris, en supposant encore quelques fournitures en vaisselles, payables à six mois de terme environ................. | 1,000,000 |
| Sur les onze millions environ qui ont été avancés aux receveurs-généraux pour payer leurs rescriptions, il y en a près de la moitié qui ne pourra être remboursée que par le prix des charges de ces receveurs, à cause du dérangement de leurs affaires; mais on estime que sur le reste, il pourra rentrer dans les huit derniers mois 1790, environ........................... | 4,000,000 |
| Recouvrement dans le cours des huit derniers mois 1790, sur les 42 millions à imposer en remplacement de la gabelle, et sur les neuf millions cinq cent mille l. à imposer en remplacement des droits sur les cuirs, l'amidon, les huiles et la marque des fers, environ.. | 25,000,000 |
| On a passé dans la dépense les rentes d'une année sur la ville, en leur entier, ainsi que les traitemens, pensions, appointemens, etc.; mais une partie de ces objets a été et sera donnée en paiement des dons et de la contribution patriotiques. On estime cet article de décharge, toujours par simple évaluation, à environ........................... | 12,000,000 |
| Rentrées en deniers pour la contribution patriotique, également par évaluation...... | 50,000,000 |
| Mises qui pourront être faites dans l'emprunt de septembre 1789, dans ceux des pays d'Etats, non encore remplis, par évaluation incertaine........................ | 4,000,000 |

T. VI.

Billets-assignats décrétés par l'assemblée nationale.................. 400,000,000
A déduire les 20 millions déjà fournis en promesses de la caisse d'escompte, en vertu d'un décret de l'assemblée nationale, du 17 avril dernier.   20,000,000
Reste à passer en recette..  380,000,000 ci.   380,000,000 liv.
    TOTAL...................... 656,625,000

## DÉPENSES.

Dépenses générales de la maison du roi et de la reine, des enfans de France, de madame Elisabeth; de mesdames, tantes de S. M.; sur lesquelles dépenses il n'y a eu que 4 millions 526 mille liv. de payées pendant les quatre mois de cette année................ 20,475,000

Maisons des princes, frères du roi, sur lesquelles il n'y a eu que 2 millions 122 mille liv. de payées pendant les quatre premiers mois de cette année.................... 6,120,000

Affaires étrangères sur le pied de 6 millions 700 mille liv............................ 5,025,000

Département de la guerre, auquel il y a eu 37 millions 180 mille liv. de payées dans les quatre premiers mois................. 64,900,000

Dépenses de la caisse civile de l'île de Corse, à 25 mille liv. par mois.................. 165,000

Marine et colonies, sur le pied de 40 millions 500 mille liv. par an, sur quoi il y a eu 15 millions 21 mille liv. de payées dans les quatre premiers mois.................. 25,400,000

Ponts et chaussées, sur le pied de 5 millions 680 mille par an, sur quoi il y a eu 1 million 820 mille liv. de payées pendant les quatre premiers mois....................... 3,860,000

JUIN (1790)

Haras, dont la dépense doit cesser ; mais en attendant, et pour se conformer au décret de l'assemblée nationale, on l'a réduit au pur indispensable, en la comptant seulement à 20 mille liv. par mois; ce qui, pour trois mois encore, forme une somme de...     60,000

Rentes viagères et perpétuelles dont le paiement est fait, tant à l'Hôtel-de-ville qu'au trésor public.     Savoir :

| | | |
|---|---|---|
| Reste de l'année 1788 des rentes payées à l'Hôtel-de-ville............. | 6,700,000 liv. | |
| Année 1789 des rentes, compris les gages et intérêts des payeurs et les épices du compte...... | 153,500,000 | 160,200,000 |
| Reste de l'année 1789 des rentes et indemnités payées directement au trésor public................. | 1,520,000 liv. | |
| Reste de l'année 1789 des rentes sur le domaine de la ville.................. | 2,230,000 | |
| Six derniers mois 1789 des rentes déléguées à monseigneur comte d'Artois..... | 450,000 | 5,200,000 |
| Reste de l'année 1788 des rentes déléguées à M. le prince de Guéménée..... | 20,000 | |
| Année entière 1789 des mêmes rentes............. | 980,000 | |

Intérêts d'effets publics et d'autres créances, sur le pied de 28 millions 90 mille liv. par an, déduction faite de 24 millions de capitaux d'effets royaux, qui ont été reçus en doublement dans l'emprunt national de quatre-vingts millions, sur lesquels 28 millions 90 mille liv.

| | |
|---|---:|
| d'intérêt on a payé 6 millions 800 mille liv. dans les quatre premiers mois, reste..... | 21,300,000 |
| Intérêts de cinquante millions qui ont été reçus dans l'emprunt national de quatre-vingt millions................ | 2,500,000 |
| Pensions sur le pied de vingt-cinq millions par an, déduction faite des dixièmes ; on a payé 4 millions 200 mille liv. dans les quatre premiers mois 1790. La réduction vraisemblable sur cet article de dépense, comme sur tous les autres se trouve comprise dans l'article de vingt-cinq millions portés ci-après, en déduction des dépenses fixes............ | 20,800,000 |
| Gages du consei. et traitemens particuliers de la magistrature, sur lesquels il a été payé 370 mille liv. dans les quatre premiers mois. | 1,500,000 |
| Gages des officiers du point d'honneur, reste de 410 mille liv. ................. | 380,000 |
| Appointemens et frais des cinq administrateurs du trésor public et de leurs bureaux, dont il n'a été payé qu'un quartier....... | 4,550,000 |
| Bureaux de l'administration générale, et traitement des différentes personnes, dont il n'a été également payé qu'un quartier.... | 1,760,000 |
| Département des mines, ancienne compagnie des Indes, caisse du commerce, sur lesquels il n'a été payé que le quartier de janvier.. | 525,000 |
| Dépenses diverses de la police de Paris, sur lesquelles il y a eu quelques réductions ; mais elles exigent d'ailleurs des augmentations qui les reporteront probablement à 1 million 600 mille liv. par an. En attendant, on n'évalue les huit derniers mois de 1790 qu'à.. | 800,000 |
| Maréchaussée de l'île de France, sur le pied de 505 mille liv. par an, compris 50 hommes | |

| | |
|---|---:|
| d'augmentation. Il n'a été payé que le quartier de janvier.......................... | 250,000 |
| Pavé de Paris, dont les quatre premiers mois sont payés dans la proportion de 627 mille l. | 420,000 |
| Travaux dans les carrières qui sont sous la ville de Paris et les environs............ | 265,000 |
| Fonds réservés pour de petits actes de bienfaisance............................ | 100,000 |
| Secours aux Hollandais réfugiés en France. La somme annuelle est actuellement réduite à 726 mille l., sur quoi on a payé 240 mille l. dans les quatre premiers mois.......... | 490,000 |
| Communautés religieuses. La partie qui est payée au trésor public, est annuellement de 346 mille liv., sur quoi il n'a été acquitté dans les quatre premiers mois que 52 mille l. | 295,000 |
| Hôpitaux et Enfans-Trouvés, sur le pied de 1 million 20 mille liv. par an, sur quoi il a été payé 257 mille dans les quatre premiers mois............................... | 760,000 |
| Dépenses relatives à la destruction du vagabondage et de la mendicité, sur quoi il a été remboursé 93 mille liv. dans les quatre premiers mois........................ | 850,000 |
| Primes, non compris celles payées par la Ferme générale, et encouragement pour le commerce............................ | 500,000 |
| Jardin-Royal des Plantes et cabinet d'histoire naturelle, sur quoi il a été payé 24 mille liv. dans les quatre premiers mois.......... | 80,000 |
| Bibliothèque du roi..................... | 90,000 |
| Académies, Sciences et arts, Ecoles vétérinaires.............................. | 585,000 |
| Dépenses et traitemens divers............ | 500,000 |
| Dépenses dans les provinces, à payer par le | |

| | |
|---|---:|
| trésor public, et qui faisaient ci-devant partie des charges assignées sur le produit des impôts directs.................... | 5,260,000 |
| Dépenses imprévues....................... | 3,000,000 |
| TOTAL......................... | 355,745,000 |
| A déduire les réductions qui pourront être réalisées dans le cours de l'année courante, à la suite des prochains décrets de la part de l'assemblée nationale........ | 25,000,000 |
| Reste sur les dépenses fixes........ | 330,745,000 |

### EXTRAORDINAIRE.

| | |
|---|---:|
| Travaux des fortifications de la nouvelle enceinte du Hâvre........................ | 340,000 |
| Travaux de la rade de Cherbourg......... | 2,000,000 |
| Travaux des fortifications de Cherbourg.... | 720,000 |
| Travaux du pont de Louis XVI........... | 560,000 |
| Travaux de la construction du dernier bâtiment des écuries du roi à Versailles....... | 120,000 |
| Travaux de la clôture de Paris, achats de terrains sur lesquels les murs doivent être établis, non compris l'arriéré............ | 1,600,000 |
| Travaux et frais d'établissement des bureaux du trésor public et de la caisse de l'extraordinaire, et de ceux de la loterie royale.. | 80,000 |
| Garde militaire de Paris, au moins........ | 4,000,000 |
| Ateliers de charité, pour subvenir au manque de travail à Paris, à Versailles, au canal de Bourgogne, et dans quelques provinces, et autres secours extraordinaires de charité, environ............................... | 4,000,000 |
| Reste dû sur le terme échu en décembre 1789, de l'emprunt de Gênes................ | 700,000 |
| Remboursement à faire à Gênes, à la décharge de la compagnie Perrache........ | 100,000 |
| Avant-dernier paiement sur les secours ci-de- | |

vant accordés pour les dettes de monseigneur comte d'Artois, et pour lequel il y a eu des engagemens pris par des particuliers. 1,600,000

Traites sur M. Duruey, en remboursement des matières d'or et d'argent extraites de l'étranger... ..................... 1,100,000

Traites faites et à faire des pays étrangers et de différentes villes du royaume, pour des achats de grains et pour des frais qui y sont relatifs, déduction faite du produit de ce qui sera vendu. On évalue cette dépense pour le reste de l'année, à........ 8,000,000

Remboursement du prix de la vaisselle portée aux hôtels des Monnaies, déduction faite d'environ 5 millions 500 mille l. qui sont rentrées par l'emprunt national, par la contribution patriotique et d'autres manières... 9,590,000

Remboursement sur un prêt fait par le Mont-de-Piété, environ..................... 600,000

A MM. les députés de l'assemblée nationale, indemnité de leurs dépenses............. 4,800,000

Diverses dépenses relatives à l'assemblée nationale............................... 660,000

Avance à l'entreprise du canal de Charollais, en vertu d'un décret de l'assemblée nationale............................... 600,000

A-compte de la dette arriérée du garde-meuble, *idem*........................ 200,000

Somme qui pourra être nécessaire pour acquitter quelques objets arriérés, dont le paiement serait jugé pressant.......... 3,000,000

Secours extraordinaire au département de la marine................................ 12,000,000

Anticipations qui sont dans les mains du public :

| | | |
|---|---|---|
| En billets des fermes..... | 59,825,000 liv. | |
| En assignations sur les fermes et les régies....... | 25,390,000 | 85,615,000 |
| En rescriptions sur les recettes générales des impôts directs........... | 20,400,000 | |
| A la caisse d'escompte pour acquitter sa créance............................ | | 170,000,000 |
| A elle pour les intérêts à cinq pour cent de ces soixante-dix millions, depuis le 1ᵉʳ janvier jusqu'au 15 d'avril...................... | | 2,480,000 |
| Perte sur les achats du numéraire. On ne peut l'évaluer encore............ | *Mémoire.* | |
| Total de l'extraordinaire...... | | 514,465,000 |
| Total général de la dépense.. | | 645,210,000 |

### RÉSULTAT.

| | |
|---|---|
| Les recettes montent à................ | 656,625,000 |
| Les dépenses à........................ | 645,210,000 |
| Excédant de la recette................ | 11,400,000 |

Mis en demeure par ce mémoire, le comité des finances commença par apurer ses travaux arriérés. Les discours de ses deux rapporteurs sont assez intéressans par les détails qu'ils contiennent : l'un est relatif au produit de la contribution patriotique; l'autre contient l'histoire de la manière de procéder, adopté par la caisse d'escompte, pour le remboursement de ses billets : aussi nous n'hésitons point à les insérer.

### SÉANCE DU 4 JUIN.

[M. *le Couteulx de Canteleu.* Votre comité des finances doit vous faire connaître le compte qui lui a été rendu de l'état actuel de la contribution patriotique. Les résultats des rôles connus jusqu'à ce jour montent à 74 millions; la ville et l'intendance de Bordeaux, composées de quarante-trois municipalités, ont fourni 4 millions ; les États de Bretagne, composés de 309 municipalités, ont fourni 2 millions 859 mille livres; Paris a fourni 40 millions 830 mille livres. Le total des municipalités dont on a les rôles est de 9 millions 977 mille l. On ne peut s'empêcher de remarquer la disproportion qui se trouve entre les provinces et la ville de Paris, qui perd tant à la révolution, et qui se montre si ardente à la protéger. C'est une preuve du patriotisme qui a singulièrement distingué cette capitale. (On applaudit.) Tout bon Français doit sentir combien un pareil exemple est impérieux. Nous ne devons pas laisser ignorer que beaucoup de déclarations de provinces ont été faites à Paris. Les assemblées de départemens connaîtront des difficultés qui pourront survenir. En attendant leur entière formation, nous vous proposons de charger votre comité des finances de l'examen des affaires relatives à la contribution patriotique, et de travailler de concert avec les députés de chaque département, pour aplanir les difficultés et faciliter les déclarations, la confection des rôles et les recouvremens.

Le décret est adopté.

M. *de Larochefoucault*. Vous avez demandé que les commissaires nommés pour surveiller les opérations de la caisse d'escompte vous en rendissent compte; nous en avons contracté l'obligation, nous allons la remplir.

Vous aviez décrété le remboursement en annuités de 70 millions, et celui de 170 en assignats à cinq pour cent des sommes que la caisse avait prêtées à l'État à diverses époques. Vous aviez ordonné qu'elle reprendrait ses paiemens à bureau ouvert le premier juillet; et sans vous expliquer alors positivement sur le service de numéraire qu'elle faisait depuis la fatale époque du 16 août 1788, vous aviez paru les regarder comme une condition nécessaire à la tranquillité publique.

Par votre décret du 17 avril qui a créé les assignats-monnaie, vous avez changé la forme de remboursement à la caisse pour 170 millions, et vous avez séparé, à compter du 15 avril, les affaires de cette caisse et celles du gouvernement.

Les administrateurs représentèrent alors à vos commissaires

qu'ils ne pouvaient plus continuer le service de numéraire, onéreux aux actionnaires par les frais que l'achat de l'argent entraînait, à moins d'un ordre précis. Vos commissaires, persuadés que la nécessité des circonstances exigeait la continuation de ce service, leur en donnèrent l'ordre le 24 avril; et sur le compte qui vous fut rendu le 25 par l'un d'eux, vous approuvâtes cet ordre, et vous chargeâtes votre comité des finances de vous faire un rapport sur cet objet dont il était saisi depuis long-temps, et dont il vous avait plusieurs fois entretenus. Les mêmes administrateurs remirent aussi, à cette époque, à vos commissaires, un mémoire dans lequel ils exposaient les pertes que ce service causait aux actionnaires, et ce mémoire a été soumis à l'examen du comité des finances.

Vos commissaires nommés par le comité d'aliénation des domaines nationaux, conformément à votre décret du 17 mars, se tiendront dans les bornes de la surveillance dont vous les avez chargés, et vous mettront seulement sous les yeux l'état du numéraire distribué par la caisse d'escompte, et la forme dans laquelle cette distribution se fait.

Avant le 28 novembre, la distribution du numéraire se faisait aux porteurs de billets, à mesure qu'ils se présentaient, mais avec une forme assez lente pour qu'il n'en fût pas payé plus de 500 par jour. L'affluence des porteurs; la crainte des effets qu'elle pouvait produire, et la nécessité d'assurer du numéraire pour la solde de la garde nationale et d'autres besoins publics, firent prendre à la municipalité de Paris, de concert avec les administrateurs de la caisse, le parti d'ordonner que les possesseurs de billets qui voudraient les échanger contre de l'argent, s'adresseraient au lieutenant de maire, chargé des établissemens publics, lequel désignerait chaque jour les 500 numéraires qui devraient être payés. Il résulte de cet arrangement, que la somme de la distribution journalière varie selon la proportion des grands et des petits billets désignés par le lieutenant de maire; et sur cette somme, les particuliers possesseurs de billets n'en reçoivent que 50 à 60 mille liv.; le reste est distribué pour les établissemens et pour les travaux publics, pour les manufactures et pour le commerce.

Les états que vos commissaires ont l'honneur de vous présenter ont été formés sur les registres du lieutenant de maire, et sur ceux de la caisse d'escompte, et vous observerez que les sommes énoncées dans le premier état excèdent celles effectivement payées, parce que quelquefois les possesseurs de billets négligent de présenter au remboursement ceux qu'ils sont autorisés à toucher.

La tâche de vos commissaires est donc remplie sur cet objet par l'exposé qu'ils viennent de vous faire, et par les précautions qu'ils ont prises pour en assurer la vérité. Ils doivent, en finissant, rendre ici justice au zèle des administrateurs de la caisse, et à l'ordre qui règne dans leur gestion.

Il est juste que la caisse d'escompte soit remboursée des frais du service qu'elle a fait pour une distribution de numéraire importante au repos public, à laquelle elle n'était point obligée, et qui s'est toujours opérée par des achats de matières chez l'étranger.

*Etat des paiemens ordonnés par le bureau des établissemens publics à faire à la caisse d'escompte.*

| | |
|---|---:|
| Du 19 décembre 1789 au 1ᵉʳ janvier 1790...... | 1,708,000 l. |
| Du 1ᵉʳ janvier au 1ᵉʳ février................. | 4,481,700 |
| Du 1ᵉʳ février au 1ᵉʳ mars................... | 5,636,600 |
| Du 1ᵉʳ mars au 1ᵉʳ avril..................... | 6,169,600 |
| Du 1ᵉʳ avril au 15 du même mois............. | 2,759,100 |
| | 20,755,000 |
| Du 15 avril au 1ᵉʳ mai...................... | 3,113,200 l. |
| Du 1ᵉʳ mai jusques et compris le 29 du même mois. | 5,133,300 |
| | 8,246,500 |

## RÉCAPITULATION.

Du 19 décembre 1789 au 15 avril 1790.......... 20,755,000 l.
Du 15 avril jusques et compris le 29 mai......... 8,246,500

      Total général.......... 29,001,500

Certifié véritable et conforme aux registres de distribution, par nous, lieutenant de maire au département des établissemens publics.

A Paris, ce 30 mai 1790.

      Brousse-Desfaucheretz.

*État des billets de la caisse d'escompte remboursés depuis le 19 décembre 1789, jusques et compris le 29 mai 1790.*

   *Du 19 décembre 1789 au 14 avril 1790.*

En décembre 1789, depuis le 19 jusqu'au 31 dudit mois................................................ 1,545,100 l.
En janvier 1790................................... 3,624,900
En février *idem*................................. 4,379,400
En mars *idem*.................................... 5,930,400
En avril, depuis le 1$^{er}$ jusqu'au 14 dudit........ 2,427,700

           17,907,500

A déduire, pour parties de dépôt rendues contre billets et comprises dans l'état de paiement ci-dessus................................................ 893,500

    Reste payé au public........... 17,014,000

    *Du 15 avril au 29 mai.*

Du 15 avril au 30 dudit.......... 3,538,200 l. ⎫
Du 1$^{er}$ mai au 29 dudit......... 5,107,700 ⎬ 8,645,900

      Total............... 25,659,900 l.

Certifié véritable par nous, administrateurs soussignés.
A Paris, ce 30 mai 1790.—

  *Signés*, Doozan, de Lessart, Leroy de Camilly, de Vaudeuil, J.-F. Perregaux-Duruet, Lavoisier, Vandenyver, Dupont.

On fait lecture d'un projet de décret présenté par le comité des finances: il est accepté dans les termes suivans:

« D'après l'examen et le rapport du comité des finances, l'assemblée nationale décrète qu'elle autorise le premier ministre des finances à recevoir de la caisse d'escompte son compte de clerc à maître des dépenses qu'elle a pu, ou pourra faire pour la distribution du numéraire depuis le 1$^{er}$ janvier 1790, qu'elle continuera jusqu'au 1$^{er}$ juillet, époque à laquelle ce service cessera, attendu que les billets de caisse seront en grande partie échangés contre des assignats, afin qu'elle puisse être indemnisée s'il y a lieu. Lequel compte, ainsi que les pièces justificatives, seront remis au comité des finances, pour sur ce rapport y être statué par l'assemblée nationale.]

---

Le comité des finances procéda d'une manière assez singulière dans son examen du budget. Il annonça par l'organe de Lebrun, son rapporteur, qu'il laissait aux divers comités formés pour s'occuper d'une des branches de l'administration, tels que le comité militaire, le comité ecclésiastique, etc., le soin de discuter et de présenter le budget de chacune de ces parties. Quant à lui il se réserva de s'occuper seulement des branches qui n'avaient encore été soumises à l'examen d'aucune commission particulière. Son travail ne présente donc rien de général: il commença, à l'inverse du ministre, par s'occuper des dépenses, et vint proposer à l'assemblée des décrets sur divers chapitres isolés, en sorte que ce travail sur les finances n'offre aucun ensemble. Mais, par cela même que le comité dont il s'agit n'étudia que les questions dont d'autres commissions n'étaient pas chargées, il souleva plusieurs questions auxquelles on n'avait pas encore songé. Ce sont ces choses seules qui nous ont paru mériter d'être recueillies et mises sous les yeux de nos lecteurs; le reste n'est que pièces comptables.

### SÉANCE DU 5 JUIN.

[*M. le Brun.* Le comité des finances va présenter à l'assemblée son travail sur toutes les parties de la dépense. Il faut que les dépenses générales soient confiées à la responsabilité des agens de la nation. Celles qui sont relatives à des besoins locaux, appartiennent à l'administration des départemens. C'est à eux à en être les arbitres. Nous n'avons laissé au gouvernement que ce que lui seul peut faire, et aux citoyens ce qu'ils peuvent faire mieux que le gouvernement : tout notre travail a été fait dans cette vue. Une nouvelle tâche nous est imposée, c'est de provoquer vos délibérations. Il a été réservé à votre comité ecclésiastique de poser les bases des dépenses du culte. Quant aux besoins personnels du roi, il est de la grandeur de la nation de ne point discuter ces détails ; c'est à S. M. à régler cet objet sur ses convenances et sur ses goûts. Ses vertus ne nous laissent à craindre que la sévérité de son économie. Vous voulez que votre roi soit le plus magnifique des rois comme vous êtes la plus grande des nations. Vous ne voulez pas détruire un éclat qui distingue la cour française. Il faut que le riche étranger puisse se reposer parmi nous et qu'il finisse par s'y fixer. Nous ne voulons pas abandonner cette urbanité qui nous fit quelquefois pardonner notre servitude. Nous n'aurons plus désormais qu'un luxe innocent, puisque le revenu public ne lui servira plus d'aliment. Votre vœu est sans doute aussi que ce monarque, que vous auriez choisi, s'il ne vous avait été donné, puisse s'occuper en paix du revenu de son auguste famille. Le restaurateur de la liberté française ne sera pas soumis à des incertitudes sur les dépenses de sa maison. Je vous propose donc de décréter que sa majesté sera de nouveau suppliée de fixer sa dépense d'une manière qui réponde à la majesté de son trône, à l'amour et à la fidélité d'une grande nation.

Ce projet est d'abord adopté par acclamation et avec les plus vifs applaudissemens, puis décrété dans la forme ordinaire (1).

M. *le Brun*. Le comité a déjà présenté à l'assemblée le rapport des dépenses relatives aux affaires étrangères : il ne peut donc rappeler ici le projet qu'il a proposé. Ce département a

(1) Nous avons déjà vu, page 237 comment le roi répondit à cette politesse.

éprouvé une réduction de 600,000 liv. pour l'année 1790 ; il en éprouvera encore une semblable pour l'année 1791. Une économie trop sévère aurait des inconvéniens ; vous pourriez compromettre des secrets importans : l'intérêt de votre prépondérance dans l'Europe serait blessé. Il faut un certain éclat aux ambassadeurs qui doivent plaider chez l'Etranger pour notre sûreté, s'attirer son amitié, faire respecter les Français, et inspirer aux nations voisines le désir de devenir nos amis. Le danger des abus en ce genre n'est rien auprès du danger de la publicité. Le comité ne se dissimule point qu'une fixation absolue serait impolitique dans ce département, où des circonstances étrangères peuvent à chaque instant nécessiter des changemens de mesures et des dépenses nouvelles. Il vous propose de décréter que provisoirement et pour l'année 1790, la dépense du département des affaires étrangères sera fixée à six millions sept cent mille livres, et réduite, au 1ᵉʳ janvier 1791, à la somme de six millions trois cent mille livres.

Le projet mis aux voix est adopté.

M. le Brun. Nous ne vous parlerons point des départemens de la guerre et de la marine. C'est aux comités établis pour ces deux objets à en proposer la dépense ; et ce n'est que d'après leur fixation que nous pourrons présenter notre travail. Sans cela, nous n'offririons que des réductions hypothétiques et incertaines.

Les ponts et chaussées portent un grand caractère d'utilité publique. Le comité a pensé qu'il fallait, sous les ordres du pouvoir exécutif, une direction des ponts et chaussées ; que c'était le seul moyen de lier ensemble toutes les parties du royaume ; qu'il fallait une école publique pour ceux qui se destinaient aux travaux des ponts et chaussées. Elle existe ; elle a été fondée par un homme connu par ses vertus modestes et par ses grands talens : depuis quarante ans elle a obtenu de grands succès. Nous avons donc cru qu'il fallait conserver un établissement, plutôt que de se livrer à des innovations dont la réussite serait incertaine. Un objet d'économie nous a frappés. On a très-nouvellement établi une école des mines, avec un grand appareil et de grandes dépenses; le nombre des élèves est peu considérable. Après avoir pris à l'école des instructions théoriques, ils vont chercher dans les provinces à mettre ces connaissances en pratique : mais les ateliers obscurs dans lesquels ils voudraient se perfectionner leur sont ouverts ou fermés, selon le caprice des propriétaires. Le comité a pensé que tout ce qui a rapport aux travaux des mines, devait se lier aux études nécessaires pour les ponts et chaussées ; qu'il serait intéressant pour les départemens de trouver dans le même homme, dans un homme occupé par état de fouilles de terre et de constructions souterraines, les lumières nécessaires, soit pour constater l'existence des mines, soit pour en éclairer l'exploitation. — M. le Brun fait lecture d'un projet de décret.

*M. de Toulongeon*. Nous ne pouvons pas discuter en ce moment un objet aussi important que les ponts et chaussées. C'est une grande question que de savoir si ce corps doit subsister. Les pays d'Etat ont des ingénieurs particuliers, et l'on sait qu'en cette partie l'administration des pays d'Etat vaut bien celle des pays d'élection. Je ne crois pas qu'une école soit indispensablement nécessaire : il y a beaucoup d'arts pour lesquels il n'existe pas d'école.... Je demande l'ajournement à un terme fixe, pour que nous puissions examiner d'avance et discuter ensuite.

*M. de Biauzat*. Tous les ouvrages faits en province par la voie de l'administration ont toujours été si mal exécutés, qu'il a fallu les recommencer quelques années après.... Le comité vous propose de réunir les mines aux ponts et chaussées : il ne s'est pas suffisamment instruit de ces deux objets ; car il aurait vu qu'il n'y a nul rapport entre l'un et l'autre.

*M. Legrand*. Avant d'entrer dans les détails que la discussion présente, il faut examiner les questions élevées par les préopinans. Y aura-t-il une école et une administration générale des ponts et chaussées? Je ne balance pas pour l'affirmative. Il faut les connaissances les plus étendues pour les travaux des ponts, des digues et des ports. Comment aurez-vous des sujets qui réunissent ces connaissances, si vous ne conservez pas une instruction publique? Il doit exister des liaisons, des rapports, une marche suivie entre les opérations des chemins, des ponts, des canaux et des ports qui n'appartiennent pas particulièrement à telle ou telle contrée, et qui ont l'utilité générale pour objet. Comment ces travaux se feront-ils sans une direction générale? Il y a, à la vérité, des intérêts plus locaux; cependant la prospérité du commerce et de l'agriculture, dans tel département, a une influence directe sur la prospérité de tel autre. Peut-être affecterez-vous aux départemens le soin d'ordonner ou de surveiller tout ce qui sera relatif à leur intérêt particulier; mais il faudra toujours lier ensemble toutes les opérations; il faudra toujours une direction générale. Je demande donc que l'assemblée décide préalablement qu'il y aura une école et une administration générale des ponts et chaussées.

*M. le chevalier de Murinais.* J'ai été membre de la section des Etats du Dauphiné, chargée d'examiner les travaux des ponts et chaussées dans cette province, et je dois rendre hommage à la manière dont ils ont été exécutés. Je pense donc que l'école des ponts et chaussées doit être conservée; mais je crois qu'il serait utile de la diviser en deux parties sous une administration générale : l'une serait établie à Amiens, et l'autre à Toulouse.

Chaque département enverrait deux élèves, qui viendraient rapporter dans leur patrie le fruit de leur travail.

*M. d'André.* Personne ne peut raisonnablement douter de la nécessité d'un centre d'administration des ponts et chaussées établi à Paris. Sans ce centre, il serait possible que chaque département, faisant des chemins à sa manière, ces chemins ne se rencontrassent pas. Mais on pourra nous présenter des projets nouveaux, pour remplacer d'une manière avantageuse l'école des ponts et chaussées, ou lui donner une autre forme. Par exemple, quelques personnes pensèrent à réunir cet établissement au génie militaire, qui, avec des modifications, deviendrait actif pendant la paix, tandis qu'il n'est utile que pendant la guerre. Au reste, nous nous écartons un peu de la marche que nous devrions suivre. On ne demande que deux cent six mille livres : décrétons qu'il y aura une administration générale et unique des ponts et chaussées, et passons à l'article suivant du rapport du comité.

*M. Chapelier.* J'appuie l'ajournement proposé, en le fixant pour la fin du travail que présente en ce moment le comité des finances.

Cet ajournement est adopté.

*M. le Brun.* Le conseil du roi est divisé en deux parties, l'administration et le contentieux. Le conseil administratif est composé de ministres d'état ayant département; le conseil contentieux, de ministres sans département. Les traitemens des secrétaires d'état, de la guerre, de la marine, des affaires étrangères, du contrôleur-général des finances, sont compris dans la dépense de leurs départemens. Le comité ne se propose pas d'examiner la composition du conseil : ce travail appartient au comité de constitution.

Après une discussion assez vive, l'assemblée adopta le décret suivant :

« L'assemblée nationale décrète provisoirement, et jusqu'à ce qu'il ait été statué ultérieurement sur ces objets, ce qui suit :

» Art. I$^{er}$. Le traitement du chef de la justice sera de.................................... 100,000 liv.
Celui du contrôleur-général, de............... 100,000
Celui du secrétaire d'état de la maison du roi.. 100,000
De la guerre........................ 100,000
De la marine....................... 100,000
Des affaires étrangères................ 180,000

» II. Il sera assigné pour les ministres d'état sans départemens..................... 80,000
Pour les personnes que le roi appellera à son conseil............................ 80,000

TOTAL............ 840,000 liv.

La séance est levée à deux heures et demie.

---

Dans la suite du rapport de Lebrun qui occupa encore les séances des 6, 11, 12 et 13; il ne se rencontra plus d'affaires aussi graves. C'est une énumération de dépenses analogue à celle que nous avons vue à la fin de la séance précédente : encore cette énumération est seulement relative à l'organisation de l'administration des finances. Nous en avons déjà dit la raison ; les dépenses spéciales furent renvoyées aux comités spéciaux qui s'occupaient de la matière même de ces dépenses. On proposa seulement de mettre les frais des tribunaux à la charge des départemens; et cela fut décidé. Quant aux frais de l'administration des finances, il est impossible d'y saisir un total positif. En effet, toutes choses étaient à réorganiser; et à l'époque dont il s'agit, on ne pouvait spéculer que sur du provisoire. Nous ne pouvons donc saisir, ici, d'autres renseignemens historiques, que ceux qui se rapportent à l'Etat passé des dépenses.

D'après le rapport de Lebrun, le total des frais de recette générale était de 7,465,409 liv. Mais tout le système de ces recettes devait être changé ; provisoirement, il proposa quelques économies, et que pour l'avenir cette dépense fût à la charge des départemens: cette proposition fut décrétée.

Dans la séance du 11, Lebrun fit le rapport sur les fermes générales. Nous en donnerons l'extrait suivant :

« Le bail actuel, disait Lebrun, a commencé au premier janvier 1787, et devait finir le premier janvier 1793.

Il comprend des objets affermés et des objets en régie.

Les objets affermés sont le sel,
fixé dans les grandes ga-
belles à.................. 59,500,000 l. } 58,560,000 liv.
Dans les petites à.......... 14,000,000
Dans les gabelles locales à... 5,060,000
Le tabac fixé à............. 27,000,000
Les entrées de Paris à...... 30,000,000 } 57,000,000

Objets affermés...................... 115,560,000 liv.

Il faut déduire sur les entrées de Paris 1,200,000 liv., jusqu'à ce que l'enceinte soit achevée.

Les fermiers sont tenus rigoureusement de payer ce prix de bail. Leurs bénéfices commencent sur la vente du sel, immédiatement après les 58,560,000 liv.

Il ne commence sur le tabac et les entrées de Paris, qu'après que ces deux objets ont produit soixante-un millions.

Et de tous les bénéfices, la moitié appartient au trésor public.

Les objets en régie sont (1) :

Les droits de traites.

Le domaine d'occident.

La vente du sel de salpêtre.

Les salines dans les provinces de gabelles locales.

Les sous pour livre de quelques droits appartenant ou aliénés à des particuliers.

Le produit de tous ces objets a été calculé à 30,440,000 liv.

La ferme répond de 28,440,000 liv.; elle n'a de bénéfice que sur l'excédant des 36,440,000 liv., et le bénéfice se partage par moitié entre la ferme-générale et le trésor public.

Elle a reçu au commencement, et doit rendre à la fin du bail, en meubles et en immeubles, une valeur de 7,979,137 liv. 3 sous 3 deniers, dont elle ne paie aucun intérêt.

Les fonds d'avance des fermiers sont de 68,640,000 liv. qui, divisés entre quarante-quatre, forment pour chacun, la somme de 1,560,000 liv.

De cette somme, 52,800,000 liv. portent 5 sous pour cent d'intérêt ; 15,840,000 liv. donnent 7 pour cent, 3,748,000 liv.

| | | |
|---|---|---|
| Indépendamment de ces intérêts et des bénéfices éventuels, il était assigné à chaque place de fermier-général, pour honoraires, 30,000 liv., ci.... | 1,320,656 l. | |
| La ferme a fait sur cette somme le sacrifice de............ | 500,000 | |
| Il ne reste donc que la somme de.................. | 820,000 | 820,000 liv. |
| Pour frais de bureau, à chacun 3,600 liv. ci............. | | 158,400 |

(1) Le produit brut de la régie générale,
En 1787 était de . . . . . . . 58,725,331 liv., 12 sous, 4 den.
En 1788 — de . . . . . . . 56,921,651 liv., 3 sous, 11 den.

JUIN (1790)

| | | |
|---|---:|---:|
| 8 deniers sur les dix-sept premiers millions des objets régis.................... | 500,000 | 1,004,166 |
| 10 deniers sur les autres..... | 457,500 | |

Les frais des employés, les appointemens des bureaux, enfin tous les articles de dépense qui suivent, n'étaient pas autrefois au compte du roi. Une vanité de ministre a produit cette innovation, qui a ses dangers. On voulait montrer une grande habileté. On chargea le trésor public d'une grande dépense pour augmenter la recette, et grâce à cette adresse, le bail parut produire cent cinquante millions au lieu de cent quarante-huit.

SAVOIR :

| | | |
|---|---:|---:|
| Appointemens des bureaux de l'hôtel des Fermes... | 781,950 liv. | |
| Augmentation de traitemens aux employés des bureaux................ | 300,000 | 1,081,950 liv. |
| Appointemens des brigades pour les objets en régie. | | 136,559 |
| Gratifications annuelles ordinaires.............. | 277,600 | |
| Extraordinaires........ | 176,596 | 499,766 |
| De fin de bail.......... | 45,471 | |
| Loyers de maisons et logemens de quelques directeurs................ | | 27,000 |
| Etrennes, 257,840 liv. Cette dépense a été supprimée par un décret de l'assemblée nationale. | | |
| Honoraires du conseil des fermes.............. | 50,800 | |
| Traitemens aux principaux employés pour tenir lieu d'une place de fermier-général, dont les produits leur avaient été réservés. | 66,000 | 159,000 |
| Traitemens aux préposés à la descente des sels..... | 62,200 | |

| | | |
|---|---:|---:|
| Supplément aux mesureurs de sel.................. | 5,238 | |
| Gratifications au contrôleur des sels aux Sables-d'Olonne................. | 4,000 | |
| Architecte et contrôleur des bâtimens des fermes.... | 1,200 | 13,348 |
| Augmentation à M. de Forbin de 2 sous par minot de sel des salines d'Hières, pour le service de la ferme par arrêt du conseil du 30 août 1783............. | 3,000 | |
| Frais du compte général... | 26,000 | |
| Bureau des comptes de régie | 12,000 | 188,086 |
| Epices aux différentes chambres des comptes....... | 150,086 | |
| Il a été exigé des cautionnemens, ils se divisent en cautionnemens anciens, dont l'intérêt est à quatre pour cent, et cautionnemens nouveaux dont l'intérêt est à 5 pour cent. | | |
| Le capital des anciens cautionnemens est de...... | 17,985,200 | |
| Intérêts à quatre pour cent. | 719,408 | |
| Cautionnemens nouveaux, 9,156,800 liv., intérêts.. | 457,840 | |
| Administration générale, 86,000 liv. | | |
| Total.......................... | | 4,089,966 liv. |

C'est sur cette masse de quatre millions quatre-vingt-neuf mille neuf cent soixante-cinq l. qu'il faudrait opérer, si les circonstances permettaient d'envisager, dans l'état actuel des choses, un état fixe et permanent. Mais déjà les décrets de l'assemblée ont présagé une grande altération dans la masse des impôts indirects: des insurrections ont, presque dans toutes les provinces, diminué les produits. 1]

— Ce rapport fut terminé par la proposition faite, dans la séance du 12, de renvoyer au contrôleur-général des finances, afin qu'il *mît incessamment, sous les yeux de l'assemblée, l'état des économies qu'il était possible d'effectuer dans les frais de régie et de perception.* Cette proposition fut convertie en décret par un vote de l'assemblée.

Le lendemain 13, on commença à parler de la dette publique. Larochefoucault vint, au nom du comité des domaines, proposer d'aliéner tous les domaines nationaux ; il y voyait un grand avantage : c'était d'en remettre la question à l'intérêt particulier, qui serait meilleur administrateur que l'État. L'évêque d'Autun appuya cette mesure par une autre raison encore : c'est que l'on y trouverait le moyen de libérer une grande partie de la dette. Le 25, cette question fut remise en délibération par un nouveau rapport de Larochefoucault fait au nom du comité des domaines et des finances réunis. La discussion en fut importante et grave, puisque sa conclusion fut que tous les domaines nationaux seraient aliénés. Il nous a paru inutile de rapporter le texte entier de la loi, c'est-à-dire les dispositions réglementaires qui furent votées dans la séance du 26.

### SÉANCE DU 25 JUIN.

[On fait lecture de l'article I<sup>er</sup>. L'assemblée nationale considérant que l'aliénation des domaines nationaux est le meilleur moyen d'éteindre une grande partie de la dette publique, d'animer l'agriculture et l'industrie, et de procurer l'accroissement de la masse générale des richesses, par la division de ces biens nationaux en propriétés particulières toujours mieux administrées, et par les facilités qu'elle donne à beaucoup de citoyens de devenir propriétaires, a décrété et décrète ce qui suit :

« Art. I<sup>er</sup>. Tous les domaines nationaux dont la jouissance n'aura pas été réservée au roi, ou la conservation ordonnée par l'assemblée nationale, ou qui ne feront pas partie des 400 millions, qui seront incessamment vendus aux municipalités en exécution du décret du 14 mai de la présente année, pourront être aliénés en vertu du présent décret et conformément à ses dispositions. »

*M. Martineau.* Cet article est inadmissible : on ignore les biens qui seront réservés. Les particuliers ne peuvent pas faire de soumissions. On excepte aussi les 400 millions des municipalités ; mais qui pourra distinguer ces biens ? Les deux exceptions rendent le décret inutile. Il faut ajourner cet article à bref délai, et ne faire qu'un seul et unique décret sur le paiement des biens nationaux, et sur ceux de ces biens qui ne sont pas compris dans la vente ordonnée.

*M. Rewbel.* Je demande l'ajournement dans un autre sens que M. Martineau. Vous avez décrété une vente de 400 millions seulement. Aujourd'hui on demande la vente de la totalité des biens nationaux. Cette vente générale empêchera celle des 400 millions. Il faut attendre que les municipalités aient revendu ; sans cela elles ne pourront revendre. Je demande l'ajournement jusqu'à ce qu'il soit justifié de la vente aux municipalités, et de la revente par elles à des particuliers.

*M. Delley.* Par l'article II du décret du 14 mai, vous nous avez chargés de recevoir les soumissions des particuliers ; elles sont arrivées ; votre comité vous demande aujourd'hui ce qu'il doit en faire.

*M. de Larochefoucault.* Beaucoup de particuliers, m'envoyant des offres, ont proposé de payer en argent comptant ou dans des termes très-courts. Notre silence laisserait un très-grand embarras dans leurs affaires. Il faut leur répondre, et dire si leurs offres seront admises ou rejetées. On ne peut donc ajourner. Je propose d'ajouter à la fin de l'article ces mots : « L'assemblée nationale réservant aux assignats-monnaie leur hypothèque spéciale. »

*M. Lucas de Ganat.* Je suis du nombre de ceux qui ont fait des soumissions : j'en ai présenté pour un grand nombre de particuliers, il est nécessaire que je sache si elles seront acceptées.

*M. l'abbé Maury.* J'ai l'honneur d'être député par votre comi-

té des finances au comité d'aliénation. J'ai reçu deux avis par lesquels on m'annonçait que le travail de ce comité était remis à demain. Je vais vous faire hommage de mes réflexions. L'opération qu'on vous propose est le chef-d'œuvre de l'agiotage, et jamais les agioteurs n'ont formé de projets plus funestes. Je vais vous révéler leur secret. Les agioteurs de Paris sont en possession de gouverner le royaume et l'administration des finances. Ils sont ruinés quand les effets sont au pair. Que leur faut-il ? Que les effets haussent et baissent, sans cela ils ne peuvent faire de spéculation. Les effets n'ont pas baissé depuis un mois, et les agioteurs sont à l'aumône. Ils trouvent cette position fort incommode. M. l'évêque d'Autun vous a présenté un projet qui mérite d'être loué à jamais dans la rue Vivienne. Je n'ai pas l'honneur d'être confident de M. l'évêque d'Autun, et cependant je vais vous dire tous ses secrets. Je vous demande pardon si, dans cette discussion, le nom de M. l'évêque d'Autun est si souvent prononcé; mais je parle d'un plan proposé par lui, et imprimé sous son nom......
(On observe que ce n'est pas là l'ordre du jour. M. Larochefoucault se présente pour demander la parole. M. l'abbé Maury le pousse hors de la tribune par les épaules.... Il s'élève de grands mouvemens.)

M. Alquin demande la parole.

M. *le président.* On élève une question incidente, en disant que l'opinant n'est pas dans l'ordre du jour. M. Alquin demande la parole, je la lui accorde.

M. *l'abbé Maury.* M. le président, je ne puis la lui donner.

M. *Chapelier.* J'ai à demander que l'opinant soit rappelé à l'ordre.

M. *le président.* On demande la parole sur les propositions du préopinant.

Et sur ses actions, disent plusieurs voix.

N..... Il y a une accusation à former contre M. l'abbé Maury : qu'il écoute son accusateur ; il répondra ensuite.

M. *l'abbé Maury.* Je supplie l'assemblée de m'écouter avec la plus grande attention et la plus grande sévérité. J'ai dit que la proposition de mettre en vente tous les biens nationaux était une invention atroce de l'agiotage. Les agioteurs voyaient toutes leurs opérations dans une stagnation qui est pour eux la mort ; ils ont dit : si nous mettons tous les biens nationaux en vente, il arrivera que les assignats, qui ne perdent que trois pour cent, ne vaudront pas plus que les autres effets, ou que ces effets vaudront autant que les assignats. Ce serait une belle proie pour ceux qui ont une grande quantité de ces effets en portefeuille : voilà ce qu'ils ont voulu. Il s'agit d'examiner si c'est cela que vous devez vouloir. Pourquoi les assignats ont-ils une grande valeur ? C'est qu'ils sont hypothéqués sur des biens connus et liquidés. Dès le moment où tous les effets publics pourront être reçus comme les assignats, les assignats rentreront dans la classse des effets publics, et alors ils perdront dix pour cent, même avant leur émission. Si tous les effets publics qui portent cinq pour cent d'intérêt sont reçus comme les assignats, ou ils monteront au taux de ceux-ci, ou ceux-ci descendront à la valeur de ceux-là. Ce calcul des agioteurs est très-impatriotique. Votre comité de liquidation ne vous a pas encore fait connaître l'étendue de la dette publique. Plusieurs membres de ce comité m'ont communiqué le résultat de leurs travaux. On vous fera incessamment un rapport qui vous prouvera que la dette publique se monte à 7 milliards..... (Il s'élève des murmures.) Je parle au nom du comité de liquidation.

Plusieurs personnes disent : « Vous n'en êtes pas. »

*N....* Voilà un membre du comité qui demande à démentir M. l'abbé Maury.

M. Germont, membre du comité de liquidation, se présente à la tribune. M. l'abbé Maury ne veut pas la lui céder.

Une partie de l'assemblée insiste pour que M. Germont soit entendu.

*M. l'abbé Maury.* Permettez-moi de dire ce que je sais, et de qui je le sais ; je ne prétends pas être cru sur ma parole.

*M. Lucas de Ganat.* C'est l'assertion la plus odieuse, la plus incendiaire. M. l'abbé Maury veut anéantir la confiance. Je demande que le membre du comité de liquidation qui veut le démentir, soit entendu.

Quelques momens s'écoulent dans une grande agitation.

*M. Boutidou.* M. le président, on demande que vous consultiez l'assemblée pour savoir si l'on entendra le comité, quand il est de son devoir de donner un démenti à M. l'abbé Maury. Je vous somme de mettre cette demande aux voix.... On ne peut souffrir que la tribune soit impunément souillée par d'aussi dangereuses impostures.

Beaucoup de membres du comité de liquidation se présentent à la tribune.— M. l'abbé Maury les repousse.

L'assemblée décide que le comité de liquidation sera entendu.

Après une longue résistance, M. l'abbé Maury quitte la tribune.

*M. l'abbé Gouttes.* J'ai eu d'autant plus lieu d'être surpris de l'assertion de M. l'abbé Maury, que j'ai été secrétaire du comité de liquidation depuis sa formation, et qu'il y a quinze jours que j'ai l'honneur de le présider. J'ai assidûment assisté à toutes ses séances, et je ne crois pas qu'un seul de ses membres ait dit, ait pu dire ce que M. l'abbé Maury suppose. Nous avons une partie des états de la marine et des états du département de la guerre: des affaires particulières ont employé notre temps. Nous nous occupons à préparer un projet de décret pour assurer l'ordre de notre travail. Je demande que M. l'abbé Maury nomme la personne qui lui a dit ce qu'il a avancé. Nous ne pouvons pas savoir quelle est l'étendue de la dette de l'État, puisque nous n'avons pas d'autres pièces que celles dont je viens de vous parler.

*M. l'abbé Maury.* L'interruption qu'on m'a fait éprouver n'aurait pas été très-nécessaire si on m'avait fait l'honneur de m'écouter. J'ai dit qu'un membre du comité....

*Plusieurs voix.* Vous avez dit plusieurs membres.

*M. Dupont.* M. l'abbé Maury a dit qu'il parlait au nom du comité.

*M. l'abbé Maury.* M. Dupont dit une imposture. (Le soulèvement est général dans la partie gauche de l'assemblée.)

*M. le président.* C'est en nous respectant nous-mêmes que nous conserverons le respect dû à cette assemblée. Je demande qu'on veuille bien rentrer dans le calme et la tranquillité qui nous conviennent.

*M. l'abbé Maury.* Je rétablis un fait. Je n'ai jamais dit que je parlais au nom du comité de liquidation. J'ai dit une vérité assez triste; je dois rétablir les faits. J'ai demandé que l'universalité de la dette fût reconnue; car si sur deux milliards de biens nationaux, il y avait pour trois milliards de dettes, les créanciers de ce troisième milliard se trouveraient dans une situation très-désagréable. Voilà le raisonnement hypothétique que je présente. M. le baron de Batz, rapporteur du comité de liquidation, m'a dit qu'il entrevoyait que la dette pouvait s'élever à sept milliards... (Il s'élève de grands murmures.) Il ne s'agit pas de huer; il faut gémir.... Je n'étais pas seul quand il me l'a dit.... Il m'a dit que d'après l'aperçu, il croyait que la dette pourrait s'élever à sept milliards...

*M. Victor Broglie.* Je demande la parole ; il est question de citer un fait.

*M. l'abbé Maury.* Vous voyez que j'articule avec précision les faits.

*M. Victor Broglie.* Il est absolument important de relever ces faits.

*M. le président.* Vous serez entendu après l'opinant.

*M. l'abbé Maury.* J'argumente donc, et de l'obscurité et de l'immensité de la dette, pour m'élever contre le projet de laisser sans hypothèque une partie des créanciers de l'État, et favoriser les agioteurs en dépouillant ces créanciers d'un gage qui devrait appartenir à tous. Outre cette hypothèque, les frais du culte sont fondés sur les biens nationaux.

L'agiotage veut encore livrer le culte à l'incertitude des événemens futurs, et enlever aux ministres l'hypothèque à laquelle ils ont droit.

Les provinces ne peuvent s'attendre à voir arracher de leur sein un bien que vous avez réservé au culte.—En vous proposant d'aliéner tous les biens nationaux, on ne vous propose autre chose que de les livrer au gaspillage et aux agioteurs. Les étrangers mériteraient une considération très-particulière. Il est question de rembourser les rentes viagères, et l'on vous dit...... (On observe que ce n'est pas là l'ordre du jour.) Voici le sophisme fait par le comité de liquidation. Je dois le dénoncer aux bons citoyens. Nous réduirons leurs créances à cinq pour cent au lieu de dix, et nous leur donnerons un capital à raison du cinq pour cent. Les rentiers viagers sont de deux espèces : les uns, honnêtes citoyens, ont confié à l'État le fruit de leur labeur ; ils méritent toute faveur. Ils ont parié avec le gouvernement, c'est-à-dire qu'ils ont imposé et reçu cette condition : « Si je vis l'année prochaine, vous me donnerez la somme de tant. » Les rentiers étrangers n'ont pas joué ainsi : ce n'est plus un pari. Les rentes des Genevois sont sur trente têtes ; il est prouvé qu'elles seront payées pendant quarante-deux ans et demi. Ces rentiers ont inventé, à votre grand préjudice, une manière de recevoir sept fois leur capital ; ces hommes, que vous pouvez rembourser par annuités en dix ans, on vous propose de les rembourser avec vos capitaux. Vous ne permettrez pas les usures que le premier ministre des finances a favorisées. On veut que ces hommes s'emparent de vos biens, et que vous leur donniez plus d'une de vos provinces. Je demande si les représentans de la nation doivent protéger les usuriers de la ville de Genève : je demande si l'histoire du monde offre l'exemple d'une nation qui ait rempli d'une manière plus illusoire ses traitemens avec nous.

On craint que les représentans de la nation ne détruisent tous ces contrats de trente têtes. Je demande si nous mériterions la reconnaissance de la nation, en abandonnant des biens immenses à des étrangers, au lieu de les rembourser en annuités avec l'intérêt de ces biens. Il faut déchirer leurs contrats ; il faut user de sévérité : c'est du bien du peuple confié à votre garde qu'il s'agit. Sur 105 millions de rente viagère, il n'y en a pas dix en France : dans dix ans vous pouvez être libérés avec les étrangers. On vous trompe ; et quand un représentant de la nation a le courage de vous le dire, on l'écoute avec prévention.

*M. Victor Broglie.* En applaudissant aux détails qui terminent l'opinion du préopinant, je me crois obligé, comme membre du comité de liquidation, à dénier un fait : je ne prétends pas dire que M. de Batz ne l'ait pas dit à M. l'abbé Maury ; mais je crois que M. de Batz n'étant du comité que depuis huit jours, et n'étant chargé que d'un projet de réglement, il sait moins que les anciens membres ce qui s'est passé à ce comité ; je les interpelle tous de dire s'ils connaissent le montant de la dette. Autant il serait nécessaire de faire connaître la profondeur de la plaie des finances, autant il serait dangereux de venir, dans de mauvaises vues, donner des inquiétudes aux créanciers de l'État. Je pense qu'on ne doit rien conclure de ce qu'a pu dire M. de Batz.

*M. l'abbé Gouttes.* Le comité de liquidation s'est chargé de l'arriéré des départemens, comment pourrait-il connaître la dette de l'État ?

*M. Anson.* Je vois toujours avec la plus grande peine qu'on vienne jeter dans cette tribune des doutes sur la dette publique. Je ne m'attendais pas à cette discussion, et je n'ai pas à la main les états de la dette que toute l'Europe connaît. J'appuie l'observation de M. Gouttes, et je remarque avec lui qu'il est bien extraordinaire que l'on cite le comité de liquidation quand il s'agit de la dette publique ; ce comité n'est chargé que de la liquidation de la dette arriérée des départemens, et cet objet ne monte pas à 150 millions. Le comité des finances a publié un tableau de la dette et des arrérages, dans un vol. in-4°, qui a été distribué à tous les membres. Il faut distinguer la dette publique en dette constituée et en dette non constituée. La dette constituée est de deux natures : les rentes perpétuelles et les rentes viagères s'élèvent à 60 millions d'intérêt, ce qui forme un capital de 12,200 millions. Les rentes viagères sont de 105 millions ; les extinctions de cette année les réduisent à 100 millions ; ce qui forme un capital d'un milliard. La dette constituée, sur laquelle nous proposerons un plan de liquidation, est de deux milliards au plus, y compris les effets suspendus, les offices qui seront supprimés, les finances qu'il faudra rembourser et les assignats. Ainsi la dette exigible est de deux milliards ; les biens domaniaux suffiront donc pour la payer. Quant à la dette constituée, il n'en est pas question en ce moment ; je n'ai voulu que rassurer l'assemblée, qu'on cherchait à tromper par des assertions au moins très-extraordinaires. Le comité est prêt à vous rendre compte de la dette ; il a déjà imprimé un aperçu très-étendu : rien n'appuie donc de semblables erreurs.

*M. Larochefoucault.* Je ne discuterai pas le plan de libération que vient de proposer M. l'abbé Maury. J'observerai seulement qu'il me paraît difficile que les intérêts de deux milliards de biens puissent éteindre sept milliards de capitaux dans l'espace de dix ans....

*M. l'abbé Maury.* Je n'ai pas dit cela, j'ai parlé des rentes des Suisses et des Genevois.

*M. Larochefoucault.* J'observe seulement que dans tout le discours de M. l'abbé Maury, il n'y a pas un mot de la question qu'il s'agit de traiter. Votre comité de liquidation a annoncé qu'il se concerterait avec le comité des finances sur les articles présentés par M. l'évêque d'Autun. Il vous propose aujourd'hui un décret qui le mette en état d'exécuter les ordres que vous lui avez donnés, sur la vente des domaines nationaux aux particuliers.

*M. Chapelier.* Lorsqu'on vient ici chercher à répandre tant de craintes, tant d'inquiétudes, il vaudrait mieux dire tout bonnement qu'on voudrait que les biens nationaux ne fussent pas vendus, parce qu'on espère les reprendre. Je viens à l'objet réel de la délibération, et je rappelle seulement qu'un grand nombre de particuliers ont envoyé des soumissions ; que ces particuliers ne veulent pas laisser leurs fonds morts, et qu'ils demandent si on recevra leurs offres. Il est impossible de ne pas leur répondre : il faut donc aller aux voix sur l'article proposé. Cet article n'influe pas sur les biens qui sont mis en vente.

On ferme la discussion.

*M. Martineau.* J'ai proposé un amendement qui consiste à déterminer la nature des objets dont l'assemblée entend ordonner la conservation. Je pense qu'il faut ajouter à l'article : « à l'exception des objets réservés au roi et des forêts. »

L'article est décrété, avec l'amendement de M. Martineau, à une grande majorité. Il est ainsi conçu :

« Art. I$^{er}$. Tous les domaines nationaux, excepté les forêts et ceux dont la jouissance aura été réservée au roi, pourront être aliénés en vertu du présent décret, et conformément à ces dispositions ; l'assemblée nationale réservant aux assignats-monnaie leur hypothèque spéciale. » ]

---

La presse s'occupa peu du simulacre de budget que nous avons vu tout à l'heure : encore il n'y eut que quelques journalistes patriotes qui prirent la parole, et ce fut seulement sur la liste civile et les traitemens du ministère. On les trouvait énormément exagérés. Loustalot trouvait que sept millions eussent suffi pour toutes les dépenses de la cour, y compris celle des gardes-du-corps.

« J'ai dit mon opinion librement sur le roi et les ministres, continuait Desmoulins. Quoiqu'à mes yeux le pouvoir législatif soit fort au-dessus du pouvoir exécutif, et à la distance du maître au serviteur, je dirai ce que je pense avec la même franchise, et je ne conçois pas comment tout homme tant soit peu clairvoyant ne l'a point dit avant moi, et s'est contenté de le penser. Qui peut ne pas voir que c'est parce que les ministres ont corrompu l'assemblée, parce qu'ils ont acheté maintes consciences à *crédit*, que ceux-ci, pour n'être pas *à découvert*, et pour que le pouvoir exécutif soit en état de tenir ses engagemens, ne cessent de garnir ses mains de places et de dignités à distribuer, et de remplir ses poches d'or, d'assignats et de billets de caisse. Il fallait que le pouvoir exécutif pût les payer. Par quelle autre raison auraient-ils mis dans la main du pouvoir exécutif toutes les places du parquet, toutes celles de l'armée, tout le ministère, toute la diplomatie, tous les bureaux, c'est-à-dire cent mille récompenses pour les traîtres, cent mille moyens de corruption ? C'est ainsi que les deux pouvoirs se passeront entre eux, à nos dépens, l'un la casse et l'autre le séné. Ils viennent encore d'assigner au roi 25 millions : 20 ne suffisaient pas, ils n'ont pas eu honte d'en donner 4 à sa femme, 4 aux deux frères, et 700 mille livres au moindre louveteau. Ils n'ont pas eu honte de décréter cent mille livres de rentes aux ministres, nos ennemis nés, 80 mille livres à tous ceux qu'il plairait au roi d'appeler à son conseil, comme si le conseil du roi n'était pas l'assemblée nationale.

» Mais ce qui est infiniment plaisant pour les observateurs des galeries, c'est de voir au moindre message du pouvoir exécutif, et pendant la lecture de ses lettres, l'érection de toutes ces oreilles de nos représentans, la contenance et les attitudes des 1,200 rois, l'admiration, la stupidité, la servitude peinte sur tous les visages. En étudiant toutes ces physionomies, on se croit transporté dans une antichambre, et non au milieu du congrès de la république de France. Ils décrètent les 25 millions par assis et levé, et à l'un de ces assis et levé ; il ne s'est trouvé que quatre républicains qui aient eu le courage de se tenir debout.... Lorsque le roi se contenta de 25 millions, il n'y eut qu'un cri dans l'assemblée : *le pauvre homme!* ils se récriaient sur le peu. Dans l'effusion de leur reconnaissance, ils voulaient aller tous au château le remercier de tant de sacrifices.....

» Comment ne pas mépriser l'espèce humaine, en la voyant si abâtardie ! Je ne m'étonne plus que les *épicuriens* de l'assemblée nationale, puisque le peuple est si sot, concluent comme le chien qui porte à son cou le dîner de son maître.

«Notre chien, se voyant trop faible contre tous,
»Voulut avoir sa part, et lui sage, il leur dit :
»Point de courroux, messieurs, mon lopin me suffit,
»Faites votre profit du reste.
»A ces mots, il vous prend la part de *Mirabeau;*
»Et chacun de tirer,..... etc.»

D'après cette citation, on voit que la presse patriote ne s'occupa de finances que pour lancer des sarcasmes ou des reproches à l'assemblée. Son attention était détournée du fond des questions par le besoin d'une polémique qui allait bientôt arriver jusqu'aux personnalités ; nous en donnerons tout à l'heure quelques nouveaux exemples. En outre, elle subissait tous les hasards auxquels était soumise l'assemblée elle-même. Lorsque tout le monde délibérait à Paris et partout, l'imprévu seul pouvait être à l'ordre du jour. La législature des travaux de la constituante fut en effet interrompue à cette époque plus peut-être qu'à aucune autre, par ces incidens moins graves encore que leurs conséquences. Nos lecteurs pourront y voir une preuve de plus, que ni l'assemblée nationale ni le ministère n'avaient l'initiative. Entrons donc dans la narration de ces faits incidentels.

### PROJET DE FÉDÉRATION DU 14 JUILLET.

Nous avons vu comment la première idée des fédérations entre les gardes nationales, naquit sur la frontière du sud-est, du besoin d'assurer les subsistances, et de se garantir contre les craintes d'une invasion étrangère. Nous avons vu cet usage se propager d'abord comme moyen d'ordre, puis comme manifestation de fraternité patriotique. Le dernier jour du mois de mai avait vu deux fêtes de ce genre, qui eurent le plus grand éclat; celle de Draguignan et celle de Lyon. A Draguignan, huit mille soldats citoyens se réunirent en présence de plus de 20 mille spectateurs. Max. Isnard fut le narrateur de cette union, et fit ainsi, pour la première fois connaître son nom aux Parisiens. A Lyon, cinquante mille hommes, représentant de plus de cinq cent mille s'assemblèrent et vinrent se former en bataille autour d'une construction qui représentait un rocher de cinquante pieds de haut, couvert d'arbustes, qui contenait dans son sein, le *Temple de la Concorde*. Au sommet du rocher était une statue colossale de la liberté, tenant d'une main une pique surmontée du bonnet phrygien, et de l'autre une colonne civique. Au pied de la statue était un autel. Tous les drapeaux furent apportés sur les gradins taillés dans le rocher. Une messe solennelle fut chantée, et le serment civique prononcé. La fête fut terminée par un feu d'artifice, des bals et des repas. On remarqua que les députés de la Corse n'arrivèrent que le lendemain dans la plaine du serment; comme les Lacédémoniens, dans la plaine de Marathon, le lendemain de la bataille. (*Courrier de Lyon, par M. Champagneux.*) Si donc, l'on voulait donner une semblable fête à Paris, le plan de la cérémonie était tout tracé. En effet, les représentans de la commune en délibérèrent, et comme dans la capitale, il ne pouvait y avoir qu'une fédération nationale, il s'adressèrent à la constituante.

SÉANCE DU 5 JUIN.

[Une députation des représentans de la commune de Paris, présentée par M. Bailly, fait lecture d'une adresse des citoyens de Paris à tous les Français, rédigée par MM. Bourtibonne, Pons de Verdun et Pastoret, commissaires nommés à cet effet. Elle est ainsi conçue:

« Chers et braves amis, jamais des circonstances plus impérieuses n'ont invité tous les Français à se réunir dans un même esprit, à se rallier avec courage autour de la loi, et favoriser de tout leur pouvoir l'établissement de la constitution.

» Dix mois sont à peine écoulés depuis l'époque mémorable où des murs de la Bastille conquise s'éleva un cri soudain : *Français, nous sommes libres*; qu'au même jour un cri plus touchant se fasse entendre ; *Français, nous sommes frères*.

» Oui, nous sommes frères, nous sommes libres, nous avons une patrie : trop long-temps courbés sous le joug, nous reprenons enfin l'attitude fière d'un peuple qui reconnaît sa dignité.

» Ce vœu que nous avons tous formé, ce vœu du plus chéri des rois, nous vous proposons de l'accomplir aujourd'hui.

» Nous ne sommes plus Bretons ni Angevins, ont dit nos frères de la Bretagne et de l'Anjou; comme eux, nous disons : nous ne sommes plus Parisiens, nous sommes tous Français.

» Vos exemples, et les dernières paroles du roi, nous ont inspiré un grand dessein; vous l'adopterez, il est digne de vous.

» Vous avez juré d'être unis par les liens indissolubles d'une sainte fraternité, de défendre jusqu'au dernier soupir la constitution de l'État, les décrets de l'assemblée nationale et l'autorité légitime de nos rois. Comme vous, nous avons prêté ce serment auguste ; faisons, il en est temps, faisons de ces fédérations une confédération générale.

» Qu'il sera beau le jour de l'alliance des Français ! Un peuple de frères, les régénérateurs de l'empire, un roi citoyen, ralliés pour un serment commun à l'autel de la patrie, quel spectacle imposant et nouveau pour les nations !

» Nous irions aux extrémités du royaume nous unir à vous ; mais c'est dans nos murs qu'habitent nos législateurs et notre roi ; la reconnaissance nous retient et nous appelle auprès d'eux ; nous leur offrirons ensemble, pour prix de leurs vertus et de leurs travaux, le tableau touchant d'une nation reconnaissante, heureuse et libre.

» Vous serez avec nous, braves guerriers, nos frères d'armes et nos amis, vous, qui nous avez donné l'exemple du civisme et du courage ; vous, qui avez trompé les projets du despotisme, et qui avez senti que servir la patrie, c'était accomplir vos sermens.

» Et vous, dont la présence nous eût été si chère, Français que les mers ou d'immenses intervalles séparent de nous, vous apprendrez, en recevant l'expression de nos regrets, que nous nous sommes rapprochés par la pensée, et que, malgré les distances, vous vous étiez placés au milieu de nous à la fête de la patrie.

» C'est le 14 juillet que nous avons conquis la liberté, ce sera le 14 juillet que nous jurerons de la conserver : qu'au même jour, à la même heure, un cri général, un cri unanime retentisse dans toutes les parties de l'empire, *vive la nation, la loi et le roi*; que ce cri soit à jamais celui du ralliement des amis de la patrie et la terreur de ses ennemis.

» Non, Français, la patrie, la liberté, la constitution, n'auront plus d'ennemis. Bientôt tous ces hommes qui portent encore et semblent chérir leurs fers, s'éleveront à la hauteur de nos communes destinées ; ils aspireront à l'honneur de voir leurs noms inscrits dans ce pacte de famille, monument de notre gloire et garant éternel de la félicité de cet empire. »

La députation demande que le comité de constitution veuille bien s'occuper de fixer le nombre des députés qui seront envoyés des divers départemens pour concourir à la fédération. Le vœu de la commune serait que les députés fussent pris, moitié dans l'ordre civil, moitié dans la garde nationale, et qu'il y fût joint un officier, un bas-officier et un soldat de chaque régiment des troupes de ligne, tant de terre que de mer.

M. Bailly, à la tête d'une autre députation, présente le projet d'un canal qui unirait la Marne, la Seine et l'Oise, en passant par Meaux, Paris, Conflans-Sainte-Honorine, Pontoise, et se dégorgeant dans la mer à Dieppe.

*M. de Larochefoucault.* Je demande le renvoi du premier objet de la députation au comité de constitution, et du second, aux comités d'agriculture et de commerce.

*N....* J'avoue que je ne vois pas sans respect et sans vénération la garde nationale de Paris; mais elle fait aujourd'hui une proposition qui demande de la réflexion. Je pense qu'elle doit être renvoyée aux comités des rapports et militaire, pour ne s'en occuper qu'après avoir présenté un travail sur l'organisation de la garde nationale et de l'ordre militaire. (Il s'élève des murmures.) J'approuve la fédération pour le maintien et la défense de la liberté française. Mais ne voyez-vous aucun inconvénient dans la coalition des milices nationales, au moment où elles ne sont pas organisées? (Nouveaux murmures.) Je fais la motion expresse que les comités soient chargés de présenter dans le plus court délai, un travail sur l'organisation des milices nationales, et qu'ensuite ils s'occupent de leur fédération. Quant au projet du canal, j'appuie la motion de M. de Larochefoucault.

*M. Boutidoux.* Des citoyens demandent à se rassembler pour prêter le serment fédératif; des citoyens-soldats, des soldats-citoyens, qui n'ont pas attendu qu'ils fussent organisés pour protéger l'État et maintenir la constitution, demandent à se réunir pour jurer de les défendre et de les maintenir toujours : soit que vous donniez votre approbation aux projets déjà présentés par les villes d'Arras et d'Orléans, soit que vous la donniez à celui que vous soumet aujourd'hui la commune de Paris, nous serons également satisfaits; mais l'un ou l'autre est indispensable. Il ne restera plus que la fédération des troupes de ligne avec les troupes nationales. Le roi l'a déjà autorisée; il y donnera non-seulement son consentement, mais encore des applaudissemens. Il faut que dès ce soir la démarche des soldats-citoyens de Paris soit adoptée, et qu'ils soient admis à se retirer par-devers le roi pour le supplier de faire prendre toutes les mesures nécessaires pour que cette confédération ait lieu au jour proposé, sauf au comité de constitution à présenter un projet de décret sur le nombre des députés qui doit être envoyé dans les provinces et sur la forme de leur élection.

*M. de Larochefoucault.* La municipalité de Paris a attiré, par une pétition, les regards de l'assemblée nationale sur les vainqueurs de la Bastille; depuis ce temps, les officiers municipaux et le maire ont fait un recensement exact de ce qui en existe, et ce recensement a été renvoyé au comité de pension. Je demande que le comité vous remette incessamment son travail à cet égard, et vous expose ce que vous pouvez faire pour ces braves citoyens.

M. le président rappelle la demande de la commune de Paris, et la met aux voix.

L'assemblée nationale approuve le pacte fédératif proposé par la commune de Paris, et renvoie au comité de constitution le mode de l'élection et le nombre des députés qui seront envoyés dans les provinces.

MM. Roublet, Prudhomme, Maubach, Perau et Tonneze font hommage à l'assemblée, de leur invention, qui consiste à écrire aussi vite que la parole. L'adresse dont on fait lecture reçoit de grands applaudissemens.

L'assemblée décide que les commissaires indiqueront, dans l'une des galeries, une place où cette méthode puisse être éprouvée.

Dans la séance du 7, l'évêque d'Autun présenta un projet de décret pour la fédération du 14 juillet. Il fut mis en discussion le lendemain, et adopté avec quelques amendemens le 9. Il déterminait le nombre de députés : il était de six hommes par deux cents, au choix des directoires de districts. A une distance de plus de cent lieues on pouvait n'envoyer qu'un homme sur quatre cents. La dépense était aux frais des districts. L'armée de terre et de mer devait envoyer aussi des députés.

A ce sujet, il s'éleva la question du commandement de cette masse de la garde nationale. Les membres des côtés extrêmes craignaient que cette circonstance devînt l'occasion pour M. de la Fayette de saisir ou de recevoir le généralat de la garde nationale de France. M. de la Fayette répondit à ces craintes par une motion en ces termes :

« L'assemblée nationale décrète, comme principe constitutionnel, que personne ne pourra avoir le commandement des gardes nationales dans plus d'un département : elle se réserve à délibérer si ce commandement ne doit pas même être borné à chaque district. »

Cette proposition fut convertie en loi par le vote de l'assemblée dans la séance du 8.

Ainsi fut terminé, dans le sein de la Constituante, tout ce qui était relatif à la fédération ; mais cette fête devint le sujet de l'occupation publique dans Paris : on fut prodigue de brochures et de projets. Un membre proposa que le 14 juillet on proclamât Louis XVI empereur des Français. Un M. Villette ouvrit l'avis que chaque citoyen de la capitale dressât sa table en pleine rue ; Manuel proposa une hospitalité plus large et plus complète, celle du logement et de la table ; enfin, Loustalot et Desmoulins proposèrent aussi de faire un pacte fédératif entre les écrivains. Un enthousiasme de générosité et de sacrifices, une émulation d'imiter les fêtes civiques de la Grèce et de Rome, s'empara de la population. La suppression des titres de noblesse fut un effet de cette effervescence républicaine ; ce fut un épisode précurseur de la fête, ainsi que l'exposé de la séance où fut votée l'abolition des titres, en fait foi. Ce n'était pas d'ailleurs une pensée nouvelle ; la question avait été mise à l'ordre du jour dans un assez grand nombre de brochures ; elle était de plus une conséquence directe de la doctrine généralement admise sur la souveraineté. Il était tout naturel que l'enthousiasme public et la puissance des souvenirs entraînât l'assemblée, et provoquât l'imitation dans son sein : tout même l'annonce. Ainsi, le président de cette quinzaine fut l'abbé Sieyès. Malgré ses dénégations, malgré la faiblesse de sa voix, on voulut que celui qui avait fait voter, le 17 juin 1789, l'existence de l'assemblée nationale, la présidât au jour anniversaire.

*Abolition des titres nobiliaires.*

SÉANCE DU SAMEDI 19 JUIN, AU SOIR.

[Les vainqueurs de la Bastille sont admis à la barre.

M. *le Camus.* Votre comité des pensions vient vous présenter les moyens d'acquitter ce que vous devez aux vainqueurs de la Bastille. Si quelquefois nous avons paru porter un œil sévère sur toutes les anciennes attributions de grâces, c'est que nous savions bien que la plupart n'étaient pas méritées ; mais, lorsqu'une action noble et généreuse s'est passée sous nos yeux, nous montrerons aussi que nous savons la récompenser. Les états-généraux étaient convoqués. Ce rassemblement des députés de toute la France avait déjà effrayé les tyrans ; il ne restait qu'un moyen pour détruire le grand œuvre qui allait s'opérer : c'était la force des armes. Rappelez-vous avec quelle terreur nous apprîmes que les promenades de la capitale avaient été souillées de sang : de braves citoyens se réunissent à la maison commune ; l'amour de la patrie les rend tous soldats ; ils arrêtent d'aller demander qu'on remette sous la garde des citoyens de Paris l'odieuse citadelle qui menaçait leur liberté et insultait à leur patriotisme. Leur proposition est dédaignée ; ils prennent les armes, et dans le même instant la citadelle est en leur pouvoir. Cette nouvelle excite la plus vive admiration : cependant ces braves citoyens sont restés jusqu'à ce moment sans récompense. C'est la nation qui en sollicite une pour eux aujourd'hui : leurs pertes et leurs blessures ne sont rien, pourvu qu'ils puissent jouir de l'honneur d'avoir sauvé leur patrie. Le comité s'est fait rendre un compte exact pour s'assurer du nom des vrais vainqueurs de la Bastille. Ils ont demandé qu'il fût nommé des commissaires pour désigner ceux à qui appartient l'honneur de la victoire. Divers projets ont été présentés à votre comité ; mais ils ne lui ont pas paru pouvoir se concilier. Il est bien persuadé que, de quelque manière que vous les récompensiez, ces braves citoyens seront toujours contens. Voici donc le projet de décret que votre comité de pensions a l'honneur de vous présenter.

M. *le Camus* fait lecture du projet de décret, dont voici la substance : « Frappée d'admiration pour l'héroïque intrépidité des vainqueurs de la Bastille, l'assemblée nationale décrète qu'il leur sera fourni un habit uniforme et un armement complet. Sur le canon du fusil et sur la lame du sabre sera écrit : *Donné par la nation à* ........, *vainqueur de la Bastille*. Il leur sera délivré un brevet honorable pour exprimer la reconnaissance de la patrie. Un brevet honorable sera aussi délivré aux veuves de ceux qui ont péri au siége de la Bastille. Lors de la fédération du 14 juillet, il leur sera assigné une place où la France puisse contempler à loisir les premiers conquérans de la liberté. Leur nom sera inscrit dans les archives de la nation. L'assemblée nationale se réserve de prendre en considération ceux à qui elle doit des gratifications pécuniaires. »

Ce décret est adopté par acclamation.

Une députation des gardes nationales fédérées sous les murs de Chartres, est admise à la barre ; elle demande la permission de déposer sur le bureau l'acte par lequel ces citoyens armés se sont obligés de vivre et de mourir fidèles à la nation, à la loi et au roi.

Une pareille députation des gardes nationales fédérées sous les murs de Tours, est aussi admise à la barre ; elle expose combien une province, jadis le théâtre des cruautés de Louis XI, a dû se montrer sensible aux bienfaits de la liberté naissante.

M. le président annonce qu'une députation va paraître, et qu'elle est composée d'Anglais, de Prussiens, de Siciliens, de Hollandais, de Russes, de Polonais, d'Allemands, de Suédois, d'Italiens, d'Espagnols, de Brabançons, de Liégeois, d'Avignonais, de Suisses, de Genevois, d'Indiens, d'Arabes, de Caldéens, etc.

La députation est introduite.

*M. le baron de Clootz du Val-de-Grâce, Prussien, orateur du comité des étrangers*, porte la parole :

« Messieurs, le faisceau imposant de tous les drapeaux de l'empire français, qui vont se déployer le 14 juillet dans le Champ-de-Mars, dans ces mêmes lieux où Julien foula tous les préjugés, où Charlemagne s'environna de toutes les vertus : cette solennité civique ne sera pas seulement la fête des Français, mais encore la fête du genre humain. La trompette qui sonne la résurrection d'un grand peuple a retenti aux quatre coins du monde, et les chants d'allégresse d'un chœur de vingt-cinq millions d'hommes libres ont réveillé des peuples ensevelis dans un long esclavage. La sagesse de vos décrets, Messieurs, l'union des enfans de la France, ce tableau ravissant donne des soucis amers aux despotes, et de justes espérances aux nations asservies.

» A nous aussi il est venu une grande pensée, et oserions-nous dire qu'elle fera le complément de la grande journée nationale. Un nombre d'étrangers de toutes les contrées de la terre demandent à se ranger au milieu du Champ-de-Mars, et le bonnet de la liberté qu'ils éleveront avec transport sera le gage de la délivrance prochaine de leurs malheureux concitoyens. Les triomphateurs de Rome se plaisaient à traîner les peuples vaincus liés à leurs chars; et vous, Messieurs, par le plus honorable des contrastes, vous verrez dans votre cortége des hommes libres, dont la patrie est dans les fers, dont la patrie sera libre un jour par l'influence de votre courage inébranlable et de vos lois philosophiques. Nos vœux et nos hommages seront les liens qui nous attacheront à vos chars de triomphe.

» Jamais ambassade ne fut plus sacrée. Nos lettres de créance ne sont pas tracées sur le parchemin; mais notre mission est gravée en chiffres ineffaçables dans le cœur de tous les hommes; et grâce aux auteurs de la *déclaration des droits*, ces chiffres ne seront plus inintelligibles aux tyrans.

» Vous avez reconnu authentiquement, Messieurs, que la souveraineté réside dans le peuple : or, le peuple est partout sous le joug des dictateurs, qui se disent souverains en dépit de vos principes. On usurpe la dictature; mais la souveraineté est inviolable; et les ambassadeurs des tyrans ne pourraient honorer votre fête auguste, comme la plupart d'entre nous, dont la mission est avouée tacitement par nos compatriotes, par des souverains opprimés.

» Quelle leçon pour les despotes! quelle consolation pour les peuples infortunés, quand nous leur apprendrons que la première nation de l'Europe, en rassemblant ses bannières, nous a donné le signal du bonheur de la France et des deux-mondes!

» Nous attendrons, Messieurs, dans un respectueux silence, le résultat de vos délibérations sur la pétition que nous dicte l'enthousiasme de la liberté universelle. »

Ce discours est plusieurs fois interrompu par les applaudissemens de l'assemblée.

*M. le président.* L'assemblée nationale vous permettra d'assister à la fédération de la France armée; mais elle y met une condition : c'est que lorsque vous retournerez dans votre patrie, vous raconterez à vos concitoyens ce que vous avez vu.

Un Turc prend la parole. La difficulté avec laquelle il prononce le français ne nous a pas permis de retenir son discours.

*M. Defermon.* Des citoyens, réunis de toutes les parties du monde, viennent vous offrir le plus bel hommage que vous puissiez jamais recevoir pour prix de vos travaux. Je fais la motion que leur demande soit accueillie par acclamation, et leur discours imprimé avec la réponse du président. Cette proposition est adoptée à l'unanimité.

*M. Alexandre de Lameth.* J'appuie, Messieurs, la proposition qui vous est faite en faveur de ces généreux étrangers, et qui, sans doute, n'éprouvera pas de difficulté. Mais j'ai à vous présenter une autre idée ; le jour où les députés de toutes les provinces se rassembleront pour jurer cette constitution qui promet à tous les Français la liberté et l'égalité, ne doit pas rappeler à quelques-unes d'elles des idées d'humiliation et de servitude. Les figures représentant quatre provinces, dont les députés ont toujours été comptés dans cette assemblée parmi les plus fermes appuis des droits de la nation, sont enchaînées, comme les images de peuples tributaires, aux pieds de la statue de Louis XIV; souffrirons-nous, Messieurs, que les citoyens qui viendront jurer la constitution pour ces généreuses provinces, aient les yeux frappés d'un spectacle que des hommes libres ne peuvent supporter : ces monumens de l'orgueil ne peuvent subsister sous le règne de l'égalité. Elevez des statues aux princes qui ont bien mérité de leur pays; consacrez-en une à la mémoire du restaurateur de la liberté; mais empressez-vous de détruire des emblèmes qui dégradent la dignité de l'homme, et qui doivent blesser des concitoyens que nous honorons et que nous chérissons.

Je fais la motion que les quatre figures enchaînées qui sont au bas de la statue de Louis XIV, à la place des Victoires, soient enlevées avant le 14 de juillet.

*M. Gourdan.* J'adhère à cette motion comme Franc-Comtois ; depuis long-temps elle était écrite dans mon cœur et dans celui de tous mes compatriotes qui ont toujours abhorré l'esclavage.

Plusieurs membres de la partie droite demandent l'ajournement.

*M. Lambel, député de Ville-Franche de Rouergue.* C'est aujourd'hui le tombeau de la vanité. Je demande qu'il soit fait défenses à toutes personnes de prendre les qualités de comte, baron, marquis, etc.

*M. Charles de Lameth.* J'appuie la première proposition du préopinant ; les titres qu'il vous invite à détruire, blessent l'égalité qui forme la base de notre constitution ; ils dérivent du régime féodal que vous avez anéanti; ils ne sauraient donc subsister sans une absurde inconséquence; il doit être défendu à tous les citoyens de prendre, dans leurs actes, les titres de pair, duc, comte, marquis, etc. J'appuie également sa seconde proposition. La noblesse héréditaire choque la raison et blesse la véritable liberté; il n'est point d'égalité politique, il n'est point d'émulation pour la vertu, là où des citoyens ont une autre dignité que celle qui est attachée aux fonctions qui leur sont confiées, une autre gloire que celle qu'ils doivent à leurs actions. Il doit donc être également défendu de prendre, dans les actes, le titre de noble. Quant à ceux qui, dans le langage ou dans leurs lettres, affecteraient de conserver encore ces distinctions puériles, l'opinion les en punira, en les notant parmi ceux qui méconnaissent encore notre heureuse révolution.

*M. de la Fayette.* Cette motion est tellement nécessaire, que je ne crois pas qu'elle ait besoin d'être appuyée; mais si elle en a besoin, j'annonce que je m'y joins de tout mon cœur.

*M. le marquis de Foucault.* Je ne sais ce qui résultera de la délibération; mais ma mission est de m'y opposer de tout mon pouvoir. Le jour où notre patriotisme a été le plus spécialement consacré, à la fameuse époque du 4 août, cette motion fut présentée. On nous dit qu'on était trop heureux de pouvoir établir des récompenses de cette nature. Comment récompenser quelqu'un dont le nom peu connu obtint des lettres en ces termes : «Un tel fait noble et comte pour avoir sauvé l'Etat à telle heure!» Il resta avec ce titre, qui a servi de fortune à toute sa famille.

*M. de la Fayette.* Au lieu de dire, *a été fait noble*, on dira, *a sauvé l'État à telle heure.*

*M. Goupil de Préfeln.* Qu'il me soit permis de dire que j'étais depuis long-temps tellement pénétré de toutes ces idées, que j'avais tracé d'avance des articles qui comprennent les divers objets qui vous occupent. Je vous demande permission, Messieurs, de vous en faire la lecture : « les titres de duc et pair, comte, vicomte, baron, marquis, chevalier, et tout autre titre attaché aux terres ci-devant féodales et seigneuriales, sont abolis et ne pourront jamais être rétablis. — Tous titres honorifiques héréditaires sont abolis, et toutes lois qui ont pour objet les distinctions héréditaires sont abrogées. — Ceux qui, contrevenant aux dispositions ci-dessus énoncées, prendront, en quelque acte public ou privé, des titres abolis, seront condamnés à 1,000 livres d'amende, et seront rayés, pendant un an, de la liste des citoyens actifs. — Toute loi, ordonnance, titre, réglement, chartre de fondation, en un mot, toutes les dispositions suivant lesquelles des associations et congrégations, qui étaient réservées à certaines personnes et à certains titres, sont abolis. — Toute qualification de nosseigneurs et messeigneurs sont abolis, sauf l'exception qui sera déterminée ci-après. — Ceux qui s'adresseront, soit à l'assemblée nationale, au conseil du roi, soit à quelque tribunal ou assemblée administrative, ne pourront leur donner d'autre appellation que celle de messieurs. — Le titre de monseigneur ne pourra être donné à personne, de quelque état et de quelque rang qu'il soit, sauf l'exception des princes du sang. »

*M. de la Fayette.* Je demande à faire une observation sur cette exception. Dans un pays libre, il n'y a que des citoyens et des officiers publics. Je sais qu'il faut une grande énergie à la magistrature héréditaire du roi. Mais pourquoi vouloir donner le titre de princes à des hommes qui ne sont, à mes yeux, que des citoyens actifs, lorsqu'ils se trouvent avoir les conditions prescrites à cet égard?

*M. le comte de Faucigny.* J'ai toujours été dans ces sentimens; je fais un grand cas de l'égalité; mais pour traiter une aussi grande question, il faut une séance du matin. Je demande l'ajournement jusqu'à lundi à midi. (Il s'élève des murmures dans la partie gauche.) Vous voulez détruire les distinctions des nobles, et il y aura toujours celles des banquiers, des usuriers, qui auront des 200 mille écus de rente.

*M. de Noailles.* Il me semble que l'assemblée ne doit pas s'arrêter long-temps à des dispositions qui dérivent de votre constitution. Anéantissons ces vains titres, enfans frivoles de l'orgueil et de la vanité. Ne reconnaissons de distinctions que celles des vertus. Dit-on le marquis Franklin, le comte Washington, le baron Fox? On dit Benjamin Franklin, Fox, Washington. Ces noms n'ont pas besoin de qualification pour qu'on les retienne; on ne les prononce jamais sans admiration. J'appuie donc de toutes mes forces les diverses propositions qui ont été faites. Je demande en outre que désormais l'encens soit réservé à la divinité. Je supplierai aussi l'assemblée d'arrêter ses regards sur une classe de citoyens jusqu'à présent avilie, et je demanderai qu'à l'avenir on ne porte plus de livrée.

*M. de Saint-Fargeau.* Je ne viens point ici faire l'hommage des titres de comte et de marquis; je n'ai jamais pris ces noms, quoique j'aie possédé quelques ci-devant comtés et marquisats. Au moment où on vous demande des articles qui soient le complément de votre constitution, je crois qu'il est bon d'ordonner que chaque citoyen ne pourra porter d'autre nom que celui de sa famille, et non point celui d'une terre : je vous demande la permission de signer ma motion, *Louis-Michel le Pelletier.*

*M. de Tracy.* Je demande que ceux qui, depuis cent ans, ont usurpé les titres des anciennes familles, soient tenus de reprendre leurs noms primitifs, et que les membres de cette assemblée qui sont dans ce cas, commencent par donner l'exemple.

On demande que la discussion soit fermée.

*M. l'abbé Maury.* Dans la multitude des questions qui sont soumises à votre discussion, je ne sais sur quel objet particulier je dois fixer mes regards. On a proposé de faire ôter de la statue de Louis-le-Grand tous les emblèmes de l'esclavage; d'autres ont demandé l'anéantissement des dignités sociales, et le retour à l'égalité la plus absolue; chacun de ces objets est digne d'un examen particulier, et je ne refuserai d'en discuter aucun. Vous devez rendre hommage à la mémoire de Louis-le-Grand, qui n'a pas ordonné ce monument de vanité. J'entends dire qu'il a soutenu une guerre pour le conserver; je réponds que cela est faux. La guerre de Hollande, dont on veut sans doute parler ici, a été occasionnée par l'injure faite à une médaille de ce roi, et le monument de la place des Victoires a été ordonné par le maréchal de la Feuillade, qui a prodigué à Louis-le-Grand les témoignages de la plus servile adulation ; encore n'en est-il pas l'inventeur : la place de Médicis en a donné la première idée. Mais puisqu'on veut détruire tout ce qui sent l'esclavage, les regards du patriotisme ne devaient-ils pas se porter sur la statue de Henri IV, dont quelques-unes des inscriptions sont uniquement à la louange du cardinal de Richelieu. (On applaudit.) Il a aussi à ses pieds des esclaves enchaînés ; mais ce sont des emblèmes qui représentent les vices ; les amis de la liberté n'en sont point offensés.

Je crois qu'il ne faut pas toucher à la statue de Louis XIV. La philosophie doit consacrer ce monument pour montrer à la postérité comment on flattait les rois. Il fut trop flatté pendant sa vie, mais trop méconnu après sa mort. C'est un roi qui n'avait peut-être pas autant de grandeur dans le génie que dans le caractère ; mais il est toujours digne du nom de *grand*, puisqu'il a agrandi son pays. Quand vous érigerez des monumens, vous ferez voir la différence qu'il y a du 17e au 18e siècle. Vous leur donnerez un but moral qui élèvera l'âme des rois. Mais il ne faut pas pour cela dégrader aux yeux du peuple des rois ensevelis dans la tombe et porter ainsi de terribles atteintes à la majesté royale. Quant à la question du retour aux noms propres, elle est juste. Un savant moraliste disait qu'en France on ne reconnaissait plus ni les hommes à leur nom, ni les femmes à leur visage. Votre patriotisme s'élève contre ces abus de la vanité, et vous êtes dignes d'éloge ; mais il ne faut pas passer le but. Ce ne sont pas les noms qu'il faut condamner, mais les usurpateurs des noms. Ceci ne porte point d'atteinte à notre liberté. Les Romains connaissaient des ordres de chevaliers ; et les Romains se connaissaient en liberté. Je sais bien qu'à l'avenir on ne s'informera pas de ce qu'ont été les hommes, mais de ce qu'ils auront fait. Un auteur avait bien raison quand il a dit que la première question d'un peuple donnait une idée de la philosophie de la nation. Parlez de quelqu'un en Allemagne, on vous demande s'il entre au chapitre ;

en France, quelle place il occupe à la cour; en Espagne, s'il est grand de la première classe; en Angleterre, on vous demande quel homme. C'est sans doute que cette manière d'exister par soi-même est bien la meilleure.

En France, la noblesse est constitutionnelle; s'il n'y a plus de noblesse, il n'y a plus de monarchie. Cette question est donc assez importante pour être traitée dans une séance du matin. Je sais bien que dans la nuit du 4 août, plusieurs articles constitutionnels ont été arrêtés; les sacrifices patriotiques se sont multipliés à l'infini : mais ce n'est pas toujours au milieu de cet enthousiasme qu'on prend les meilleures délibérations. Ne pourrait-on pas dire à ceux qui demandent avec acharnement toutes ces innovations, ce que quelqu'un répondit à un philosophe orgueilleux : *tu foules à tes pieds le faste, mais avec plus de faste encore.* — Quant à la question des livrées, un domestique n'est ni plus malheureux, ni plus avili, pour avoir tel ou tel habit sur le corps. Personne n'ignore que cet usage remonte jusqu'à l'institution des armoiries et des croisades, et qu'excepté certaines familles, pas même M. le maire de Paris, n'a droit d'avoir une livrée. C'est donc l'institution de la noblesse que vous attaquez dans son principe. Je demande que, si on veut traiter cette question, elle soit ajournée à une séance du matin.

*M. de Montmorency.* Je ne sais, Messieurs, si c'est le talent très-remarquable du préopinant, ou mon infériorité que je sens mieux que tout autre, qui m'empêche de songer à le réfuter. Mais il me semble que j'ai un motif aussi vrai, plus étendu et plus déterminant dans mon profond respect pour l'assemblée nationale, pour cette déclaration des droits qui l'a tant honorée, et qui, malgré toute l'éloquence de M. l'abbé Maury, efface de notre Code constitutionnel toute institution de noblesse.... C'est l'ardeur avec laquelle je m'associerai toujours à ces grands et éternels principes qu'elle n'a cessé de professer, de consacrer et de propager par ses exemples et par ses décrets. Je me bornerai donc à une chose plus simple et plus utile que de réfuter M. l'abbé Maury. Je lui fournirai au contraire une nouvelle proposition à réfuter. Je ne suis pas bien sûr qu'elle ait échappé à la justice des préopinans; car lorsqu'un pareil sujet a été traité pendant quelques instans dans une assemblée telle que l'assemblée nationale, celui qui a eu le malheur d'y être arrivé quelques minutes trop tard doit craindre de trouver le champ complétement moissonné. Si la vaine ostentation des livrées a excité le zèle d'un des préopinans, je demande que dans ce jour de l'anéantissement général des distinctions anti-sociales qui, quelque vaines, quelque puériles qu'elles puissent être, contrarient vos principes, l'assemblée n'épargne pas une des marques qui rappellent le plus le système féodal et l'esprit chevaleresque; que toutes les armes et armoiries soient abolies; que tous les Français ne portent plus désormais que les mêmes enseignes, celles de la liberté, lesquelles désormais se trouvent fondues avec celles de la France.

*M. le comte de Faucigny.* Je réclame l'exécution des décrets de l'assemblée nationale, qui disent qu'on ne peut porter de décrets constitutionnels dans une séance du soir.

*M. Barnave.* Je demande qu'on juge sans désemparer.

*M. de la Fayette.* Après quelques observations, nous serons tous d'accord. Il ne s'agit point d'un nouvel article constitutionnel, mais d'un décret réglementaire, suite de la constitution. Nous ne viendrions point perdre à ces objets les séances du matin destinées à la constitution, tandis que nous ne faisons ici qu'en déduire une conséquence nécessaire.

*M. l'abbé Maury* demande la parole. — On observe qu'il quitte la tribune. — Quelques instans se passent dans le tumulte.

*M. Alexandre de Lameth.* Après les réflexions qui ont été faites par plusieurs personnes, je me borne à demander la destruction de tous les emblèmes de la servitude, tels que ceux qui sont aux pieds de la statue de Louis XIV, à la place des Victoires, et qu'ils soient remplacés par d'autres qui rappellent les principaux événemens de notre heureuse révolution. On peut décréter le principe, sauf la rédaction.

*M. le marquis de Foucault.* Quelque parti que l'on adopte, soit qu'on détruise tout-à-fait les emblèmes de la servitude, soit qu'on leur en substitue d'autres qui n'offensent pas les regards, il faut bien prendre garde qu'avec les emblèmes on ne veuille en même temps détruire les édifices. Je demande donc que cette exécution soit confiée à des gens de l'art, et qu'en attendant on mette spécialement ces emblèmes sous la sauvegarde de la loi.

*M. le comte de Montlausier* profère quelques paroles que le tumulte empêche de recueillir.

*M. Prieur.* J'appuie la motion de M. Alexandre de Lameth; mais je ne suis pas comme lui de l'avis de substituer aux figures de la place des Victoires, des inscriptions qui rappellent les événemens de notre révolution. Je demande qu'on y mette les attributs des arts qui ont fleuri sous le règne de Louis XIV.

*M. Bouchotte.* Je demande que ces monumens soient conservés soigneusement pour servir de modèles à nos artistes.

*M. le comte de Montlausier.* Il n'est pas plus permis de falsifier des monumens que des chartes. Si l'assemblée ordonne qu'il soit détaché quelques parties de celui de la place des Victoires, je demande qu'il soit dressé procès-verbal de l'exécution de ce décret.

*M. Bouche.* Je demande la question préalable sur les amendemens, et qu'on décrète le principe, sauf les remplacemens.

*M. de Sillery.* Dans le moment où nous sommes, les rois n'ont plus de querelles particulières. Je demande que la légende qui est empreinte sur les canons, *ultima ratio regum*, soit effacée.

*M. Lavie.* Comme l'on me paraît embarrassé pour savoir ce que l'on mettra à la place des emblèmes de servitude qui doivent être détruits, étant fils d'un réfugié, je demande qu'on y mette la révocation de l'édit de Nantes.

Tous les amendemens sont rejetés par la question préalable, et la motion de M. Alexandre de Lameth est adoptée, sauf la rédaction.

*M. Chapelier.* Je vais vous proposer, sur la seconde motion, un décret de rédaction, qui me paraît renfermer toutes les propositions qui ont été faites. « L'assemblée nationale, considérant que la noblesse héréditaire, née de la féodalité, ne peut subsister dans un État libre dont la constitution est fondé sur l'égalité des droits ; décrète que la noblesse héréditaire est pour toujours abolie en France : qu'en conséquence les titres de *marquis, comte, prince, vicomte, duc, vidame, baron, chevalier, messire, écuyer, noble,* et tous autres titres semblables, ne seront pris par qui que ce soit, ni donnés à personne ; que tous les citoyens ne pourront prendre que le vrai nom de leur famille et leur nom patronimique ; que personne ne pourra porter ni faire porter de livrée, ni avoir d'armoiries ; que l'encens ne sera brûlé dans les temples qu'en l'honneur de la Divinité, et ne sera offert à qui que ce soit ; que les titres de *monseigneur* et de *messeigneurs* ne seront donnés à aucun individu, ni à aucun corps. » — On demande l'ajournement. — Cette proposition mise aux voix est rejetée à une grande majorité.

*M. le marquis d'Estourmel.* Je demande par amendement....

*M. le comte de Faucigny.* Un gentilhomme ne propose pas d'amendement.

*M. le marquis d'Estourmel.* Je demande par amendement, que la faculté de porter trois fleurs de lis en champ d'azur soit continuée au roi des Français pour servir de marque caractéristique aux pièces sur lesquelles il fera apposer le sceau national.

*M. l'abbé Maury.* La lecture du projet de décret prouve à chaque ligne, à chaque mot, combien il a besoin d'être amendé. On dit que la noblesse est née de la féodalité : c'est une extrême ignorance. La noblesse existait 200 ans avant les fiefs.... (Il s'élève des murmures. On interrompt en disant : *lisez Mably.*) Je dis que la noblesse a existé dans le royaume avant les fiefs. — Avant la conquête du royaume par les Francs, la noblesse héréditaire existait chez les Gaulois. Lisez les *Commentaires de César*, vous y verrez les noms des premiers Gaulois déjà célèbres dans la nation par leur noblesse.... Je dis, et je supplie ceux qui doivent me réfuter, de m'entendre.... César dit qu'il a toujours battu l'infanterie des Gaulois, mais jamais leur cavalerie, parce que la noblesse ne servait que dans la cavalerie.... L'ordre de la chevalerie existait dans les Gaules ; s'il n'eût pas existé, les Romains l'auraient établi, parce que les chevaliers étaient distingués à Rome des patriciens et des plébéiens.... Je suis dans la question, quand je prouve que l'assemblée se déshonorerait en avançant dans son décret des faits inexacts, la question de l'institution de la noblesse....(On demande à aller aux voix.) Je dis qu'il n'est peut-être pas sage de détruire sans discussion une institution aussi ancienne que la monarchie.... (On observe que la discussion ne peut être recommencée.)

*M. Bouchotte.* Je défie M. l'abbé Maury de prouver qu'avant 850, lors de l'affaiblissement d'une race de nos rois, il y ait eu un ordre en France. Quand les Francs sont venus en France, ils étaient tous égaux : ils ont rendu les Gaulois égaux, et non esclaves.

*M. le marquis de Lencôme.* Je déclare non-seulement ne pouvoir adhérer à la délibération qui pourrait se prendre.... (On interrompt par des murmures.)

*M. le comte de Virieu.* Je crois devoir vous inviter à des précautions de prudence dans le cas où ce décret passerait à l'affirmative ; ce que je suis loin de présumer. Un décret rendu avec l'activité de celui-ci se répandra promptement, et les peuples l'adopteront avec la même chaleur : votre intention n'est sûrement pas, quel que soit le décret que vous jugerez convenable de rendre, d'exciter le peuple à des mouvemens d'effervescence dont vous auriez à gémir : or, daignez observer que dans le moment où vous décréterez la destruction des attributs de la statue d'un de nos rois, dans le moment où vous croirez devoir décréter l'abolition de la noblesse héréditaire, la proscription des livrées et des armoiries, le peuple pourrait s'autoriser de votre décret. Prenez garde qu'il n'aille porter une main effervescente sur les armoiries qui décorent les châteaux, les églises, les tombeaux. Je vous prie de considérer combien il est essentiel d'établir des règles d'après lesquelles votre décret sera exécuté ; car vous ne voudrez pas que votre décret porte partout le désordre, et j'oserai le dire, puisqu'il est question d'églises et de tombeaux, le sacrilége. Je vous supplie de prendre en considération, en sérieuse considération, l'observation que j'ai l'honneur de vous soumettre. Vos décrets ne doivent jamais s'exécuter par la violence du peuple, mais par des formes légales. Il faut se garder d'exalter la chaleur populaire dont nous avons tant souffert : c'est elle, j'ose le dire, qui a déshonoré une révolution.... (Il s'élève beaucoup de murmures) révolution qui ne doit exister que par l'ordre ; le désordre l'anéantirait.... Je ne puis m'empêcher de marquer mon étonnement des mouvemens qu'exaltent une observation si sage : je ne puis revenir de mon étonnement, de ce que d'honorables membres se permettent de dire autour de moi : « il faut que cela soit.... » (Quelques membres placés auprès de la tribune, font entendre ces mots : « On n'a pas dit cela. ») Je voulais proposer que le comité de constitution fût chargé de rédiger dans mes vues, un article que la brièveté du temps ne nous permet pas de présenter.

M. *Lanjuinais*. Il est nécessaire d'ajouter au projet de décret la prohibition des titres d'*Altesse*, de *Grandeur*, d'*Excellence* et d'*Eminence*.

M. *Fréteau*. J'adhère à toutes les vues qui sont présentées, et je regarde le décret proposé comme tellement attaché à la révolution, que la principale disposition, la suppression de la noblesse héréditaire, est en toutes lettres dans le procès-verbal de la nuit du 4 août ; mais je crois devoir aussi appuyer la réflexion pleine de prudence faite par M. de Virieu. Le respect dû aux tombeaux et aux lieux saints n'est pas la seule considération qui doive déterminer à faire un amendement au décret ; c'est en vertu d'une réflexion plus touchante, que je demande qu'il soit ajouté une disposition particulière à l'abolition des livrées. Si vous ne fixez pas l'époque de l'exécution du décret, vous pouvez vous attendre à de très-grands inconvéniens... (L'orateur est interrompu par les murmures de la partie droite, et les applaudissemens de la partie gauche). Il peut arriver qu'une foule de citoyens, car des hommes de livrée sont des citoyens, s'ils ne sont pas des citoyens actifs, ils le deviendront ; il se pourrait qu'ils fussent insultés, si ceux qui nourrissent des citoyens utiles n'avaient pas le temps de leur faire faire des habits différens; il faut laisser un délai raisonnable qui me paraît devoir être d'un mois. (On demande que le délai soit fixé de ce jour au 14 juillet.) J'adopte cette proposition. Je demande aussi que l'exécution de la disposition qui concerne les armoiries ne soit fixée à aucun temps. Je propose donc un amendement en ces termes : « Sans que, sous prétexte du présent décret, aucun citoyen puisse se permettre d'attenter aux monumens placés dans les temples, ni à la décoration d'aucun lieu public ni privé, et sans que les dispositions relatives aux livrées et armoiries puissent être suivies ni exigées par qui que ce soit, avant le 14 juillet, pour la ville de Paris, et avant trois mois pour les provinces. »

*M. le comte de Landenberg Wagenbourg.* En 1789, c'est pour la première fois que la noblesse d'Alsace a eu l'avantage et l'honneur de se réunir à la noblesse française. Mes commettans m'ont dit : Rendez-vous à cette auguste assemblée ; mais par votre présence n'autorisez rien qui soit contraire à notre honneur et à nos droits. Je les connais sujets soumis, ils verseraient tout leur sang pour leur roi ; je les connais, ils me désavoueraient ; ils me trouveraient indigne de reparaître devant eux, si j'avais par ma présence autorisé cette délibération par laquelle ils pourraient se regarder comme grevés. Je me retire donc la douleur dans l'âme, et l'on doit bien m'en croire ; je me retire, et j'irai dire à mes commettans : soyez soumis à toutes les lois de l'assemblée nationale : ils seront soumis ; mais ils sauront qu'ils vivent avec le sang avec lequel ils sont nés, et que rien ne saurait les empêcher de vivre et de mourir gentilshommes.

*M. Reubel.* Dans les dernières guerres de Hanovre il y avait quarante mille Alsaciens qui servaient le roi, et parmi ces quarante mille hommes il y avait cinquante gentilshommes.

*N....* La mission qui m'a été donnée étant contraire à l'issue probable de votre délibération...

On demande à aller aux voix. — MM. le marquis Dambly, le marquis de Digoine du Palais, le président de Grosbois, le comte d'Egmont et beaucoup de membres de la partie droite s'élancent à la tribune.— On demande à aller aux voix.— MM. les marquis Dambly, de Digoine, etc., parlent avec chaleur, lèvent la main droite, la dirigent vers le président. — Les propositions de MM. Chapelier, Lanjuinais et Fréteau sont mises en délibération.

MM. Grosbois, Digoine, Dambly, veulent encore se faire entendre.— Le décret est rendu, et les applaudissemens des spectateurs couvrent leurs voix.

Une députation de citoyens de Paris est introduite dans la salle ; on porte devant elle une plaque de bronze surmontée d'une couronne de chêne, et sur laquelle est gravé le serment prêté par l'assemblée nationale au jeu de paume le 20 juin 1789. Un de ces citoyens lit une adresse, dans laquelle il expose les sentimens de la société au nom de laquelle il parle, et annonce que demain, jour de l'anniversaire du serment par lequel les députés ont juré de rendre la France libre, ce monument sera porté religieusement dans le lieu consacré par cet acte mémorable.

La lecture de cette adresse reçoit de très-grands applaudissemens.

M. le président répond à la députation : L'assemblée nationale avait juré de ne pas se séparer que la constitution ne fût achevée ; elle a tenu ce serment, elle le tiendra ; je le renouvelle en son nom.... La France sera heureuse ; le but de l'assemblée nationale sera rempli, et le monument que vous allez élever sera l'autel autour duquel se rallieront tous les amis de la liberté.

Les applaudissemens recommencent, et l'assemblée décrète par acclamation que le discours prononcé par l'orateur de la députation sera inséré dans le procès-verbal.

M. le président annonce que le résultat du scrutin pour l'élection du président n'a donné à personne la majorité absolue. MM. le Pelletier (ci-devant de Saint-Fargeau); Bonnai (ci-devant le marquis de); Treilhard; Riquetti l'aîné (ci-devant de Mirabeau l'aîné), ont réuni le plus grand nombre de suffrages. MM. Delley (ci-devant de Delley d'Agier), Populus et Robespierre, sont nommés secrétaires.

La séance est levée à onze heures au milieu des applaudissemens et des cris d'allégresse.

M. l'évêque de Dijon s'approche du bureau, et déclare qu'il donne sa démission.

Voici les décrets votés :

*Premier décret.* « L'assemblée nationale décrète que la noblesse héréditaire est pour toujours abolie en France ; qu'en conséquence les titres de marquis, chevalier, écuyer, comte, vicomte, messire, prince, baron, vidame, noble, duc, et tous autres titres semblables, ne pourront être pris par qui que ce soit, ni donnés à personne ; qu'aucun citoyen ne pourra porter que le vrai nom de sa famille ; que personne ne pourra faire porter une livrée à ses domestiques, ni avoir des armoiries ; que l'encens ne sera brûlé dans les temples que pour honorer la Divinité, ni offert à qui que ce soit ; que les titres de monseigneur et messeigneurs ne seront donnés ni à aucuns corps, ni à aucuns individus, ainsi que les titres d'excellence, d'altesse, d'éminence, de grandeur.

« Sans que, sous prétexte du présent décret, aucun citoyen puisse se permettre d'attenter aux monumens placés dans les temples, aux chartes, titres et autres renseignemens, intéressant les familles ou les propriétés, ni à la décoration d'aucuns lieux publics ou privés, et sans que l'exécution relative aux livrées et aux armoiries placées sur les voitures, puisse être suivie ni exécutée par qui que ce soit avant le 14 juillet pour les citoyens habitant à Paris ; et avant trois mois pour les provinces.

» Ne sont compris dans les dispositions du présent décret tous les étrangers, lesquels pourront conserver les livrées et armoiries. »

*Second décret.* « L'assemblée nationale considérant qu'à l'approche du jour qui va réunir tous les citoyens de l'empire pour la fédération générale, il importe à la gloire de la nation de ne laisser subsister aucun monument qui rappelle des idées d'esclavage, affligeantes pour les nations et pour les provinces réunies au royaume ; qu'il est de la dignité d'un peuple libre de ne consacrer que des actions jugées et reconnues grandes et utiles, a décrété et décrète que les quatre figures enchaînées au pied de la statue de Louis XIV seront enlevées avant le 14 juillet prochain, et que le présent décret, après avoir été sanctionné par le roi, sera envoyé à la municipalité de Paris pour en suivre l'exécution. »

---

*Inviolabilité des députés à l'assemblée nationale.*

Cette question fut mise en discussion nullement comme une conséquence logique des travaux précédens ; elle fut un accident, elle en a donc tout l'imprévu. Elle se rattache plus aux troubles des provinces, qu'aux principes de la constituante.

On apprit le 17 juin, que le vicomte de Mirabeau qu'on n'appela bientôt plus que *Riquetti le cadet*, et qui cumulait avec le titre de membre de l'assemblée celui de colonel du régiment de Touraine, en garnison à Perpignan, avait été arrêté, fuyant cette dernière ville, à Castelnaudary. Voici le fait en quelques mots : Le vicomte était parti avec un congé de l'assemblée nationale, et une lettre du ministre pour remettre l'ordre dans son régiment. Celui-ci, en effet, avait chassé plusieurs de ses officiers soupçonnés d'aristocratie, et s'administrait lui-même. En ce faisant, au reste, il avait suivi l'impulsion de la population : aussi, avait-il été admis par la municipalité à prêter le serment civique ; et il faisait son service avec la même régularité qu'auparavant. Lorsqu'il apprit l'arrivée de son colonel, et son intention de rétablir dans leurs fonctions les officiers expulsés, il lui envoya une députation pour le prier de consulter auparavant le régiment assemblé. Cette députation fut repoussée par M. Riquetti et quelques officiers, et trois députés furent blessés. Alors les soldats prennent les armes : on veut leur opposer le régiment de Vermandois qui était en garnison dans la même ville, celui-ci se retire. Les citoyens se mêlent aux soldats. Le colonel prit la fuite, emportant les cravates des drapeaux de son régiment qui étaient déposés à la garde du maire. Lorsque les soldats de Touraine se furent aperçus de cet enlèvement, ils se saisirent du maire et le gardèrent en ôtage à la citadelle. Alors la municipalité écrivit aux communes voisines qu'on arrêtât le fugitif; et cela fut fait ainsi que nous l'avons dit.

L'assemblée instruite de ces événemens ordonna d'abord que le maire fût remis en liberté; ensuite, à la séance du 18, elle ordonna que M. Mirabeau cadet parût à l'assemblée et que le comité des rapports fût saisi de l'affaire. A cette occasion, l'abbé Maury et M. Malouet se plaignirent vivement de la presse; ils l'accusèrent d'être la première cause de ces faits. M. Malouet dénonça nommément les *Révolutions de France et de Brabant*. En effet, quelques journaux s'étaient égayés sur le départ du vicomte, et plusieurs l'avaient dénoncé comme une conspiration.

Quelque temps après, le 26, l'assemblée vit paraître à sa barre une députation du régiment de Touraine, et une autre de la garde nationale de Perpignan. La première venait justifier le corps et protester de son dévouement; la seconde venait appuyer cette justification. Le lendemain, Riquetti le jeune vint se justifier à son tour. La décision fut cependant encore renvoyée, bien que son frère fût venu recommander l'indulgence, en demandant et en obtenant que le colonel parlerait à la tribune.

Pendant que cette affaire se traitait, une autre toute semblable eut lieu. Nous l'exposerons dans son intégrité, tant à cause de la conclusion à laquelle elle donna lieu, que parce qu'elle est liée, sous plusieurs rapports, avec celle du vicomte de Mirabeau, et qu'elle l'explique.

SÉANCE DU 25 JUIN.

*M. Voydel.* Le 17 de ce mois, le procureur du roi de la sénéchaussée de Toulouse, informé par la rumeur publique, que des étrangers qui se tenaient, tant à Toulouse qu'à la campagne, se donnaient des mouvemens pour occasionner une insurrection, et qu'ils portaient leurs menées jusqu'à gagner par argent les légionnaires, dans la vue de s'opposer à la fédération particulière qui doit avoir lieu à Toulouse le 4 du mois prochain, et de ramener les choses au point où elles étaient avant la constitution, rendit plainte. Le même jour trois témoins furent entendus. MM. Guittard et Clément, légionnaires, répondirent uniformément que, s'étant rendus au château de Blagnac, ils demandèrent à être introduits dans l'appartement de M. Lautrec : tous deux furent parfaitement accueillis. M. Guittard se fit connaître pour avoir servi dans le régiment de Condé-dragons que commandait M. Lautrec. M. Lautrec leur dit que l'enlèvement des biens du clergé et des priviléges de la noblesse réduiraient le peuple à la mendicité, que M. Donzier, général des légions toulousaines était un drôle; que si on voulait le nommer à cette place, il irait habiter Toulouse. M. Guittard lui ayant dit qu'il croyait l'avoir vu à Montauban dans le temps des troubles, il répondit qu'il s'y était trouvé en effet; qu'il y était resté pendant peu de jours, mais qu'il s'était retiré à cause des désagrémens donnés à M. de La Force, son ami. M. Lautrec leur demanda s'ils pouvaient lui procurer 200 hommes ayant servi; que ces hommes seraient bien payés. Il montra alors un grand filet rempli de louis, qu'il offrit aux déposans et qu'ils refusèrent. Il leur dit ensuite qu'avec ces 200 hommes et 600 autres qu'on soldait, il ferait une troupe de 800 hommes capables d'empêcher la fédération du 4ᵉ juillet, et que les nobles feraient vivre ceux qui s'attacheraient à eux. Il montra des lettres de MM. Dubarry, Vitalis, etc., qu'il leur dit être de bons catholiques; qu'on pourrait s'incorporer dans les légions malgré la municipalité; qu'il pourrait être nommé par cette troupe; qu'il n'irait point à Barrèges et qu'il resterait à Toulouse. M. Guittard a aperçu pendant la conversation un particulier d'une taille fort élevée, vêtu d'une redingote grise, etc., il soupçonne que c'est M. le duc de La Force; cet homme s'étant aperçu qu'on le fixait, avait disparu. — Votre comité observe que M. Clément a dit qu'il croyait que c'était le duc d'Aumont.

On observe qu'on a voulu dire Caumont, parce que c'est le nom de M. de La Force. Mais je ne puis lire que ce que porte l'information. — M. Guerry dépose qu'un particulier s'étant arrêté devant sa boutique pour attendre sa voiture, il lui proposa d'entrer; que ce particulier, qu'on lui dit être M. Lautrec-Toulouse, lui fit plusieurs questions sur les légions toulousaines, et que, sur ce que M. Guerry lui dit que dans la sienne, composée de deux mille hommes, il y en avait 1700 sur lesquels on pouvait compter, ce particulier lui témoigna une grande surprise. Sur les conclusions du procureur du roi, un décret de prise-de-corps a été décerné le 17, par la municipalité. Le 18, un détachement de la garde nationale se transporta au château de Blagnac; M. Lautrec-Toulouse se rendit au commandant de cette troupe. Le 19, on procéda à l'interrogatoire. L'accusé, sans préjudice de ses droits et qualités de député, déclara être arrivé de Castres le 10 de ce mois, et n'être venu que deux fois à Toulouse faire visite à MM..., qu'il a dîné chez M. Dubarry.... Pour ne rien omettre à la décharge de M. Lautrec, je vais lire la suite de son interrogatoire.

Interrogé si, le 17, vers les sept heures du matin, il avait reçu deux citoyens au château de Blagnac, M. Lautrec a répondu qu'un domestique du château lui était venu annoncer deux hommes qu'il avait fait entrer; que l'un d'eux lui avait dit avoir servi sous lui dans le régiment de Condé, dont il avait été colonel, et que son nom de guerre était la Jeunesse. S'il n'a parlé à aucun citoyen de Toulouse sur la confédération proposée pour le 4 juillet : a répondu qu'il n'avait jamais parlé contre la confédération, et qu'il en était d'autant plus éloigné, qu'il avait lu la veille un décret de l'assemblée nationale qui l'ordonne. S'il est vrai qu'il a dit que M. Donzier, général des légions toulousaines, était un drôle : a répondu que non-seulement il n'avait pas parlé de cela, mais qu'il reconnaissait que M. Donzier remplit avec intelligence la place qu'il occupe. S'il n'est pas vrai qu'un des deux citoyens lui avait dit qu'il l'avait vu à Montauban lors des troubles qui avaient agité cette ville : a répondu qu'il y avait été long-temps avant les derniers troubles, et qu'ayant été informé par le maître des postes que la fermentation commençait dans la ville, il partit et fut coucher chez sa fille, à Saint-Sulpice; qu'il était très-possible qu'il pouvait bien avoir vu le citoyen dont il est question ci-dessus, mais qu'il ne lui avait point parlé de M. de La Force avec lequel il n'est point lié. S'il n'est point vrai qu'il a proposé aux deux citoyens de lui procurer deux cents hommes pour empêcher la confédération; qu'il en avait déjà six cents, etc. : répond qu'il dénie l'interrogatoire en tout point. S'il ne lui a pas montré un filet rempli d'or, en disant, prenez toujours : a répondu qu'il dénie aussi l'interrogatoire. S'il n'avait pas montré une lettre de MM. Vitalis, le comte Jean Dubarry, qu'il leur dit être les meilleurs citoyens-catholiques de Toulouse : a répondu qu'il ne connaît pas M. Vitalis; qu'il connaît M. Dubarry, mais qu'il dénie les propos qu'on lui attribue, ainsi que les propositions d'empêcher la confédération. Si pendant la conversation il n'a pas paru un troisième d'une grande taille, sourcils blonds, etc. ; si ce n'est point M. le duc de La Force : a répondu qu'il croyait que c'était M. de La Rivière le fils qui se trouvait dans le château, et qui passait dans la salle de billard.

N'ayant plus d'interpellation à faire à M. Toulouse-Lautrec, il nous a lui-même interpellé de dire s'il y avait un dénonciateur : il protestait contre toutes dénonciations. Nous lui avons répondu que nous ne connaissions que la requête en plainte contre ceux qui excitaient des mouvemens contre la tranquillité publique.

On fait ensuite lecture d'un acte signifié à la requête de M. le procureur du roi à M. Toulouse-Lautrec, par lequel on lui annonce qu'il n'a pas de dénonciateur, et que s'il en avait eu un, il lui aurait été nommé.

*M. Voydel.* L'interrogatoire ayant appris à la municipalité que M. Toulouse-Lautrec était député à l'assemblée nationale, elle a cru devoir suspendre l'instruction, et vous envoie l'adresse dont il va vous être fait lecture.

*Extrait de l'adresse.* Notre zèle pour le maintien de la constitution nous a obligés de faire informer contre les auteurs des mouvemens qui paraissaient se manifester dans notre ville. M. Toulouse-Lautrec a été chargé par les dépositions, et nous l'avons décrété. Ce n'est que lorsqu'il a déclaré sa qualité de député à l'assemblée nationale, que nous avons suspendu toute information, et que nous l'avons mis sous la sauvegarde de la loi, pour, d'après vos ordres, le renvoyer à tel tribunal qu'il vous plaira d'indiquer. Daignez nous instruire promptement de vos résolutions. Le traitement fait au prisonnier répond à la dignité de son caractère : il est dans une chambre de la maison commune, gardé par un piquet de la légion patriotique.

On fait lecture d'une lettre de M. Lautrec à M. le président de l'assemblée nationale : il y expose les faits dont il a rendu compte dans son interrogatoire, et sollicite les bontés de l'assemblée nationale.

M. *Voydel.* Si vous aviez, Messieurs, à juger comme tribunal, sur l'accusation portée devant vous, il faudrait examiner dans l'état actuel de la procédure, si malgré la gravité de l'accusation, l'uniformité des dépositions faites, les visites extraordinaires dont vous venez d'entendre parler ne jettent pas du louche sur l'accusation, si les probabilités qui militent en faveur de l'accusé ne peuvent pas balancer le témoignage de deux personnes qui, il est vrai, ne sont point encore reprochées. Mais votre comité a pensé que cette discussion était étrangère : faire des lois, voilà quel est votre ressort. L'application appartient au pouvoir exécutif. Quels que soient les faits dont M. Lautrec est accusé, il vous faut tracer la route, et les juges la suivront. C'est la loi et non pas l'assemblée législative, qui doit prononcer l'innocence de l'accusé. Une grande question se présenterait à votre comité : jusqu'où s'étend l'inviolabilité des membres de l'assemblée nationale. La brièveté du temps ne nous a pas permis de la développer. On a sagement établis que, libre de tous soins, dégagés de toute crainte, les élus du peuple pourront se livrer à l'activité de leur zèle, entourés de l'inviolabilité comme d'une égide redoutable. La nation leur a dit : « Je me repose sur vous du soin de mon bonheur ; distinguez-vous par votre activité, votre ardeur à me défendre, comme je vous distingue par une surveillance particulière ; mais si vous employez les armes contre-moi-même, je vous livre à la vengeance des lois que vous avez méprisées. » C'est à vous qu'il appartient de prononcer dans quel cas un de vos collègues doit être jugeable ; et alors il lui reste encore toutes les ressources de la loi : c'est des crimes des hommes et non des atteintes de la loi que la nation doit garantir ses mandataires.

Voici le projet de décret que le comité des recherches a l'honneur de vous présenter : « L'assemblée nationale décrète que M. Lautrec, légalement prévenu d'un délit, ne doit pas jouir de la garantie de l'inviolabilité; charge son président de se retirer par-devers le roi, pour le supplier d'ordonner que l'information commencée par la municipalité de Toulouse, sera par elle continuée jusqu'à jugement définitif exclusivement, pour le tout être ensuite envoyé au Châtelet.

*M. Embly* (ci-devant marquis d'). Je ne m'attendais pas à être obligé de justifier un ancien ami avec lequel j'ai servi pendant cinquante ans, qui a donné des preuves de loyauté en toutes occasions, et qui est incapable de sourdes menées. Par qui est-il accusé? Par deux hommes qui viennent le chercher dans un château; et c'est pour cela qu'on arrête un député, un vieux militaire qui a quinze blessures sur le corps. Comment peut-on croire que M. de Lautrec, qui est militaire, puisse aller offrir de l'argent? En a-t-il d'abord? M. de Lautrec offre de l'argent à deux hommes qu'il ne connaît pas; il leur fait des confidences : cela tombe-t-il sous le bon sens? Un écolier de dix-huit ans se comporterait-il ainsi?

Si un vieux militaire voulait tenter un projet de contre-révolution, ce qui est impossible, et je ne sais même pas comment on peut le soupçonner dans une assemblée pleine de lumières comme celle-ci : il n'en connaît qu'un qu'il croit reconnaître, et il lui tient une conversation fort longue. Vous connaissez Lautrec, il n'est pas long dans ses discours. S'il arrivait un courrier extraordinaire, qui nous annonce que Lautrec est à la tête de quinze cents gentilshommes ou autres, je dirais : oui cela se peut. Mais des menées sourdes.... Lautrec..., Cela n'est pas possible. Je n'ai plus qu'un mot à dire : quand Lautrec est parti, il vous a dit: «Soyez tranquilles; je vais chez moi, et vous pouvez être sûrs que je dirai du bien, même du côté gauche. » Souvenez-vous de cela. Lautrec est infirme, vous le savez tous; il ne peut pas marcher : il va aux eaux, il en a besoin. Je vous le demande, et je vous demande cette grâce de tout mon cœur : qu'il aille aux eaux et je me constitue prisonnier. (Vifs applaudissemens.)

MM. *Larochefoucault et Garat* se succèdent à la tribune ; ils parlent sur le ridicule de la confidence et de l'accusation.

*M. de Robespierre.* Je viens invoquer en faveur de M. Lautrec, ou plutôt des représentans de la nation, les premiers principes du droit public, sur lesquels reposent la liberté et l'intérêt national. Je n'examinerai pas les indices qui ont pu déterminer à lancer un décret contre M. Lautrec. Il est impossible, sans renoncer à toutes les règles d'une bonne constitution, sans renverser l'édifice de la liberté publique, de supposer qu'un tribunal quelconque puisse, sans avis préalable des représentans de la nation, décréter et juger un député. Qu'est-ce que l'inviolabilité? Ce n'est point un privilége, et cependant c'est quelque chose de plus que le droit commun des autres citoyens. Il est de principe qu'aucune puissance ne doit s'élever au-dessus du corps représentatif de la nation, qu'aucun corps ne peut décider des destinées des représentans.... Mais, dira-t-on, s'ils sont coupables, ils doivent être punis ; oui, sans doute. Il faut réduire la question à ce point. Peut-il exister un tribunal qui puisse déclarer coupables les représentans de la nation? Si l'on répond affirmativement, il est évident que ce tribunal sera l'arbitre de leur destinée. S'il ne peut décider de leur sort, sans forme de procès, il le pourra avec des formes et par des jugemens iniques, et l'inviolabilité détruite, l'indépendance des représentans de la nation n'existe plus.... (Il s'élève des murmures.)

*M. Fréteau.* Il n'y a pas d'assemblée nationale, si ces principes sont faux.

*M. Robespierre.* Pour que les représentans de la nation jouissent de l'inviolabilité, il faut qu'ils ne puissent être attaqués par aucun pouvoir particulier : aucune décision ne peut les frapper, si elle ne vient d'un pouvoir égal à eux, et il n'y a point de pouvoir de cette nature. Il existe un pouvoir supérieur aux représentans de la nation, c'est la nation elle-même. Si elle pouvait se rassembler en corps, elle serait leur véritable juge.... Si vous ne consacrez ces principes, vous rendez le corps-législatif dépendant d'un pouvoir inférieur qui, pour le dissoudre, n'aurait qu'à décréter chacun de ses membres. Il peut le réduire à la nullité, et toutes ces idées si vraies, si grandes, d'indépendance et de liberté, ne sont plus que des chimères. Je conclus à ce qu'il soit déclaré qu'aucun représentant de la nation ne peut être poursuivi devant un tribunal, à moins qu'il ne soit intervenu un acte du corps-législatif, qui déclare qu'il y a lieu à accusation.

*M. Pétion.* Le préopinant a exposé des principes incontestables, et sans lesquels il n'y a plus de liberté individuelle pour les membres de cette assemblée. La seule chose qui ait pu jeter un moment de trouble dans la délibération, c'est qu'on a pu soupçonner l'intention de faire juger le délit par les représentans de la nation. La conclusion de M. Robespierre a écarté cette idée. L'assemblée, qui a le droit de décider s'il y a lieu à accusation, ne juge pas; et si sa décision est affirmative, elle dépouille l'accusé de son inviolabilité, et autorise les tribunaux à le poursuivre. Il vous appartient en ce moment de suspendre la procédure, de demander que M. Lautrec se présente devant vous : il a le droit d'être entendu; s'il n'y a pas lieu à accusation, la procédure cessera; s'il y a lieu à accusation, elle sera continuée, et vous indiquerez le tribunal.

*M. Viguier, député de Toulouse.* Plusieurs honorables membres ont entendu avec surprise que le procureur du roi ait rendu plainte à la municipalité, et que les officiers municipaux aient informé et décrété. Ceci tient à une localité que je dois vous faire connaître. L'assemblée nationale décrète que, jusqu'à l'organisation de l'ordre judiciaire, la justice serait rendue suivant l'ancien régime. C'est en vertu de ce décret que la justice criminelle est rendue à Toulouse par la nouvelle municipalité, comme elle l'était par l'ancienne, d'après un privilège particulier, et que le procureur du roi exerce les fonctions du ministère public. Je ne me présente pas pour appuyer l'accusation intentée contre M. Lautrec; mais puisqu'on a inculpé gravement les officiers municipaux, qu'il me soit permis de faire quelques observations.

La ville de Toulouse a été très-agitée pendant trois ou quatre mois, et surtout depuis l'établissement de la nouvelle municipalité. Placée entre Nîmes et Montauban, sa situation était assez inquiétante.

Les officiers municipaux ont travaillé jour et nuit, et je ne crains pas de dire que de toutes les municipalités il n'en est pas qui ait montré plus de zèle et de courage. Sans compromettre, non-seulement la vie, mais le temps d'un seul citoyen, elle est parvenue à réunir toutes les classes. De huit légions qui forment la garde nationale, une seule était égarée ; la municipalité a été assez heureuse pour l'éclairer, et cette section a demandé à être incorporée avec les autres, et à députer comme elles à la confédération du 14 juillet : nous venons d'en recevoir la nouvelle. Les officiers municipaux ont rompu toutes les mesures des ennemis du bien public, en arrêtant, dès le principe, les manœuvres et les complots. Ils ont commencé trois ou quatre procédures ; et quand le danger a été passé, ils n'ont pas cru devoir y donner des suites.... Je demande s'ils pouvaient refuser d'instruire sur la plainte du procureur du roi, s'ils pouvaient refuser de décréter M. Lautrec? Ils ne connaissaient pas sa qualité de représentant de la nation. M. Lautrec est député de Castres, et non de Toulouse, comme on a paru vouloir l'insinuer ; les officiers municipaux croyaient avec toute la province que M. Lautrec avait donné sa démission, puisque, depuis les premiers jours de mars, on le voyait dans le département. Ils pouvaient croire, d'ailleurs, d'après le texte même de vos décrets, que l'inviolabilité des députés n'était point absolue ; si je m'en souviens bien, le décret excepte les délits qui pourraient troubler l'ordre public.

Cependant, dès le moment où les officiers municipaux ont connu légalement la qualité de M. Lautrec, ils ont arrêté la procédure. Il y a un grand nombre de témoins ; ils n'en ont entendu que trois, et ont expédié un courrier extraordinaire pour demander les ordres de l'assemblée nationale. Quand ils se sont ainsi conduits, ils reçoivent pour récompense de leur zèle et de leur patriotisme, une inculpation de la part de l'assemblée nationale.... (On applaudit dans une grande partie de la salle, et ces mots plusieurs fois répétés se font entendre : *Non, non, ils ne sont point inculpés.*) Un honorable membre n'a-t-il pas dit que les officiers municipaux étaient indignes de la confiance de l'assemblée nationale, ainsi que de celle de l'accusé? N'a-t-il pas dit que la procédure était un complot, et dans la même opinion, les instigateurs de ce complot ne sont-ils pas les officiers municipaux? Je n'en dirai pas davantage; je m'en rapporte uniquement à la sagesse et à la justice de l'assemblée sur la détermination qu'elle prendra.

*M. le président.* M. le maire de Paris se présente, et demande à être introduit à la barre avec une députation des vainqueurs de la Bastille; il annonce que l'objet de cette députation est très-pressant.

*M. le maire de Paris.* Les braves citoyens qui se sont distingués à la prise de la Bastille, et que vous aviez comblés d'honneurs, instruits que le décret rendu à leur égard excite des réclamations, se sont assemblés ce matin; ils ont pris un arrêté dont je vous prie d'entendre la lecture. Je demande de l'indulgence pour une rédaction qui a été très-précipitée. Je dois observer que dans cette assemblée nombreuse j'ai trouvé autant de patriotes que d'individus; que le dévoûment inviolable à la constitution, le respect pour l'assemblée nationale, et le désir de la paix y étaient unanimes.

Un des membres de la députation fait lecture de l'arrêté des vainqueurs de la Bastille; il est ainsi conçu :

« Les vainqueurs de la Bastille, reconnus dans les procès-verbaux de vérification, faits de l'autorité de la commune et déposés aux archives de la nation, convoqués en assemblée générale dans l'église des Quinze-Vingts, et présidés par M. le maire, assistés de leurs commissaires, instruit que le décret par lequel la première assemblée nationale a récompensé leurs services, sert d'instrument à l'aristocratie expirante pour chercher à souffler le feu de la guerre civile et à animer les uns contre les autres les conquérans de la liberté, c'est-à-dire, la garde nationale de Paris, et les ci-devant gardes-françaises, contre leurs frères d'armes et concitoyens : les vainqueurs de la Bastille, trop glorieux déjà de ce que le 14 juillet, le jour où ils ont pris la Bastille, a été choisi par l'assemblée nationale pour l'époque de la liberté conquise et de la fédération générale de toute la grande famille; considérant que l'honneur est dans l'action du 14 juillet, bien plus que dans les récompenses; qu'ils sont assez honorés d'avoir su les mériter pour pouvoir se passer de distinctions qui n'ajouteraient rien à leur patriotisme, et que le sacrifice qu'ils vont faire doit rétablir la tranquillité publique; considérant que si l'assemblée nationale doit faire respecter ses décrets, et ne peut souffrir qu'il y soit dérogé, les vainqueurs de la Bastille seuls peuvent consentir à ce qu'il soit porté atteinte à celui qui leur a été accordé, ont unanimement arrêté de charger M. le maire et leurs commissaires de porter à l'assemblée nationale la déclaration solennelle qu'ils font de renoncer, si l'intérêt de la constitution l'exige, à tous les honneurs dont ils ont été couverts par le décret du 19 de ce mois, notamment à une place distinguée parmi leurs frères d'armes, lors de la fédération du 14 juillet, et lors de la formation des gardes nationales, ce à quoi ils avaient déjà solennellement chargé leurs commissaires de renoncer, et à quoi ceux-ci avaient renoncé en leurs noms le jour même du décret. Ils sont bien sûrs que l'on n'accusera pas les vainqueurs de la Bastille de faire cette démarche par la crainte des menaces: le reste de leur sang, qui n'a point coulé sur les murs de la Bastille, ils étaient prêts, s'il l'eût fallu, à le répandre pour le maintien des décrets.

» Le vrai sentiment de la gloire et du bien public l'a emporté dans leurs âmes déjà exercées à tout sacrifice pour la patrie; et l'on dira : ceux qui ont pris la Bastille l'ont prise pour établir la constitution; ils ont été comblés d'honneurs nationaux; ils ont su y renoncer pour le maintien de la constitution, et ce dernier coup abattra la dernière tête de l'hydre, et à la fin de la délibération, l'un d'eux, M. Hulin, a détaché son ruban et la médaille accordée par la commune aux ci-devant gardes françaises et qui lui avait été donnée ; il a annoncé qu'il allait la rapporter au comité de MM. les gardes, en déclarant que s'il faisait cette démarche, ce n'était pas qu'il ne fût très-honoré de porter une marque de patriotisme, mais qu'il ne voulait point une distinction qui n'était pas commune à ses frères d'armes, lorsqu'ils renonçaient aux leurs. Au même instant, M. Léonard Bourdon, l'un des commissaires a fait le recueil de tous les rubans des vainqueurs de la Bastille, dont ils vont faire hommage sur l'autel de la patrie. »

Ces rubans sont présentés par ce commissaire.

*M. le président.* Déposer par amour pour la paix publique les palmes de la victoire, c'est un honneur plus beau, plus touchant que de les avoir méritées ; c'est un sacrifice digne des vainqueurs de la Bastille. Le courage et le civisme ne seront jamais séparés dans vos cœurs ; ils seront toujours vos titres à la gloire. L'assemblée nationale va prendre en considération votre arrêté ; elle ne peut qu'être touchée des sentiments que vous y développez. L'assemblée vous engage à assister à sa séance.

*M. Rœderer.* Ce n'est pas seulement à l'amour de la paix, le premier de nos besoins, c'est aussi à l'amour de l'égalité, le premier de nos devoirs, que les vainqueurs de la Bastille viennent de faire un noble sacrifice. L'Amérique, qui leur a tracé leur démarche, nous trace aussi le parti que nous devons prendre. L'Amérique avait voulu resserrer, par les liens d'une union fraternelle, les citoyens qui avaient défendu la patrie avec le plus de succès et de gloire : mais bientôt les chevaliers de Cincinnatus reconnurent que cet ordre chevaleresque introduisait de l'inégalité parmi leurs concitoyens, et ils l'abdiquèrent. L'Amérique a reçu ce sacrifice. Semblables à ces premiers défenseurs de la liberté, les vainqueurs de la Bastille viennent présenter à l'assemblée nationale un sacrifice de même nature : il me semble devoir être accepté par elle. Je demande que la partie du décret qui accorde des distinctions particulières aux vainqueurs de la Bastille soit rapportée.

*M. Desmeuniers.* Je demande qu'il soit fait une mention honorable dans le procès-verbal, et qu'on passe à l'ordre du jour.

*M. Moreau* (*ci-devant de Saint-Mery*). Si j'avais pu méconnaître ceux que j'ai admirés le 14 juillet, je les aurais bien reconnus à leur langage. Ils ne veulent recevoir de la patrie d'autre honneur que celui de la servir encore. Je demande que l'assemblée nationale leur donne acte de l'abandon qu'ils viennent de faire, et témoigne sa satisfaction des sentimens qui les a conduits à cette démarche.

*M. de Menou.* Les vainqueurs de la Bastille viennent de nous donner un grand exemple : il doit être suivi. En conséquence, je demande que le roi soit supplié de détruire tous les ordres.... (Il s'élève beaucoup de murmures.) Je n'ai pas prétendu dire qu'il n'en existât pas.... (Les murmures redoublent.)

*M. Martineau.* Je demande qu'on passe à l'ordre du jour. On ne peut pas faire une semblable motion.

*M. Menou.* Je voulais demander qu'il fût créé à la place des ordres anciens, un ordre national qui serait conféré par le roi...

On passe à l'ordre du jour.

La proposition de M. Moreau est adoptée, et le décret est rendu comme il suit :

« L'assemblée nationale, touchée du patriotisme des vainqueurs de la Bastille, accepte leur renonciation, etc., etc. Elle décrète de plus qu'il sera fait dans le procès-verbal une mention honorable de leur sacrifice. »

Ce décret excite beaucoup d'applaudissemens.

*M. Moreau.* Je demande que les comités de constitution et des recherches soient chargés de présenter demain matin un projet de décret sur les principes généraux de l'inviolabilité des députés, et sur l'affaire de M. Lautrec.

L'assemblée rend un décret conforme à cette proposition.]

SÉANCE DU SAMEDI 26 JUIN.

[*M. Desmeuniers.* Vos comités des recherches et de constitution ont examiné avec soin le parti que devait prendre l'assemblée nationale sur la question qu'elle a traitée hier relativement à l'inviolabilité de ses membres. On a paru désirer que le décret renfermât trois dispositions : la première, qui rappelât l'indépendance et l'inviolabilité des députés; la seconde, particulière à M. Lautrec; et enfin, l'approbation de la conduite de la municipalité de Toulouse. Nous avons remarqué que dans ce moment il était impossible de développer en détail les principes de l'inviolabilité; il tient à deux points importans, la loi sur les jurés en matière criminelle, et l'établissement d'une haute-cour nationale, devant laquelle serait renvoyé le membre que vous auriez déclaré jugeable.

Votre comité a pensé qu'il fallait décréter seulement que jusqu'à cet établissement, aucun membre de la législature ne pourrait être décrété d'ajournement personnel ou de prise de corps, que lorsqu'après le vu de la plainte, l'assemblée aurait décidé s'il y a lieu à l'accusation. Ces dispositions sont importantes, non-seulement pour la dignité et l'indépendance de vos membres, mais encore pour qu'il ne survienne pas d'interruption dans vos travaux. Voici le projet de décret qu'ont l'honneur de vous soumettre vos comités de recherches et de constitution :

« L'assemblée nationale, se réservant de statuer en détail sur les moyens constitutionnels d'assurer la liberté et l'indépendance des membres de la législature, déclare que jusqu'à l'établissement des jurés en matière criminelle, les députés à l'assemblée nationale ne pourront être décrétés de prise de corps ou d'ajournement personnel, que lorsque, sur le vu de l'information et des pièces de conviction, l'assemblée aura décidé qu'il y a lieu à accusation, en conséquence, l'assemblée déclare non-avenu le décret prononcé le 17 contre M. Lautrec, un de ses membres; lui enjoint de venir à l'assemblée rendre compte de sa conduite, et après l'avoir entendu, après avoir examiné l'instruction, elle décidera s'il y a lieu à accusation; et en cas que cela soit ainsi décidé, elle désignera le tribunal par-devant lequel l'affaire doit être portée. Son président est chargé de faire connaître à la municipalité de Toulouse que son zèle patriotique a obtenu l'approbation de l'assemblée. »

*M. André.* Je ne dirai rien sur les principes que contient le projet du comité ; je rappellerai seulement deux circonstances particulières qui méritent de l'attention. La première est celle où un député troublerait l'ordre public : alors, la main-mise, que les Romains appelaient *custodia libera*, doit être autorisée. C'est ce qui sert de sûreté à la personne arrêtée, et qui protége la tranquillité publique. La seconde, que n'a pas prévue votre comité, est celle où un membre est absent sans congé : alors il renonce à son caractère ; il n'est plus revêtu de l'inviolabilité. Je propose donc d'énoncer clairement cette disposition, et de dire : « seront compris dans l'article les députés absens avec la permisssion du corps-législatif. »

*M. Fréteau.* La main-mise doit avoir lieu en toute circonstance : tous les membres d'une nation libre ont droit de s'opposer au désordre. C'est pour cela qu'un membre de l'assemblée nationale, s'il était surpris en flagrant délit, serait valablement arrêté. Dans les temps même où des individus et des corps privilégiés se préparaient l'impunité après le crime, le droit de main-mise était en vigueur. La fameuse déclaration de 1145 l'atteste assez, puisqu'elle porte que la main-mise aura lieu même à l'égard des ecclésiastiques nonobstant leur dignité, du moment où il y aura flagrant délit. Il faut donc ajouter à l'article proposé par le comité, « sauf les dispositions des lois sur les cas de flagrant délit. » L'intérêt social exige aussi que l'information soit continuée *in statu quo*. Il faut bien que les témoins puissent être représentés à l'accusé, et notamment les procès-verbaux constatant le délit. Vous ne ferez pas à la société le tort d'interrompre une instruction commencée. Je regarde ce principe comme aussi nécessaire que celui de l'inviolabilité.

*M. Beaumetz.* Il me semble que ces principes sont suffisamment énoncés par ce décret. Quand on dit qu'un membre de l'assemblée nationale ne peut être décrété de prise de corps ou d'ajournement personnel, qu'auparavant la procédure n'ait été communiquée à l'assemblée nationale, et qu'elle n'ait jugé s'il y a lieu à accusation, cela suppose qu'on peut commencer une information, cela ne retranche rien du droit incontestable d'arrêter en flagrant délit ; toutes ces règles sont respectées par le comité, qui ne les détruit pas. Si cependant on ne les croyait pas assez expliquées, il n'y a point d'inconvénient à le dire d'une manière plus positive. Relativement à l'amendement proposé par M. André je ne crois pas qu'un membre de l'assemblée nationale soit déchu de son caractère pour s'être absenté sans permission. S'il s'est éloigné, c'est sa faute, son inviolabilité a été consacrée pour le peuple et non pour lui. Je demande donc la question préalable sur l'amendement de M. André.

La discussion est fermée.

M. *Desmeuniers.* D'après les diverses observations qui m'ont été faites, je vais présenter, Messieurs, une nouvelle rédaction, qui pourra satisfaire tout le monde.

« L'assemblée nationale se réservant de statuer en détail sur les moyens constitutionnels d'assurer l'indépendance et la liberté des membres de la législature, déclare que jusqu'à l'établissement des jurés en matière criminelle, et d'une haute-cour nationale, les députés, dans le cas de flagrant délit, pourront être arrêtés conformément aux anciennes ordonnances ; qu'on peut même, excepté dans les cas désignés par le décret du 23 juin, faire des informations et recevoir des plaintes contre eux, mais que néanmoins tout jugement sera suspendu, jusqu'à ce que, sur le vu de l'information et des pièces de conviction, l'assemblée ait décidé qu'il y a lieu à accusation : en conséquence, l'assemblée déclare comme non avenu le décret de prise de corps décerné le 17, contre M. Lautrec, un de ses membres. Pourront cependant les juges continuer l'information. Enjoint à M. Lautrec de venir rendre compte de sa conduite à l'assemblée ; qui, après l'avoir entendu, et examiné l'instruction, décidera s'il y a lieu à accusation ; et en ce cas, elle désignera le tribunal par-devant lequel il doit être traduit. Son président est chargé de faire connaître à la municipalité de Toulouse que son zèle patriotique a obtenu l'approbation de l'assemblée. »

Ce décret est adopté.]

## PROVINCES.

Les troubles des provinces furent moins nombreux que dans le mois précédent; ils occupèrent cependant encore une large place dans les délibérations de l'assemblée, et donnèrent lieu à de longues discussions. L'examen des séances employées à ce genre de travaux donne lieu à une observation dont l'évidence saute aux yeux, et que nous devons noter. L'aspect de l'assemblée ne se ressembla point lorsqu'il s'agit des troubles de Nîmes, par exemple, et lorsqu'il fut question de ceux qui avaient lieu dans les campagnes. Ainsi, le 2 juin, Target vint faire le rapport suivant, au nom des comités des recherches et de constitution réunis :

« Dans les anciennes provinces du Bourbonnais, du Nivernais et du Berri, les assemblées primaires et électorales ont donné lieu à de très-grands troubles. Plusieurs municipalités ont été forcées de publier la loi martiale : les suites de cette rigueur nécessaire sont très-affligeantes, puisque quatre hommes ont été tués, et plus de quarante dangereusement blessés... Des *brigands* se sont répandus dans les campagnes, et ils investissent dans ce moment la ville de Décize.... Le comité des recherches est instruit que de grands excès ont été aussi commis dans le Limousin ; des paysans excités ont demandé que les grains fussent fixés à un prix très-inférieur à leur valeur réelle : ils ont eux-mêmes diminué ce prix, et ont menacé de mort ceux qui ne vendraient pas le seigle et les autres grains conformément à leur détermination. Le projet de rentrer dans les biens vacans adjugés aux seigneurs depuis 120 ans, est un des articles de leur réglement.... On doit des éloges à la conduite du régiment de Royal-Piémont, qui a rendu les services les plus importans pour le rétablissement de la paix. Tous les excès ne résultent pas d'une insurrection subite; mais les peuples sont excités par des manœuvres perfides. Dans les mois de mars et d'avril, on a publié dans les campagnes de faux décrets de l'assemblée nationale, dans lesquels on donne l'ordre de ne payer le pain qu'un sou la livre.... On a vu des paysans éplorés se porter dans les églises, en disant qu'ils venaient remercier Dieu de n'avoir pas commis les meurtres qui leur avaient été commandés. On a trouvé dans la poche d'un paysan tué lors de la publication de la loi martiale, 66 livres et un billet de sept louis. Tels sont les maux qui ont affligé les départemens du Cher, de l'Allier, de la Nièvre et de la Corrèze. »

Target termina ce rapport par la proposition d'une loi en seize articles, d'une sévérité outrée. Elle fut votée intégralement après une discussion si légère que le *Moniteur* n'a pas jugé à propos d'en dire un seul mot.

Il n'en fut pas de même lorsqu'il s'agit des affaires de Nîmes. Il y eut de vives discussions. Nous avons vu comment commença cette affaire : lorsque M. Macagé vint en faire le rapport à la séance du 15, il eut grand'peine à se faire entendre ; les interruptions de toute espèce furent lancées par le côté droit : les faits dénoncés étaient graves cependant. Il était en effet prouvé que la cocarde blanche avait été portée publiquement à Nîmes ; que des violences avaient été commises sur des patriotes, en présence des municipaux, sans être ni repoussées, ni punies. Ce rapport, interrompu plusieurs fois, continué seulement par suite d'une délibération de l'assemblée, occupa toute une soirée. Aussi l'affaire ne fut-elle terminée que le 17, par un décret qui renvoyait aux tribunaux pour informer sur les coupables, et citait à sa barre les principaux signataires de l'*Adresse des citoyens catholiques de Nîmes*.

Mais l'affaire la plus grave fut celle d'Avignon. Nous avons vu que cette ville papale avait imité de son propre mouvement tout ce qui se faisait en France, c'est-à-dire organisé une municipalité et une milice. Le 17, le jour même où fut terminée l'affaire de Nîmes, Camus communiqua à l'assemblée la lettre suivante :

*Lettre écrite par MM. les officiers municipaux d'Avignon, envoyée par un courrier extraordinaire à MM. Camus et Bouche, députés à l'assemblée nationale, et arrivée le jeudi 17 juin, à huit heures du soir.*

« Messieurs, vous avez été informés dans le temps, par M. Raphael, l'un de nous, des événemens qui se sont succédé rapidement dans notre ville : il nous a communiqué vos réponses, et les offres obligeantes de service que vous lui avez faites pour la ville d'Avignon. Le moment est venu, Messieurs, de les accepter. Jeudi, 10 du courant, notre ville a été le théâtre du plus grand désordre. Les aristocrates, déployant toutes leurs forces, ont fait feu de toutes parts. Maîtres du poste de l'hôtel-de-ville et de quatre pièces de canon, ils criaient : *vive l'aristocratie!* Plus de trente personnes, honnêtes citoyens, bons patriotes, ont été les victimes de leur zèle et de leur patriotisme ; le peuple a marché contre eux avec intrépidité, et les cruels assassins, dispersés, ont cherché leur salut dans la fuite. Quatre de ces scélérats ont été arrêtés et sacrifiés par un peuple justement indigné et horriblement assassiné : deux de leurs chefs ont été de ce nombre. La municipalité a fait vainement tous ses efforts pour l'empêcher. Vingt-deux ont été arrêtés ; et sans les gardes nationales d'Orange, Courtheson, Jonquières, Bagnols, le Pont-Saint-Esprit, Château-Renard, et autres lieux accourus à notre secours, ils auraient été infailliblement sacrifiés. Leurs efforts généreux, et la confiance que le peuple avignonnais a dans les Français, ses alliés, a arrêté sa vengeance. Messieurs d'Orange ont consenti de se charger de la garde des prisonniers pour leur propre sûreté, et ils seront traduits aujourd'hui dans leur ville. Le calme est à peu près rétabli ; mais pour le rassurer entièrement, les gardes nationales de France ont bien voulu consentir à nous laisser pour quelques jours une partie de leur détachement. Avant-hier 11, les districts s'assemblèrent pour délibérer sur leur position. La réunion a été délibérée unanimement. Les armes de France ont été substituées avec pompe, à celles du saint-siége. Un *Te Deum* doit être chanté aujourd'hui à cette occasion. Depuis lors, la joie la plus vive a succédé au désespoir, et nos rues ne cessent de retentir des cris de *vivent la nation, la loi et le roi!*

Nous prévenons M. le président de l'assemblée de cet événement. Le même courrier, dépêché en diligence, doit vous remettre la présente. Quatre députés ont été nommés pour se rendre sur-le-champ à Paris auprès de l'assemblée, pour obtenir son acceptation. Nous vous prions, Messieurs, d'appuyer nos vœux de tout votre crédit; vous rendrez à notre patrie le service le plus signalé. Sans cette réunion, notre ville serait perdue sans ressource. Les Français sont trop généreux pour refuser un peuple qui a fait anciennement partie de la nation française, et qui lui est toujours resté uni par ses vœux et ses sentimens. Cette position est certainement bien faite pour intéresser votre générosité.

» RAPHAEL, COULS, PEYTIER, BLANC, RICHARD, *officiers municipaux.* »

D'après la proposition de M. Charles de Lameth, l'assemblée décide que son président se retirera par-devers le roi pour l'instruire de la délibération des Avignonais.

Le 22, l'assemblée reçut une adresse de l'*assemblée représentative du comtat Venaissin*, qui déclarait se ranger sous la loi française. Le 26, la députation des Avignonais fut admise à la barre.

« Députés, dirent-ils, par un peuple libre, indépendant et souverain, ce n'est pas en vain que nous venons jurer une fidélité inviolable à la nation française..... Nous ne vous rappellerons pas ici en détail toutes les opérations glorieuses qui ont assuré l'immortalité de vos travaux : assez d'orateurs vous ont déjà présenté le tableau de la prospérité de la nation française. Nous ne vous offrirons point des conjectures vagues, c'est par des faits que nous parlons ; et si ce langage n'est pas le plus pompeux, il est au moins le plus sincère..... En se réunissant à la nation française, le peuple d'Avignon a sans doute prouvé son admiration pour elle. Oui, nous osons le prédire, et peut-être le temps n'en est pas éloigné, le peuple français donnera des lois à l'univers entier, et toutes les nations viendront se réunir à lui, pour ne plus faire de tous les hommes que des amis et des frères. Le peuple avignonais a voulu être le premier. Placé au milieu de la France, ayant les mêmes mœurs, le même langage, nous avons voulu avoir les mêmes lois..... Il est temps, avons-nous dit, que nous cessions de porter la peine du crime que nous n'avons pas commis..... A peine avez-vous déclaré que tous les hommes sont libres, que nous avons voulu l'être. Nos municipalités se sont organisées d'après les lois établies par vos décrets, et nous étions déjà constitués, lorsque des brefs incendiaires et tyranniques, lancés par le Vatican, sont venus frapper d'anathème la constitution française.... (L'orateur fait le tableau des dispositions préparées sourdement à Avignon pour tenter une contre-révolution en France.)

» Des hommes armés parurent tout-à-coup au milieu de la ville : bientôt pressés de toutes parts, ils abandonnèrent le champ de bataille. Le sang pur des citoyens patriotes fut confondu avec celui des assassins qu'on avait suscités contre nous. — Nos alliés volèrent enfin à notre secours, et s'ils n'ont pu nous garantir entièrement des coups qui nous étaient portés, ils sont du moins parvenus à empêcher la punition prématurée de quelques coupables, et à nous rendre la paix. Le lendemain de ces scènes de sang et de carnage, les citoyens actifs de tous les districts de la ville d'Avignon s'assemblèrent légalement. C'est dans cette assemblée que le peuple, considérant qu'il ne pouvait être heureux et libre que par la constitution française, déclara qu'il se réunissait à la France, qu'il supprimait les armes du pape, qu'il y substituait celles du roi de France, et qu'il députait vers lui pour lui témoigner le respect et la fidélité que lui vouaient les Avignonais. Vous connaissez nos droits, les délibérations de tout le peuple avignonais. Vous connaissez nos motifs : notre roi veut être despote, et nous ne voulons plus être esclaves. La France est libre ; nous ne pouvons le devenir que par elle, et nous nous jetons dans ses bras. (Des applaudissemens réitérés interrompent l'orateur.) Vous accepterez sans doute un peuple qui vous appartenait autrefois, un peuple enfin qui a versé son sang pour le maintien de vos décrets. — Nous remettons sur le bureau les délibérations de la ville et de l'Etat d'Avignon. »

*M. le président.* « L'assemblée nationale prendra en très-grande considération l'objet de votre mission. Il est glorieux pour elle d'avoir inspiré aux citoyens d'Avignon le vœu que vous venez d'exprimer. Quel que soit le résultat de la délibération, la nation française sera toujours flattée de votre affection et de votre confiance. »

*Paris.* — Le premier événement qui agita la capitale pendant ce mois, autant qu'on en peut juger par les journaux, fut le départ du roi pour Saint-Cloud. Le public en fut instruit officiellement par une lettre de Bailly, qui invitait M. de la Fayette à prendre les mesures militaires nécessaires en cette occasion. Cette lettre, écrite le 1ᵉʳ juin, fut insérée le 4 dans le *Moniteur*, afin de calmer les craintes soulevées par le bruit d'un mouvement de la cour. Néanmoins, ce départ eut lieu au milieu d'une affluence considérable : il semblait que la population ne voulût y croire qu'en le voyant par ses yeux, et qu'elle voulût vérifier en même temps elle-même si la garde de Louis XVI était assurée. Voici, en effet, ce que l'on criait dans les rues deux jours auparavant : *Horribles manœuvres du comité Autrichien des Tuileries, pour faire naître la guerre civile du dehors. — Départ prochain de Louis XVI pour Saint-Cloud.* Et sous ce titre on lisait :

« Dût l'implacable vengeance des ministres percer ma langue d'un fer chaud ! dussent m'engloutir tout vivant les cent gueules toujours ouvertes du despotisme ! dût le Châtelet m'enfoncer dans la gorge un poignard juridique, je parlerai, je tonnerai, je mettrai en pièces le rideau qui cache les scènes tragiques qu'on vous prépare. Citoyens, citoyens, pressez-vous autour de ma tribune ; j'ai à vous révéler de nouvelles trames, de nouveaux attentats.....

» Vous marchez sur des volcans embrasés ; vous savez la paix du roi de Prusse et de Léopold (empereur d'Autriche). Ils n'ont feint d'abord d'armer l'un contre l'autre que pour mieux vous tromper ; que pour mieux déguiser leurs mouvemens combinés contre vous. N'en doutez pas, ce coup est parti de la politique autrichienne des Tuileries (le comité de la reine), où sont les vrais *compères* de ces marionnettes couronnées ; et voilà les parades royales par lesquelles on a toujours endormi les peuples ! Bientôt vous les verrez fondre sur le Brabant, afin de vous dérober encore le véritable but auquel ils veulent frapper ; car les tyrans ne suivent jamais la ligne droite. Déjà la liberté belgique est aux abois : le canon des impériaux a fait mordre la poussière à ses légions ; la terreur est aux portes de Bruxelles, et l'étendard hideux du despotisme flotte sur les remparts de Namur. On n'a fomenté parmi eux des divisions intestines, que pour les affaiblir et les massacrer. Quelle leçon pour vous, braves Parisiens ! soldats patriotes ! Mais, le Brabant conquis, attendez-vous à voir ce torrent de vandales inonder le royaume? Des troupes victorieuses manquent-elles de prétextes? Et au besoin, les aristocrates sauront bien leur en fournir ! Apprenez le comble de la perfidie ! Le roi de Prusse, le fait est positif, vient, sous la dictée de nos ministres, d'écrire au roi des Français, pour demander, en sa qualité de vicaire de l'empire, le redressement des torts causés par les décrets de l'assemblée nationale, à quelques princes allemands, qui ont des possessions en Alsace. Il dit qu'il ne pourra se dispenser de soutenir leurs droits ! exécrable ruse ministérielle ! Observez que ce chef de bourreaux ne reconnaît pas la souveraineté de la nation, et qu'il ne daigne traiter qu'avec son délégué. Pourquoi donc le dissimuler? Attendez-vous, sous très-peu de temps, au fléau inévitable de la guerre.....

» Cependant, ô Louis XVI, tu pars, tu quittes la capitale à l'approche de tous ces dangers ! Dis-moi, que signifie ce départ pour Saint-Cloud? Détournerais-tu tes regards de l'agonie douloureuse et convulsive de notre liberté? Méditerait-on de t'arracher de nos bras pressés autour de toi? Craindrais-tu de mourir avec ton peuple fidèle ; ou bien, voudrait-on t'entraîner enfin loin de Paris pour te placer, comme un royal épouvantail, à la tête d'une armée de scélérats, afin de légitimer la guerre civile et toutes ses horreurs? Voilà donc où tendaient ces caresses populaires..... Pauvre peuple ! on dore tes fers ; on te réserve le supplice de ces tourbillons de mouches que des traînées de poudre, couvertes de sucre, font sauter dans les airs. Vous seuls, gardes fédératives, régimens dévoués à la nation, pouvez conjurer toutes ces tempêtes, et immoler, sur l'autel de la patrie, en holocauste à la liberté, ses ennemis frémissant de rage. » (*L'Orateur du Peuple*, par Fréron, n° XII.)

« Les alarmes paraissent peu fondées, disait au contraire Marat dans l'*Ami du Peuple*. Le roi ne nous sera point enlevé; notre commandant-général sait trop bien qu'il nous en répond sur sa tête ; et, sans doute, il a pris à cet égard toutes les précautions nécessaires à notre repos. Je vais plus loin : instruit, comme doit l'être M. de la Fayette, des moindres mouvemens des troupes de ligne, il est impossible que le roi nous soit enlevé, à moins que le commandant-général ne fût dans le complot des ennemis de la révolution ; et de quoi lui servirait d'y être, s'il n'y faisait entrer la garde nationale ? chose impraticable, quelque mal composé que soit l'état-major.....

» Au reste, on n'a vu que les inconvéniens chimériques du séjour du roi à Saint-Cloud ; les seuls réels lui ont échappé. Le plus grave de tous est le dégoût que produisent chez les Parisiens la perte de temps, et les dépenses attachées à la garde du roi et du Dauphin, placés à deux lieues de la capitale.... » (*L'Ami du Peuple*, n° 124.)

Il est curieux de comparer, à l'occasion du même fait, le langage de deux hommes dont la réputation est aujourd'hui si différente, et dont la conduite ne le fut pas moins dans la suite de la révolution. Le journal de Marat, interrompu le 22 janvier, au n° cv, venait de reparaître le 18 mai, au n° cvi. Nous saisissons ici le moment de faire cette remarque, parce que pendant le temps de silence obligé que garda cet auteur, il parut un *faux Ami du peuple* contre lequel beaucoup de plaintes s'élevèrent. Marat poursuivit avec vigueur cette contrefaçon, et il parvint à faire saisir l'imprimerie secrète où elle était fabriquée. Il se trouva que c'était celle-là même où avaient été composées quelques-unes des brochures royalistes les plus décriées (Voyez l'*Ami du peuple*, *passim* du n° 106 au n° 124.)

Cependant, malgré ces assurances d'un patriote éprouvé, et assez facile à alarmer, l'établissement de la cour à Saint-Cloud, donna lieu aux bruits les plus extravagans et à des mécontentemens assez graves. On dit que des *brigands* étaient apostés dans le bois de Boulogne pour enlever le roi. Ces prétendus brigands n'étaient autres que quelques braconniers. Quelques jours après, la garde nationale se plaignit d'être traitée avec moins de considération que les gardes-suisses qui venaient comme elle de Paris ; on ne donnait point de logemens à ses officiers ainsi qu'à ces derniers ; on les avait traités avec impolitesse chez la reine, etc. Sur cela, déclaration de quelques officiers que les plaintes n'étaient pas fondées, réponse de quelques autres. Arrêtés de quelques districts, entre autres de celui des Cordeliers, qui donnent raison aux derniers, etc. Il est probable que l'on fut plus attentif, et la cour de la reine plus polie, car tout ce mouvement ne tarda pas à s'apaiser. Mais l'*Orateur du peuple* persista à soutenir le danger du séjour du roi à Saint-Cloud.

D'autres événemens vinrent bientôt distraire les Parisiens de tout ce commérage. Francklin était mort, et Mirabeau proposa à l'assemblée nationale de décréter un deuil national pour honorer la mémoire de ce grand homme. Voici son discours.

### SÉANCE DU 11 JUIN.

[*M. de Mirabeau l'aîné*. Francklin est mort.... (Il se fait un profond silence.) Il est retourné au sein de la Divinité, le génie qui affranchit l'Amérique et versa sur l'Europe des torrens de lumière.

Le sage que deux mondes réclament, l'homme que se disputent l'histoire des sciences et l'histoire des empires, tenait sans doute un rang bien élevé dans l'espèce humaine.

Assez long-temps les cabinets politiques ont notifié la mort de ceux qui ne furent grands que dans leur éloge funèbre ; assez long-temps l'étiquette des cours a proclamé les deuils hypocrites : les nations ne doivent porter que le deuil de leurs bienfaiteurs ; les représentans des nations ne doivent recommander à leurs hommages que les héros de l'humanité.

Le congrès a ordonné, dans les quatorze états de la confédération, un deuil de deux mois pour la mort de Francklin, et l'Amérique acquitte en ce moment ce tribut de vénération et de reconnaissance pour l'un des pères de sa constitution.

Ne serait-il pas digne de vous, Messieurs, de nous unir à l'Amérique dans cet acte religieux, de participer à cet hommage rendu à la face de l'univers, et aux droits de l'homme, et au philosophe qui a le plus contribué à en propager la conquête? L'antiquité eût élevé des autels au puissant génie qui, au profit des mortels, embrassant dans sa pensée le ciel et la terre, sut dompter la foudre et les tyrans. L'Europe éclairée et libre doit du moins un témoignage de souvenir et de regret à l'un des plus grands hommes qui aient jamais servi la philosophie et la liberté.

Je propose qu'il soit décrété que l'assemblée nationale portera pendant trois jours le deuil de Benjamin Francklin.

La partie gauche applaudit avec transport.

MM. de Larochefoucault et de la Fayette se lèvent pour appuyer la proposition de M. de Mirabeau : tout le côté gauche se lève.

M. Moreau monte à la tribune.

On crie aux voix, aux voix!

*M. Moreau.* Je veux, non contredire la motion, mais la compléter.

*M. le Grand.* Je demande que M. le président soit chargé d'écrire au congrès, pour lui témoigner la part que l'assemblée nationale prend à la perte qu'il vient de faire.

*M. le comte de Montlausier.* Je demande si M. Francklin est réellement mort, et si la mort a été notifiée à l'assemblée nationale par le congrès?

*M. de Mirabeau l'aîné.* MM. de Larochefoucault et de la Fayette, amis de ce grand homme, ont été instruits de sa mort. Cette triste nouvelle a été écrite à M. de Larochefoucault par M. de Lansdone. Ainsi, cette perte n'est que trop sûre : mais j'aurai l'honneur d'observer que si, par impossible, cette nouvelle est fausse, la sollicitude qu'on montre est de peu d'importance, car votre décret ferait peu de peine à M. Francklin.

L'assemblée adopte d'abord par acclamation la proposition de

M. de Mirabeau, et arrête ensuite, à une très-grande majorité, qu'elle prendra lundi 14, pour trois jours, le deuil de Benjamin Francklin; que le discours de M. de Mirabeau sera imprimé, et que le président écrira au congrès au nom de l'assemblée.

Une grande partie de l'assemblée et tous les spectateurs applaudissent.]

L'assemblée prit en effet le deuil, et quelques réunions particulières procédèrent à des cérémonies funèbres plus complètes. Au café Procope, on éleva un mausolée et on prononça plusieurs discours.

Mais, ce furent surtout les événemens de la presse qui saisirent l'attention des Parisiens. Des poursuites furent commencées contre plusieurs écrivains. Le signal, nous l'avons déjà dit, avait été donné à la tribune de l'assemblée nationale par M. Malouet, lorsqu'il dénonça les *Révolutions de France et de Brabant*. D'abord on saisit une brochure royaliste qui avait pour titre *Vie privée, politique, etc., de M. de la Fayette*, brochure pleine d'imputations sales et ignobles. On arrêta ensuite l'*Orateur du peuple*. Laissons-le raconter lui-même sa déconvenue.

« Citoyens, pourrez-vous le croire? l'orateur du peuple est dans les fers! Il n'avait pris la plume que pour défendre vos droits : c'était un écrivain animé du plus ardent patriotisme; il respectait la commune, M. Bailly, M. de la Fayette; il combattait l'hydre ministérielle avec une massue, et l'aristocratie avec les traits du ridicule. Lors du départ du roi pour Saint-Cloud, son patriotisme conçut de ce voyage des alarmes partagées par tous les bons citoyens... Eh bien! le bureau de ville a calomnié les intentions de l'*Orateur du peuple* (c'était par ses ordres que ce journal était poursuivi); il a empoisonné ses phrases les plus innocentes. On lit dans le n° XIII : *Courez, citoyens, armés de votre seule tendresse, dételez ses chevaux, reportez-le en triomphe dans la capitale*. Qu'y a-t-il donc là de si criminel?

« Mais apprenez le comble des horreurs.... L'*Orateur du peuple* apprend que son imprimeur et le distributeur de sa feuille sont assignés à comparaître au bureau de ville, à la requête du sieur

Mitoufflet de Beauvais, l'un des procureurs-syndics de la commune, voulant leur éviter des embarras, il se présente lui-même; sa présence inattendue fait remettre la cause... il ne manque point de s'y trouver ; mais sans aucune discussion, on lui lit et on exécute son jugement qui le condamne à être conduit sur l'heure à la Force, AU SECRET, sans qu'il puisse offrir caution, sans lui permettre d'appeler un avocat, sans décret préalable.... Sentence illégale, vexatoire, qui a tous les signes et la rapidité meurtrière d'une lettre de cachet....

« Le sieur Mitoufflet de Beauvais... a-t-il bien pu trahir sa conscience et son devoir au point de ravir, au mépris de toutes les formes, la liberté à un citoyen !... Ce juge serait-il donc vendu à l'aristocratie? La voix de l'orateur du peuple percera les voûtes de sa prison ; son égide, c'est l'article de la déclaration des droits qui fait jouir chaque citoyen français de celui qu'il tient de la nature, de publier ses opinions. » (*Orateur du peuple*, n° 22.)

En effet, ce journal continua à paraître, et ne cessa d'être colporté. Le lendemain, on criait dans les rues : *Grande dénonciation du sieur Mitoufflet comme criminel de lèse-nation.*

Le grave Loustalot et le sarcastique Desmoulins prirent la défense de Fréron, en s'indignant surtout contre l'inique manière dont on avait procédé à son égard.

Quelques jours après, le procureur-syndic s'en prit à l'*Ami du peuple*. Un huissier vint sommer l'imprimeur de dénoncer la retraite de Marat, sous peine de cent livres d'amende. En réponse à cette sommation, l'auteur promit au bureau de ville de reprendre son rôle d'accusateur public, afin qu'aux élections prochaines le choix des citoyens en écartât à jamais les membres actuels. Au reste, c'était un besoin parfaitement conforme aux intentions dont on accusait alors les ministres, que de fermer la bouche à Marat. On peut juger, d'après le petit article qui va suivre s'il était un surveillant commode.

« *Notice intéressante.* Une mouche patriotique vient à l'instant de nous donner avis d'un petit complot ministériel, formé dans un boudoir des Tuileries, entre la première sultane, le visir

Necker, et les pachas de Saint-Priest, de Montmorin, de la Tour-du-Pin, etc.

» Ils sentent plus que jamais cette vérité que *l'Ami du peuple* leur a prononcée plusieurs fois : *C'est qu'il n'y a guère aujourd'hui que les cris d'alarmes et le scandale public propagé par les plumes patriotiques qui les barrent.* Ils ont décidé de mettre tout en œuvre pour leur imposer silence, engourdir leur zèle et endormir leur vertu ; en conséquence, cinq cent mille livres ont été puisées dans le trésor de la nation pour corrompre ses défenseurs. Nous avons la consolation d'en connaître, dont la vertu serait à l'épreuve d'une couronne ; nous en connaissons aussi dont la vertu fera naufrage à la première épreuve. Malheur aux faux frères ! nous prenons l'engagement sacré de les traîner dans la boue, de les disséquer tout vivans. (*L'Ami du peuple*, 3 juin, n° 122.)

Desmoulins aussi était menacé, on exigeait de lui une rétractation, ou cent mille livres de dommages et intérêts. Il avait nommé dans un article M. de Crillon, membre de l'assemblée nationale, lequel réunissait chez lui un grand nombre de ses collègues, qui avaient appartenu ainsi que lui au club des Amis de la constitution, et venaient faire ensemble du ministérialisme ; il l'avait appelé citoyen douteux et anti-jacobin. Ce personnage assignait donc le pauvre auteur à se rétracter ou à se voir poursuivre devant le Châtelet.

« Je me rétracte, disait Desmoulins, mais je demande à M. de Crillon où est cette liberté de la presse qu'il a lui-même fait décréter, si je ne puis énoncer un doute sur le patriotisme d'un citoyen ?... Je vois bien que pour faire un journal libre et ne point craindre les assignations, ni des juges corrompus, il faut renoncer à être citoyen actif, suivre le précepte de l'Évangile, *donner ce qu'on a*, ne tenir à rien, et se retirer dans un grenier ou dans un tonneau *insaisissable*, et je suis bien déterminé à prendre ce parti, plutôt que de trahir la vérité et ma conscience.

» Oui, je viens de prendre ce parti ; je me suis débarrassé du peu que j'avais acquis par mes veilles, et d'un pécule que je puis bien appeler *quasi castrense*. A présent viennent les huissiers quand ils voudront. J'échapperai à l'inquisition, comme le moucheron à la toile d'araignée, en passant au travers. Je bénis la tempête qui m'a fait jeter dans la mer les instrumens de ma servitude; maintenant je me sens libre comme *Bias*. Je relèverai toute la corruption de l'assemblée nationale; je dirai que ceux qui paraissent l'âme de ses délibérations sont corrompus. Je déclare, je jure qu'ils m'ont offert une place dans la municipalité, qu'ils m'ont dit avoir la parole de Bailly et de la Fayette. J'ai compris par leurs menaces, qu'ils disposaient de *Talon* et de son Châtelet, et, par leurs promesses, qu'ils disposaient des places de la municipalité et des grâces de la cour. Oui, citoyens, je vous dénonce que déjà vous êtes à l'encan; on marchande le silence ou l'appui de vos défenseurs. A la suite d'un repas où l'on avait affaibli ma raison en prodiguant les vins, et amoli mon courage en m'offrant une image du bonheur qui n'est point sur la terre, et dont ils ne voient pas que le dédommagement ne peut être que dans la probité, le témoignage de la conscience, et l'estime de soi-même; après m'avoir ainsi préparé à recevoir les impressions qu'on voulait me faire prendre; n'osant pas me demander de professer d'autres principes, on m'a proposé une place de mille écus, de deux mille écus.... Pardon, chers concitoyens, si je ne me suis point levé avec horreur, si je n'ai point dénoncé ces offres. J'aurais trahi l'hospitalité, la sainteté de la table.... Que le peuple soit averti qu'on marchande les journalistes; qu'on dispose à l'avance des places de la municipalité, qu'on engage la parole de Bailly et de la Fayette. Ils sont donc sûrs d'être continués! Ils se sont donc déjà assurés des suffrages!

» Citoyens, peut-être ne me croyez-vous pas. Vous me dites comme Démosthènes à ce paysan : *Non, cela est faux, il y aurait plus de chaleur, plus de véhémence dans votre discours.* C'est que le découragement fait sur moi l'effet de la corruption, et m'en a donné la langueur. Et comment ne serais-je pas abattu? Je vois que nos maux sont incurables, que l'égoïsme a la majorité dans l'assemblée, qu'il n'y a rien de grand à attendre d'un peuple manœuvre ou sybarite. Je vois que la maladie du corps politique n'est pas seulement dans quelques membres qu'on peut guérir ; c'est la masse du sang qui est corrompue. Je vois que cette assemblée nationale que j'idolâtrais, que je proposais avec orgueil pour modèle aux autres nations, ne craint rien tant que cette égalité de droits, et ce nivellement dont elle nous avait bercés. Bientôt la liberté de la presse ne sera plus qu'un vain nom.... Mirabeau m'assurait que c'est à M. la Fayette que j'ai l'obligation de n'avoir pas été décrété de prise de corps, comme *Talon* le voulait absolument. Ainsi, j'ai l'obligation de ma liberté, à la protection d'un citoyen, et non pas à celle de la loi!... Qu'il me retire cette protection dont j'ai honte.... Qu'on me décrète si l'on veut ! J'aurai bien le courage de dire : *Ramenez-moi aux carrières.* Pourrais-je y voir rien de plus affligeant que le spectacle que j'ai sous les yeux, celui de la dégradation de nos représentans, et d'une corruption dont je ne pourrais douter, quand je n'en aurais pas la preuve par le prix qu'on a mis à mon silence. » (*Révolutions de France et de Brabant*, t. 3, p. 242, 249.)

» Elle existe, continuait Loustalot, elle existe, il n'est plus permis d'en douter, cette majorité ministérielle que nous avions annoncée, et qui doit sans espérer une contre-révolution, causer tant de maux à la cause publique ! Des tribuns du peuple, qui s'étaient signalés, en défendant ses droits, se sont, ou lâchement vendus, ou sottement laissé surprendre par les fausses démonstrations de confiance et d'admiration que la cour leur a prodiguées.

» Nous avons observé, il y a six semaines qu'il existait quatre divisions dans l'assemblée nationale. Il y en avait deux fortement prononcées ; les *aristocrates* et les *patriotes*. Nous avons dit qu'il ne serait pas impossible qu'il se formât une *majorité nouvelle* qui sacrifiât les intérêts non pas des communes aux nobles et au clergé, mais de chaque individu et de toute la nation au pouvoir exécutif.

» La scission qui éclata entre les membres du parti patriote, lors de la question de la guerre et de la paix, ne confirmait que trop ce funeste pressentiment. Cependant, comme les accusations de trahison et de vénalité étaient réciproques, que la chaleur de l'amour-propre avait pu égarer les disputans, on avait lieu d'attendre que la première démarche qui se ferait de part et d'autre, ramenerait la concorde parmi les représentans patriotes.

» Cette démarche a été faite par la portion de députés qui se rassemble au club des Amis de la constitution. Elle y a rappelé ceux que des clubs et des comités (1) formés par l'influence du ministère en avaient éloignés. On leur a proposé de mettre de côté tout sujet de mésintelligence, et de travailler de concert à l'achèvement des principes constitutionnels avant le 14 juillet.

» Cette idée était grande et utile ; son exécution était possible, et du moins on ne pouvait que gagner à entreprendre de l'exécuter. Les *ministériels* n'ont pas osé s'y refuser ouvertement; mais la froideur avec laquelle ils ont accueilli ce projet, l'a fait absolument échouer; et l'assemblée nationale a été obligée de s'occuper de détails de finance, d'articles réglementaires sur le traitement des prêtres; au lieu d'organiser l'armée, de fixer les principes constitutionnels des gardes nationales, avant que l'armée et les gardes nationales vinssent jurer le maintien de la constitution.

» Les orateurs *aristocrates* jetaient une trop grande défaveur sur les motions qu'ils appuyaient, les *ministériels* les ont engagés à se taire, certains que les mêmes propositions prendraient une teinte moins sombre en passant par leur bouche. Les Cazalès, les Maury se sont tu....

» Dès l'instant que quelques-uns des coryphées du côté patriote ont passé dans le parti ministériel, et que l'éclat de leur nom, leur réputation de popularité sont devenus en quelque sorte un rempart pour ceux qui les imiteraient, la désertion a été effrayante parmi les *patriotes*, et dans ce moment on compte tout au plus *soixante* députés qui tiennent au principe et à la cause de la liberté.

(1) Club de 1789, et le comité qui se réunissait chez M. de Grillon.

» Soit que le ministère n'ait pu les corrompre, soit qu'il ne l'ait pas voulu, de peur que le peuple ne s'aperçût qu'il était trahi, ces soixante députés combattent encore avec courage dans les questions qui ne regardent pas le roi ; mais dès qu'il s'agit de ses intérêts, ils se condamnent au silence, de peur de prêter le flanc à cette imputation si souvent répétée, qu'ils sont livrés à un parti opposé au roi, et qu'ils veulent faire de la France une *république.* »

Loustalot parle ensuite du vote scandaleux des 25 millions de liste civile. Il fait remarquer l'art avec lequel on a fermé les oreilles du peuple aux réclamations de la presse sur cette indigne et courtisanesque dilapidation. Le dieu Necker, dit-il, l'éternel Necker, le ministre adoré a détourné la colère publique en faisant publier aussitôt une lettre par laquelle il invite au nom du roi le comité des subsistances à faire *une diminution sur le prix du pain.* La diminution fut d'un liard par livre.

» Déjà, ajoute-t-il, Malouet et deux autres députés de son acabit, ont cru pouvoir demander des lois sur la presse, et faire des dénonciations à la tribune de l'assemblée nationale contre quelques écrivains, notamment contre M. Desmoulins. Déjà sur l'énonciation d'une vérité trop facile à justifier, le sieur de Crillon demande à cet écrivain 100,000 liv. de dommages et intérêts; déjà la municipalité de Paris emprisonne l'auteur de *l'Orateur du peuple*, tout aussi lestement qu'auraient pu le faire Sartine et Lenoir.

» *Si la liberté de la presse pouvait exister dans un pays où le despotisme le plus absolu réunit dans une seule main tous les pouvoirs, elle suffirait seule pour faire contre-poids.* Cette maxime d'un écrivain anglais est trop connue du gouvernement pour qu'il ne cherche pas à limiter la presse, à en rendre l'usage redoutable aux écrivains courageux, à quelque prix que ce soit. S'il l'obtenait, on verrait le plus grand nombre des gens de lettres se couvrir la tête et se laisser immoler ; quelques autres feraient sans doute la plus vigoureuse résistance.

» S'il en reste un seul qui soit tout à la fois intrépide et inflexible, qui ne craigne ni les coups de l'autorité, ni le *couteau des lois*, ni les fureurs populaires, qui sache toujours être au-dessus des honneurs et de la misère, qui dédaigne la célébrité, et qui se présente, quand il le faut, pour défendre légalement ses écrits, ah! qu'il ne cesse d'abreuver l'esprit public de la vérité et des bons principes, et nous lui devrons la révolution et la liberté. Écrivains patriotes! voyons qui de nous cueillera cette palme! Qu'il serait glorieux d'être vaincu!

» O vous qu'un peuple aveugle a regardés jusqu'à ce jour comme des héros ou des tribuns! Vous, qu'il suit à chaque pas avec des cris d'admiration! Vous qui, après avoir cherché à humilier une cour où vous n'aviez point d'accès, avez *fait votre paix avec elle!* Vous qui feignez de ne contrarier nos désirs que parce que vous prétendez savoir mieux que nous ce qui convient à notre bonheur! Vous enfin qu'un espoir peut-être chimérique de votre retour à la vertu m'empêche de nommer, je vous offre ici la paix ou la guerre; veuillez être libres, et non protecteurs; citoyens, et non chefs de parti; cherchez à être utiles à la nation, et non pas nécessaires ou redoutables à la cour. » (*Révolutions de Paris*, n° 49.)

« *Voyons qui de nous cueillera la palme, et sera couronné le meilleur citoyen.* Je ramasse le gant que vous me jetez M. Loustalot, s'écrie Desmoulins, et je veux lutter avec vous de civisme. Il ne me reste plus de sacrifices à faire après ceux que j'ai faits;... mais je sacrifierais, s'il le faut au bien public, jusqu'à ma réputation. Je répète ici le serment que vous avez prononcé. Qu'on m'assigne, qu'on me décrète, qu'on m'outrage, qu'on me calomnie indignement, j'immolerai jusqu'à l'estime des hommes, je ne craindrai ni les coups d'autorité, ni le coup des lois; je serai au-dessus des honneurs et de la misère; je ne cesserai d'abreuver l'esprit public de la vérité et des bons principes; la lâche désertion de quelques journalistes; la pusillanimité du plus grand nombre ne m'ébranlera pas, et je vous suivrai jusqu'à la ciguë. » (*Révolutions de France et de Brabant*, p. 310.)

Au moment même où Desmoulins écrivait ces mots, il recevait une nouvelle assignation, au nom de M. Talon, devant le Châtelet, *pour voir dire* qu'il était tenu à rétracter les quelques paroles que nous avons citées, et qu'il était condamné à 10 mille livres de dommages et intérêts. La réponse de l'écrivain fut pleine d'éloquence et de dignité : il répondit par une accusation contre le Châtelet tout entier, et contre Talon, l'un de ses organes. Mais cet écrit est trop long, et répète d'ailleurs trop de choses que nous avons déjà consignées ici, pour être inséré.

On peut considérer les articles que nous venons de citer, comme le manifeste de la presse patriote. Il était impossible en effet que les hommes avancés et attentifs ne fussent profondément inquiets ; la défection de Mirabeau, la formation du club de 89 et du comité Crillon en opposition avec celui des *Amis de la constitution*, la certitude que la corruption était devenue un moyen de gouverner l'assemblée nationale, tout cela était de nature à effrayer. Mais ce qui surtout assombrissait l'avenir, c'était de voir le gouvernement s'occuper uniquement du soin de mettre à sa merci les représentans de la nation, négliger l'organisation de l'armée, ne penser qu'à mettre ses débris à la discrétion des officiers les plus dévoués à la cour, lorsque tout devenait menaçant au-dehors. Le nouvel empereur d'Allemagne venait de faire la paix avec la Turquie et la Prusse. Il disposait donc d'une armée nombreuse et faite à la guerre ; il était lié par le sang, autant que par l'intérêt, d'un même droit à la famille royale de France ; une armée était déjà réunie sous les murs de Luxembourg ; une autre avait envahi le Brabant ; et ce qui affligeait les patriotes, c'est que le nombreux corps des troupes brabançonnes, après quelques succès, s'était laissé mettre en déroute par quelques milliers d'impériaux ; Bruxelles enfin était compromis : les patriotes français craignaient que la guerre leur vînt au milieu de leurs embarras intérieurs et n'arrêtât le développement de la constitution.

En face de cette tristesse, la société de 89 se réunit au Palais-Royal pour célébrer par un dîner l'anniversaire du 17 juin. Le banquet était composé de quelques invités, parmi lesquels on remarquait le corse Paoli, et de 190 convives, membres de la société. On comptait dans ce nombre, Bailly, la Fayette, Mirabeau l'aîné, Sieyès, Chapelier, l'évêque d'Autun. Ce fut une fête somptueuse, et qui fut donnée avec un éclat qui en fit un spectacle public. L'harmonie d'un orchestre considérable appela un nombreux concours d'auditeurs. Les personnages du banquet se présentèrent plusieurs fois aux balcons des fenêtres, et saluèrent le public, qui les applaudit. On porta des toasts, on reçut une députation des dames de la halle, enfin on chanta des couplets composés par Piis pour la circonstance; ils furent demandés par le peuple, et on les lui chanta du haut d'une fenêtre. On trouvera ces couplets en note. En vérité, il est impossible de penser du bien d'une réunion politique qui consent à entendre une aussi pitoyable chanson (1).

(1) AIR : *Des dettes.*

Les traîtres à la nation
Craignent la fédération;
C'est ce qui les désole :
Mais aussi depuis plus d'un an,
La liberté poursuit son plan;
C'est ce qui nous console.

L'instant arrive, où pour jamais
Vont s'éclipser tous leurs projets;
C'est ce qui les désole :
Et l'homme va pour jamais
Rétablir l'homme dans ses droits;
C'est ce qui nous console.

Il arrive souvent qu'au bois
On va deux pour revenir trois,
Dit la chanson frivole :
Trois ordres s'étaient assemblés,
Un sage abbé les a mêlés;
C'est ce qui nous console.

Quelques-uns regrettent leurs rangs,
Leurs croix, leurs titres, leurs rubans;
C'est ce qui les désole :
Ne brillons plus, il en est temps,
Que par les mœurs et les talens :
C'est ce qui nous console.

Sans doute on fera moins de cas,
Et des cordons et des crachats;
C'est ce qui les désole :

## JUILLET 1790.

L'instinct de la conservation sociale veillait avec toutes ses susceptibilités sur la conduite du pouvoir exécutif. De plus en plus méfiante, la presse démocratique récriminait amèrement contre les infidélités de la constitution aux principes qui avaient été consacrés dans la déclaration des droits. Le droit diplomatique, celui de préparer la guerre et de la commencer attribués à la royauté, le *veto* suspensif, qu'on s'attendait à voir changer en *veto* absolu ; le décret qui divisait en deux classes les citoyens actifs, dont les uns pour être électeurs devaient contribuer de trois journées de travail, et les autres de dix journées pour être éligibles; celui qui attachait à un marc d'argent l'éligibilité aux fonctions législatives, tels étaient, en substance, les sujets des reproches adressés à la majorité de l'assemblée et aux ministres, à la veille de la fédération.

Dans une note de l'article cité à la page 272, Desmoulins disait : « Lorsque le comité des finances proposa ce traitement de 100,000 liv. aux ministres, le rapporteur appuyait la motion sur la nécessité de la représentation et d'une table. Où est la nécessité, a dit M. Al. de Lameth, d'envoyer la taille de 2 ou 300 villages à la cuisine de quatre ou cinq ministres? On ne s'est que trop ressenti de ces dîners à la séance du soir, et quelquefois à celle du lendemain. C'est là qu'on a trinqué à la ruine de la liberté. Combien de scrutins et de projets de décrets qui ont été rapportés de l'office! Nous n'avons point de plus grands ennemis que les cuisiniers des ministres. Mais Deumesniers et Crillon le jeune

> Mais les lauriers, mais les épis,
> Les feuilles de chêne ont leur prix :
> C'est ce qui nous console.
>
> On en a vu qui, tristement
> N'ont fait qu'épeler leur serment,
> C'est ce qui nous désole :
> On va le faire à haute voix,
> De bouche et de cœur à la fois :
> C'est ce qui nous console.

se sont déclarés hautement pour les dîners, et l'on a accordé les 100,000 liv., sans quoi nos pères conscrits auraient perdu une épreuve à leur vertu, au lieu qu'il est plus glorieux d'avoir une opinion anti-ministérielle, en sortant de boire le vin du ministre. »

L'*Ami du peuple* du 28 juin renfermait une accusation contre la Fayette et son état-major tellement pleine de faits, que Camille lui-même, le prôneur du commandant-général, disait à tout le monde : Avez-vous lu Marat, le divin Marat? Ce numéro fut vendu jusqu'à 6 liv. la demi-feuille. Loustalot criait aussi de son côté à l'aristocratie, sur l'état-major soldé de la garde nationale, et il en avait exposé et hautement blâmé la conduite dans l'affaire de l'officier volontaire Féral (1); plusieurs districts venaient de créer un comité de surveillance chargé d'en contrôler les actes.

Au moment où allaient commencer les élections municipales, fixées au 4 juillet, le titre légal de citoyen actif était vivement discuté. Le décret qui le conférait réduisait, dans le seul faubourg Saint-Antoine, plus de 50,000 citoyens domiciliés, à moins de deux cents électeurs. Marat en écrivait ainsi aux *citoyens infortunés* des faubourgs Saint-Antoine, Saint-Marcel, Saint-Victor, Saint-Martin, et de tous les autres quartiers de Paris :

« Il n'est aucune puissance sous le ciel, mes chers compatriotes, qui soit autorisée à vous enlever vos droits de citoyens, nommés ridiculement *droits des citoyens actifs*. La déclaration des droits de l'homme porte, article IV, que tous les citoyens sont également admissibles à toutes dignités, places ou emplois, sans autre distinction que celle de leurs vertus et de leurs talens. A plus forte raison êtes-vous habiles à donner votre voix dans les élections.

« Les seules qualités qui doivent caractériser le citoyen admissible dans les affaires publiques, c'est d'avoir un domicile fixe, afin de n'être pas réputé étranger, passant ou vagabond; d'avoir l'âge de vingt-cinq ans, afin d'être présumé instruit et rai-

---

(1) *Révolutions de Paris*, n° 51, p. 369, et n° 52, p. 685.

JUILLET (1790)

sonnable, et d'avoir de bonnes mœurs, afin de n'être pas suspect de vénalité et de corruption..

» Quant à la contribution directe qu'un décret vexatoire exige de vous, elle est nulle de droit, puisque ce décret postérieur à la déclaration des droits de l'homme la contrarie, puisque ce décret est purement réglementaire ; tandis que la déclaration des droits est la base inébranlable de la constitution. Et puis, les nombreux services que vous avez rendus à la patrie, et les droits onéreux que vous payez chaque jour au fisc sur vos consommations, ne sont-ils pas suffisans?...

» Assemblez-vous donc sans balancer; allez en corps vous faire inscrire dans vos districts respectifs : il ne s'y trouvera parmi les commissaires aucun homme assez peu raisonnable pour contester vos titres, si vous avez le courage de ne pas souffrir qu'on vous compte pour rien. »

Cette doctrine était présentée d'une manière plus concluante peut-être dans un article de Loustalot, où il examine la promotion de la nouvelle municipalité de Paris. Il y déclare, en terminant, que le décret de l'assemblée nationale qui fixe la qualité de l'électeur et de l'éligible sur sa contribution à l'impôt, est le plus inconséquent qu'elle ait rendu; que le peuple l'a cassé de fait dans plus des trois quarts de la France; qu'il serait beau, qu'il serait digne de la commune de Paris de donner l'exemple général de regarder ce réglement comme non-avenu, et d'admettre à toutes les places, sous la seule condition du domicile actuel, etc., etc. (*Révolutions de Paris*, n° 51, p. 650.)

Les journaux royalistes ne participaient en rien à cette controverse; ils jouissaient d'ailleurs d'une liberté illimitée. « La *Gazette de Paris*, les *Actes des Apôtres*, tout ce que l'aristocratie a produit de plus lâche, de plus atroce contre l'assemblée nationale, les pamphlets insidieux et pervers que le ministère fait fabriquer contre les députés patriotes, et contre les écrivains qu'il n'a pu corrompre, circulent tranquillement; on les donne à ceux qui ne veulent pas les acheter (1). » Au lieu de cela, on poursuivait à

---

(1) *Révolutions de Paris*, n° 52, p. 737.

outrance les journaux révolutionnaires ; on accablait d'amendes l'auteur des *Révolutions de France et de Brabant*; on traquait Marat ; l'*Orateur du Peuple*, Fréron, avait été emprisonné, pour avoir affirmé que le garde-des-sceaux avait déposé aux archives du parlement une protestation contre la constitution ; pour avoir proposé dans une adresse d'établir un club de la liberté de la presse. L'administration municipal avait fait enfermer à Bicêtre le colporteur qui vendait la vie privée de la Fayette, et elle relâchait le 26 juin un soldat de la garde parisienne, arrêté dans la salle de l'assemblée nationale, distribuant un libelle infâme contre les Duport, les Barnave, les Robespierre, les d'Aiguillon.

A tous ces griefs, s'ajoutaient des bruits alarmans sur quelque machination infernale tramée pour le 14 juillet. Le départ précipité de plusieurs familles riches, et les demandes de congé, faites à cette époque par un très-grand nombre de députés, accréditèrent cette terreur. Nous n'en décrirons ni la forme, ni les incidens; nous nous bornerons à dire que les plus clairvoyans et les plus calmes, parmi les écrivains de l'opposition républicaine, ne voyaient dans cette fête de la fédération qu'un moyen de *royaliser* la France. Mais la partie grave de ces troubles, c'était la crainte de voir s'ouvrir à Paris les élections municipales, pendant qu'on y était encombré par des préparatifs immenses et par l'affluence des députations départementales. On n'avait pas cessé de redouter surtout la guerre avec la Grande-Bretagne, guerre qui compromettrait ouvertement les travaux d'organisation intérieure auxquels la France était livrée. On l'avait repoussée comme le vœu le plus cher à l'aristocratie ; et ce sentiment éclata dans le public en même temps que dans l'extrême gauche de l'assemblée, lorsqu'on apprit la nouvelle de l'incendie de Port-Louis, parce qu'on jugeait que le ministère y trouverait le prétexte d'un armement général.

Dans la séance du 30 juin, Arthur Dillon présenta un projet de décret sur la colonie de Tabago, lequel donna lieu à la discussion suivante :

*M. Robespierre.* Je ne puis me dispenser d'observer qu'aucun membre ne connaît assez les faits pour se décider dans une occurrence aussi importante. Je prie l'assemblée de considérer quelles pourraient être les conséquences d'un décret par lequel le pouvoir exécutif serait indéfiniment autorisé à faire un armement pour secourir une colonie dont vous ne connaissez pas l'état. (Il s'élève beaucoup de murmures. — On demande à aller aux voix.) Si cette considération ne vous touche pas; si vous ne voulez pas réfléchir sur les intentions du gouvernement dans nos relations extérieures; si vous ne voulez pas qu'on puisse impunément faire une guerre étrangère; si vous ne voulez pas que je vous dise que ce ne sera point par une proposition directe qu'on cherchera à engager la guerre, mais par des propositions et des démarches détournées, dont l'effet sera d'autant plus sûr, qu'il sera éloigné; si vous ne voulez pas que je vous dise que personne ne connaît l'état de cette colonie; que ce que vous en savez, vous ne l'avez appris que par l'assertion d'un ministre et d'un seul de vos membres, n'examinez pas, prenez un parti sur la proposition des ministres; croyez-les sur parole, et décrétez la guerre et la servitude.

*M. Arthur Dillon.* Les armemens dont se plaint M. Robespierre consistent en un bâtiment marchand, portant trois cents hommes.

*M. Duval* (ci-devant d'Esprémenil). Si M. Robespierre doute des faits, je vous propose de l'envoyer pour commissaire à Tabago, afin de les vérifier.

*M. Robespierre.* Il n'y a pas de milieu; il faut entendre avec patience les membres de cette assemblée, ou s'exposer à tous les dangers dont j'ai parlé. Je ne sais si les mesures proposées sont déterminées par les besoins de Tabago, ou par des menées ourdies par les ministres pour occasionner la guerre. Nous avons pour garans des faits une lettre du ministre, et l'assertion d'un de nos collègues. Jamais nos décrets ne doivent être rendus sur des assertions isolées et appuyées par des assertions ministérielles. Nos inquiétudes sont d'autant mieux fondées, qu'on n'a pas laissé au comité le temps d'éclaircir les faits..... D'après ce qui m'est dit en ce moment par les députés des colonies, je demande le renvoi du projet de décret au comité colonial.

MM. *Reynaud* et *Gouy*, députés de Saint-Domingue, appuient la proposition du renvoi au comité colonial. — Sur la proposition de M. Desmeuniers, le roi fut prié d'ordonner au ministre de notifier officiellement l'état de Tabago.

### SÉANCE DU 1ᵉʳ JUILLET.

Clermont-Tonnerre annonce que des troubles ont éclaté à Ris, et que cinq personnes y ont été massacrées. — Décret sur la proposition de Vernier, qui ordonne la perception de l'emprunt accordé à la ville de Montbrison, et invite les officiers municipaux à continuer leurs fonctions. — Rapport de l'évêque d'Oléron sur le désastre causé dans cette contrée par les inondations.

Durand présente un rapport et un projet de décret sur les patronages laïques et sur l'aliénation des fondations et établissemens ecclésiastiques. Opinions d'Andrieux, Treilhard, Landine, Camus et Martineau : ces deux derniers sont chargés de présenter quelques articles conformes à leurs vues.

Le ministre de la marine rend compte des événemens de Tabago. Discours de Gouy à ce sujet. Barnave fait décréter que le roi sera supplié de faire passer à Tabago les secours réclamés par les habitans. — Adoption des articles rédigés par Camus et Martineau, conservant aux laïques la propriété des chapelles et fondations particulières.

*Séance du soir.* — L'inopportunité des élections avait rencontré de nombreuses résistances. Le décret du 22 juin, portant que les opérations préalables seraient terminées le 4 juillet, et que les élections commenceraient au plus tard le lendemain, ne fut reçu que le 7 juin, à sept heures du soir, à l'hôtel-de-ville : les deux cent quarante en ordonnèrent la transcription sur les registres. Le 29, une proclamation publiée à son de trompe, convoqua les citoyens dans leurs nouvelles sections. Le district des

Cordeliers y répondit par un placard dont nous extrairons le passage suivant :

« .... Quoi ! c'est dans cette agitation des préparatifs et de l'attente de ce grand jour, que le maire s'occupe de dépecer, disons le mot, de tuer, d'anéantir les districts ; fruits du moment et de la nécessité, comme sa mairie provisoire, comme la municipalité provisoire, mais fruits bien plus heureux et qui ont été jusqu'ici l'aliment du patriotisme ; fruits auxquels cette capitale doit son salut, l'assemblée nationale son indépendance, la France entière sa régénération. Une prétendue proclamation du maire et consorts, sans avoir été notifiée aux districts, est affichée dans les rues, *la nuit*, avec la précipitation et la timidité du crime !

» De quelle surprise, de quel effroi n'ont pas dû être frappés les bons citoyens, d'apprendre d'une part, et tout à la fois, que le 27 juin, ce travail réputé incomplet avait été présenté à la sanction royale ; que le même jour il l'avait reçue ; que le même jour la municipalité actuelle avait été instruite de la sanction ; que le même jour elle avait arrêté d'en précipiter l'exécution ; que le même jour on avait rédigé une ordonnance de par le maire et consorts, pour forcer les citoyens, absorbés par d'autres détails, à s'assembler à trois jours de là, le 1ᵉʳ juillet, aujourd'hui, non pas dans les lieux consacrés par leur assiduité, par les preuves de leur civisme, avec ses camarades qui depuis un an les partageaient et aidaient à les multiplier, mais dans des centres nouveaux, déterminés par le compas géométrique des arpenteurs, choisis au gré du rapporteur, organe complaisant de la municipalité ; *que ce jour, premier juillet, marqué pour la sépulture des anciens districts, serait celui de l'intronisation des nouvelles sections, de leur entrée en activité ; qu'arriver, s'entrevoir, élire ou plutôt confirmer la municipalité actuelle, serait le devoir prescrit aux citoyens appelés actifs*, mais que l'on devrait bien plutôt appeler des automates aveugles et insensibles, s'ils pouvaient se prêter à des injonctions aussi suspectes.

« On ne peut guère douter, si le plan consigné dans la proclamation a lieu, que la première idée qui frappera tous les citoyens éclairés ne soit celle de la nécessité de cette continuation. Serait-ce donc-là le but secret des titulaires actuels, qui ne dissimulent d'ailleurs ni leurs prétentions ni leurs espérances? Préféreraient-ils de surprendre, d'arracher ainsi les suffrages de leurs concitoyens par la vue du danger qu'il y aurait à leur donner des successeurs, plutôt que de les devoir à un choix volontaire, à une élection réfléchie et non commandée par les circonstances. »

Loustalot avait prédit quatre mois d'avance quelles seraient les intrigues que la municipalité mettrait en œuvre pour se faire réélire; que la cour et les députés de Paris à l'assemblée nationale les favoriseraient pour faire tomber les suffrages sur des créatures qui leur fussent vendues. « Si le code municipal, disait-il au mois de février (*Révolutions de Paris*, n° 32, pages 13 et suivantes), le décret de l'assemblée nationale, la sanction et la convocation pour les élections, ont lieu au même moment, il est certain que chacun tournera presque malgré lui, les regards vers ceux qu'il a déjà élus.... Lors de l'élection de vos députés à l'assemblée nationale tout fut précipité. On suit la même marche, pourrait-on ne pas avoir le même but? »

*Cassandre* Marat, comme l'appelait Desmoulins, rencontrait également au bout de ses conjectures et de ses divinations, des résultats qu'il avait annoncés. Alors il accusait hautement Bailly de vouloir s'emparer de toute l'autorité en brusquant l'organisation municipale, en appelant les électeurs dans des circonstances calculées pour qu'il ne leur fût possible d'agiter d'autres candidatures que la sienne et celle de ses subalternes. Une place de cent mille livres valait bien, observait l'*Ami du peuple*, qu'on s'efforçât de la conserver, surtout lorsqu'on avait, comme le sieur Bailly un penchant reconnu pour le faste.

Desmoulins, de son côté, apostrophait de la sorte le même Bailly : « Quoi! Bailly, toi qui n'as jamais pu paraître une seule fois devant le roi et sa femme sans pleurer comme un veau, et sans t'écrier que c'était le plus beau jour de ta vie (blasphémant ainsi le jour où ton étoile te plaça le premier sur le fauteuil de l'assemblée nationale, et où, par l'impulsion du moment, élevé au-dessus de toi-même, qui n'as volé depuis que terre à terre, tu fis le premier le serment du jeu de paulme), toi donc ô *Sylvain !* qui as une sensibilité si expansive.... Malheureux Bailly ! la majorité des districts est contre toi ; tu seras dépouillé de l'écharpe, il faudra quitter ce palais et cette livrée, et ce suisse et ces repas splendides, et ce faste de satrape.... (1).

Trente-six autres districts se réunirent à celui des Cordeliers et envoyèrent une députation à la barre de l'assemblée le soir du même jour 1er juillet. Cette pétition fut suivie d'un rapport sur la procédure criminelle dirigée par le Châtelet contre les individus qui avaient incendié les barrières le 14 juillet de l'année précédente. La minorité royaliste s'opposa aux deux décrets qui formèrent cette double discussion.

[Une députation de trente-six sections de la ville de Paris demande que le jour des élections de la municipalité, fixé au 4 juillet, soit changé et déterminé de nouveau pour le 1er août.

*M. Alexandre de Lameth.* Vous venez d'entendre la pétition des citoyens de Paris, et vous sentez tous combien elle est fondée en raison. Sans doute vous concevez difficilement comment il est possible qu'on ait choisi le moment actuel pour faire faire les élections de Paris. Tout le monde sait que l'époque des élections est dans tous les pays un instant de fermentation, et ne peut manquer d'en exciter dans une ville aussi considérable que Paris. D'après cette observation, comment a-t-on pu choisir, pour une opération si importante, le moment de la fédération générale ? Comment a-t-on pu choisir une époque qui, réunissant dans la capitale un grand nombre d'étrangers, rendra la police beaucoup plus difficile à entretenir ? D'ailleurs, vous savez tous que des bruits répandus, je ne sais à quelle intention, mais sans doute par les ennemis de la chose publique ; que des annonces de désordres et de troubles pour le 14 juillet, ont déjà éloigné un grand nombre de citoyens de la capitale. Si l'on veut augmenter ce nombre, si l'on veut donner quelque probabilité à ces bruits af-

(1) *Révolutions de France et de Brabant,* n° 32, p. 587.

fligeans; on n'a qu'à persister dans le projet de faire procéder aux élections dans une circonstance aussi délicate. Mais vous qui désirez le calme, qui ne voulez pas voir troubler une fête aussi touchante, vous repousserez tous ces alimens de fermentation et de trouble. C'est dans cette persuasion, que j'ai l'honneur de vous proposer de décréter que les opérations relatives aux élections n'auront lieu qu'au 1<sup>er</sup> d'août.

*M. l'abbé Maury.* Je crois nécessaire de renvoyer les élections au mois d'août, quoique les frayeurs pusillanimes qu'on veut donner sur le 14 juillet, me paraissent dénuées de fondement ; mais, pour rassurer les citoyens de Paris sur les dangers de cette époque, je déclare à toute la nation et à la capitale que *M. le duc d'Orléans* et moi nous y serons.

*M. Desmeuniers.* J'appuie la proposition de M. Alexandre de Lameth, déjà fortement recommandée par le vœu connu de la grande majorité des sections de la capitale. Je ne proposerai qu'un seul amendement, qui a pour objet de faciliter les opérations. Il consiste à autoriser les citoyens à se présenter dans les sections pour faire reconnaître leur qualité de citoyens actifs.

La question préalable est demandée sur cet amendement. L'assemblée décide qu'il n'y a pas lieu à délibérer.

*M. Martineau.* J'appuie la proposition du comité de constitution ; mais je pense que l'objet qu'il se propose serait également rempli, en fixant l'époque des élections au 25 juillet.

*M. Alexandre de Lameth.* J'adopte ce changement.

L'assemblée délibère et rend le décret suivant :

« L'assemblée nationale décrète que le roi sera supplié de donner des ordres pour que les opérations prescrites par le décret du 22 juin, sur la division de Paris, ne commence qu'au 25 de ce mois. »

*M. Reubell.* Lorsque vous prenez des précautions pour la tranquillité publique, en commémoration de la prise de la Bastille, la cour des aides en prend d'une autre nature ; elle poursuit un grand nombre de citoyens qui sont coupables d'avoir étendu l'esprit de la révolution de la Bastille et des Invalides aux barrières. Cent décrets ont été lancés. Cette affaire est la troisième à l'ordre du jour; je demande qu'on s'en occupe sur-le-champ.

*M. Muguet*, au nom du comité des rapports. On a hier donné connaissance au comité des rapports d'une procédure criminelle, instruite par la cour des aides de Paris, contre les individus qui ont pillé et brûlé les barrières. Beaucoup de citoyens sont décrétés, plusieurs sont arrêtés. La commune de Montmartre réclame un grenadier et sa femme emprisonnés en vertu d'un de ces décrets. Le 24 février dernier, le procureur-général de la cour des aides a rendu sa plainte, sans avoir aucun dénonciateur. Il est intervenu, le 26 février, un arrêt qui lui permet d'informer. L'information, commencée le 29 mars, a été close le 29 avril : quatre-vingt-deux témoins ont été entendus; soixante-dix sont pris parmi les employés. Le 10 mai, il a été décerné quatre-vingts décrets de prises de corps, onze d'ajournement personnel et trois de soit-ouï, contre des citoyens de Paris. Le même jour, réquisitoire du procureur-général en addition d'information. Depuis cette époque, onze particuliers ont été arrêtés, presque tous de nuit, savoir : cinq le 16 juin dernier, et six le 18 du même mois. La procédure a été suivie publiquement contre ces onze détenus. Le 30 mai, les officiers de l'élection considérant que leurs audiences étaient devenues très-tumultueuses, que l'affluence du peuple était inquiétante, qu'on avait entendu des menaces de nature à donner de justes alarmes, avaient délibéré de surseoir, jusqu'à ce qu'il eût été rendu compte à l'assemblée nationale de l'état de la procédure..... Votre comité a fait plusieurs observations qu'il est important de mettre sous vos yeux. Il a remarqué :

1° Le retard affecté de la cour des aides, qui a attendu huit mois avant de commencer ses poursuites;

2° La concurrence des décrets avec l'époque du 10 mai, où tant de ressorts avaient été mis en mouvement pour opérer une contre-révolution;

3° La qualité des témoins, qui, pour la plupart, ont, comme

employés des Fermes, un intérêt marqué dans cette affaire ;

4° Le nombre des décrets, qui devait être plus considérable sans les craintes que la disposition du peuple donnait, et qui ont déterminé à suspendre la marche de la procédure. Si elle était continuée au moment de la fédération, elle pourrait jeter de la défaveur sur un tribunal dont la confiance publique n'est déjà que trop éloignée. A l'instant de l'anniversaire de cette époque mémorable, il faut jeter un voile sur le passé. Rappelez-vous la fermentation qui régnait dans la capitale ; rappelez-vous que le besoin d'être libre agitait un peuple nombreux ; il ne considérait les employés que comme les agens de perceptions arbitraires, de vexations dont il avait été trop long-temps la victime. Il a détruit les monumens fastueux que l'imbécile prodigalité d'un ministre coupable semblait avoir élevés pour insulter à sa misère ; il a brûlé les barrières ; mais de la même main il a pris la Bastille et assuré la liberté. Sans doute il put se mêler à cette action des intérêts personnels ; mais ils furent en petit nombre ; mais ces intérêts profitèrent de l'enthousiasme qu'excitaient l'amour et l'espoir de la liberté. Si vous pensez que la procédure doit être continuée, la loi frappera plutôt sur des citoyens entraînés, que sur des coupables ; si vous autorisez ces poursuites pour Paris, ordonnez-les pour tout le royaume, car dans tout le royaume on a brûlé des barrières..... Les juges alors, loin d'être des protecteurs, ne seraient plus que des ennemis. Ces juges ne veulent-ils donc laisser après eux aucun regret ? veulent-ils, avant leur destruction, venger l'ancien régime ? Le 14 juillet, qui sera un jour de fête et de bonheur pour tous les citoyens français, serait-il, pour quelques-uns, un jour de deuil et de larmes ?.... Il faut, dans ces circonstances, voiler la statue de la loi..... Le 22 mars, l'assemblée a ordonné le rétablissement des barrières, sans ordonner en même temps la poursuite des coupables. Ce silence du corps-législatif aurait dû servir de règle aux tribunaux. Le comité des rapports propose le projet de décret suivant :

« L'assemblée nationale, considérant que la procédure criminelle commencée par la cour des aides de Paris, et renvoyée à l'élection de cette ville, ayant pour but de poursuivre les auteurs des incendies des barrières, qui a eu lieu dans le mois de juillet 1789, pourrait jeter des alarmes, non-seulement dans la capitale, mais encore dans tous les départemens où de pareilles procédures pourraient être faites ; que l'insurrection du 14 juillet ne doit laisser d'autre souvenir que celui de la liberté conquise ; que d'ailleurs, si quelques excès de la nature de ceux *dont le procureur du roi a rendu plainte*, se sont mêlés aux mouvemens d'un peuple qui recouvrait ses droits, et qui, dans toute autre circonstance, seraient sévèrement punis, sont tellement liés aux événemens qui les accompagnent, que ce serait s'exposer à confondre l'innocent et le coupable, que de vouloir en poursuivre les auteurs, a décrété et décrète :

» Que la procédure criminelle, commencée le 24 février dernier, à la réquisition du procureur-général de la cour des aides de Paris, concernant l'incendie des barrières, au mois de juillet 1789, et renvoyée en l'Election, demeurera comme non-avenue ; que défenses seront faites, tant à ladite cour qu'aux officiers de l'Election, d'y donner aucune suite ; que les personnes arrêtées en vertu de décrets rendus dans cette procédure, et non prévenues d'autres délits, seront mises en liberté, et que le président se retirera devers le roi pour le supplier de donner les ordres nécessaires pour l'exécution du présent décret. »

*M. l'abbé Maury.* Il est aussi contraire à mes principes qu'à mon caractère, de solliciter la sévérité de l'assemblée nationale contre une portion égarée de mes concitoyens ; mais je sais que l'impunité est opposée au bon ordre. Je demande donc que l'on m'écoute sans prévention ; ma conclusion ne sera peut-être pas très-opposée aux principes du comité. Les impôts indirects font une partie essentielle du revenu public. La ville de Paris paie un huitième des impôts indirects du royaume, c'est-à-dire 70 millions.... 70 millions.... 70 millions au moins. (Il s'élève des murmures.) On m'a mal entendu, je répète....

On demande à aller aux voix.

Je me renferme dans la motion faite sur la forme du décret

que vous avez à rendre. J'examine d'abord si la conclusion du comité est exacte... Ne vous laissez pas aveugler par des préventions personnelles.

Il est de principe chez tous les peuples, et dans toutes les lois raisonnables, de suspendre l'exécution d'un jugement; jamais nulle part on n'a encore suspendu l'instruction d'un procès. Vous n'ignorez pas que dans notre jurisprudence criminelle aucun citoyen ne peut requérir même la punition d'un coupable, et que la loi a réservé à l'homme public le droit de poursuivre un délit public.

Les États-généraux de Paris, d'Orléans, de Blois, ont ordonné au procureur-général de la cour des aides, de requérir l'exécution des lois sur l'impôt toutes les fois qu'elles ont été violées. Or, de quoi s'agit-il ici? Il s'agit d'un délit public que le procureur-général est obligé de poursuivre, sous peine de forfaiture. Quand même vous considéreriez l'assemblée comme substituée au conseil-privé, à ce conseil où l'on examinait si les jugemens rendus par les divers tribunaux de justice étaient conformes aux lois et aux ordonnances, je vous rappellerais qu'il n'était pas au pouvoir du conseil-privé d'arrêter l'instruction d'un procès. Jusqu'à ce moment, le conseil-privé a été chargé de recevoir des requêtes en cassation, et de casser les jugemens. Aussi a-t-il été défini par un grand magistrat, par M. d'Aguesseau, le *garde-du-corps de la loi*, c'est-à-dire que tous les citoyens français venaient réclamer de lui qu'il remît la loi en vigueur lorsqu'elle avait été méconnue. Ce n'est donc pas la suspension de l'instruction d'un procès que l'on peut vous demander, mais l'anéantissement d'un jugement. Le législateur peut accorder une grâce, mais il ne peut pas autoriser l'impunité; et ce serait l'autoriser que d'interrompre une procédure. Ce qu'on vous propose n'est donc point légal: dans cette occasion, je me crois obligé de faire une réparation publique aux habitans de Paris, que l'on confond avec des brigands qui ont incendié les barrières. C'est pour intéresser votre patriotisme que l'on confond deux décrets différens: d'une part, ce sont les barrières que l'on vous présente ; de l'autre, c'est la Bastille et les prisons d'État, etc.... Vous avez rendu un décret pour faire reconstruire les barrières ; en avez-vous rendu pour faire reconstruire la Bastille? On vous propose d'aller aux voix?... Il est démontré que mon obstination à soutenir la justice excite des rumeurs dans l'assemblée. Je dis que les hommes qui, sous le prétexte de la liberté, n'ont cédé qu'à des mouvemens d'intérêt personnel ; que des hommes qui, pour être libres, ont causé l'anarchie et le désordre, n'ont point de droit à votre indulgence. Ils vous intéressent, je le conçois, je partage cet intérêt ; mais comme législateurs, c'est déshonorer la liberté que de la voir dans de pareils excès. C'est déshonorer la liberté que de confondre les véritables défenseurs, les représentans de la nation, avec les auteurs du désordre et de l'anarchie. Je dis donc que le procureur-général était obligé de poursuivre ceux qui ont brûlé les barrières ; je dis que la perquisition du coupable, et que la punition de ce crime public intéresse la capitale, puisqu'elle paie 70 millions en impôts indirects. Il est donc impossible de couvrir du voile de l'impunité une insurrection criminelle. Vous pouvez faire grâce ; mais empêcher la loi de prononcer une peine, ce serait un abus coupable. Or, ce n'est point une grâce que l'on vous demande, c'est donc l'impunité que l'on vous propose de décréter ; et vous ne le pouvez pas, vous ne le devez pas... Il n'est certainement ni dans l'intention, ni dans les principes de l'assemblée, de prononcer un jugement d'impunité. Vous pouvez accorder une grâce, la solliciter. Mais dans ce moment, le coupable n'est pas convaincu ; le magistrat chargé du ministère public poursuit l'instruction du délit ; il remplit un devoir que vous devez protéger.

— Je conclus et je demande que l'instruction soit poursuivie, en ordonnant toutefois que le jugement ne pourra être exécuté sans que préalablement l'assemblée nationale n'en ait eu connaissance.

Le projet de décret présenté au nom du comité des rapports est adopté sans aucun changement.]

### SÉANCE DU 2 JUILLET.

Les demandes de congé dont nous avons parlé provoquèrent dans cette séance une explication très-animée, d'où il résulta que le côté droit était coupable de la plupart de ces absences, et craignait les interprétations.

[Un député d'Alsace demande un passeport pour se retirer dans sa province, où il est appelé par ses affaires.

*M. Bouche.* Je fais la motion expresse, qu'il soit défendu à tous les membres de l'assemblée nationale de s'absenter pendant le mois de juillet. Les députés zélés, les bons citoyens ne doivent quitter l'assemblée que quand ils sont morts.

*M. Lucas.* Je renouvelle la motion que j'ai déjà faite d'un appel nominal. Il faut connaître ceux qui demeurent véritablement attachés à l'assemblée nationale.

On applaudit dans une grande partie de la salle.

*M. Ambly* (ci-devant marquis d'). Beaucoup des membres ont demandé des congés; on a déjà fait des motions pour qu'il n'en fût plus accordé; j'ai dit alors que ce n'était pas là la façon de mener l'assemblée : c'est par l'honneur qu'elle se conduit.

*M. Duquesnoy.* Je pense aussi que l'honneur doit être le principal mobile des représentans de la nation; mais comment le concilier avec l'infraction du serment de ne quitter l'assemblée que quand la constitution sera faite? Comment le concilier avec l'oubli du plus saint des devoirs, celui de votre honneur et conscience dans cette assemblée? Comment ne se rappelle-t-on pas que le premier principe de l'honneur est de rester au poste où la confiance publique nous a placés; et, pour me servir de l'expression de M. Bouche, de ne le quitter qu'après la mort? Il importe que la nation connaisse ceux qui, fidèles à leurs devoirs, n'ont pas cessé de s'occuper des intérêts du peuple. Je demande en conséquence qu'on fasse dimanche un appel nominal.

*M. Foucault.* Je demande si le préopinant ne s'est pas lui-même absenté pour aller annoncer à M. Necker les détails de la révolution. Il faut passer à l'ordre du jour.

L'assemblée décide qu'on délibérera sur la proposition de M. Lucas.

M. le président fait lecture d'un article ainsi conçu :

« L'assemblée nationale décrète qu'il sera fait dimanche un appel nominal afin de connaître le nombre des absens. »

*M. Foucault.* Il n'est pas instant de rendre ce décret : plusieurs membres sont absens par congé, d'autres ont donné leur démission. Il serait dangereux qu'on interprétât.... (Une voix s'élève, qui dit, *eh bien!*). Dans ce cas il n'y a plus qu'à piller, brûler, renverser....

Toute la partie droite se lève et se répand confusément dans la salle, en demandant qui est-ce qui a dit *eh bien!*

*M. Duval* (ci-devant d'Esprémenil). Je demande que celui qui a tenu ce propos soit indiqué par ses voisins.

Après quelque temps de tumulte.

*M. le président.* L'auteur de la motion m'avertit que, puisqu'elle peut avoir de funestes conséquences, il s'empresse de la retirer.

*M. Bonnay* (ci-devant marquis de). Je crois que, vu la chaleur d'une partie de l'assemblée, le meilleur moyen de l'apaiser, c'est de lui faire voir que cette chaleur vient d'un mal-entendu. Je puis attester que le mot *eh bien!* a été prononcé avant que M. Foucault eût terminé sa phrase.

*M. Faucigny.* A présent que vous avez entendu un impartial, faites-nous le plaisir d'entendre un aristocrate.

*M. Cazalès.* Comme la différence de principes, que j'avoue très-fort, ne peut faire de différence dans la manière de voir, quand il s'agit d'un fait, je pense aussi que le mot *eh bien!* n'a été prononcé qu'après la première partie de la phrase de M. Foucault. Il me semble toujours que ce mot renferme des intentions coupables. Quand M. Foucault a dit qu'il était dangereux qu'on interprétât mal.... (Plusieurs voix se font entendre : *on n'a pas dit cela.*)

Puisque le membre qui a tenu ce propos ne l'avoue pas, il serait indigne de l'assemblée de s'en occuper davantage ; il ne reste pas de doute au public qui nous entend, de l'improbation que donne l'assemblée à une pareille expression : quoiqu'absolument opposé à l'appel nominal, indigne de la majesté du corps-législatif, qui pourrait mêler quelque chose de désagréable à une fête qui n'est que le ralliement du patriotisme, je suis donc d'avis que la motion de M. Lucas soit mise aux voix, et qu'elle soit rejetée.

On demande la question préalable sur la motion et sur ce qui a pu être décidé depuis.

L'assemblée décide qu'il n'y a pas lieu à délibérer.

La séance est levée à trois heures.]

### SÉANCES DU 3 ET DU 4 JUILLET.

Dans ces deux séances, la question de la guerre donna quelque intérêt à des incidences parlementaires qui s'y rattachaient plus ou moins directement. A celle du 3 au soir, M. Nompère (ci-devant de Champagny) informa l'assemblée qu'Albert de Rioms, chef de l'escadre armée par les ordres du cabinet, désirait être admis à la fédération générale du 14 juillet, pour y prêter le serment civique. Après une sanglante ironie sur le prétendu patriotisme du capitan-bacha, nom donné à M. de Rioms par l'*Ami du peuple*, Robespierre s'est opposé à ce qu'il reçût la distinction qu'il sollicitait, parce qu'elle ne devait être accordée à aucun homme privé. Au milieu des murmures qu'excitait une opinion motivée tout entière sur ce mot: *fête de l'égalité*, l'orateur a terminé en disant : « J'espère que M. Albert lui-même trouvera son mérite assez récompensé par le commandement dont il est honoré ; j'espère surtout que la nation n'aura pas besoin en ce moment de ses talens distingués, et qu'il ne les exercera pas en faveur de l'Espagne; j'espère que la paix ne sera point troublée, etc., etc. » Après des agitations très-longues et très-tumultueuses, la proposition de M. Nompère fut décrétée. « Ainsi, écrivait Marat dans son numéro du 7, cet homme (Albert de Rioms), qui naguère voulait égorger la garde nationale de Toulon, qui se montra toujours le plus ardent satellite du despotisme, et dont la cour vient de récompenser l'aveugle dévoûment par le commandement de la flotte armée contre le vœu de la nation, va bientôt recevoir des honneurs civiques que l'on refuserait au sauveur de l'État. C'est là, n'en doutez plus, le gage du rôle qu'il déploiera pour perdre la liberté. Français! comptez sur son ardeur à défendre la constitution : la loyauté des Riquetti et des autres traîtres à la patrie, tant de fois conspirateurs depuis leur serment, vous en est un sûr garant. »

Dans la séance du dimanche, Dupont de Nemours vint annoncer à la tribune que les préparatifs de l'armement maritime que le pouvoir exécutif était autorisé à faire, donnaient des inquiétudes à certaines municipalités; qu'elles s'opposaient à la circulation des poudres et autres munitions de guerre. En conséquence, il proposait un décret portant, 1° défenses expresses de retarder cette circulation; 2° injonctions aux municipalités d'assurer la conduite des poudres, à leur destination; 3° exécution des ordonnances relatives à la vente des poudres et des salpêtres. Ce décret a été adopté. Le même Dupont a fait ensuite lecture d'une adresse des députés du commerce et des manufactures, liée par ses conclusions au décret précédent. Elle demande, en effet, au nom des places littorales alarmées par les mouvemens des ports anglais et hollandais que l'assemblée prenne les plus promptes précautions pour faire veiller à la sûreté de nos colonies. Robespierre n'a vu dans cette pétition, et dans toutes celles relatives à cet objet, que des piéges tendus par les ennemis de la révolution qui ne désirent que la guerre, et emploient mille moyens détournés pour la faire déclarer. Il vote pour que les propositions de ce genre soient ajournées jusqu'à ce que l'assemblée nationale ait des connaissances bien exactes de la situation politique actuelle, et qu'elle délibère sur les moyens d'assurer la paix. L'assemblée décide qu'elle passera à l'ordre du jour.

L'opposition républicaine suivait avec beaucoup de chaleur les débats que nous avons reproduits. C'est elle qui les faisait naître et qui les alimentait; c'est elle qui fermentait d'avenir, qui en débordait sur le peuple, qui en perçait quelquefois de part en part l'assemblée nationale pour n'y soulever que des épisodes sans lendemain. Logicienne avant tout, elle faisait son travail sur les principes communs de la déclaration des droits, et elle ne s'occupait déjà plus des sophismes incessamment annulés par les auteurs de la constitution.

L'opposition royaliste discutait seule les lois constitutionnelles. Elle défendait le passé contre un présent qui était aussi le passé aux yeux des démocrates. *L'Ami du roi*, l'un de ses journaux favoris, faisait principalement valoir l'argument de l'anarchie, contre les impartiaux (le juste-milieu). Il relevait soigneusement les obstacles opposés dans les provinces à la perception de l'impôt; prenait parti pour les états-majors dans toutes les émeutes militaires, et circonscrivait sa sollicitude à la réforme des pensions qu'on décrétait alors. Dans l'affaire de Tabago, il se borne à souligner la grande éloquence de M. de Robespierre, et à répéter un méchant quolibet de Duval d'Eprémesnil; il ne dit pas un mot des élections municipales; sur le décret d'amnistie relatif à l'incendie des barrières, il fait cette phrase : — « L'intérêt qu'inspirent les soi-disans défenseurs de la liberté, l'emporte sur celui des victimes immolées à la licence, et la procédure de la Cour des aides est anéantie; l'élargissement des coupables, ordonné. (1) Il venge Albert de Rioms, le *vainqueur de l'Inde*, de la pensée que l'on a eue de ne pas admettre officiellement sa personne à la fédération; il reproche au rédacteur du procès-verbal, M. d'Agier d'avoir escamoté, par un coup de juste-milieu, la partie honorable de ce décret, en substituant au mot *sera admis*, celui de *sera tenu d'assister*; il effleure de loin en loin, en deux lignes, les craintes de la guerre et les méprise avec la plus profonde indifférence.

### SÉANCE DU MARDI 6 JUILLET, AU MATIN.

A la fin de la séance du 4, on fit lecture d'une lettre du ministre des finances qui demandait 50 millions pour le secours du mois suivant. Ils furent accordés, sans discussion. Dans celle du 5, commença le débat sur l'ordre judiciaire. Dans celle du 6,

---

(1) *L'ami du roi.* — 3 juillet 1790, p. 135.

M. Boislandry présenta au nom des comités ecclésiastiques et de constitution, un projet de décret sur la division du royaume en arrondissemens métropolitains, et sur la fixation des sièges des évêchés dans les départemens; ce projet fut adopté. On délibéra ensuite sur une lettre écrite de Londres, par le duc d'Orléans.

[*M. Levassor* (ci-devant comte de la Touche). J'ai demandé la parole pour vous soumettre des faits qui concernent M. Louis-Joseph-Philippe de France (ci-devant duc d'Orléans). La lettre que je vais lire les contient, et c'est avec confiance dans la justice de l'assemblée nationale, que j'attends sa décision. — M. Levassor fait lecture d'une lettre qui lui est adressée par M. Louis-Joseph-Philippe de France, et dont voici la substance. — *Londres, le 5 juillet.* Je vous prie, Monsieur, de mettre le plus tôt possible, sous les yeux de l'assemblée nationale, les faits dont voici le récit. Le 25 juin, j'ai écrit au roi, pour le prévenir que je me disposais à retourner à Paris. J'ai, le 29, pris congé du roi d'Angleterre, et mon départ était fixé pour le 5 juillet. Ce matin M. l'ambassadeur de France est venu chez moi, et m'a présenté M. Boinville, qui s'est dit aide-de-camp de M. de la Fayette. M. Boinville m'a dit, en présence de M. l'ambassadeur, que M. la Fayette me conjurait de ne pas me rendre à Paris; que, parmi plusieurs motifs, le plus fort était que des gens mal intentionnés pourraient prendre mon nom pour exciter des troubles. Je n'ai pas dû compromettre légèrement la tranquillité publique. J'ai suspendu mon voyage et j'espère que l'assemblée nationale jugera quelle conduite je dois tenir. A l'époque de mon départ de France, M. la Fayette me fit le premier, au nom du roi, la proposition de me charger d'une mission dans l'étranger. J'ai établi le récit des faits, dans un exposé de ma conduite. Je vous prie, Monsieur, de le déposer sur le bureau de l'assemblée nationale. Parmi les motifs que M. la Fayette me donna pour que j'acceptasse cette mission, le principal était, que mon départ ôtant tout prétexte aux mal intentionnés de se servir de mon nom, lui, M. la Fayette, aurait plus de facilité pour assurer la tranquillité publique. J'ai accepté la mission qui m'était proposée, et Paris n'a pas été tranquille. Et si les fauteurs du trouble ont craint d'abuser de mon nom, ils n'ont pas craint de m'accuser dans un grand nombre de libelles. Il est temps de savoir quels sont ces gens mal intentionnés; il est temps de savoir pourquoi mon nom, plus qu'un autre, servirait de prétexte aux mouvemens populaires. En attendant, je déclare que depuis le 25 juin, mon opinion est, que mon séjour à Londres est inutile à la nation et au roi; que mon devoir est d'aller reprendre mes fonctions de député; que l'époque du 14 juillet, surtout, me rappelle à mon poste; et que je persiste dans la résolution de revenir au sein de l'assemblée nationale; que si elle décide qu'il n'y a pas lieu à délibérer sur ma demande, j'en conclurai que ce que m'a dit M. Boinville doit être considéré comme non-avenu, et que rien ne s'oppose à ce que j'aille reprendre la place que je dois occuper. Je vous prie, Monsieur, après avoir fait connaître ces faits, de solliciter une délibération de l'assemblée à ce sujet.

*M. la Fayette.* D'après ce qui s'est passé entre M. le duc d'Orléans et moi, au mois d'octobre, et que je ne me permettrais pas de développer, s'il n'en entretenait lui-même l'assemblée, j'ai cru devoir à M. le duc d'Orléans de l'informer que les mêmes raisons qui l'avaient déterminé à accepter sa mission, pourraient encore subsister, et que, peut-être, on abuserait de son nom pour répandre sur la tranquillité publique quelques-unes de ces alarmes que je ne partage point, mais que tout bon citoyen doit écarter d'un jour destiné à la confiance et à la félicité commune. Quant à M. Boinville, il habitait l'Angleterre depuis six mois; il était venu passer quelques jours ici, et à son retour à Londres, il s'est chargé de dire à M. le duc d'Orléans ce que je viens de répéter à l'assemblée. Permettez-moi de saisir cette occasion, comme chargé par l'assemblée de veiller, dans cette circonstance, à la tranquillité publique, de lui exprimer sur cet objet mon opinion personnelle. Plus je vois approcher la journée du 14 juillet, plus je me confirme dans l'idée qu'elle doit inspirer autant de sécurité que de satisfaction. Ce sentiment est surtout fondé sur les dispositions patriotiques de tous les citoyens, sur le zèle de la garde nationale parisienne, sur celui de nos frères d'armes, arrivant de toutes les parties du royaume ; et comme les amis de la constitution et de l'ordre public n'ont jamais été réunis en si grand nombre, jamais nous ne serons plus forts.

*M. Armand Gontaud* (ci-devant duc de Biron). Dans le temps d'un régime despotique et arbitraire, le soupçon seul pouvait perdre un bon citoyen, l'écarter de ses foyers, l'exiler de son pays : la liberté ne permet pas ces excès. M. d'Orléans a fait beaucoup pour elle. Il est accusé depuis huit mois ; depuis huit mois aucuns des gens qui l'accusent ne se sont fait connaître ; aucun fait n'a justifié ces accusations. Je demande que M. d'Orléans vienne rendre compte de sa conduite, et prendre part à la fête nationale qui s'apprête.

*M. Duquesnoy.* Si tous ceux d'entre nous contre lesquels on a fait des libelles de toute espèce, on s'est permis des inculpations de tout genre, s'étaient absentés, l'assemblée nationale serait dissoute depuis plusieurs mois. M. d'Orléans a quitté l'assemblée parce qu'il était chargé d'une mission du roi. Quand il vous a écrit qu'il acceptait cette mission, vous n'avez pas trouvé mauvais qu'il s'absentât. Lorsqu'à l'archevêché, M. Menou a demandé qu'il fût rappelé pour rendre compte de sa conduite, vous avez décidé qu'il n'y avait pas lieu à délibérer. Vous avez jugé depuis long-temps ce que vous devez faire aujourd'hui. Chaque fois qu'il a été question d'un membre absent et des motifs de son absence, vous avez demandé qu'on passât à l'ordre du jour.

*M. le président.* Vous avez entendu la lecture de la lettre de M. Louis-Joseph-Philippe de France ; vous avez vu qu'il déclarait que si l'assemblée ne délibérait pas il reviendrait ; vous avez entendu M. la Fayette, M. Biron, et la dernière motion qui a pour objet de passer à l'ordre du jour. Suivant l'ordre établi dans vos délibérations, cette motion doit être mise la première aux voix.

L'assemblée décide qu'elle passe à l'ordre du jour.]

## SÉANCE DU VENDREDI 9 JUILLET.

Le mardi 6, à la séance du soir, on lut une adresse de la ville de Rennes, ayant pour objet particulier la nécessité de former un établissement d'artillerie sur les côtes de l'Océan. — Renvoyée au pouvoir exécutif; une lettre apportée du Havre, par un courrier extraordinaire, laquelle annonçait que 254 soldats fugitifs de Tabago étaient attendus dans ce port, et qu'on se proposait de les retenir à bord sous garde citoyenne et militaire jusqu'à ce que l'assemblée se fût occupée de leur sort. — Renvoyé au comité des rapports. Enfin, un de messieurs les secrétaires lit une lettre par laquelle la municipalité de Grenoble témoigne des inquiétudes sur un camp de 15,000 hommes, qui se forme en Savoie, et sur l'ordre donné par le ministre de la guerre, de faire partir les chasseurs de Royal-Corse, en garnison à Grenoble. La municipalité demande le remplacement de ce bataillon, s'il n'est pas possible de le conserver.

M. Barnave confirme la nouvelle des alarmes de la ville de Grenoble; il demande que des mesures soient prises pour les calmer. Il propose un projet de décret qui est adopté comme il suit.

« L'assemblée nationale décrète que son président se retirera devers le roi, pour lui remettre la lettre de la municipalité de Grenoble, et le supplier d'avoir égard aux demandes qui y sont portées. »

L'ordre du jour était la suite de la discussion sur le commerce au-delà du cap de Bonne-Espérance.

Le mercredi 7, la séance du matin fut consacrée à la discussion sur l'ordre judiciaire; à celle du soir, M. Boislandry continua le rapport sur la fixation des évêchés dans les départemens. Le jeudi 8, le matin lecture de plusieurs adresses parmi lesquelles nous remarquons celle des maîtres cordonniers d'Orléans, suppliant l'assemblée d'accepter, comme une preuve de leur patriotisme, la réfutation qu'ils ont faite en réponse à la délibération des prétendus catholiques de Nîmes. — Le président prend ensuite la parole, et dit :

Une foule de députations des gardes nationales demandent à être admises à la barre, pour vous présenter leurs hommages. Comme l'importance de vos travaux ne vous laisse pas la disposition d'un seul de vos momens, il me paraît nécessaire de prendre une détermination à cet égard.

Le décret suivant est rendu :

« L'assemblée nationale, regrettant de ne pouvoir, d'après la multiplicité de ses travaux, admettre chaque députation particulière des différens corps qui envoient des députés à la fédération du 14 juillet, déclare qu'elle ne recevra qu'une seule députation au nom de toutes les gardes nationales de France, une au nom de toutes les troupes de ligne à pied, une au nom de toutes les troupes de ligne à cheval, une au nom des différens corps réunis de la marine royale et marchande. »

Ordre du jour. — Suite de la fixation des siéges des évêchés; suite de l'ordre judiciaire.

Dans la séance du soir plusieurs adresses sont lues et plusieurs députations introduites. M. le président répond à celle des électeurs de Paris : « L'assemblée nationale n'a point oublié votre zèle et votre aptriotisme. Le succès de vos travaux vivra dans l'histoire, et l'acte religieux que vous destinez à consacrer annuellement le retour des Français à la liberté, servira également de témoignage aux cœurs généreux qui veillaient alors sur la destinée de la capitale. Une députation de l'assemblée nationale se joindra aux électeurs de Paris, pour assister au *Te Deum* que vous avez fixé au 13 de ce mois. »

Un de MM. les secrétaires lit une lettre qui se trouve parmi les adresses. Elle est signée *Colmard*, avocat, auteur de plusieurs ouvrages d'économie politique. Elle est conçue à peu près en ces termes : — J'ai lu dans les feuilles périodiques que le 19 juin M. l'abbé Maury a fait une sortie, dans laquelle il reproche au premier ministre des finances une réticence de six cents millions. Dans le cas où il ne pourrait en offrir la preuve, je l'offre.... Je demande qu'il soit, à cet effet, nommé des commissaires fermes et inaltérables.....

Après quelques discussions, l'assemblée renvoie au comité des finances, avec charge de donner communication au premier ministre des finances.

*Séance du 9.* — M. *le Brun.* Tous les cahiers vous ont dénoncé les jurés-priseurs, et en ont demandé la suppression ; c'est cette suppression que vous propose aujourd'hui votre comité des finances, en un projet de décret que je vais vous soumettre.

Art. I$^{er}$. « Les offices de jurés-priseurs, créés par l'édit du mois de février ou autres postérieurs, demeureront supprimés, à compter de ce jour.

II. Le droit de quatre deniers pour livre du prix des ventes, qui leur avait été attribué, sera perçu au profit du trésor public par les officiers qui feront les ventes, et le produit en sera versé par eux dans les mains du préposé à la vente.

III. La finance des offices sera liquidée en treize ans.

IV. Il sera délivré à ceux qui auraient droit à ces finances treize coupons d'annuités, payables d'année en année, dans lesquels l'intérêt à 5 pour cent sera cumulé avec le capital.

V. Il sera prélevé, sur le produit des quatre deniers pour livre, une somme annuelle de 800,000 livres, qui sera versée dans la caisse du trésorier de l'extraordinaire et employée au paiement des annuités. »

L'assemblée décrète les articles proposés.

*M. le président.* J'ai reçu une lettre de M. de la Fayette, par laquelle il m'annonce que la garde nationale demande que ses frères d'armes, arrivant des provinces, partagent avec elle le plaisir de composer la garde de l'assemblée. Je lui ai répondu que de pareilles dispositions ne pouvaient que flatter l'assemblée nationale.

Le vœu de l'assemblée est exprimé par des applaudissemens réitérés.

M. *Target.* L'assemblée nationale a renvoyé à son comité de constitution différens objets, sur lesquels elle l'a chargé de présenter des projets de décrets. Le comité, sur plusieurs de ces objets, n'aura qu'à rappeler les principes. Celui qui concerne la sanction a été décrété au mois d'octobre ; celui qui concerne la formule des décrets, l'a aussi été le 8 du même mois. A l'égard des députations à faire au roi, cet examen est relatif à tout ce qui peut intéresser la dignité de l'assemblée, et nous vous proposerons de l'ajourner. Quant à ce qui regarde l'ordre qui doit être observé dans les cérémonies auxquelles assistera l'assemblée, nous vous soumettrons quelques réflexions ultérieures ; mais il est indispensable de fixer en ce moment même la manière dont l'assemblée sera placée à la confédération. Il en est de même du serment que doit prêter le roi dans cette auguste cérémonie. Voici en conséquence le projet de décret que le comité de constitution a l'honneur de vous soumettre :

Art. I$^{er}$. Le roi sera prié de prendre le commandement des gardes nationales et des troupes envoyées à la confédération générale du 14 juillet, et de nommer les officiers qui exerceront le commandement en son nom et sous ses ordres.

II. Dans toutes les cérémonies publiques, le président de l'assemblée nationale sera placé à la droite du roi, et sans intermédiaire entre le roi et lui. Les députés seront placés immédiatement tant à la droite du président, qu'à la gauche du roi.

III. Après le serment qui sera prêté par les députés des gardes nationales et autres troupes du royaume, le président de l'assemblée nationale répétera le serment prêté le 4 février dernier ; après quoi chacun des membres de l'assemblée, debout et la main levée, prononcera ces mots : *Je le jure*.

IV. Le serment que le roi prononcera ensuite sera conçu en ces termes : « Moi, premier citoyen et roi des Français, je jure à la nation d'employer tout le pouvoir qui m'est délégué par la loi constitutionnelle de l'Etat, à maintenir la constitution décrétée par l'assemblée nationale et acceptée par moi, et à faire exécuter les lois. »

Il s'élève quelques murmures dans plusieurs parties de la salle..... Puis on fait un grand silence.....

M. l'abbé Maury demande la parole.

*M. l'abbé Maury.* Quelque danger qu'il puisse y avoir à venir énoncer son vœu sur des questions constitutionnelles, infiniment délicates par leur nature, plus encore par les circonstances, et qu'il n'a été impossible de méditer, j'ai cru qu'il était de la dignité d'un représentant du peuple français, de faire hommage à l'assemblée des réflexions qu'a pu lui suggérer la lecture rapide d'un décret de cette importance. Il est dans la nature de notre gouvernement, et surtout dans nos cœurs, que la France est une monarchie ; le principe le plus essentiel d'une monarchie, c'est que le chef suprême de l'État est le seul dépositaire de la force publique. S'il existait en France une force armée, indépendante du monarque, la France ne serait plus une monarchie. J'ai donc dû être sensiblement affecté, lorsque j'ai entendu le comité de constitution vous proposer de prier le roi de prendre le commandement des troupes et des gardes nationales. Une pareille proposition m'a paru peu conforme à la majesté du roi des Français. Cette formule semble indiquer que l'on pouvait proposer à un autre citoyen, sous les yeux même du roi, de prendre le commandement de cinquante ou soixante mille hommes. Le jour où ce citoyen recevrait de vous ce commandement, vous auriez établi deux rois comme à Sparte. Ce manichéisme politique renverserait la monarchie. Je demande donc par amendement à l'article premier, que l'assemblée déclare que toutes les troupes rassemblées au Champ-de-Mars n'auront pas d'autre chef que le chef suprême de la nation, déclaré par la constitution chef suprême de l'armée. (On applaudit de toutes parts.) J'aborde le second article. Je pense que le président de l'assemblée nationale doit être placé à la droite du roi, sans intermédiaire ; et les députés tant à la droite du président, qu'à la gauche du roi, qui sans doute ne peut avoir un plus noble cortége. Mais dans une monarchie héréditaire, où il est de principe constitutionnel, que la royauté doit passer de mâle en mâle, suivant l'ordre de la primogéniture, ne doit-on pas vouer un respect particulier aux princes qui peuvent succéder à la couronne? ne doit-on pas accorder une place d'honneur aux princes du sang qui pourront accompagner S. M. ? (Il s'élève des murmures.) Je me suis très-mal expliqué, si l'on conclut que je demande un intermédiaire entre le roi et la nation : il ne peut y en avoir. Les distinctions qu'on accorde dans les assemblées publiques, à ceux que leur naissance unit à la majesté du trône, ne sont qu'un hommage de plus rendu au roi. Ne sait-on pas qu'il existe toujours entre eux et le monarque, selon l'expression très-familière, mais très-énergique, de Montesquieu, *l'épaisseur d'un royaume?* Le dauphin, la compagne du monarque, ne doivent-ils pas jouir des mêmes honneurs que le monarque? S'il s'agissait d'établir une hiérarchie de puissance, sans doute je dirais, il n'y a rien, il ne peut rien y avoir entre le roi et la nation. Mais il s'agit d'honorer la nation et le roi, en honorant la famille du roi; mais il s'agit d'une cérémonie où le roi ne paraîtra pas pour exercer sa puissance. Il se trouvera, pour la première fois, au sein de sa grande famille. Ajoutez au sentiment dont il sera frappé la satisfaction intime et domestique, d'être au milieu de sa famille propre, qui est aussi la famille de l'Etat. Le patriotisme nous invite à remplir l'âme de notre roi de ces émotions délicieuses qu'il sait si bien éprouver. Multiplions ses consolations et ses jouissances ; ne le séparons pas de son fils, de sa compagne, dans un moment où il jouira de tant de biens à la fois, où il contractera tant d'engagemens.

Généreux représentans d'un peuple libre, d'un peuple célèbre par son amour pour ses rois, n'imitez pas ces despotes de l'Orient, qui renferment dans une prison toute leur famille; qui condamnent l'héritier du trône à languir dans l'esclavage, et qui ne l'arrachent à son cachot, que pour en faire, le lendemain, le plus absolu des despotes. Puisque votre trône est héréditaire, puisque c'est une maxime fondamentale de l'État, la nation ne peut trop décerner d'honneurs à ceux qui y ont des droits; c'est par cette affluence d'hommages que vous pourrez récompenser votre roi d'avoir réhabilité la nation dans tous ses droits. Vous ne voulez pas que la famille de notre monarque soit la seule à qui il reste des désirs à former dans ce jour à jamais solennel.... J'adopte le troisième article tel qu'il est proposé par le comité. Quant au quatrième article, je ne m'oppose pas aux promesses glorieuses que le roi doit y faire, de maintenir la constitution qu'il a acceptée; mais je désirerais que le vœu de l'assemblée ne fût pas énoncé par une formule impérative; je voudrais que le serment du roi des Français ne fût pas différent de celui de tous les Français; c'est-là qu'il sera beau de le voir se confondre avec eux; c'est-là que son patriotisme et ses vertus pourront se livrer à toute leur énergie. Invitons-le donc, par une députation, à prendre en considération le serment que prêteront, et l'assemblée nationale, et les députés de la France armée; invitons-le à le prêter lui-même. Il est des sermens qui sont particuliers au roi; ce n'est qu'à son sacre qu'il les prête; cette disposition ne préjugera rien sur la signature que vous exigerez de lui, lorsque votre constitution sera terminée. Est-il quelque chose de plus propre à entretenir l'harmonie entre la nation et le roi, que de l'entendre exprimer, au milieu des députés de toutes les parties du royaume, le même serment que tous les individus soumis à son empire. Tel est le serment que, dans mon opinion, le roi peut être invité à prêter.

*M. le président.* Je dois vous rendre compte, que lorsque je me suis rendu hier chez le roi, pour présenter plusieurs décrets à sa sanction, il m'a fait l'honneur de me dire, que son intention était de se rendre à la fédération avec sa famille et ses principaux officiers.

*M. Barnave.* Je pense comme le préopinant, que nul autre que le roi, ne doit être le chef de la fédération, et comme le comité de constitution, qu'il doit l'être par un acte du corps-législatif, sanctionné par lui.

Le premier motif, c'est qu'il n'y a aucune espèce de relation entre cette qualité de chef de la confédération et celle de chef du pouvoir exécutif; c'est un de ces actes qui n'ont lieu que dans le moment où la constitution se fait, et qui, par conséquent, n'ont pu être prévus par elle. C'est un de ces actes où tous les pouvoirs remontent à leur source, et où la puissance de la nation est la seule puissance, et peut seule dicter les lois et les règles. C'est donc à la souveraineté des pouvoirs à décider qui aura le commandement de la confédération. Il faut donc un acte exprès. Vous avez décrété que le roi est chef immédiat de l'armée ; mais la constitution n'a pas dit encore qu'il était chef immédiat des gardes nationales. (Il s'élève des murmures.) Je ne prétends pas dire que le roi ne doit pas être chef de la confédération, mais je dis qu'on ne peut pas le déclarer en ce moment par la conséquence d'un décret qui n'existe pas, et qu'il faut un décret provisoire. Je passe au second article sur lequel je ne suis pas de l'avis du préopinant. Il est de principe qu'il n'existe en France qu'un roi, qu'un chef, et que tout le reste doit être confondu dans la classe commune. Il est des circonstances où l'on doit distinguer ceux qui tiennent au roi par les liens du sang ; mais dans une cérémonie nationale, mais quand il s'agit des pouvoirs, il ne doit y avoir de distinction que pour les personnes revêtues de fonctions publiques. Ainsi, à cet égard, le projet du comité est indispensable. On doit encore l'adopter, en ce qu'il établit que le président de l'assemblée nationale sera placé à côté du roi, et que les députés seuls environneront l'un et l'autre. Placer des intermédiaires entre le roi et l'assemblée nationale, ce serait détruire l'unité constitutionnelle ; sans doute le président étant auprès du roi, l'assemblée nationale doit y être aussi, sans aucune espèce de séparation ni de distinction. Toute distinction semblerait en mettre une entre le pouvoir du président et celui de l'assemblée. Toutes les fois qu'il s'agit d'un corps délibérant, où le président est partie intégrante, il est le premier parmi ses égaux ; et s'il était possible qu'il fût confondu, le président devrait être mêlé avec tous les autres membres.

J'adopte le troisième article du comité. Sur le quatrième, je ne puis être de l'avis de M. l'abbé Maury : il a voulu que le même serment fût prêté par le roi et l'assemblée nationale. Si dans cette circonstance, mettant à part les fonctions et les pouvoirs, chacun se bornait à prêter un simple serment, je ne m'éleverais point contre cet avis. Mais le roi a d'autres devoirs à remplir que l'assemblée, et lorsque nous voulons resserrer les liens de notre constitution, chacun doit prêter le serment affecté à son grade. S'il jurait comme citoyen, incontestablement il prononcerait le même serment que tous les autres; mais c'est comme roi des Français, comme chargé par la constitution de faire exécuter les lois, qu'il doit jurer. Je crois donc qu'il doit prêter le serment tel qu'il est proposé par le comité, à l'exception de ces mots : *moi, premier citoyen*, auxquels on substituera: *moi, roi des Français.*

M. *Cazalès.* Ce n'est pas sans surprise que j'ai entendu dire que le chef suprême du pouvoir exécutif, que le souverain de la nation, que le roi, dont l'autorité a précédé la vôtre..... (Il s'élève beaucoup de murmures : plusieurs personnes demandent que l'opinant soit rappelé à l'ordre.) J'ai peine à concevoir la cause de la défaveur d'une assertion aussi simple et aussi vraie. Je répète : ce n'est pas sans surprise que j'ai entendu dire que le chef suprême du pouvoir exécutif, que le souverain de la nation, que le roi, dont l'autorité a précédé la vôtre (nouveaux murmures); certainement je n'ai pas prétendu dire que l'autorité du roi a précédé celle de la nation, de laquelle toutes les autorités émanent; mais j'ai dit, et c'est une vérité incontestable, que l'autorité du roi a précédé celle des représentans de la nation; c'est lui qui vous a donné le mouvement et la vie; sans lui vous n'existeriez pas. Il est donc, dis-je, extraordinaire que votre roi, que celui qui vous a créés, que le représentant héréditaire du peuple français ait besoin d'un décret de vous, pour être le chef suprême des forces armées du royaume. Il est difficile de concevoir une monarchie où le roi ne serait pas chef suprême de l'armée. Il l'est par la loi du royaume, il ne l'est pas par vous ; il l'est par la nation, et vous n'êtes pas la nation; il l'est par le droit de sa couronne, parce qu'il est le chef héréditaire de l'empire; il l'est par notre constitution, parce que vous avez reçu les ordres souverains de la nation, qui a voulu qu'il fût reconnu tel.

Il est donc dangereux de lui déférer, par un décret, ce commandement. On semblerait jeter un nuage sur une vérité qui n'est contestée par personne. Je demande la question préalable sur le premier article du comité. Quant au second article, le préopinant a exprimé, d'une manière très-claire, les principes du gouvernement électif; mais dans un empire où la couronne est héréditaire, dans une occasion solennelle, où l'on montrera au peuple son roi, les princes de la famille royale doivent entourer le trône où leur naissance les appelle. Il est de l'intérêt de la nation de donner au peuple l'exemple du respect qu'il doit leur porter, afin que personne n'ait le criminel projet de déranger la succession à la couronne, afin que le peuple voyant les princes rangés autour du trône, apprennent que rien au monde ne peut déranger l'ordre successif, établi pour le bonheur et pour l'éternelle paix de l'empire.

Quant au troisième article, je l'adopte, ainsi que tous les préopinans. Le quatrième me paraît présenter beaucoup de difficultés: j'ai été étonné qu'on pût nous proposer de présenter au roi des formules de serment. Dans quelle étrange position sommes-nous donc vis-à-vis de notre souverain! (On rappelle M. de Cazalès à l'ordre.) N'est-ce que du 14 juillet que doit commencer sa légitime autorité? Laissez à sa volonté, le serment qu'il voudra prêter; que les engagemens soient libres. Son civisme et ses vertus vous sont connus : voilà les véritables garans du bonheur du peuple français. Rapportez-vous-en à son patriotisme; il en a donné tant de preuves éclatantes, qu'il serait criminel à nous d'en douter. C'est par ses vertus qu'il serait lié; voilà le seul lien digne de sa majesté; tout autre avilirait la dignité du chef suprême de la nation; tout autre serait indigne de lui, tout autre prêterait au roi la couleur d'un chef de parti.) Les murmures redoublent, et l'on redemande que M. Cazalès soit rappelé à l'ordre; d'autres veulent qu'il explique ce qu'il entend par cette phrase.) Je dis ce qu'il me plaît; je n'en dois compte à personne. Tout autre serment, dis-je, prêterait au roi la couleur d'un chef de parti. (Une voix s'élève: M. le président, faites votre devoir; rappelez à l'ordre ceux qui s'en écartent.) Je sais me soumettre aux décrets quand ils sont rendus; mais avant, je dis ce que j'en pense : un serment qu'on ferait prêter au roi dans une autre circonstance que son couronnement, imprimerait le caractère de la faction à toute assemblée qui oserait l'exiger. Que le roi soit libre de prendre, avec sa nation, tel engagement qu'il lui plaira. Je ne sais quelle prédilection l'assemblée a pour les sermens ; les sermens ont, de tous les temps, servi à rallier les partis : c'est par des sermens qu'on a vu des factieux se soustraire à une autorité légitime. Je conclus donc, car je n'aime pas les sermens, à ce que le premier et le dernier article, soient écartés par la question préalable, et qu'on accorde, à la confédération, une place distinguée aux princes du sang français.

*M. Chapelier.* Je réponds par de très-courtes réflexions aux objections faites au projet du comité. Quant au premier article, nous avons cru qu'on ne pouvait rien préjuger de ce qui devait être fait par rapport aux gardes nationales ; nous n'avons pas cru devoir juger, par un décret de circonstance, ce qui n'est point encore décidé par l'assemblée. Il n'a encore été rien statué sur les gardes nationales ; c'est pour cela que nous vous avons proposé de décréter que le roi serait prié d'en prendre le commandement pour la confédération. Cette expression, *le roi sera prié,* est plus convenable que cette autre, *le roi prendra.* Quant au second article, voici les motifs qui nous ont dirigés : le roi est un, les représentans de la nation sont un ; le roi, le président et l'assemblée ne font que deux ; c'est pourquoi nous n'avons fixé que la place que devaient occuper l'assemblée nationale et le roi. Nous ne nous sommes pas mêlés des apprêts de la fête ; nous n'avons donc pas dû nous occuper des places que devaient occuper les personnes distinguées.—On ne fait aucune difficulté sur le troisième article. — On a dit sur l'article IV, que ce n'était pas à nous à présenter la formule du serment qui sera prêté par le roi. Pour moi je ne doute pas que ce ne soit à nous à le proposer, et au roi à l'accepter : dans ce cas, le serment est un acte législatif. Ceux qui se plaignent ne considèrent pas que la confédération n'a été formée que pour achever la constitution ; que par conséquent, lorsque le citoyen jure de maintenir la constitution décrétée par l'assemblée nationale et sanctionnée par le roi, le roi doit jurer de la soutenir de tout le pouvoir qui lui est délégué par la loi. Je viens à la qualité de premier citoyen : sans doute il est le premier dans la constitution, et après lui, il n'y a ni second ni troisième, tout est égal. Nous n'avons pas cru qu'il fût possible de lui déférer une plus belle qualité.

L'assemblée décide que la discussion est fermée sur l'ensemble du projet, et qu'elle va s'établir successivement sur chacun des articles.

*M. Alexandre Lameth.* Il ne faut pas perdre de vue qu'il y a des forces de différente nature, les troupes réglées et les gardes nationales. L'assemblée a décrété que le roi, chef suprême du pouvoir exécutif, est aussi chef immédiat des troupes réglées. Il faudra savoir, et il n'est pas encore décrété, s'il pourra donner des ordres immédiats aux gardes nationales. Je dirai même, que dans plusieurs décrets, il est dit que le roi fera parvenir les ordres aux municipalités, pour les intimer aux gardes nationales. Voilà un intermédiaire établi, et cet intermédiaire me paraît nécessaire à la liberté publique. Je dis plus : vous avez pensé que pour ne pas compromettre cette liberté, il fallait borner le nombre des troupes régulières. Est-il probable que, sans aucune précaution, on puisse vouloir soumettre aux ordres du pouvoir exécutif douze ou quinze cent mille gardes nationales? Sans vouloir décréter en ce moment une question de cette importance, je dis seulement que l'intermédiaire des municipalités est indispensable pour faire parvenir aux municipalités les ordres du roi. D'après cette opinion, je pense qu'il faut, dans cette circonstance particulière et unique, un décret positif, pour déléguer au roi le pouvoir de donner des ordres, d'une manière immédiate, aux gardes nationales qui viendront à la confédération.

*M. Dupont, député de Nemours.* Nous traitons sur des questions que avons déjà jugées, et jugées par des décrets sur lesquels nous n'avons pas même demandé la sanction du roi ; nous avons exigé son acceptation. Nous ne nous sommes pas bornés à le déclarer chef du pouvoir exécutif; nous l'avons déclaré, constitutionnellement, coopérateur du pouvoir législatif. Nous l'avons constitué commissaire perpétuel, représentant irrévocable de la nation, pour approuver les décrets qui lui paraissent conformes à l'intérêt général et à la volonté nationale, et les transformer ainsi en lois par sa sanction, ou pour empêcher que ces décrets deviennent des lois, jusqu'à ce que la nation, deux fois consultée par deux nouvelles élections de législature, ait, dans les instructions qu'elle leur aura données, manifesté que les décrets proposés à la sanction lui paraissent mériter de la recevoir. C'est ainsi que nous l'avons placé dans la constitution, non pas simplement comme chef du pouvoir exécutif, mais comme chef suprême de la nation.

Ce n'est pas un acte de la constitution que nous allons faire, le 14 juillet; c'est une grande et solennelle fête que nous allons célébrer, avec les plus fermes appuis de la constitution, et dans laquelle, en recevant le serment qu'ils s'empresseront de prononcer, nous ne devons rien nous permettre de contraire à cette constitution qu'ils doivent maintenir. Comment pourrions-nous faire de la confédération des gardes nationales une corporation distincte de la nation, et que l'on regarderait à quelques égards comme lui étant opposée? Comment séparerions-nous la qualité de gardes nationales de celle de citoyens? Nous ne pouvons pas distinguer davantage les gardes nationales de l'armée. Qu'est-ce que l'armée? C'est l'assemblage de citoyens, qui portent les armes pour protéger les droits de tous et de chacun. La principale partie de l'armée est composée des gardes nationales; les troupes réglées ne forment qu'une armée supplémentaire, et, pour ainsi dire, accidentelle, faite pour ménager le temps, la peine et le danger des citoyens, qui ont d'autres fonctions à remplir.

On peut supposer tel cas ou de paix absolue, ou d'économie extrême, dans lequel on ne conserverait pas ce que les Anglais appellent *à standing army*, une armée soldée perpétuelle, et où l'on réformerait entièrement les troupes réglées. On ne peut réformer les gardes nationales : ce sont donc elles qui forment l'armée essentielle de la nation. Les troupes réglées n'en sont que l'armée accidentelle. Supposer que ces deux armées, ou ces deux branches de la même armée, puissent avoir deux commandans indépendans l'un de l'autre, et que le roi ne soit le chef que de l'armée accidentelle réformable, et qu'un autre pût être nommé chef de l'armée essentielle, principale et irréformable de l'Etat, ce serait regarder le roi et l'autorité qu'on lui a confiée comme des accidens, et déclarer roi le commandant des gardes nationales. Nous ne pouvons pas avoir une pensée si contraire aux principes et à la lettre de notre constitution. Et puisque nous avons déclaré roi le chef suprême de l'armée, nous n'avons pas pu vouloir dire que ce serait de l'armée qu'on peut réformer demain, et dont la réforme le laisserait sans fonctions; que ce ne serait pas de l'armée essentielle de l'Etat, qui doit durer autant que l'Etat même et que la monarchie. Je trouve donc inconstitutionnel que le roi soit prié de remplir une fonction dont notre constitution l'a impérieusement chargé. C'est par cette raison que je rejette la rédaction du comité, et que, sans être retenu par aucune considération particulière sur l'expression d'une vérité qui me paraît manifeste et utile, j'adopte entièrement la rédaction de M. l'abbé Maury.

L'article I<sup>er</sup> du projet du décret du comité est adopté; l'article II amendé par M. Arthur Dillon, est décrété en ces termes :

Art. II. A cette cérémonie le président de l'assemblée nationale sera placé à la droite du roi, et sans intermédiaire entre le roi et lui; les députés seront placés immédiatement, tant à la droite du président, qu'à la gauche du roi. Sa majesté sera priée de donner ses ordres pour que la famille royale soit placée convenablement.

L'article III est mis aux voix et adopté sans changement. L'article IV est adopté à une grande majorité, avec la seule suppression de ces mots : *premier citoyen.* ]

SÉANCE DU 10 JUILLET.

[*Matin.* — Discussion sur les pensions.

*Soir.*—Une députation des citoyens des États-Unis d'Amérique, qui se trouvent actuellement à Paris, et parmi lesquels est M. Paul Jones, est admise à la barre.

*L'orateur de la députation.* Frappés d'admiration pour le courage avec lequel vous avez consacré et propagé les principes de la liberté, des citoyens des États-Unis d'Amérique viennent témoigner à l'assemblée nationale leur vive reconnaissance et leur respect profond pour les pères d'un grand peuple, et pour les bienfaiteurs du genre humain. Nous savions que la force et la vérité est irrésistible, et que la célérité de ses progrès est au-dessus de tous les calculs; nous croyions qu'enfin les bienfaits de la liberté seraient appréciés; que la liberté réclamerait les droits de l'homme avec une voix que les hommes ne pourraient étouffer; que le luxe perdrait ses droits; que les rois, ces dieux de la terre, deviendraient des hommes; que la religion rejetterait les armes meurtrières de l'intolérance et du fanatisme, pour prendre le sceptre de la paix. Vous avez accéléré tous ces changemens, et nous éprouvons une joie indicible, en paraissant devant ces héros de l'humanité qui ont combattu avec tant de succès dans le champ de la vérité et de la vertu. Puissiez-vous recueillir les fruits de vos efforts! Puisse le roi patriote, qui partagea les uns, partager amplement les autres. Ce monarque qui, en commençant sa carrière, a répandu les bienfaits de la liberté sur des nations éloignées, était bien digne d'échanger l'éclat emprunté du pouvoir arbitraire contre l'amour de ses concitoyens; Louis XVI, dans le langage de la France, sera nommé le premier roi des Français. Mais dans le langage de l'univers, il sera appelé le premier roi des hommes. (La salle retentit d'applaudissemens.) Nous n'avons plus qu'un vœu à former, c'est d'obtenir l'honneur d'assister à l'auguste cérémonie qui doit pour jamais assurer le bonheur de la France. Quand les Français ont versé avec nous leur sang pour la défense de la liberté, nous avons appris à les aimer; aujourd'hui qu'ils sont libres, nous éprouvons pour eux dans nos cœurs des sentimens de frères et de concitoyens : c'est au pied de cet autel de la patrie où ils vont renouveler le serment de fidélité à la nation, à la loi et au roi, que nous jurerons amitié éternelle aux

Français. (Ici des applaudissemens unanimes.) Oui à tous les Français fidèles aux principes consacrés par vous. Car, comme vous nous chérissons la liberté, comme vous nous aimons la paix. (Les applaudissemens redoublent dans la partie gauche de l'assemblée.)

*M. le président.* C'est en vous aidant à conquérir la liberté, que les Français ont appris à la connaître et à l'aimer : les mains qui brisèrent vos fers, n'étaient point faites pour en porter. Plus heureuse que vous, la nation française doit cette conquête aux vertus et au patriotisme de son roi ; elle vous a coûté des flots de sang. Le courage a rompu vos fers, la raison a rompu les nôtres. C'est dans une de vos contrées que la liberté avait établi son trône, il s'appuie aujourd'hui sur les deux-mondes. L'assemblée verra avec plaisir, à cette fête qui doit donner à l'univers le spectacle touchant d'une grande réunion d'amis, les concitoyens des États-Unis d'Amérique, qui se présentent devant elle, que ceux-ci appellent encore leurs frères, et que ces deux peuples ne forment qu'un peuple avec les Français.

L'assemblée témoigne, par des applaudissemens unanimes, que les sentimens exprimés par M. le président, sont bien ceux qu'elle éprouve.

*M. Robespierre.* J'oserai vous faire une proposition déjà devancée par l'impression profonde qu'a dû laisser le discours des députés de l'Amérique (il s'élève des murmures), de la députation des États-Unis (nouveaux murmures) des citoyens américains, et la réponse de M. le président. Vous avez souvent entendu vos concitoyens parler le langage de la liberté ; mais aucun d'eux ne s'est exprimé avec plus de noblesse et d'énergie, l'assemblée a entendu..... Je demande, au nom des personnes qu'elle vient d'entendre.... (Des murmures interrompent l'opinant.) Je demande plutôt aux personnes qui m'ont interrompu, qu'elles ne démentent pas, en étouffant la voix d'un membre qui veut parler le langage de la liberté, l'admiration que l'assemblée a méritée ; c'est ce sentiment qui m'inspire la hardiesse bien pardonnable à un de vos membres, de penser que je pourrais librement rendre un hommage sincère. (L'impatience de l'assemblée se manifeste par de nouveaux murmures.) Si au milieu des circonstances dont vous êtes témoins, je persiste dans la résolution de dire quelques mots.... ce n'est pas par un autre motif que de convaincre tous ceux qui sont présens à votre délibération, qu'il n'est interdit à aucun membre d'exercer ce droit de suffrage, caractère essentiel de la liberté, dans une assemblée délibérante, et je ne m'écartais, ni de ce principe, ni de ce sentiment, lorsque je voulais vous proposer le premier, de donner aux citoyens que vous venez d'entendre une marque de considération digne de vous, digne d'eux.

....Après quelques phrases que des interruptions fréquentes ne permettent pas à l'opinant d'achever, M. Robespierre propose d'ordonner l'impression du discours des citoyens des États-Unis d'Amérique, ainsi que la réponse de M. le président, et d'accorder à ces citoyens la place qu'ils sollicitent à la cérémonie de la confédération.

M. l'abbé Maury demande l'impression du discours de M. Robespierre.

L'assemblée décrète l'impression du discours de la députation et de la réponse de M. le président.

On observe que la demande d'une place à la confédération est déjà accordée par un décret rendu à la séance du matin.

Un de MM. les secrétaires lit une adresse des citoyens avignonnais, détenus à Orange. — Nous sommes obligés de recourir à l'assemblée nationale, pour obtenir la liberté que nous n'avons pas mérité de perdre, lors des événemens du 10 juin. Nous avons été précipités dans des cachots, où nous attendions, à chaque instant, la mort. Le maire d'Orange crut apporter à Avignon des secours et des consolations; il proposa d'emmener les prisonniers, et nous trouvâmes notre salut dans cette translation. C'est pour l'assemblée nationale, un devoir sacré d'ordonner notre élargissement. Nous ne sommes pas sur le territoire de notre véritable souverain; et nous réclamons la protection de l'assemblée nationale. Déjà deux étrangers ont été mis en liberté, parce qu'ils n'avaient pas été condamnés par les lois du royaume; les prisonniers détenus à Orange, sujets du souverain pontife, sont aussi étrangers; ils appuient leurs demandes sur la déclaration des droits de l'homme. Ils sont hommes, ils ont droit de l'invoquer devant vous. Vous avez dit : « Nul homme ne peut être accusé, arrêté, ni détenu que dans les cas déterminés par la loi, et selon les formes qu'elle a prescrites. *Signé*, BOYER, procureur des prisonniers.

On demande le renvoi au comité des rapports.

*M. Malouet.* Je fais la motion, et je ne la motive pas, parce qu'il est dans les principes de l'assemblée nationale et de la constitution française, d'ordonner sur-le-champ l'élargissement des détenus à Orange.

On demande de nouveau le renvoi au comité des rapports.

*M. Grillon le jeune.* Les principes de l'assemblée ne laissent en effet aucun doute sur la motion du préopinant; ainsi, on ne saurait trop lui faire droit; je demande que le rapport de l'adresse qu'on a lue soit fait demain à deux heures.

*M. l'abbé Maury.* S'il y avait un corps de délit, un procès-verbal, une instruction juridique, je voterais moi-même pour le renvoi au comité des rapports; mais il n'y a rien de tout cela. Immédiatement après les troubles d'Avignon, M. Desmares, maire d'Orange, digne de remplir les fonctions municipales que vous avez environnées de tant de gloire, digne de l'approbation de l'assemblée, déclara qu'il prenait les prisonniers sous sa protection; non pour leur donner une nouvelle prison, mais pour leur offrir un asile. Vingt-quatre citoyens, un octogénaire et deux septuagénaires sont depuis un mois détenus à Orange; aucune voix ne s'est élevée contre eux. Ils réclament la justice de l'assemblée, qui ne voudra pas reconnaître de coupables, quand il n'y a pas de délit; qui ne voudra pas, aux yeux de l'Europe, être la geôlière des étrangers. Je réclame avec eux, en ce moment, votre justice. Je vous remercie au nom de mes concitoyens, de la protection que vous leur avez accordée. Je vous remercie, vous dont l'humanité a, à votre insu, sauvé la vie à vingt-quatre citoyens. Je réclame pour eux l'humanité qui, dans les législateurs, ne doit être que la justice. (Le côté droit applaudit.)

*M. Robespierre.* Vous ne pouvez juger sans connaissance de cause. Il est arrivé au comité des rapports des pièces importantes, qui vous prouveront que la liberté des prisonniers détenus à Orange tient à d'importantes questions. Vous vous doutez que des actions et des principes contraires au vœu et à l'intérêt des Avignonnais et de la liberté ont occasionné cet emprisonnement. Si vous adoptiez la proposition faite par M. Malouet et appuyée par M. l'abbé Maury, vous prononceriez contre le peuple d'Avignon.... (M. Cazalès interrompt et demande la parole.) Le seul point à décider est de savoir si l'assemblée nationale veut prendre une connaissance exacte de l'affaire avant de la juger. (L'opinant est interrompu par le côté droit, d'où partent ces mots : *elle ne le veut pas.*) D'après les efforts que l'on fait pour que cette affaire ne soit pas exactement connue, il est évident que c'est ici la cause de l'aristocratie contre les peuples et contre la liberté ; j'en atteste ceux qui murmurent et m'interrompent.

On demande le renvoi et l'ajournement.

*M. Cazalès.* L'assemblée nationale est-elle le juge des citoyens d'Avignon ?

*M. Malouet.* Si l'assemblée ne veut pas rétablir elle-même les lettres de cachet, il n'y a nul doute sur la question de savoir si la liberté sera rendue à des citoyens étrangers, détenus sans accusation.

*M. Virieu.* Les ennemis de la liberté individuelle peuvent seuls demander l'ajournement.

*M. Bouvier, député d'Orange.* Je suis en mon particulier intimement convaincu de l'innocence des détenus ; mais je ne crois pas que l'assemblée puisse vouloir exciter une guerre civile entre Orange et Avignon. Les officiers municipaux d'Orange n'ont pu mettre le calme à Avignon, qu'en promettant au peuple que les prisonniers seraient jugés : est-ce par vous que cette promesse sera violée ? est-ce par vous que la guerre civile sera allumée ? (Il s'élève dans la partie droite un mouvement général ; on entend ces mots : « Allons donc! ») J'ai encore une observation essentielle à vous présenter : les prisonniers supposent, dans leur requête, qu'un compte a été rendu à l'assemblée, qu'un procès-verbal a été mis sous ses yeux; ils ne demandent donc pas que vous décidiez sans connaître les pièces de cette affaire. Je propose d'en ordonner le renvoi au comité des rapports, pour en rendre compte à jour fixe.

La discussion est fermée.

On demande que les députés d'Avignon soient entendus au comité des rapports sur l'adresse des prisonniers, afin de réunir le plus de lumières possibles.

*M. l'abbé Maury* s'oppose à cette demande. — Sans entrer dans la question, je déclare qu'à mes risques et périls, je me réserve de dénoncer les députés d'Avignon, comme députés d'une troupe d'assassins. (Il s'élève des murmures très-tumultueux.) Si je suis un calomniateur qu'on me punisse. J'ai une mission particulière pour les poursuivre, je les poursuivrai; sur quatre prétendus députés d'Avignon, trois ne sont pas citoyens de cette ville. Peut-on demander que les regards de l'assemblée nationale de France soient souillés par la vue de ces gens-là !

*M. le Camus:* Il y a des faits dont vous n'êtes pas instruits, et qu'il est important que vous sachiez. Il vient d'arriver des députés de la garde nationale d'Avignon, ils demandent à assister à la fédération ; ils ont des pouvoirs de la garde nationale et des citoyens. (On applaudit.) Ils sont venus ce soir avec les députés de la municipalité nous avertir qu'il est parti d'Avignon un nommé Boyer, se disant abbé, et dont la mission est de solliciter la liberté des prisonniers, détenus à Orange, auprès de certaines personnes que vous avez assez entendues ce soir ; ils nous ont dit que les prisonniers étaient très-suspects, qu'un autre, plus suspect encore, détenu à Loriol, avait été élargi ; ils nous ont dit que les événemens d'Avignon tenaient aux troubles de Nîmes, de Toulouse et de Montauban, et qu'on pourrait obtenir de ces gens-là des notions certaines. Ils ont observé que les prisonniers auraient couru risque de la vie s'ils fussent restés à Avignon, et qu'ils ont été remis en dépôt aux députés d'Orange pour les sauver; ils ont dit : « Nous avons pensé qu'ayant déclaré vouloir vivre sous les lois françaises, nous pouvions les remettre à des Français; si l'on ne veut pas qu'ils soient jugés, nous redemanderons notre dépôt; nous le demanderons pour la sûreté des Avignonnais, pour la sûreté même des Français. » Les pouvoirs de ces députés sont en bonne forme, ils vous feront connaître tous les faits, ils vous découvriront l'intérêt que le préopinant a peut-être à ce qu'ils ne parlent pas. Je demande donc le renvoi au comité des rapports, je demande donc que les députés de la garde nationale et de la municipalité d'Avignon soient entendus par ce comité.

On demande à aller aux voix.

*M. l'abbé Maury.* C'est parce que j'y suis forcé par l'accusation du préopinant que je me détermine à vous parler d'une affaire particulière, qui ne devrait pas vous occuper. On vous a fait penser, par des insinuations insidieuses, que j'avais un intérêt particulier aux événemens d'Avignon; c'est une grande vérité : l'intérêt que je prends à cette affaire, est celui que doit y prendre tout honnête homme (il s'élève des murmures), que tout honnête homme doit prendre à la conservation de vingt-quatre prisonniers innocens, transférés dans les prisons d'Avignon, pour les soustraire à la fureur d'un peuple qui venait de faire pendre quatre citoyens irréprochables ; l'intérêt que j'y prends est celui que tout homme doit éprouver pour ses concitoyens. Loin d'éluder la rigueur de M. le Camus, c'est sa sévérité que je réclame; je lui annonce que je le traiterai devant vous sans miséricorde..... Vous déciderez dans votre sagesse, s'il est de l'intérêt, de la dignité, de la morale du corps-législatif d'autoriser, non un peuple, non une ville, mais quelques factieux, à se rendre indépendans.

Avant de décider cette grande question ; à la décision de laquelle plusieurs provinces sont intéressées, je vous ferai connaître les manœuvres particulières exercées sur une province qui ne paie point d'impôts, qui n'est pas mécontente de son souverain, et à laquelle cependant on a voulu persuader d'être infidèle au saint-siége. Vous saurez quel degré de confiance vous pouvez accorder à des officiers municipaux, qui se sont tenus enfermés, quand le peuple faisait pendre par le bourreau un vieillard et des malades; vous déciderez si des officiers municipaux, les pères de la patrie, qui doivent s'immoler pour sauver des citoyens, devaient être spectateurs froids de ces assassinats. (On observe que ce n'est point la question.) Sans vouloir préjuger aucune de ces questions, qu'il est de mon intérêt de mettre dans un grand jour, parce qu'il est de mon intérêt de venger mes concitoyens, je remarquerai seulement qu'il s'agit de la plus étrange cause criminelle que puisse présenter l'histoire des nations, puisqu'il n'y a ni accusateurs, ni accusations. (On rappelle que c'est là le fond de la question.) Quand on ne voit que des innocens, le devoir du juge est de rompre leurs fers. Pour intimider votre justice, on annonce la guerre civile entre Avignon, Orange et la France entière; car je ne sais dans quel sens on l'a annoncée. (On remarque que la discussion est fermée.) Vous déciderez comme vous voudrez cette affaire et celle des prisonniers; mais je demande que M. le Camus dise comment j'ai intérêt à leur silence. Un homme qui a l'honneur d'être votre collègue ne peut rester parmi vous sous une telle accusation. Je demande comme une grâce, ou plutôt comme une justice, que vous m'autorisiez, par un décret, à poursuivre au Châtelet M. le Camus, comme calomniateur. Où l'accusé est coupable, ou l'accusateur calomnie.

*M. Camus.* Je consens à ce que M. l'abbé Maury me poursuive.

*M. Dufraisse.* Je demande que M. le Camus signe son accusation au bureau.

*M. le président.* Je vais mettre aux voix le renvoi au comité qui tend à l'ajournement de la question.

*M. Cazalès.* Je demande qu'on délibère sur la dernière proposition de M. l'abbé Maury.

*M. le président.* On propose de retrancher de la motion primitive d'ajournement la disposition additionnelle de faire entendre au comité des rapports les députés d'Avignon. Je vais mettre cette proposition aux voix.

*M. Dufraisse.* Il est impossible que les fédérés voient un membre accusé par un autre, sans que l'un ou l'autre soit puni.

*M. Malouet.* Je réclame la priorité pour ma motion, si l'on ne délibère pas sur celle de M. l'abbé Maury.

*M. le président.* Suivant l'usage de l'assemblée, la priorité appartient à la demande d'ajournement.

L'assemblée décide que les députés d'Avignon seront entendus au comité des rapports. — Le renvoi et l'ajournement à mardi soir sont ordonnés.

On se dispose à lever la séance.

*M. Dufraisse.* Il est impossible de ne pas délibérer sur la motion de M. l'abbé Maury.

On demande la question préalable.

*M. Bouchotte.* M. le Camus ne doit pas souffrir que la question préalable soit invoquée.

On demande à passer à l'ordre du jour.

*M. Cazalès.* Il s'agit d'un représentant de la nation française.

*M. Dufraisse.* Dans un moment aussi solennel que celui qui se prépare, pour assurer la constitution, vous ne devez pas souffrir que M. l'abbé Maury soit soupçonné. Si l'accusateur est un calomniateur, il faut donner un grand exemple à la nation : il y a assez long-temps que les folliculaires, les libellistes manquent au respect qui nous est dû. L'assemblée peut-elle souffrir que, dans son sein, par des calomnies insidieuses, on attaque un de ses membres? Non, elle ne le souffrira pas ; elle repoussera l'indécente question préalable : l'assemblée doit montrer sa sagesse et sa justice à tous les fédérés. Si vous ne faites pas une justice sévère, craignez de perdre la confiance et le respect, si nécessaires au maintien de la constitution et à la tranquillité publique.

*M. l'abbé Maury.* J'ai l'honneur de vous proposer deux motions différentes. « L'assemblée nationale donne acte à M. l'abbé Maury, l'un de ses membres, de l'accusation intentée contre lui par M. le Camus, qui a annoncé que le sieur abbé Maury avait un intérêt particulier à défendre les citoyens avignonnais détenus à Orange ; autorise M. l'abbé Maury, malgré l'inviolabilité des représentans de la nation, à poursuivre en réparation d'honneur M. le Camus. » Voici ma seconde motion. « Si vous voulez faire grâce à M. le Camus, j'y consens. » (Il s'élève beaucoup de murmures.) Il me semble que dans une affaire criminelle, il n'y a que grâce ou justice. Si vous ne voulez pas me faire justice, je vous demande le moyen d'aller la chercher ailleurs. Si vous voulez faire grâce, j'y applaudirai. J'observe qu'accepter la question préalable, c'est faire grâce, et que je la considérerai ainsi.

On demande encore à passer à l'ordre du jour.

*M. Bouche.* M. l'abbé Maury, honorable membre de cette assemblée, homme pacifique, juste, bienfaisant, comme vous le savez, se prétend calomnié par M. le Camus, et veut l'attaquer en justice. M. l'abbé Maury est fort échauffé, M. le Camus est fort tranquille... L'assemblée veut délibérer, je m'impose silence.

L'assemblée délibère qu'elle passera à l'ordre du jour.]

---

*Mercredi 14 juillet.—Fête de la fédération.*

Nous allons jeter un coup d'œil rapide sur les séances qui suivirent celle du 10. Nous dirons ensuite la cérémonie du 14, et les impressions diverses que les partis consignèrent dans leurs journaux.

Le dimanche 11, le duc d'Orléans, de retour d'Angleterre, monta à la tribune pour y prêter le serment civique. Il prononça un discours dans lequel il justifiait sa conduite antérieure et sa dernière démarche. Le soupçon d'avoir participé aux troubles d'octobre ne cessait cependant de le poursuivre. Le 6 juillet, un pamphlet injurieux à sa personne avait occasionné une émeute au Palais-Royal ; les républicains le défendaient contre les royalistes.

Le lundi 12, on lut une lettre du comédien Talma. Voici cette lettre :

« J'implore le secours de la loi constitutionnelle, et je réclame les droits de citoyen qu'elle ne m'a point ravis, puisqu'elle ne prononce aucun titre d'exclusion contre ceux qui embrassent la carrière du théâtre. J'ai fait choix d'une compagne à laquelle je veux m'unir par les liens du mariage; mon père m'a donné son consentement: je me suis présenté devant le curé de Saint-Sulpice pour la publication de mes bans. Après un premier refus, je lui ai fait faire une sommation par acte extrajudiciaire. Il a répondu à l'huissier qu'il avait cru de sa prudence d'en déférer à ses supérieurs, qui lui ont rappelé les règles canoniques auxquelles il doit obéir, et qui défendent de donner à un comédien le sacrement de mariage, avant d'avoir obtenu de sa part une renonciation à son état.... Je me prosterne devant Dieu; je professe la religion catholique, apostolique et romaine.... Comment cette religion peut-elle autoriser le dérèglement des mœurs?... J'aurais pu sans doute faire une renonciation et reprendre le lendemain mon état; mais je ne veux point me montrer indigne de la religion qu'on invoque contre moi, indigne du bienfait de la constitution en accusant vos décrets d'erreur et vos lois d'impuissance. —Je m'abandonne avec confiance à votre justice. »

L'assemblée renvoya la pétition de Talma à ses comités de constitution et ecclésiastique réunis. Quelques réflexions de l'*Ami du roi* sur cette affaire méritent d'être rapportées. «M. Bouche surtout a montré dans cette occasion un zèle ardent contre le *despotisme du clergé. Le refus du curé de Saint-Sulpice*, a-t-il dit, *est d'autant plus surprenant que plusieurs fois on a marié des comédiens sous le nom de musiciens.* M. Bouche ne voit pas qu'en voulant inculper M. le curé, il le justifie, puisque le sieur Talma serait depuis long-temps marié, s'il eût voulu, comme ses confrères, se soumettre à cette fiction usitée, et taire sa véritable profession, et que s'il a essuyé un refus, c'est uniquement parce qu'il a voulu être *marié sous le nom de comédien*, prétention dont il n'y a pas d'exemple. » (N° XLIII, p. 173.)

*Le mardi matin 13 juillet.*— « De toutes parts il arrive du renfort à la constitution; pendant que les cordonniers la défendent de la plume et par de savans écrits, voilà que les charbonniers, dans une adresse justement applaudie, nous annoncent qu'ils ont mis la constitution sous leur sauvegarde, et qu'ils *tiennent tou-*

jours la hache levée pour défendre le plus bel ouvrage de l'univers. » (L'*Ami du roi*, n° XLIV, p. 177.) M. Vernier présente ensuite un projet de décret tendant à accélérer la perception de l'impôt, tant de l'arriéré de 1788 et de 1789, que de la contribution patriotique de 1790. — « Voilà donc l'assemblée nationale ordonnant la perception arriérée des impôts injustes, oppressifs, vexatoires de l'ancien régime, au mépris de ses propres décrets et des lois constitutionnelles du royaume qui établissent la contribution aux charges publiques, proportionnellement à la fortune des citoyens. Employer la force pour arracher une contribution patriotique est sans doute une exaction atroce ; mais ce n'est pas le terme de leurs attentats.... » (L'*Ami du peuple*, n° CLXVI, p. 6.) La séance du soir fut occupée tout entière par des adresses et des députations. — « Parmi les adresses, nous en avons distingué une de prisonniers, présentée par M. de Robespierre, avocat des galériens : il a été éconduit par l'ordre du jour. Ces petits accidens, qui deviennent fréquens, ne ralentissent pas son zèle et son intrépidité. » (L'*Ami du roi*, n° XLV, p. 221.) Le même journal remarque aussi une adresse des prêtres de Saint-Lô. Après avoir tonné, dit-il, contre la monstrueuse cupidité qui croit la religion compromise par la spoliation du clergé, ils félicitent l'assemblée d'avoir plus fait pour l'ordre spirituel *que les conciles les plus saints*. Il ridiculise également le *plaidoyer* du curé de Souppes pour ses *bons et doucereux compatriotes*, qui menacent de la potence et poursuivent à coups de fusil ceux qui réclament les droits de champart et autres conservés jusqu'au rachat ; lequel curé *s'est avisé de dire* que si pour réprimer ces excès on emploie des gardes nationales, elles ne voudront pas porter les armes contre des concitoyens.

La fédération du 14 juillet, considérée par rapport au peuple, fut une vraie fête nationale ; les masses y apportèrent une telle effusion de fraternité, un zèle si ardent pour le lien nouveau, que rien de semblable n'avait depuis long-temps illustré la marche de la civilisation moderne. Quel spectacle que celui d'une nation toujours la première aux avant-postes de l'humanité, célébrant l'anniversaire des dévoûmens qui renversèrent la Bastille, et se croisant dans cette solennité pour la conquête définitive de l'avenir préparé par deux mille ans d'efforts. L'histoire des travaux faits au Champ-de-Mars par les habitans de Paris, recueillis sur place par les auteurs contemporains, ressemble dans la plupart de ses détails aux légendes les plus naïves et les plus touchantes des chroniqueurs du moyen-âge. Il y avait dans ce peuple bon, laborieux, frugal, dans ces processions de districts conduites à la pelle et à la pioche par leurs municipalités provisoires, dans cette multitude d'hommes qui faisaient eux-mêmes et admirablement la police de l'atelier, il y avait une foi sociale capable d'enfanter des miracles à la suite d'un pouvoir qui l'aurait partagée.

La cour, dont l'opinion véritable était déposée dans la presse royaliste, savait bien que l'immense majorité des Français regardait cette fête comme le souvenir d'une victoire remportée sur la royauté. Aussi ses apologistes et ses champions, ou déclamaient contre la fédération, ou la parodiaient. Les plus graves en parlaient à peine. Sa conduite en cette circonstance fut calculée par les ministres de manière à ce qu'elle tirât le meilleur parti possible d'une fâcheuse position.

La majorité de l'assemblée nationale, le juste-milieu du temps n'avait rien négligé pour que l'acte fédératif fût un pur serment à ses décrets ; sa pensée était fidèlement exprimée dans cette phrase de la Fayette au roi, en lui présentant la députation des gardes nationales de France : « Vous avez voulu, sire, que nous eussions une constitution fondée sur la *liberté et l'ordre public* ; tous nos vœux sont remplis. La liberté nous est assurée, et notre zèle nous garantira l'ordre public. » Gêné par un ministère trop dévoué à la cour et dont un des membres, Guignard de Saint-Priest, venait d'être dénoncé comme complice de Maillebois et de Bonne-Savardin, elle ne préméditait, dit-on, de profiter de cette fête que pour livrer les portefeuilles aux gros bonnets du club de 1789. Nous allons analyser sur ce club un article très-important des *Révolutions de Paris*. L'auteur prouve d'abord que ce fut contradictoirement à ce club que les amis de la constitution fondèrent le *terrible comité des jacobins.* « Le succès de cette opération sur les élections détermina sans doute les députés patriotes à l'employer pour déterminer l'ordre du jour, et ils décidèrent que le club s'occuperait à préparer les matières qui devaient être traitées à l'assemblée nationale.

« C'est à cette confédération du zèle et des lumières que nous avons dû la majorité dont les patriotes ont joui pendant un temps, hélas! trop court, et le peu de bons décrets qui nous attachent à la constitution.

« Quand le ministère et la cour eurent perdu tout espoir de contre-révolution et de guerre civile, et qu'ils furent réduits à prendre le parti des lâches, celui de corrompre et de tromper; leur première intrigue fut dirigée contre le club des Amis de la constitution. Il fallait le diviser pour former un parti ministériel dans l'assemblée : si on l'eût composé des aristocrates, il n'eût jamais fait d'illusion à la nation.

» ..... Les intrigans, les ambitieux d'argent et de pouvoir se saisirent du club de 1789, et y attirèrent plusieurs membres de celui des jacobins, en leur persuadant qu'ils n'y avaient pas assez d'influence, ou que ce club était vendu au *parti d'Orléans.* Dès qu'ils eurent réuni un assez grand nombre de députés non connus pour aristocrates, le club de 1789 vint s'installer pompeusement au Palais-Royal, dans un superbe local, et avec tout le fracas nécessaire pour frapper les regards de la multitude.

« Le club de 1789 affecta de se proposer les mêmes objets que celui des jacobins; mais on y ajouta d'autres *avantages et agrémens*, tels que de bons dîners.....

« Ils firent décréter à leur club que les députés à l'assemblée nationale non domiciliés à Paris, pourraient être reçus à titre d'*associés*, et seraient invités à ces assemblées de discussion, ainsi *qu'à jouir de tous les avantages et agrémens de la société*, sans payer, pendant le temps que durerait l'assemblée nationale, et que lesdits associés ne pourraient point payer de *cotisation.* Cependant ce club a un loyer de 24,000 liv. Les banquets y sont à un louis (1).... Il n'était pas indifférent au succès des vues ministérielles que le public nombreux qui fréquente le Palais-Royal vît aux croisées de ce club, la Fayette, Bailly, Mirabeau, Chapelier, et autres personnages qu'il s'est habitué à regarder et qu'il regardera encore quelques mois comme ses défenseurs.

« Mais l'heure de la réflexion arrivera enfin, et la honteuse formation de ce club ne sera plus un mystère pour lui ; il verra que des hommes qui seraient les amis du peuple et de l'humanité ne débourseraient pas, au milieu de calamités publiques, tant d'argent pour louer un lieu d'assemblée, et qu'au lieu de venir afficher leurs discussions populaires à un premier étage au Palais-Royal, ils se seraient retirés dans l'enceinte silencieuse d'un des couvens nationaux ; qu'au lieu de splendides banquets et de quêtes mesquines, ils feraient des quêtes abondantes et des repas frugaux ; qu'au lieu de venir se faire claquer aux fenêtres...

« C'est du club de 1789 que nous est venu le décret sur la guerre et sur la paix, le décret qui a donné au roi la faculté de s'adjuger 25 millions ; c'est du club de 1789 qu'est venue la proposition de laisser aux évêques un traitement beaucoup plus fort que l'énorme traitement qu'on leur a donné... Beaucoup de jeunes ci-devant seigneurs et nos gens de lettres à pensions sous l'ancien régime, se sont jetés dans le club de 1789. Rien de plus simple, cette voie mènera à la fortune (2). » C'était là le centre d'activité des impartiaux, et c'était de là que la majorité de l'assemblée nationale espérait, à la faveur de la solennité du 14, voir sortir un nouveau ministère.

Tels étaient les sentimens de la cour et des impartiaux.

Nous allons maintenant exposer ceux des républicains. Toutes les nuances de ce parti étaient unanimes sur ce que nous avons

(1) Cet arrêté du club est du 28 mai, et avant le 10 juin, plus de cent membres de l'assemblée nationale se présentèrent et furent associés. Je voudrais bien savoir quels sont ces cent goinfres qui ont été se faire endoctriner pour un dîner ; je les dénoncerais à leurs départemens. N'ont-ils pas de quoi vivre avec 18 fr., sans aller compromettre leur opinion pour un dîner. (*Note de Loustalot.*)

(2) *Révolutions de Paris*, n° 53, p. 19 et suiv.

dit relativement aux deux premiers ; toutes infirmaient d'avance la validité d'un serment qui renfermerait dans le même lien des contradictions monstrueuses ; toutes remarquaient avec plus ou moins d'amertume le dédain avec lequel étaient traités dans cette cérémonie les vainqueurs de la Bastille ; toutes prémunissaient, contre les dangers de l'idolâtrie et des acclamations d'entraînement, la foule confiante des hommes du peuple. Le récit de cette fête, dans leurs journaux, présente la même concordance. Ils se récrièrent en masse contre les adorations que la Fayette avait partagées avec son cheval blanc, contre le fauteuil royal et la chaise du président de la constituante, contre l'affectation qu'avait mise Louis XVI à rester sourd aux avis qui l'appelaient à l'autel pour y prêter le serment, serment qu'il prêta sous sa tente. Au reste, ils vont parler eux-mêmes dans les extraits suivans que nous empruntons aux *Révolutions de Paris*, à l'*Ami du peuple* et aux *Révolutions de France et de Brabant*.

C'est dans le n° où nous avons pris l'article sur le club de 1789, que se trouvent les détails du 14. « Le jour de la prise de la Bastille n'aura jamais d'égal dans l'histoire de la nation française. Le dévouement, le courage, l'ardeur de tous les citoyens, leur concorde, leur parfaite égalité, le respect de tous les droits, la justice du peuple, l'ordre au sein du désordre, l'allégresse au sein des alarmes..... et partout la grandeur, le génie d'un peuple qui brise ses fers et reprend ses droits : voilà ce qui caractérisait cette sublime journée. Le 14 juillet dernier est-il digne d'en être appelé l'anniversaire ? Il le serait peut-être si l'on n'avait pas *adoré*....

«... Un peuple d'idolâtres qui ne voit dans notre fête que M. de la Fayette, puis le roi, et qui ne se voit point lui-même ; ses députés qui dansent pour braver la pluie ; d'autres qui tuent à coup d'épée les chiens qui passent dans la rue ; des Français qui reçoivent des bannières *blanches*, qui souffrent un drapeau *blanc* sur le trône ; un roi qui essuie à la chasse les pluies les plus abondantes, et qui ne marche pas parce qu'il pleut, au milieu de la nation délibérante et armée ; qui ne prend pas la peine d'aller de son trône à l'autel, pour donner à un peuple qui lui alloue 25 millions, malgré sa détresse, la satisfaction de l'y voir prêter serment ; les sciences, les arts, les métiers, le courage civique, les vertus, sans honneur, sans récompense dans ce beau jour ; les vainqueurs de la Bastille ignorés, et pas un mot, pas un seul hommage à la mémoire de ceux qui à pareil jour périrent sous les murs de cette horrible forteresse ; un président de l'assemblée nationale courtisan (Bonnay), et qui permet à un autre courtisan de donner à la cour la misérable petite satisfaction de le dérober aux yeux du public en se mettant devant lui...; mille petites ruses pour exciter des acclamations serviles, et pour faire oublier la nation dans un moment où elle était tout.

« Les députés des départemens allèrent le soir se raffraîchir à la Muette, où M. la Fayette courut risque d'être étouffé par les embrassemens ; ils se rendirent ensuite par diverses bandes sous les fenêtres des Tuileries crier *vive le roi !* on cria peu *vive la reine !* Cependant des placards, placés depuis deux jours sur les piédestaux des statues des Tuileries, sollicitaient, mendiaient pour elle les faveurs des fédératifs ; on y lisait : « Français, que sommes-nous devenus ? Souffrirons-nous qu'une reine qui est le plus bel ornement de la France, n'assiste pas à la fête qui se prépare ? nous laisserons-nous abuser plus long-temps par les calomnies répandues contre une femme si vertueuse, etc...? »..... Le jeudi 15, le mécontentement général se déclara hautement sur ce que le roi n'avait point été à l'autel.... Dans *ces jours d'égalité*, le peuple en uniforme a toujours été séparé, distingué du peuple sans uniforme.... à la revue du 18, ils ont baisé, comme après le serment, les mains, les cuisses, les bottes de la Fayette. S'il y avait eu alors quelque élection il eût été à craindre que la folie populaire ne prodiguât à son cheval les honneurs que Caligula avait décernés au sien.... Des esclaves cependant, oui des esclaves revêtus d'uniformes des divers départemens s'étaient rassemblés sous les fenêtres de l'appartement de la reine pour chanter une chanson ; à la fin de chaque couplet, ils affectaient de pousser un long cri de *vive la reine !* Ah ! oui sans doute, *vive la reine !* Mais si c'était le grand jour des réconciliations et des pardons, ne fallait-il pas crier aussi, *vive les Polignacs! vive le livre-rouge! vive Trianon! vive Breteuil! vive Lambert! vivent les protecteurs de la conspiration contre Paris! vivent les grils à boulet! vivent les auteurs du projet d'emmener le roi à Metz! vive la lettre aux vingt-cinq millions...* (1)! La perfide indifférence que nos officiers pu-

(1) Nous ne pouvons mieux faire que de placer ici le témoignage et les aveux d'un fédéré lui-même. Cette note est un passage de *le château des Tuileries*, chap. III, p. 65. Nous avons déjà donné à nos lecteurs des extraits de cet ouvrage parmi les documens complémentaires de l'année 1789. — « L'avant-veille de la confédération des Français, les fédérés eurent ordre de se réunir l'après-midi aux Champs-Élysées pour passer la revue du roi. Une pluie abondante fit changer l'ordre, et on défila sous le vestibule devant le roi, la reine et sa famille. Le département dont je suis, au lieu de l'habit gros-bleu, avait adopté pour uniforme l'habit bleu-de-ciel, revers et paremens rouges avec doublures et boutons blancs, ce qui nous donnait un air étranger qui nous fit remarquer par la reine. J'étais chef de file du premier peloton : soit à dessein de nous mieux examiner, soit que le passage très-étroit fût engorgé de curieux, nous fûmes arrêtés environ deux minutes précisément devant le roi. La reine se penche, me tire doucement par la basque de mon habit, et me dit : *Monsieur, de quelle province êtes-vous? De celle où régnaient vos aïeux*, fut la réponse que je fis en baissant mon sabre. — *Quoi! vous êtes?... — Vos fidèles Lorrains*; et je disais vrai. Elle me remercie par une inclination accompagnée d'un regard que je vois encore, tant il me pénétra alors ; et se penchant vers le roi, elle lui dit : *Ce sont vos fidèles Lorrains*; le roi nous salua de la tête, et comme nous continuâmes de défiler, je n'en vis pas davantage. Eh bien! ce peu de mots, ce regard qu'aucun de mes camarades ne perdit, nous avaient tous émus au point que nous étions prêts à exécuter tout ce que ces deux infortunés nous eussent ordonné dans le moment. Je ne cite ce trait qui m'est personnel que pour montrer combien il était facile alors au roi de disposer d'environ 60,000 hommes réunis à Paris, et qui, comme moi, voyaient le roi pour la première fois.

» On accorda aux fédérés l'honneur de faire le service à la cour. Curieux de voir la famille royale de près ; je me présentai, et le 25 juillet fut le jour où je montai ma garde au château. On me plaça sur-le-champ en faction à la porte intérieure par où l'on passait pour aller du roi chez la reine. La consigne, outre certaines alertes et les honneurs différens à rendre, portait de ne permettre à personne de sortir avec des paquets. Des ministres sortirent de chez le roi avec leurs portefeuilles ; et en vrai badaud de province, je leur interdis la sortie jusqu'à ce qu'ils se fussent fait connaître. Mon uniforme différent de celui des autres ainsi que je l'ai dit, me faisait remarquer, et plusieurs personnes me demandèrent si j'étais Allemand ; pour m'amuser je répondais dans cette langue, et cela intrigua et me rendit suspect à différens imbécilles.

» Depuis plus d'une heure, j'étais en faction sans avoir vu personne de la famille royale, lorsqu'on annonça la reine. Fier d'avoir déjà été remarqué par elle et jaloux de l'être encore, je me plaçai de manière à être aperçu ; elle parut sans aucune suite, tenant le dauphin par la main. Je présentai les armes avec le plus de grâce que je pus, et fis résonner mon arme avec force. Elle me fixa, m'honora d'un salut et d'un sourire enchanteur. Son

blics ont témoigné aux vainqueurs de la Bastille a prouvé que les chefs civils et militaires de la ville de Paris n'ont eu aucune part à leur grande journée du 14 juillet 1789..... M. Chénier et M. de

charmant enfant regardait devant lui en marchant sans m'apercevoir, sa mère l'arrêta, en lui disant : *Saluez donc, monsieur, et ne soyez pas impoli.* Puis elle continua sa marche.

« Le soir, ou pour mieux dire la nuit, car il était dix heures, on me fit faire une seconde faction moins agréable : on m'avait placé dans un corridor long et étroit qui sépare le corps-de-logis du rez-de-chaussée, entre une petite porte, qui répondait à la chambre à coucher de la reine, et un escalier dérobé qui conduisait dans l'appartement de Madame. Une faible lumière qui sortait de deux lanternes enfumées suffisait pour voir venir, mais sans permettre de distinguer. Défense me fut faite de laisser entrer personne par ces deux issues ; on me recommanda aussi de me priver autant que je pourrais de me moucher et d'éternuer, dans la crainte d'interrompre le sommeil de la reine, dont le lit donnait près du mur où j'étais posté. Pour ne point faire de bruit en marchant on me donna une chaise pour m'asseoir. Ce poste désagréable pour bien des personnes m'exalta l'imagination : je désirais qu'on vint pendant que j'y étais pour attaquer la reine, et cela dans la seule idée de paraître un héros à ses yeux, par le courage que je me proposais de mettre à la défendre. J'étais tellement préoccupé du rêve que j'avais arrangé à ma mode, que lorsqu'à minuit, on vint me relever, au lieu du qui vive, je me rangeai contre la porte en criant : Malheur à celui qui approchera, je l'étends mort à mes pieds ! et je couchai en joue mes camarades. Un mot du caporal dissipa mon erreur ; je m'excusai sur l'obscurité qui m'avait empêché de le reconnaître. Arrivé au corps-de-garde, on rit beaucoup de ce qu'on appelait ma peur.

» Le lendemain, sur les onze heures, la reine fit dire qu'elle allait conduire ses enfans promener au jardin du dauphin, situé au bout des Tuileries. L'usage était de donner quelques hommes pour l'accompagner. Je témoignai le désir d'être du nombre, et l'on me désigna. Nous attendîmes la reine sous le vestibule à l'entrée du jardin, et nous la suivîmes. Madame de Lamballe donnait la main à Madame, et la reine, la sienne au dauphin. Arrivé au jardin, le petit quitta sa mère et se mit à courir, en disant : *Maman, je vais voir mes canards;* sa sœur le suivit. Pendant la promenade, la reine causait avec madame de Lamballe. Je m'arrêtai à considérer quelques plantes, dont un de mes camarades demandait le nom. La reine écouta et me dit : *Il paraît, monsieur, que vous aimez la campagne? — Beaucoup. — Vous l'habitez-pas précisément ; je demeure dans une ville où chaque famille a son jardin. — N'est pas Lunéville? — Non, madame, j'en suis à onze lieues; mais ma belle-mère y est née. — Connaissez-vous Paris? — C'est le premier voyage que j'y fais. — Vous partez sans doute bientôt? — Je compte rester deux ou trois mois pour le connaître. — L'aimez-vous? — Jusqu'à présent, non ; son tumulte me fatigue. — Il est difficile à l'homme tranquille de s'y plaire. Il faut le voir par curiosité seulement. Est-on tranquille en Lorraine? — Oui, madame.* Le dauphin rejoignit sa mère, et tous entrèrent se reposer dans les petits appartemens qui sont au fond du jardin ; environ une demi-heure après ils reparurent. Le dauphin en nous regardant, dit : *Messieurs, nous nous en allons.* Nous les accompagnâmes jusqu'à l'entrée du château. La reine et sa suite nous saluèrent et rentrèrent. » (ROUSSEL, *homme de loi*.)

Fontanes, ont publié, le premier un hymne pour le 14 juillet, et le second un poème séculaire, ou chant pour la fédération.... Aucun de ces deux poèmes n'a été chanté dans les fêtes.... M. Chénier a eu le tort de placer dans un hymne national le nom d'un simple citoyen, le nom éternel de M. Motier.... M. de Fontanes finit le sien par un *moi*; ce qui est encore plus déplacé :

> Et tous les siècles applaudissent
> A ce beau jour que j'ai chanté.

« ....... Pendant qu'on donnait à l'Opéra la pièce *royale* de Louis IX en Egypte, on commandait aux Français la tragédie de Gaston et Bayard. Des applaudissemens à gages attendaient les vers suivans, pour entraîner les fédérés dans une triste inconséquence :

> Dieu dit à tout sujet, quand il lui donne l'être,
> Sers, pour me bien servir, ta patrie et ton *maître*;
> Sur la terre à ton roi, j'ai remis mon pouvoir,
> Vivre et mourir pour lui, c'est ton premier devoir.

« Au lieu des justes huées que méritait cette capucinade, elle obtint de vifs applaudissemens.... Ou ce ne sont pas les fédérés qui ont applaudi, ou ils ont applaudi à des injures qu'on leur adressait indirectement.

« Il faut faire une observation presque semblable sur les vers suivans :

> Le Français dans son prince aime à trouver un frère,
> Qui né fils de l'État, en devienne le père;
> L'Etat et le monarque à nos yeux confondus,
> N'ont jamais divisé nos vœux et nos tributs.
> De là cet amour tendre et cette *idolâtrie*
> Que, dans le souverain, adore la patrie.

» Tout ce galimatias flagorneur est absolument opposé aux principes de la constitution.... » (*Révolutions de Paris*, n° 53 et 54, *passim.*)

Marat s'occupa très-peu des préparatifs de la fête et de la célébration ; tout entier à la surveillance des opérations ministérielles, il ne s'en détournait en passant que pour gourmander le peuple sur sa folle sécurité. «.... Nous vivons dans l'anarchie la plus alarmante; les lois sont sans vigueur, les agens de l'autorité les violent impunément.... Combien de jugemens prévôtaux rendus contre les décrets de l'assemblée nationale, sans que leurs coupables auteurs aient été punis !

« Entre mille forfaits ministériels, le sieur Necker n'est-il pas convaincu par les recherches des commissaires de Saint-Nicolas-des-Champs, d'être l'auteur des accaparemens qui ont réduit neuf fois le royaume entier aux horreurs de la famine, de même que d'avoir fait payer les pensions des conspirateurs d'Autichamp, de Broglie, Besenval, Lambesc, etc.... Non-seulement il demeure impuni ; mais il insulte aux membres qui le dénoncent et qui demandent sa justification.

« L'administration municipale convaincue d'avoir favorisé ces accaparemens par mille bas artifices, non-seulement n'est point punie de ces lâches attentats, mais on la laisse tranquillement en tramer de nouveaux.

« L'ancien comité des subsistances, protégé par le grand accapareur, est accusé de mille infidélités dans l'approvisionnement de la capitale, et non-seulement il n'est pas puni de ces friponneries, mais on ne saurait parvenir à lui faire rendre ses comptes.

« Le général de la garde parisienne, convaincu d'avoir supposé un faux décret de l'assemblée nationale pour soustraire à la justice des citoyens de Vernon un accapareur ministériel, n'a pas été puni ; ce coupable n'a pas même été recherché. Le sieur d'Hières, commandant du bataillon des Petits-Augustins, ayant été convaincu d'avoir exercé, par les ordres du général, mille vexations horribles contre les citoyens de Vernon, pour couvrir les crimes de cet accapareur de l'administrateur des finances et des municipaux ; cet affreux satellite, loin d'être puni, a même été réinstallé dans la place dont ses commettans indignés l'avaient destitué.

« Le sieur Guignard, ministre de la guerre, est dénoncé par la ville de Marseille, d'être l'auteur des troubles qui ont exposé la ville à être bouleversée, et non-seulement le coupable n'est pas puni, mais il n'est pas même recherché.

« Un greffier du Châtelet est convaincu de faux dans la rédaction de la déposition du sieur Ancelin contre Lambesc, et non-seulement ce vieux scélérat reste impuni, mais on le laisse poursuivre tranquillement le cours de ses scélératesses....

« Un député à l'assemblée nationale, Riquetti le cadet, est dénoncé par la municipalité de Perpignan, et par le régiment dont il est colonel, de s'être abandonné à mille excès, et d'avoir volé les cravates des drapeaux pour soulever ce corps contre le maire de la ville et allumer des dissentions civiles; non-seulement il n'est pas puni de ces attentats, mais il est déclaré inviolable. Il paraît à la tribune, il est félicité par ses confrères : son affaire est accrochée aux comités palliatifs....

« Lautrec, autre député à l'assemblée nationale, est dénoncé comme conspirateur par la municipalité de Toulouse; mandé à la barre pour rendre raison de sa conduite, il est déclaré inviolable : son affaire est renvoyée aux comités et il est remis en liberté.

« Coupable de mille attentats contre la liberté publique, le maire de Paris, violemment suspecté de s'être entendu avec des fripons qui voulaient corrompre la vertu d'un représentant de la nation pour l'engager à les favoriser dans une spéculation de 3,500,000 liv., est dénoncé par la municipalité dont il a compromis l'honneur dans cette affaire honteuse; et non-seulement cet indigne magistrat n'est pas puni, mais on lui prodigue bonnement l'éloge et la flagornerie.... Albert de Rioms est convaincu d'être l'auteur des troubles qui ont désolé Toulon; et non-seulement il n'est pas puni de ces crimes, mais il est gratifié par le gouvernement d'un bâton d'amiral; mais il reçoit les honneurs civiques de la fédération. — *Avis intéressant.* » Ami du peuple, je vous dénonce une vraie supercherie d'aristocrate, qui prouve bien qu'ils croient peu à la stabilité de la révolution.

« Plusieurs d'entre eux, notamment le sieur Louis-Joseph Capet, ci-devant prince de Condé, font couvrir de toiles, puis de plâtre l'écusson de leurs armoiries, au-dessus du portail de leurs maisons: ils se flattent donc de pouvoir les faire reparaître un jour. D'autres, dans le même espoir, font couvrir d'un nuage à la gouache les armoiries peintes sur leurs voitures.... Mais nous nous flattons à notre tour que les faubourgs Saint-Antoine et Saint-Marcel passeront, en revue tous ces défunts hôtels, et ne laisseront subsister aucun de ces monumens replâtrés.... — » Je ne m'amuserai pas à en épiloguer la description (des fêtes); ce serait peine perdue.... Que les administrateurs de la ville, Bailly et tous les fripons qui manient les grandes affaires, ne rêvent que prospérité et bonheur, il n'y a rien là d'étonnant; ils nagent dans l'opulence: mais qu'après le dépérissement des manufactures et du commerce, après l'interception de tous les travaux, après la suspension des paiemens des rentes publiques, après sept mois de famine, on ose tenir un pareil langage à un peuple ruiné, à des infortunés qui meurent de faim! assurément il faut avoir un front qui ne sait plus rougir.

« Au milieu de cette misère universelle, huit jours entiers, dit-on, doivent être consacrés aux fêtes, aux festins, aux joûtes, aux divertissemens de toutes espèces couronnés chaque nuit par une illumination générale.

« Pensent-ils en imposer, par cette fausse image de la félicité publique, à des hommes qui ont sans cesse sous les yeux la foule des indigens?.....Se flattent-ils de faire pardonner leurs prodigalités scandaleuses en parlant du bonheur public?....

« Il faut avoir été témoin de l'ivresse des Français à la vue des préparatifs de la fête fédérative, de leurs craintes que la longueur des apprêts ne la fit manquer, de leur ardeur à mettre la main à l'œuvre, de leur enthousiasme à l'aspect de la marche triomphale....., pour concevoir, non pas jusqu'où ils portent l'amour de la patrie, mais la fureur des spectacles et des nouveautés....

« Au milieu de ces cris d'allégresse qui retentissaient de toutes parts, quel spectacle plus humiliant pour la nation que de voir sur une chaise mesquine le président du sénat qui la représente;

tandis que le roi, qui n'est que le premier serviteur du peuple, occupait un trône magnifique, décoré de tous les symboles d'un triomphateur! Quel spectacle plus révoltant que de voir le monarque dédaigner de jurer fidélité à la nation sur l'autel de la patrie !....

« ......Citoyens inconsidérés, ignorez-vous que la liberté n'est point faite pour une nation vaine et frivole, sans mœurs, sans caractère, sans principes, flottant à tout vent de doctrine...... Vous avez manqué de prudence... Que vos ennemis toutefois cessent de compter sur votre appui, quelle que soit la formule du serment articulé par vos lèvres; votre cœur n'a juré fidélité qu'à la patrie, qu'au maintien de la liberté et de l'égalité civile. Tout engagement surpris s'évanouira comme un songe, et à la première trahison palpable, votre audace servira d'étincelle à l'embrasement qui doit les anéantir.

« Les inscriptions dont l'arc de triomphe était chargé n'étaient pas seulement fausses, mais dérisoires.

> Nous ne vous craindrons plus, subalternes tyrans,
> Vous qui nous opprimiez sous cent noms différens.

« Admirez l'heureuse rencontre : c'est au moment où nous gémissons sous la tyrannie municipale, armée de la force publique, et sous la tyrannie de l'assemblée nationale, ou plutôt du club de 1789; au moment où nous avons à redouter les horreurs d'un gouvernement militaire, qu'on a l'impudence d'afficher cette platitude :

> Vous chérissez cette liberté;
> Vous la possédez maintenant :
> Montrez-vous digne de la conserver (1).

« Ton d'humeur d'un pédant qui accorde enfin ce qu'il ne peut plus refuser, ou plutôt ton ironique d'un fourbe qui veut encore en imposer. Mais allez à la Conciergerie, au Châtelet, à la Force, demandez aux infortunés qu'on y fait gémir pour s'être montrés

---

(1) Phrase extraite textuellement de l'adresse de l'assemblée nationale au peuple français, du 11 février 1790, présentée par l'évêque d'Autun. (Voir la page 336 du tome IV.)

patriotes, et dites-nous comment vous trouvez cette liberté dont on nous félicite !

> Le pauvre, sous ce défenseur,
> Ne craindra plus que l'oppresseur
> Lui ravisse son héritage.

« Je défie bien que l'on pût en venir à bout : le moyen de lui enlever ce qu'il n'a pas !

> Tout nous offre un heureux présage,
> Tout flatte nos désirs,
> Loin de nous, écartez l'orage,
> Et comblez nos désirs.

« Inscription digne d'un berceau de guinguette.

« Sur la façade méridionale de l'autel on lisait ces mots :

> Les mortels sont égaux, ce n'est point la naissance,
> C'est la seule vertu qui fait leur différence.

« Belle sentence après le décret sur le traitement des frères du roi ! Pour la faire conserver encore mieux, il ne manquait que de placer au-dessous les décrets sur le marc d'argent, et les qualifications exigées des citoyens actifs, des électeurs et des éligibles aux assemblées civiles et politiques.

« Le pacte fédératif, objet des transports de tous les bons Français, n'a jamais été à mes yeux qu'un moyen d'asservissement (1), dont les suites funestes ne tarderont pas à se faire sentir. » (L'*Ami du peuple*, depuis le n° CLVII jusqu'au n° CLXVII, *passim*.)

*Révolutions de France et de Brabant.* — « L'idée sublime d'une fédération générale proposée d'abord par les Parisiens du district Saint-Eustache, des Artésiens et des Bretons, et accueillie avec transport par toute la France, avait pétrifié le ministère. Ne pouvant lutter contre cette acclamation de vingt-quatre millions d'hommes, les greffiers du pouvoir exécutif avaient mis tout leur art à amortir cette première impétuosité nationale, à rendre presque nuls les effets de la fête, ou même à la faire

---

(1) J'ai été le premier et je suis encore le seul qui l'ait envisagé sous ce point de vue. Mes craintes ne seront que trop justifiées par l'événement ; mais jusqu'à ce moment j'aurai le sort de la prophétesse Cassandre, comme je l'ai eu tant de fois depuis la révolution. (*Note de Marat*.)

tourner à leur avantage, et le comité de constitution ne les avait que trop bien secondés de toute sa politique et de toutes ses ruses. Nous avions tort de nous en prendre de notre avilissement progressif à ce comité seul, puisqu'il n'a que l'initiative, et que ce n'est point lui qui décrète. Ceux qui ont vu l'assemblée nationale le jour où un citoyen, M. Capet l'aîné, n'a point rougi de lui demander 25 millions pour sa portion congrue; ceux qui ont vu, dis-je, avec quelle précipitation et quel fanatisme les neuf dixièmes de l'assemblée crièrent à l'instant *aux voix ! aux voix !* avec quelle abjection ils enchérirent encore sur le message royal; comme il fut impossible aux gens de bien de faire entendre un seul mot qui eût quelque dignité, quelque civisme, au milieu des cris de cette ligue de la vénalité avec la servitude : ceux-là savent bien que le comité de constitution ne remporte pas une grande victoire sur nos représentans, lorsqu'il réussit à faire quelque nouvelle plaie à la liberté.

« Écartons ces idées décourageantes.... Quinze mille ouvriers travaillaient au Champ-de-Mars... Le bruit se répand qu'ils ne peuvent assez hâter les travaux... Accourt aussitôt une fourmilière de 150 mille travailleurs, et le champ est transformé en un atelier de 80 mille toises. C'est l'atelier de Paris, de Paris tout entier; toutes les familles, toutes les corporations, tous les districts y affluent.... Tous se tiennent trois à trois, portant la pioche ou la pelle sur l'épaule, chantant à la fois le refrain si connu d'une chanson nouvelle : *Ça ira, ça ira !* Oui, ça ira, répètent ceux qui les entendent.... Comme on trompe cette nation ! comme il s'abuse, cet excellent peuple qui croit être libre ! Mais il est beau d'être trompé, il est beau de juger de ses représentans, de ses ministres et des tribunaux par sa propre vertu et par son incorruptibilité...... Un enfant d'une pension de Vincennes, à qui l'on demande si ce travail lui plaît, répond qu'*il ne peut encore offrir à sa patrie que sa sueur, mais qu'il l'offre avec grand plaisir.* C'est cette génération qui nous promet une législature et des clubs meilleurs que ceux de 1789.... J'ai remarqué parmi les enfans, toujours amis de l'égalité, que les moins patriotes ne criaient jamais *vive le roi*, qu'après avoir crié quatre-vingt-dix-neuf fois *vive la nation*! qu'après s'être enrhumés, et lorsqu'ils n'avaient plus la voix assez belle pour saluer le peuple français.... Les imprimeurs avaient inscrit sur leur drapeau: *Imprimerie, premier flambeau de la liberté*; ceux de M. Prud'homme avaient des bonnets de même papier que celui qui couvre les *Révolutions*; leur légende était: *Révolutions de Paris*. Je n'oublierai point les colporteurs : voulant surpasser les autres corps, et voués plus particulièrement à la chose publique, ils avaient arrêté de consacrer toute une journée à l'amélioration des travaux. En conséquence de leur arrêté, ils suspendirent un jour entier le travail du gosier, et le soufflet de leurs poumons ne joua point. Paris s'étonna de ne point entendre le matin le cri des colporteurs, et le silence de ce tocsin patriotique avertit la cité, les faubourgs et la banlieue, que les 1,200 réveille-matin piochaient dans la plaine de Grenelle.... Un jeune homme arrive, ôte son habit, jette dessus ses deux montres, prend une pioche et va travailler au loin. Mais vos deux montres? — Oh! on ne se défie point de ses frères! — Et ce dépôt, laissé aux sables et aux cailloux, est aussi inviolable qu'un député à l'assemblée nationale.

« Si j'avais eu l'honneur d'être député, j'aurais exigé que le trône où s'est assis sans façon M. Capet, restât vide dans un lieu élevé, pour représenter la souveraineté de la nation ; j'aurais voulu qu'au bas de ce trône, les deux pouvoirs fussent placés sur des sièges au moins égaux........ La mauvaise humeur que nous ont donnée, et l'insolence du fauteuil exécutif, et l'adulation, la bassesse du fauteuil législatif, et la vue de l'habit odieux des gardes-du-corps, et les courbettes de M. Motier, et l'espèce d'évasion du roi, qui n'a pas eu mal aux jambes pour disparaître lorsqu'il a entendu que les cris *à l'autel!* étaient si nombreux et si forts dans le camp, qu'ils allaient devenir impératifs et plus forts que le *veto* royal ; cette mauvaise humeur ne m'a pas empêché, en reportant mes regards sur la fête, de féliciter mes concitoyens d'une multitude de traits qui leur font infiniment d'honneur.

« ....Mon ami *Carra*, dans'la description charmante et si animée qu'il nous a donnée de la fête, a grandement remercié Dieu que la pluie eût tombé à grands flots. Il prétend que tout était pour le mieux, que cette pluie détrempait les imaginations trop vives et déphlogistiquait les têtes (celle de M. *Delaunay*, par exemple, qui, à la tête des fédérés d'Angers, a adressé à la femme du roi, un discours si servile et d'une adulation plus abjecte que tous les complimens de l'Académie frança'se ellle-même), d'où le patriote *Carra* conclut qu'une pluie de déluge n'est jamais venue plus à propos que dans cette circonstance, soit pour empêcher les adorateurs du pouvoir exécutif de commettre quelque grande idolâtrie pour le veau d'or, aux pieds même de nos législateurs et du mont Sinaï, soit pour préparer les esprits au sang-froid d'une admiration sage et réfléchie, soit pour montrer le courage et la persévérance des Français depuis la révolution. Il remarque que le ciel voulait seulement nous éprouver, et que vers les trois heures, le soleil ayant vu que l'épreuve était assez bonne, et que la nation méritait tous ses regards, s'est montré plus brillant que jamais, et a décrit au-dessus de l'autel, les couleurs de l'arc-en-ciel; ce signe de l'alliance et de la confédération des cieux avec la terre.

« Les protestans du Languedoc et les juifs en concluaient que l'Éternel ne voulait pas être adoré de cette manière.... Les catholiques de Nîmes et de Montauban voyaient la chose tout autrement : c'était la colère du ciel qui éclatait sur une nation impie.

« Lorsque la bombe et le son du tambour annoncèrent la prestation du serment, les habitans restés dans Paris, hommes, femmes, enfans levaient la main vers l'autel avec transport et s'écriaient : Oui, je le jure. Heureux d'être restés dans la ville, leur joie fut pure et sans mélange. Ils n'avaient pas entendu ces clameurs timides, il est vrai, honteuses, ventriloques, rares, et aussitôt étouffées de : *vive la reine! vivent les gardes-du-corps!* Ils n'avaient pas vu sur le pavillon blanc, ni les bannières blanches, ni l'insolence du fauteuil du pouvoir exécutif, ni l'avilissement de la nation, ni la complicité de *Bonnay*, ce lâche président.

« O siècle! ô mémoire! s'écrie encore le patriote *Carra*, nous l'avons entendu ce serment sublime, qui sera bientôt, nous l'espérons, le serment de tous les peuples de la terre; 25 millions d'êtres l'ont répété à la même heure dans toutes les parties de cet empire; les échos des Alpes, des Pyrénées, des vastes cavernes du Rhin et de la Meuse en ont retenti au loin; ils le transmettront sans doute aux bornes les plus reculées de l'Europe et de l'Asie. Divine Providence! Je me prosterne devant toi, en regardant avec dédain tous ces rois qui se croient des dieux, et demandent l'amour des mortels, je leurs dis : Qu'êtes-vous? qu'avez-vous fait pour le bonheur des hommes? C'est aux nations assemblées à faire leurs propres lois et leur propre bonheur. Peuple de l'Europe, en écoutant ce récit, tombez à genoux devant la divine Providence; et puis vous relevant avec la fierté de l'homme, et l'enthousiasme du républicain, renversez le trône de vos tyrans; soyez libres et heureux comme nous. »

« Je n'aime point cette table de deux ou trois cents couverts que *M. Motier*, dit-on, n'a cessé de tenir chez lui toute la quinzaine de la fédération. Et je ne m'étonne pas qu'on ait fait dans une après-dînée la motion de me pendre. (*N<sup>os</sup> 34 et 35, Passim.*)

Parmi les pièces jouées dans le cours des fêtes, nous citerons *la Famille patriote* ou *la Fédération*, comédie en deux actes du fameux Collot-d'Herbois, et la tragédie de *Charles IX*, reprise une fois, à la sollicitation des députés de Marseille au pacte fédératif. Nous empruntons à *l'Ami du peuple, n° CXCII, p. 5*, une anecdote sur la représentation de cette dernière pièce. —
« Dans un moment de crise, la tragédie de *Charles IX* s'était fait jour au théâtre. Censeurs, entrepreneurs et acteurs, emportés par le torrent, auraient vainement résisté. Tant que durèrent les mouvemens populaires, elle fut jouée sans obstacles, mais au premier retour du calme, le sieur Bailly qui s'est arrogé l'inspection des spectacles, donna l'ordre secret de ne plus jouer cette

pièce, qui inspirait tant de haine pour les despotes, et tant d'horreur pour les tyrans. En vain le peuple l'avait-il redemandée plusieurs fois; pour la faire reparaître, il fallut un concours de circonstances uniques : encore sa reprise fut-elle très-orageuse.

» Les députés de Marseille au pacte fédératif, désiraient voir *Charles IX*; une députation du district des Cordeliers, dans l'arrondissement duquel se trouve le théâtre français, demanda la pièce. Plusieurs acteurs firent des difficultés, et finirent par déclarer qu'ils avaient ordre de ne pas la jouer. Cet ordre était émané du maire et du commandant de la milice parisienne, tous deux bas-valets de la cour; une nouvelle députation des Cordeliers accompagnée des députés de Marseille, se présenta chez les principaux acteurs, et elle triompha de la résistance du sieur Naudet et de quelques autres de ses camarades aussi mauvais citoyens que lui (1). Cependant, une faction de jeunes gens, formée, dit-on, par les soins du sieur Motier auquel il fit distribuer des billets d'entrée, remplit le parterre, et on choisit pour officier de garde le sieur Lerouge, le plus fieffé des aristocrates.

Au lever de la toile, il y eut un peu de tumulte. Naudet exhala sa mauvaise humeur en marmottant des propos déplacés; il fit même des gestes menaçans.

» Les factieux soudoyés pour faire vacarme contre les patriotes des Cordeliers, n'attendaient qu'un prétexte. Danton, l'énergique Danton, le leur fournit au premier entr'acte en se couvrant la tête. Comme aucune loi n'interdit l'usage des chapeaux, et qu'aucun décret n'a consacré l'usage servile d'être découvert, lorsque les acteurs ne sont point en scène, Danton ne crut pas devoir obéir aux ordres impérieux des autocrates, qui voulaient perpétuer cet usage servile, reste de l'ancien régime. »

---

(1) Nous devons à la justice de déclarer que M<sup>me</sup> Vestris et M. Talma se rendirent de la meilleure grâce du monde à la demande des députés. Dès lors, M. Talma a même été forcé de se justifier de l'imputation que lui faisait la clique Naudet d'avoir formé cabale pour demander Charles IX. Or, ce Naudet, bravache de profession et ancien satellite du pouvoir exécutif, est aujourd'hui capitaine des grenadiers dans la milice parisienne, et de plus, bas flagorneur du sieur Motier. (*Note de Marat.*)

### SÉANCES DU 13 AU 30 JUILLET.

Le mardi 13, à 9 heures du matin, on lisait à l'assemblée nationale une lettre de Guignard de Saint-Priest, au sujet de la dénonciation faite contre lui au Châtelet, comme complice de Bonne-Savardin et de Maillebois. Le même jour à neuf heures du soir, Bonne-Savardin s'évada des prisons de l'abbaye Saint-Germain. Deux particuliers se disant aides-de-camp de la Fayette présentèrent au geôlier un faux arrêté du comité des recherches sur lequel il leur remit le prisonnier. Le 14 et le 15, le plus profond silence fut observé sur cet événement, et le maire de Paris, ne parut l'apprendre que par une lettre du comité des recherches de l'assemblée nationale.

### SÉANCE DU 15.

Noailles propose de décréter qu'il appartient au corps-législatif de fixer le nombre de tous les grades de l'armée. Wimpfen, Fréteau et Dubois-Crancé contestent ce principe. Opinion de Montlausier, Pury et Alexandre de Lameth, en faveur du système qui remet les détails de l'organisation militaire au pouvoir exécutif. Ajournement. *Séance du 15 au soir.* Suite de la discussion sur le commerce au-delà du Cap de Bonne-Espérance.

### SÉANCE DU 16.

Toulouse-Lautrec mandé par un décret pour répondre aux inculpations qui lui sont faites, se justifie aux applaudissemens de l'assemblée.

*M. Broglie.* Vous n'avez pas oublié avec quel zèle les gardes nationales de la ville d'Orange se sont portées au secours d'Avignon ; le service y devient infiniment pénible et même dangereux pour les détachemens qui s'y relèvent successivement. La désertion augmente tous les jours dans la ville d'Avignon ; elle n'est plus habitée que par des pauvres qui, n'ayant point de ressources, sont dans un état d'insurrection continuelle. M. le maire d'Orange écrit à l'assemblée nationale, que les détachemens n'y vont qu'en tirant au sort, et que celui qui y tombe maudit infiniment le sort; il craint que les malheurs d'Avignon ne réagissent sur Orange; c'est d'après cela qu'il sollicite des troupes réglées, tant pour Orange que pour Avignon. — M. Broglie fait lecture d'un extrait des registres de la municipalité d'Orange, en date du 7 juillet, d'où il résulte que M. Joseph Richier, capitaine en second de la compagnie de Saint-Martin, commandant le détachement envoyé à Avignon, annonce que la misère est à son comble, et qu'il y a tout à craindre pour cette ville. — M. Broglie fait ensuite lecture d'un projet de décret dont voici l'extrait :

» L'assemblée nationale, après avoir entendu son comité des rapports, décrète que son président se retirera par devers le roi, à l'effet de supplier sa majesté d'envoyer à Orange des troupes de ligne pour faire le service extraordinaire, dont la garde nationale a été chargée jusqu'à présent.

L'assemblée ordonne l'ajournement à la séance du samedi au soir.

La séance est levée à quatre heures.

### SÉANCE DU 17.

*M. Chabroud.* Je viens au nom du comité des rapports occuper encore l'assemblée des entrées de la ville de Lyon. Le peuple excité par des insinuations secrètes et des déclamations incendiaires, avait, dans ses sections respectives, fait des pétitions pour demander la suppression des entrées. La municipalité ayant proposé de convoquer la commune, afin de temporiser, s'adressa à vous, et le 13 de ce mois l'assemblée ordonna que les droits seraient perçus. Pendant ce temps le peuple se forma en une assemblée que la municipalité fut contrainte à autoriser. Des commissaires furent nommés et choisis parmi les auteurs des troubles. Ils déclarèrent qu'il était utile de faire cesser toute perception aux entrées de la ville, excepté celle des droits de douane, pour les remplacer par une imposition générale. Le peuple alors se porta aux barrières et chassa les commis. Cette expédition s'est faite sans pillage, mais des denrées qui, par une prédestination assez singulière, se trouvaient aux environs des portes, sont entrées en très-grande quantité sans payer des droits. Les commissaires présentèrent leur délibération aux officiers municipaux, et les invitèrent à faire cesser la perception des droits et rendre une ordonnance pour faire jouir les citoyens d'une diminution proportionnelle. La municipalité et le conseil de la commune, menacés de la fureur du peuple, n'ont pu résister à cette invitation. C'est dans ces circonstances que le comité des rapports présente le projet de décret suivant.

«L'assemblée nationale, après avoir ouï le compte que lui a rendu son comité des rapports de ce qui s'est passé dans la ville de Lyon, depuis les faits qui ont donné lieu à son décret du 13 de ce mois, considérant que la chose publique serait en danger, si les insurrections contre l'impôt étaient tolérées ; que le peuple de Lyon, connu par son attachement à la constitution et sa soumission aux lois, a été égaré par d'insidieuses déclamations, dont les auteurs sont les vrais coupables dignes de toute la sévérité des lois : invitant le peuple, au nom de la patrie, à réserver sa confiance aux officiers municipaux dont il a fait choix, et à attendre du nouvel ordre qui sera mis dans les finances, tous les soulagemens qui seront compatibles avec les besoins de l'Etat, a décrété et décrète ce qui suit :

1° « Les procès-verbaux contenant nomination et délibération des prétendus commissaires des trente-deux sections de la ville de Lyon, des 9 et 10 de ce mois, sont et demeurent nuls et comme non-avenus, ainsi que tout ce qui a suivi ; et cependant l'assemblée ordonne que les pièces relatives à cette affaire seront remises à son comité des recherches, qu'elle charge de prendre tous les renseignemens nécessaires contre les auteurs des troubles dont il s'agit, notamment contre les particuliers qui ont fait les fonctions de président et de secrétaires dans l'assemblée desdits prétendus commissaires, afin qu'il soit procédé contre eux selon la rigueur des lois.

2° « Le décret du 13 de ce mois sera exécuté selon sa forme et teneur; et à cet effet, les barrières de la ville de Lyon seront incessamment rétablies, et les commis et préposés à la perception des droits qui y sont exigés seront remis en possession de leurs fonctions. Le roi sera supplié d'employer la force armée en nombre suffisant, pour protéger efficacement le rétablissement des barrières et la perception des impositions, laquelle force sera employée à la réquisition des corps administratifs, conformément à la constitution.

3° « Dans la quinzaine, après la publication du présent décret, les cabaretiers, marchands, et autres citoyens de la ville de Lyon, pour le compte desquels sont et seront entrées des denrées et marchandises sujettes aux droits, pendant la cessation des barrières, seront tenus d'en faire dans les bureaux respectifs la déclaration, et d'acquitter ces droits à concurrence. Passé ce délai, le roi sera supplié de donner des ordres, pour qu'il soit informé contre ceux qui n'auront pas fait la déclaration et le paiement des droits dont il s'agit, sans préjudice de la responsabilité des citoyens composant la commune, qui sera exercée, s'il y écheoit, et ainsi qu'il appartiendra. L'assemblée ordonne que son président se retirera par devers le roi, etc. »

Ce projet de décret est adopté.

Extrait de l'*Ami du peuple* sur cette affaire. « Avancer que le peuple de Lyon a été poussé à cette insurrection par des déclamations incendiaires, est un mensonge grossier. Pour se porter à ces violences, il n'a eu besoin que du profond sentiment de ses maux, et de la crainte trop bien fondée de n'en jamais voir le terme. Qui ignore que les droits d'entrée dans les villes, et surtout les droits sur les choses de première nécessité, comme le vin, l'huile, la viande, les œufs, la toile, les étoffes de laine, etc., pèsent principalement sur le peuple. Et qui ignore tout ce que le peuple de Lyon réduit à la plus affreuse misère par le dépérissement des manufactures, a fait pour se procurer quelque soulagement? Avant de se porter à aucune violence, il avait dépossédé les commis aux barrières, mais sans dégât, sans déplacement de registres, sans pillage. Il les a vus réinstallés : et loin de venir à son secours, l'assemblée nationale sourde à ses réclamations, a continué ses maux, en conservant les impôts accablans dont ils se plaignent. Ainsi, l'oubli éternel de ses intérêts par les prétendus pères de la patrie, et le désespoir de ne voir aucun terme à ses maux, l'ont seuls poussé à cette violence. — Que fait aujourd'hui le législateur? Il joint la barbarie à l'outrage ; il appelle la force à l'appui de la tyrannie, il ordonne que les barrières seront relevées, les publicains rétablis, les droits perçus de nouveau. » (n° CLXXVIII, p. 4.)

### SÉANCE DU 17 JUILLET AU SOIR.

La municipalité de Schelestadt, mandée à la barre, justifie pleinement sa conduite. Le maire termine ainsi son discours :

« Je ne dois pas omettre de parler de l'aristocratie du commandant de la garde nationale : il nous a toujours empêchés de porter des cocardes. Nous avons tout au plus cent aristocrates dans la ville: pour moi, je me suis toujours montré un des plus zélés partisans de la révolution. »

*M. le président.* L'assemblée nationale prendra en considération les motifs que vous venez de lui exposer : vous pouvez vous retirer.

*Suite de l'affaire d'Orange.*

*M. Broglie.* Avant de vous rappeler le point où vous avez laissé hier l'affaire d'Orange, je vais vous annoncer que le vœu du comité est de vous engager à prendre le même parti que vous avez pris pour les colonies, c'est-à-dire à nommer parmi les membres de l'assemblée un comité de six membres pour s'occuper exclusivement de cette affaire. Il vous a été fait lecture hier de la lettre du maire d'Orange, par laquelle il vous apprend que le service y devient de jour en jour plus pénible à Avignon ; que la misère y est à son comble, et qu'il est même à craindre que les malheurs de cette ville ne réagissent sur Orange. Je vais vous faire une seconde lecture du projet de décret que je vous ai présenté hier au nom du comité des rapports. «L'assemblée nationale, après avoir entendu le compte qui lui a été rendu par son comité des rapports des lettres et procès-verbaux en date du 7 juillet, adressés par M. le maire et MM. les officiers municipaux d'Orange, a décrété et décrète que son président se retirera par-devers le roi, à l'effet de supplier sa majesté de donner les ordres les plus prompts pour qu'il soit envoyé à Orange le nombre de troupes de ligne qui sera jugé nécessaire, pour veiller au maintien de la tranquillité publique et à la sûreté de cette ville.

*M. Bouche.* La cause des troubles d'Avignon est connue, et je pense qu'elle vous honore : c'est le désir de vivre sous votre constitution qui cause son agitation passagère. Le comtat Venaissin, où, depuis le mois de décembre, un esprit malin souffle le venin de l'aristocratie (On applaudit dans la partie gauche) ; le comtat Venaissin, dis-je, n'était pas disposé à suivre cet exemple, et mettait tout en œuvre pour arrêter les démarches de la ville d'Avignon. Les moyens que cette petite province a imaginés n'ont enfin occasionné une explosion et une fin, qu'après que trente patriotes de la ville d'Avignon eurent été couchés sur le carreau, que le reste repoussa la violence par la force légitime. La garde nationale de la ville d'Orange est venue à leur secours ; et c'est alors qu'on a remis entre ses mains vingt-quatre prisonniers, instrumens funestes des troubles qui ont agité Nîmes, Uzès, et quelques autres villes de Provence et du Dauphiné. Aujourd'hui la ville d'Orange vous demande du secours ; vous ne pouvez lui refuser : elle sollicite aussi en faveur d'Avignon, et vous ne croyez pas pouvoir satisfaire à cette dernière instance, sous prétexte que cette ville n'est point française. Mais beaucoup de personnes ignorent peut-être que vous y avez des greniers à sel, des entrepôts de tabacs : tous ces objets demandent votre protection ; vous la devez à une ville française par ses principes, à une ville qui est utile à votre commerce, et envers laquelle vous êtes engagés par des traités particuliers. Tandis que vous différez, une ville voisine, où se trouve le *cratère* de cette infernale machination, tente de s'emparer de quatre-vingts canons qui sont dans la ville d'Avignon, pour les faire transporter dans les villes les plus aristocratiques du midi. C'est alors que les troubles deviennent de plus en plus redoutables. Dans le moment où je parle, le ministre envoie à Avignon un régiment suisse. Pourquoi un pareil ordre? la ville ne veut recevoir que les troupes que l'assemblée lui enverra.

Si ce régiment entre par d'autres ordres que par les vôtres, tout est perdu pour Avignon et le comtat Venaissin, ce pays gangrené d'inimitié contre votre constitution. Je suis l'organe des provinces du midi; elles réclament la possession d'Avignon; les gardes nationales la regardent comme leur sœur. Son plus cruel ennemi dans ce moment, c'est une ville française, qui n'en est éloignée que d'un quart de lieue : c'est là qu'on a fabriqué 18 mille cartouches, et c'est aussi là, à ce que l'on assure, que vos ennemis tiennent leur conciliabule. Avignon demande du secours, et vous ne pouvez lui en refuser. Si la brave et généreuse garde nationale parisienne n'en était pas aussi éloignée, comme nous la verrions voler à son secours! avec quels efforts magnanimes on la verrait rétablir dans cette contrée l'abondance et la paix! Mais les gardes nationaux d'Orange sont sans doute ici présens; ils m'entendent; ils sont Français; ils se souviennent de l'expédition de l'armée bordelaise pour Montauban; ils savent que l'autel de la patrie est partout où il y a des hommes à consoler, et que la patrie des infortunés est partout où il y a des hommes qui ont le cœur des Français. — Voici le projet de décret que j'ai à vous proposer :

« L'assemblée nationale décrète qu'il sera nommé, pour s'occuper de l'affaire d'Avignon, un comité de six membres chargé d'en faire le rapport sous quinzaine; décrète en outre que son président se retirera par-devers le roi, pour le supplier de donner des ordres pour qu'il soit envoyé des troupes à.... et à Villeneuve-lès-Avignon, et que là elles attendent les ordres du pouvoir exécutif, d'après les décrets de l'assemblée nationale. »

*M. l'abbé Maury.* La question qui vous est soumis en ce moment, et sur laquelle vous avez entendu votre comité des rapports, était simple dans son origine; le seul objet véritablement digne d'intéresser votre humanité, c'était l'élargissement des prisonniers détenus à Orange (un député d'Orange prétend que M. l'abbé Maury s'écarte de la question). Je ne sais pourquoi la question s'est généralisée, et comment les vues du préopinant lui ont donné de nouveaux objets qui devaient lui être étrangers. Je ne cherche point pour cela à éluder la véritable question; je rappelle seulement ce qu'a dit le préopinant. Il vous a entretenus de Nîmes, d'Uzès, d'Avignon, du comtat Venaissin, et le sort des prisonniers d'Orange est précisément le seul point dont il n'ait point parlé. (Cinq à six membres de la partie gauche interrompent et prétendent que ce n'est pas la question.) L'analyse est exacte, et ce n'est pas moi que vous pouvez accuser de s'écarter de la question. (Les murmures de ceux qui avaient déjà interrompu l'orateur recommencent.) — M. l'abbé Maury descend de la tribune.—On l'invite à continuer son discours.

*M. l'abbé Maury.* Des murmures bien prononcés m'annoncent de ne pas plaider une cause qui pourrait compromettre des intérêts plus chers que ceux que je défends. J'abandonne la parole.

*M. le président.* Le calme des délibérations et la liberté des opinions est la première loi de cette assemblée. J'avais supplié de ne pas interrompre l'orateur, on l'a fait et on a eu tort. Je prie M. l'abbé Maury, au nom de l'assemblée, de remonter à la tribune.

*M. l'abbé Maury.* Je ne croyais pas m'écarter de l'état de la question, en suivant la route qu'avait tracée M. Bouche. Je devais penser que puisqu'on avait la liberté indéfinie de s'écarter d'un rapport, cette liberté devait exister pour tous les membres de l'assemblée. Je sais bien qu'il n'est question que de la ville d'Orange, et cependant M. Bouche vous a toujours parlé d'Avignon, du comtat Venaissin, en tâchant de vous faire apercevoir, à travers ce nuage d'aristocratie dont il s'est enveloppé, des principes aristocratiques, qu'il combat avec un zèle si édifiant depuis le commencement de cette assemblée. Il m'est sans doute permis de dire que les troubles de Nîmes n'ont aucun rapport avec les troubles d'Avignon ; que ces premiers ont eu pour prétexte la cause de la religion. On sait que Nîmes contient des protestans parmi ses habitans, et il n'en existe pas à Avignon. Quels rapports peuvent donc avoir entre eux des troubles si différens les uns des autres? Ou il faut renoncer à ce système, si souvent mis en usage, de nous présenter les villes de Nîmes et Uzès comme le théâtre du fanatisme; ou il faut avouer que les troubles d'Orange n'ont rien de commun avec ces deux villes malheureuses. On vous a parlé de la ville d'Avignon comme de votre propriété : le moment n'est pas venu de prouver la légitimité du saint-siége; c'est une ville dont il jouit depuis plus de 400 ans, une ville prise trois fois par la France, et toujours restituée. Louis XIV et Louis XV la rendirent volontairement à son souverain légitime, et l'on peut soutenir que ces trois entreprises rétractées sont le plus beau titre de sa propriété. Clément VI l'acheta, en 1348, de Jeanne, reine de Sicile. Elle a eu de tout temps une administration séparée et des titres différens de ceux du comtat. Nous sommes bien loin de nous opposer à cette partie du décret par laquelle on propose de supplier le roi d'envoyer des troupes à Orange. Nous désirons qu'elle soit défendue; que le maire, citoyen estimable, jouisse des avantages qu'il nous a procurés à nous-mêmes; mais si l'on donnait plus d'extension à cette disposition, on préjugerait la grande question sur laquelle l'Europe entière a les yeux ouverts, celle de savoir s'il est permis à une ville de changer de domination et de souverain.

La ville d'Avignon n'a point demandé de troupes étrangères : si de nouveaux troubles nous préparaient de nouveaux malheurs, alors nous aurions recours peut-être à la protection des Français; mais nous ne leur demanderions pas de protéger la révolte. (Je demande, s'écrie M. Bouche, que l'orateur déclare s'il est Français; car s'il est étranger, il doit descendre à la barre.) Je ne regarderai point comme une peine de descendre à la barre. Cet ordre, s'il m'était donné par l'assemblée, m'honorerait, parce qu'il attesterait mon respect et mon patriotisme. La France est bien maîtresse de disposer de ses troupes à son gré; mais on ne peut pas s'emparer du territoire d'autrui. Je le répète encore: si l'embarras des circonstances exige des secours étrangers, les Français ne nous abandonneront pas. La ville d'Orange n'a-t-elle pas déjà eu la gloire de faire cesser les meurtres? Elle a par malheur été trompée sur ces hommes morts martyrs de la patrie, dont le gibet est devenu un autel patriotique qui immortalisera leur nom dans cette malheureuse province. — Nous vous demandons que l'assemblée se borne à accéder aux vœux de la ville d'Orange; mais que le décret qu'elle rendra n'indique en aucune manière les secours que l'on peut porter à Avignon. La France a solennellement renoncé à tout esprit de conquête: elle protégera ses voisins, mais elle n'attentera jamais à leur liberté.

La discussion est fermée.

On demande la priorité pour le projet du comité.

*M. l'abbé Maury.* Je demande qu'on ajourne à jour fixe la question des prisonniers.

*M. Broglie.* Je renouvelle la motion que j'ai déjà faite, et je soutiens qu'il est impossible de faire le rapport des prisonniers, sans entrer dans tous les détails des troubles d'Avignon.

### SÉANCE DU 18 JUILLET.

Rapport de Lecouteulx sur la fabrication des assignats, et décret qui proroge le terme de leur échange contre les billets de la caisse. — Anson propose la suppression de la caisse du clergé. Réclamation de Montesquiou en faveur des employés. Adoption du décret présenté par Anson. — Rapport de Merlin au nom du comité d'aliénation, et projet de décret pour l'abolition des réserves coutumières des dévolutions, et pour le partage égal des biens entre tous les enfans nés de différens mariages. Dufraisse accuse le comité de vouloir mettre le trouble dans les familles. Impression et ajournement.

### SÉANCE DU 19 JUILLET.

Discours de Noailles sur l'organisation de l'armée, et sur la hiérarchie militaire. Clermont-Tonnerre, Desmeuniers, Alexandre Lameth, Toulongeon, Barnave, Charles Lameth sont entendus sur ce sujet. Décret à la suite, portant qu'à chaque session le nombre des individus de chaque grade sera déterminé par le corps-législatif. — 19, *au soir*. Suite du commerce de l'Inde.

### SÉANCE DU 20 JUILLET.

Treilhard est nommé président. — Lambert, contrôleur des finances, se plaint de la non perception des octrois et des droits d'aide. — Décret sur le rapport de Vernier, pour assurer la perception de ces droits. — 20 *au soir*. Rapport du comité des recherches sur les troubles de Soissons, au sujet des subsistances. — Les officiers municipaux de la ville de Soissons, ayant cru devoir diminuer le prix du pain, le nouveau prix convint à tout le monde, excepté à la communauté des boulangers, qui se pourvut au bailliage sur les conclusions du ministère public. Il intervint une sentence, par laquelle ce tribunal annula la taxe faite par les officiers municipaux, et en ordonna une nouvelle. Le mécontentement du peuple éclata; il y eut des attroupemens inquiétans; et, pour arrêter le désordre, le conseil-général de la commune et le directoire des districts s'assemblèrent, et ordonnèrent le rétablissement de la taxe. Le bailliage commença une procédure criminelle contre les auteurs des troubles. La municipalité, inquiète des suites que pourraient avoir les dispositions du bailliage, a cru devoir s'adresser à l'assemblée nationale. C'est dans cet état que l'affaire a été portée aux comités des rapports et des recherches. Ces comités ont considéré la conduite du bailliage de Soissons comme une atteinte à vos décrets et à l'autorité des corps administratifs. Vous avez par vos décrets accordé aux municipalités, aux administrations, la surveillance et l'action pour les intérêts communs, tandis que les tribunaux ne peuvent régler que les intérêts particuliers: autrement, les fonctions administratives et le pouvoir judiciaire seraient confondus. En se conformant aux principes de la constitution, le bailliage de Soissons n'aurait point annulé la taxe des officiers municipaux, qui n'avaient fait qu'user du pouvoir que vous leur avez conféré : la sentence de ce tribunal est donc nulle. Vous penserez sans doute de même à l'égard de la procédure criminelle, intentée contre les auteurs des troubles ; le bailliage a occasioné par sa conduite les inquiétudes et les agitations du peuple. Il a causé les désordres, il ne peut les poursuivre et les juger. Tels sont les motifs qui déterminent vos deux comités à vous proposer d'annuler cette sentence et cette procédure.

*N.....* Le bailliage ne s'est point écarté de son attribution : la partie contentieuse de l'administration appartient aux tribunaux. La taxe faite par les officiers municipaux compromettait les intérêts des boulangers, parce qu'elle n'était pas exactement proportionnée avec le prix des farines. Cette taxe ne pouvait être réformée que par la voie de l'appel. Cet appel devait être porté au bailliage : le bailliage a donc dû rendre la sentence que vous proposez d'annuler. Si vous adoptiez ce décret, je vous demanderais pardevant qui les boulangers pourraient se pourvoir.

*M. Robespierre.* La véritable question que présente cette affaire est celle-ci : la taxe du pain est-elle une fonction judiciaire ou une fonction administrative? Les juges doivent appliquer la loi pour juger les différends qui s'élèvent entre les particuliers : hors de l'application de la loi et de la recherche des délits, je ne connais plus de fonctions. Tout ce qui tient dans l'ordre public à la sûreté des subsistances, au prix des denrées, appartient essentiellement, et appartenait même, dans l'ancien régime, aux corps administratifs. Vos décrets n'ont rien changé à cet égard. La municipalité de Soissons, en fixant la taxe du pain, s'est donc renfermée dans les fonctions sur lesquelles le pouvoir judiciaire ne devait se permettre aucune entreprise. D'après vos décrets, les tribunaux ne doivent pas troubler les municipalités dans leurs fonctions ; vous avez plusieurs fois fait l'application de ces décrets à des corps judiciaires : la sentence du bailliage de Soissons est donc une atteinte formelle portée à vos décrets. Votre décision sur la procédure criminelle commencée doit porter sur les mêmes principes. Le projet de décret qui vous est présenté par vos comités n'en est qu'une application exacte ; il doit être adopté.

*M. Voidel.* Il paraît que la taxe faite par les officiers municipaux est juste, puisque deux cents particuliers ont proposé de fournir du pain à ce prix ; cependant le bailliage a infirmé cette taxe, que le directoire de district a confirmée après cette infirmation. Le directoire n'a fait qu'user de son pouvoir : le tribunal a entrepris sur un pouvoir qui lui est étranger. La taxe du pain est une affaire d'ordre général ; elle appartient aux municipalités, sauf le recours des parties intéressées aux corps administratifs supérieurs, et non aux tribunaux : autrement, les tribunaux seraient des corps administratifs supérieurs. Si les boulangers avaient été condamnés à une amende par la municipalité, cette condamnation serait un acte de police contentieuse, et l'appel n'en aurait pu être porté que pardevant les tribunaux ; mais tout ce qui, dans la police, n'est point contentieux, est administratif. Cette distinction prouve évidemment la sagesse du décret qui vous est proposé par vos comités.

*M. Chabroud.* Toute cette discussion roule sur une fausse interprétation de vos décrets. Il y a dans la ville de Soissons deux partis : l'un est extrêmement patriote, l'autre est parfois aristocrate. Celui-ci a suscité toutes sortes de tracasseries à la municipalité, et cette ville seule a occupé le comité des rapports autant que toutes les autres. Je regarde la sentence du bailliage comme une tracasserie nouvelle. La taxe faite par les officiers municipaux était nécessaire et juste ; je n'en veux d'autre preuve que la proposition de deux cents particuliers qui demandaient à fournir du pain à ce prix. On vous a cité un décret dont il faut déterminer le véritable sens. Dans le second article de ce décret, la police contentieuse est confiée aux municipalités. Dans l'article, l'appel des jugemens de police est attribué aux bailliages. Il faut distinguer les actes d'administration des jugemens. La taxe du pain est un acte de police d'administration et non de police contentieuse : cette taxe n'est point un jugement, et ce n'est que d'un jugement qu'on peut appeler. Pour qu'il y ait un jugement, il faut qu'il y ait discussion ; il faut qu'il y ait un différend qui divise les parties. Or, dans la taxe des denrées, il n'y a pas de différend, il n'y a pas de discussion entre la partie privée et la partie publique : donc il n'y a pas de jugement ; donc il n'y a pas lieu à l'appel. Les boulangers n'étaient donc pas dans le cas de l'art. VI du décret ; le bailliage ne devait donc pas juger.

*M. Regnaud, député de Saint-Jean-d'Angely.* Il serait dangereux d'annuler la sentence du bailliage de Soissons : ce serait prononcer que les taxes des municipalités ne sont point assujéties à l'appel aux tribunaux, tandis qu'il est dans les principes et de l'intérêt général qu'elles y soient soumises. Il y a dans la taxe du pain deux parties intéressées : les boulangers qui doivent fournir cette denrée et les consommateurs. Si le peuple ou les boulangers réclament, le juge doit être consulté : il existe pour Soissons, comme pour Paris, un tarif enregistré. Le juge prononce ainsi : la loi dit que quand le blé coûte tant, le pain doit coûter tant. Le peuple doit donc payer le pain à tel prix. Si cette loi n'était exécutée, la taxation du pain serait arbitraire. Autrefois l'appel avait lieu : si le bailliage favorisait les boulangers, la ville se plaignait, et le parlement infirmait, ou confirmait la sentence. Votre décret sur les attributions des municipalités, porte ces mots : « En se conformant aux réglemens actuels. » Ainsi, quand les boulangers se sont pourvus, ils en avaient le droit ; le bailliage devait juger. Je n'examine pas s'il a voulu tracasser la municipalité ; je n'examine pas si la sentence est juste ; il a pu se tromper, nous ne le savons pas, et c'est ce qu'il faut vérifier. La taxe est-elle bien ou mal faite ? Voilà la question importante. Je demande que l'assemblée ordonne préalablement l'apport des pièces.

*M. Dumetz.* Toute la difficulté vient de ce que la ligne de démarcation entre la police contentieuse et la police administrative n'est pas encore tracée. On ne peut condamner ni la municipalité ni le bailliage qui n'ont pu la connaître. Il me paraît convenable de suspendre la décision, et d'ordonner l'apport des pièces et le renvoi au comité de constitution.

Après quelques débats la discussion est fermée, et la proposition de M. Dumetz décrétée.

### SÉANCE DU 21 JUILLET.

Mylord Stanhope écrit que les Amis de la liberté, réunis au nombre de six cent cinquante-deux, ont célébré à Londres la révolution française. Malgré l'opposition de Foucault, l'assemblée adopte la proposition de Charles Lameth, pour l'impression de cette adresse, et charge son président d'écrire à cette société. — Décret qui supprime un grand nombre de places et de traitemens. — Necker envoie le compte de la recette et de la dépense depuis 1789 jusqu'au 5 mai 1790. — Impression.

### SÉANCE DU 22.
#### Affaire de Montauban.

*M. de Cazalès.* Je préviens l'assemblée nationale que M. le maire de Montauban, le procureur-syndic de la commune, et plusieurs officiers municipaux, sont à Paris, depuis trois ou quatre heures; ils réclament, par ma bouche, qu'on veuille bien les entendre avant de les juger : je demande que l'assemblée décrète qu'ils seront admis à la barre, et qu'elle ajourne l'affaire à mardi prochain.

*M. Robespierre.* Nous avons déjà trop différé de prendre connaissance de l'affaire de Montauban, et de prévenir les malheurs qui menacent les patriotes de cette ville; le maire et les officiers municipaux eux-mêmes doivent être surpris de notre indulgence : nous ne devons pas déroger à un usage constamment suivi dans cette assemblée, et nous devons avant tout entendre le rapport.

*M. l'abbé Gouttes.* Si on entend les officiers municipaux, il faut entendre aussi les gardes nationales maltraitées.

*M. Lachèze.* Je n'insiste pas pour l'ajournement.

On demande l'ordre du jour. — L'assemblée décide qu'elle entendra immédiatement le rapport sur l'affaire de Montauban.

*M. Vieillard.* Au mois de juillet 1789, il se forma dans la ville de Montauban une garde nationale; dès le mois de février il s'éleva une espèce de mésintelligence entre la garde nationale et les officiers municipaux, qui venaient d'être élus en exécution de vos décrets : des citoyens qui se qualifièrent de corps de volontaires, voulurent se mettre en activité. La garde nationale voyant la conséquence qui pouvait résulter de cette distinction, présenta, le 7 mars, à la municipalité, sa pétition à cet égard. Le lendemain 8, la municipalité fit imprimer et afficher une proclamation. Le préambule annonce son mécontentement sur le ton et la forme de la pétition ; elle termine par déclarer qu'il n'y a lieu à prononcer, et par faire défense de se réunir en assemblée, soit générale, soit particulière, sans en avoir prévenu la municipalité. Bientôt il s'éleva une autre contestation, la nouvelle municipalité, d'après la délibération du conseil-général de la commune, du 14 mars, fit une réquisition au commandant de la garde nationale d'envoyer au secrétariat de l'hôtel-de-ville les clefs de l'arsenal, magasin, dépôt d'armes, de munitions et autres effets généralement quelconques. Ces clefs avaient été laissées par l'ancienne municipalité à la disposition du commandant : la garde, quoique mortifiée, arrêta de déférer à la demande de la municipalité, et donna pour motifs de son acquiescement, ceux de l'obéissance, du désir de maintenir la paix et de défendre la constitution ; la garde nationale vous a présenté, le 24 mars dernier, une adresse, dans laquelle elle réclame qu'on confie au commandant les armes qui lui sont nécessaires pour s'exercer et apprendre les évolutions militaires. L'ordre des faits exige que je vous rappelle un troisième objet de discussion entre la garde nationale et la municipalité ; vous en avez déjà eu connaissance. Dans les premiers jours de mars, la garde nationale de Montauban, crut que pour mieux déconcerter ceux qui troublaient la province, elle devait faire un pacte fédératif avec toutes les gardes nationales voisines. Le 15 mars, une lettre circulaire fut imprimée et envoyée de la part de la garde nationale montalbanaise, aux gardes nationales de la province, avec invitation à la fédération. Plusieurs villes acceptèrent avec transport la proposition qui leur était faite. Le 29, la garde nationale de Montauban et le régiment de Languedoc, en garnison dans cette ville, firent un acte d'association, et s'engagèrent, sous la foi du serment, « d'être soumis irrévocablement aux décrets de l'assemblée nationale, sanctionnés par le roi, d'en maintenir l'exécution, et de la forcer même à la première réquisition de la municipalité.

La municipalité garda le silence depuis le 15 mars, et ce ne fut que le 30 qu'on afficha une ordonnance qui supprimait la lettre circulaire écrite par la garde nationale montalbanaise. Par cette ordonnance, on affecte de croire que la garde veut secouer l'autorité municipale, tandis qu'au contraire elle avait fait part à la municipalité de son traité et de son aveu de n'agir que sur sa réquisition. Pourquoi, si la municipalité croyait qu'un projet de fédération pût être nuisible au bien public, pourquoi ne pas en référer aux chefs, pourquoi ne pas leur en faire amiablement apercevoir les inconvéniens? Est-ce donc par des placards mortifians qu'on cherche à ramener des citoyens qu'on croit égarés? Une quatrième discussion s'est élevée : les personnes qui avaient, dans les mois de janvier et de février, pris la qualité de volontaires, n'étaient point employées dans la garde nationale; elles savaient bien qu'on ne refuserait pas de les y admettre, mais il leur répugnait sans doute d'être incorporées, et d'avoir à servir sous le commandement, et avec ceux qui s'étaient opposés à ce que les volontaires formassent un corps distinct. Ils voulaient avoir leurs officiers. En effet, on voit aujourd'hui le chef des volontaires, chef de bataillon de la garde nationale actuelle. Le 6 avril, sur le réquisitoire du procureur de la commune, la municipalité accepta le projet d'une augmentation du nombre des compagnies dans la garde nationale montalbanaise, d'après la publication des ordonnances de la municipalité. M. de Puymonbrun, commandant général, se décida à assembler les compagnies de la garde nationale, pour délibérer à cet égard; mais il prévint avant tout la municipalité de cette assemblée. La municipalité, informée de ce projet, fit, le 7 avril, une réquisition au commandant, conçue en ces termes : « Nous officiers.... déclarons n'entendre empêcher l'assemblée de la garde nationale montalbanaise, en tant que ladite assemblée ne se formera que par compagnies séparées, à jour, lieu, et heures différens. » Alors M. de Puymonbrun retira ses ordres et fit à la patrie ce nouveau sacrifice. Après diverses démarches de part et d'autre, on apprit à Montauban le décret rendu le 30 avril, par lequel il était décidé que les gardes nationales resteraient, en attendant l'organisation définitive, sous le même régime qu'elles avaient lors de leur institution. Le 6 mai, l'état-major adressa le décret qui lui était envoyé par M. Poncet, membre de cette assemblée, aux officiers municipaux. Le même jour, la municipalité fit une réquisition à l'état-major de reconnaître, comme faisant corps avec la garde nationale, le quatrième bataillon nouvellement formé en vertu de son ordonnance du 6 avril; l'état-major persista dans ses protestations, refusa d'admettre le quatrième bataillon, et protesta de rendre la municipalité garante et responsable des événemens qui pourraient résulter de sa persévérance. Quel pouvait être le but de l'obstination des officiers municipaux?

Si les événemens sinistres qu'on leur présageait se sont malheureusement réalisés par leur persévérance opiniâtre, quels reproches n'est-on pas en droit de leur faire? En vain la municipalité a-t-elle prétendu que votre décret du 30 ne les concernait pas; il était rendu pour tout le royaume. Ce mécontentement devenait plus général et plus dangereux dans la ville de Montauban. Plusieurs circonstances agitaient depuis plus de quinze jours les esprits : un sixième ou environ de la population de cette ville était composé de protestans; les libelles les plus incendiaires se répandaient avec la plus grande profusion, pour exciter le peuple contre les protestans, et pour leur faire croire que ceux-ci étaient des factieux par principe et par caractère, qu'ils voulaient détruire la monarchie et la religion; qu'il fallait les éloigner de toutes les places et se méfier d'eux sans cesse. Plusieurs de ces libelles avaient été saisis par les patrouilles de nuit, et dénoncés aux officiers municipaux par le commandant-général. Le 21 avril, il circula un autre écrit intitulé : *Avis aux citoyens catholiques de Montauban*, contenant invitation à se rendre le vendredi 23 avril, à deux heures après-midi, dans l'église des Cordeliers, où on nommerait des commissaires pour aller annoncer l'assemblée aux officiers municipaux. Le motif donné à cette réunion était de présenter une adresse au roi et à l'assemblée nationale pour solliciter un décret qui, 1° assurât à jamais l'unité de la religion en France, et qui déclarât la religion catholique, apostolique et romaine la seule religion de l'Etat; 2° conservât à Montauban son siége épiscopal, les ordres religieux, le collége, le séminaire, etc. 3° On demandait, à l'exemple des catholiques de Toulouse, qu'on fit une adresse à la municipalité; pour la prier de suspendre, jusqu'à la réponse du roi et de l'assemblée nationale, la douloureuse visite qu'elle était chargée de faire dans les maisons religieuses. 4° Enfin, on annonçait qu'on prierait les vicaires-généraux d'ordonner des prières publiques, auxquelles toutes les communautés et toutes les églises paroissiales seraient invitées.

L'assemblée eut lieu le 23 suivant; on y nomma un président, des secrétaires, et ensuite des commissaires pour aller à l'hôtel-de-ville donner avis des assemblées. Après le retour des commissaires et la lecture de l'acte donné par les officiers municipaux, on entra en matière; on fit un arrêté conforme à l'avis, en s'ajournant au 27 pour entendre la lecture des adresses au roi et à l'assemblée nationale, que des commissaires furent chargés de rédiger. Le 27, on lut ces projets; ils furent adoptés; les commissaires furent obligés de les envoyer à leur destination. Le 25 avril, les vicaires-généraux de M. l'évêque de Montauban donnèrent un amendement par lequel ils ordonnèrent des prières de quarante heures. Les choses étaient parvenues au dernier degré de fermentation, et l'explosion la plus violente était sur le point d'avoir lieu. Le 7 mai, ceux qui avaient demandé les nouvelles compagnies firent une nouvelle pétition pour qu'elles fussent mises en activité. Le 8, le commandant de la garde et quelques pères de famille se concertèrent pour trouver les moyens capables d'empêcher l'incendie dont on était menacé. Le commandant adressa aux officiers municipaux un discours tendant à obtenir quelque plan de conciliation qui pût convenir aux deux partis. On nomma des commissaires de part et d'autre. L'état-major paraissait disposé à faire les plus grands sacrifices pour ramener le calme ; malheureusement il n'était déjà plus temps : le 10 mai était le premier jour des Rogations ; il était connu que dans la matinée, les officiers municipaux devaient se rendre dans les cinq communautés religieuses pour y faire l'inventaire ordonné par votre décret du 26 mars.

Les officiers municipaux disent dans leur procès-verbal que, pour se conformer au décret, et en même temps pour accélérer leurs opérations, ils arrêtèrent que deux d'entre eux se détacheraient à onze heures du matin, pour se transporter dans le même moment dans les cinq communautés ; que parvenus, chacun de leur côté, ils trouvèrent la maison des religieux interceptée par une populace immense, presque entièrement composée de femmes qui, à la vue des commissaires, crièrent de toutes leurs forces qu'elles s'opposaient à tout inventaire. Le peuple attroupé persista dans sa résistance, et força les commissaires à se retirer. Il demeure constant qu'il se forma aussi, quelque temps après, un attroupement considérable sur la place de *Monges*, devant la maison du commandant-général, et que les officiers municipaux en furent informés. Le motif de cet attroupement était, dit la municipalité, de demander au commandant pourquoi il s'était déclaré du parti des non-catholiques. M. de Puymonbrun dit que pendant qu'il s'occupait à l'hôtel-de-ville des moyens d'effectuer la conciliation, on vint annoncer à la municipalité que quatre mille personnes réunies sur la place voulaient brûler sa maison. Il ajoute que M. d'Elbrel, avocat-général, et M. de Channac, actuellement chef de bataillon, *frappèrent des mains*. Le maire se rendit au lieu de l'attroupement, et à force de représentations, lui et quelques officiers municipaux parvinrent, disent-ils, à le dissiper. Mais si le peuple était si docile, s'il était si facile de faire cesser les attroupemens, quelle conséquence ne doit-on pas tirer de la conduite qu'il a ensuite tenue, pendant trois heures, en présence du maire et des officiers municipaux ? Nous nous dispenserons de les tirer nous-mêmes.

La municipalité, dans son procès-verbal, dit que même après

que les attroupemens formés devant la porte du commandant eu-rent été dissipés par le maire, la fermentation durait toujours, parce qu'on était mécontent de M. Monlet, officier de la garde nationale, accusé d'avoir tiré son sabre, et d'avoir menacé le peuple de le tailler en pièces. On désavoue que M. Monlet ait menacé le peuple de son sabre; on atteste que cet officier, craignant pour les jours du général, proposa de mettre une garde à sa porte, et s'offrit pour être le premier en sentinelle, et que, comme il n'avait pas de fusil, il porta la main à la poignée de son sabre; que ce geste fut interprété comme une menace, et qu'il se répandit avec éclat, que M. Monlet avait voulu fondre sur le peuple. Il résulte de ces détails qu'il fallait recourir aux mesures indiquées par la loi pour faire cesser cette fermentation. Le peuple s'est porté aux Cordeliers, et ensuite à l'hôtel-de-ville, excité par le prétexte de prétention et d'entreprise de la part des dragons. Que font les officiers municipaux? Rien de ce qu'ils devaient faire. On ne conçoit pas comment ils ont pu voir indifféremment le peuple attroupé pendant sept à huit heures, sans prendre les moyens qui étaient en leur pouvoir pour le faire rentrer dans l'ordre : ils en ont été requis par le commandant, par les dragons et par les pères de famille qui étaient à l'hôtel-de-ville. Le peuple vint à l'hôtel-de-ville : il insista pour avoir des armes : les officiers municipaux ont peur, disent-ils, ils sont obligés de donner armes et munitions. C'est ainsi qu'ils armèrent le peuple, au lieu de le faire contenir par la troupe armée; c'est ainsi qu'après avoir désarmé la garde nationale, ils fournirent les moyens d'assassiner ceux qui la composaient : que signifie, d'après cette conduite, la manière dont le drapeau rouge est arboré? Publie-t-on la loi martiale? Non.

Que faisait le régiment de Languedoc dans cet instant terrible? Il ne figurait en rien; il ne fut requis que très-tard, et n'arriva que dans le moment où le corps-de-garde avait été assiégé, où l'on avait fait des décharges sur ceux qui s'y étaient réfugiés, où le mur de ce corps-de-garde avait commencé à être démoli, sous les yeux même de la municipalité; il n'arriva qu'après que les malheureux qui ont péri dans cette fatale journée, eurent été assassinés. On ne peut songer sans indignation, à la manière dont les malheureux dragons ont été traités en sortant du corps-de-garde : dépouillés de leurs vêtemens comme des criminels, ils sont conduits par le maire lui-même, qui portait le drapeau blanc pour annoncer le rétablissement de la paix, cimenté par le sang qu'on y avait répandu, et par la détention de cinquante-cinq citoyens honnêtes. De quelque œil qu'on envisage la conduite des officiers municipaux dans cette journée, on ne peut s'empêcher de s'apercevoir combien ils ont méprisé leurs devoirs. Le peuple veut des assemblées dont la religion était le prétexte; la municipalité les autorise; il s'attroupe : la municipalité se retire, et ne prend point les mesures dictées par vos décrets pour le faire rentrer dans l'ordre....

Dans cette malheureuse journée, tandis que les dragons demandaient la vie, on leur répondit en termes très-durs, mêlés de juremens affreux, qu'on voulait avoir leurs têtes sur des piques, et venger la mort de Favras. On assure que le peuple, fier de sa victoire, criait *vive le roi! à bas la nation et la cocarde nationale.* Le respect dû à la vérité nous oblige de vous faire remarquer que M. de la Force n'était point à Montauban, lors de ces troubles, et que sa justification sur ce point ne peut être équivoque... Si le calme était parfaitement rétabli à Montauban, si les familles qui ont déserté de cette cité, pour fuir la mort dont elles étaient menacées, étaient rentrées dans leurs foyers, si tout germe de division était assoupi et parfaitement éteint, il semblerait que l'assemblée nationale qui s'est toujours signalée par son indulgence, pourrait ne pas s'attacher, dans les circonstances présentes, à ordonner les recherches et punitions de ceux qui croient ne s'être rendus coupables que de légères négligences : mais les circonstances sont telles qu'il ne faut pas se laisser égarer par ce sentiment de commisération. Ce qui est arrivé à Montauban a fixé les regards et l'attention de toute la France ; en remettant trop légèrement certains délits, il peut résulter de leur impunité l'ébranlement de la constitution. Il n'est malheureusement que trop vrai, que le calme apparent dont paraît jouir la ville de Montauban, ne peut être considéré comme le retour à une paix durable ; il est facile, sans doute, à des vainqueurs de dire : nous sommes en paix, quand les ennemis chassés ne peuvent revenir chez eux que pour y subir la loi qui leur est imposée dans ces circonstances. Votre comité des rapports a l'honneur de vous proposer le projet de décret suivant :

« L'assemblée nationale, après avoir entendu son comité des rapports, déclare que l'information commencée devant le juge de Montauban, relativement à l'événement arrivé dans cette ville le 10 mai, demeure comme non-avenue ; ordonne que son président se retirera par-devers le roi pour supplier sa majesté de donner des ordres, pour que l'ancienne garde nationale montalbanaise soit rétablie comme elle était avant l'ordonnance des officiers municipaux de ladite ville, en date du 6 avril dernier, laquelle ordonnance, ainsi que tout ce qui a été fait en conséquence, est déclarée comme non-avenue, sauf aux citoyens actifs qui n'étaient pas de ladite garde ancienne à s'y faire incorporer, conformément au décret du 12 juin dernier.

» L'assemblée nationale décrète : 1° qu'il sera informé devant les officiers municipaux, juges ordinaires en matière criminelle à Toulouse, à la diligence de la partie publique, de tous les événemens arrivés à Montauban, le 10 mai, ainsi que de tous ceux qui y sont relatifs ; tant antérieurs que postérieurs à ladite époque, et circonstances et dépendances ; à l'effet de quoi les pièces déposées au comité des rapports, seront incessamment adressées à ladite partie publique ; 2° que jusqu'à ce qu'il soit statué sur ladite information, les membres du corps et conseil municipal de Montauban demeureront suspendus de leurs fonctions, à l'époque de la notification qui leur en sera faite du présent décret ; 3° que les administrateurs du département du Lot, ou de son directoire, commettront, sur l'avis du directoire de district de Montauban, six personnes pour remplir dans cette ville, provisoirement, les fonctions municipales, dont un sera par eux indiqué pour faire es fonctions de maire, et un autre pour remplir celles de procureur de la commune ; 4° que la notification du présent décret et de la commission qui sera nommée sera faite au même instant aux officiers qui composent la municipalité de Montauban, par les administrateurs du département ou du directoire.

» L'assemblée nationale charge son président d'écrire à la troupe de maréchaussée, à Montauban, pour lui témoigner sa satisfaction de la conduite qu'elle a tenue le 10 mai. »

### SÉANCE DU 23 JUILLET.

Les commissaires nommés pour l'affaire d'Avignon sont : MM. Barnave, Tronchet, Bouche, Riquetti l'aîné, Charles Lameth, Desmeuniers. — Suite de l'ordre judiciaire : l'assemblée décrète que les juges de district seront juges d'appel les uns à l'égard des autres.

### SÉANCE DU 24.

Discussion sur le traitement du clergé. — Adoption de divers articles additionnels proposés par Chassey sur cet objet.

M. le président annonce qu'il lui a été remis une adresse par le maire et les officiers municipaux de Montauban.

On en fait lecture.

Ces officiers disent que, se reposant sur leur innocence, ils sont jusqu'à ce moment restés impassibles ; mais que se voyant inculpés par les conclusions du rapporteur de l'affaire de Montauban, et ne pouvant se dissimuler que l'accusation frappe directement sur eux, ils demandent à être entendus : ils se reposent sur leur innocence et la justice de l'assemblée.

Cette adresse occasionne les débats les plus vifs. La partie droite demande l'ajournement de l'affaire à mardi prochain, afin que les officiers municipaux aient le temps de préparer leur défense. La partie gauche consent à ce que les officiers municipaux soient entendus ; mais elle s'oppose à l'ajournement.

Plusieurs membres demandent que la garde nationale montalbanaise soit entendue dans sa défense.

Cette proposition est adoptée à l'unanimité.

M. le président met aux voix l'ajournement.

Après de longs débats, et après trois épreuves successives, l'assemblée décide que les officiers municipaux de Montauban seront entendus à une séance extraordinaire lundi prochain au soir.

### SÉANCE DU 25.

Décret sur l'émission des assignats ; discours de Camus, Fréteau, Beaumetz, Anson et Maury sur la situation des finances.

### SÉANCE DU 26.

Rapport présenté par Malouet sur les officiers de marine. Il propose de décréter les traitemens de table ainsi qu'il suit : le vice-amiral, 120 liv. par jour, au lieu de 160 ; le lieutenant-général, 90 liv. au lieu de 120 ; le chef d'escadre, commandant une division, 54 liv. au lieu de 80 ; le capitaine de vaisseau, commandant une division de six bâtimens, 48 liv. au lieu de 70 ; le même, commandant une frégate, 40 liv. au lieu de 50 ; le même, commandant un vaisseau de ligne, 36 liv. au lieu de 45 ; le major, 24 liv. au lieu de 30 ; le lieutenant, 24 liv. au lieu de 28 ; le sous-lieutenant, 20 liv. au lieu de 25. — Biauzat s'élève contre l'énormité de ces traitemens. — Le projet de décret est adopté.

### SÉANCE DU 26 AU SOIR.
*Suite de l'affaire de Montauban.*

Le procureur de la commune parle pour la municipalité, et s'élève contre les conclusions du rapporteur Vieillard, à la séance du 22. Un membre de la députation des fédérés parle pour la garde nationale.

Citoyen de Montauban, chargé d'une mission honorable, c'est au nom de citoyens opprimés que je viens parler. Le mois de juillet 1789 vit éclore à Montauban un comité patriotique, composé de citoyens de toutes conditions. La paix régnait dans la ville : on les calomnia, on les inquiéta, on intrigua, on réveilla le fanatisme religieux ; l'appareil militaire fut même déployé ; les bons citoyens découragés, se retirèrent des assemblées primaires, et le petit nombre de ceux qui y restèrent forma la municipalité que vous connaissez : elle commença par retirer des mains du général les clés de l'arsenal, qu'il avait toujours eues : c'était sans doute pour en faire le fatal usage auquel elle les destinait. Elle permit des assemblées incendiaires et fanatiques, où se trouvaient des femmes et des enfans; elle défendit celles de la garde nationale; elle a souffert que le frère d'un officier municipal publiât dans la ville de faux décrets, dans un journal auquel il donnait le nom de *Journal des Débats*, et qu'il falsifiait à son gré; elle n'a nommé que depuis peu un collecteur; elle a éludé l'exécution du décret qui autorise un emprunt de 18,000 liv. en faveur des malheureux, et les a ainsi privés des secours qu'ils étaient en droit d'attendre; elle a saisi avec empressement l'occasion d'établir un corps rival de la garde nationale, au mépris de soixante pères de famille, qui lui en exposaient le danger, et de 999 soldats contre 336. Elle avait annoncé publiquement que le lundi 19 mai, jour des Rogations, elle irait faire l'inventaire des maisons religieuses. Les portes des églises étaient défendues deux heures avant leur arrivée. Douze soldats auraient pu empêcher le désordre : les officiers municipaux ne réclamèrent aucun secours. M. Rognac, négociant, est informé que les troubles vont sur l'Hôtel-de-ville; il en instruit la municipalité : on lui répond qu'il se fait des monstres pour avoir le plaisir de les combattre; il offre de se transporter à l'endroit avec l'établissement; on se contente de lui envoyer un capitaine du guet. Déjà le peuple dépave les rues, et fait voler les pierres par-dessus les murs de l'Hôtel-de-ville; les dragons sont retirés dans leur corps-de-garde, où ils sont assaillis à coups de pierres et de fusils. M.... dit à un officier municipal : « Voulez-vous que je fasse retirer le peuple sans occasionner aucun malheur?» *On n'a pas besoin de vous*, lui répondit-on; *quand on en aura besoin, on vous appellera*. La municipalité a dit qu'on avait fait plusieurs décharges sur le peuple; mais il y aurait eu des morts sur la place; personne n'a été ni tué ni dangereusement blessé, quelques-uns ont reçu de légères atteintes; c'est l'effet du désordre qui régnait entre eux; on entendait les cris de *Vive le roi! vive la noblesse! vive l'aristo-*

*cratie! à bas la nation et la cocarde nationale!* Loin de nous opposer à l'information de tous ces faits, nous nous soumettons à tel tribunal qu'il vous plaira d'ordonner; et telle est notre confiance, que nous ne craindrons pas de nous constituer prisonniers sous la sauvegarde de la loi. (On applaudit dans une grande partie de la salle et des tribunes.)

*M. Riquetti le jeune.* Les tribunes sont vendues.

On demande à aller aux voix.

*M. Cazalès.* Je demande comment il se peut qu'un décret qui prononce qu'il y a matière à juger, ne soit pas un jugement. Quelle étrange jurisprudence que celle que vient d'établir le préopinant! C'est donc sur des clameurs publiques qu'il faut juger un corps qui s'est toujours constamment montré ami de la justice et des lois? Cette idée mérite bien d'être alliée à celle qu'il a prononcée dans cette tribune, lorsqu'il a dit qu'il fallait des tribunaux dans le *sens* de la révolution. Quant à moi, qui pense que le premier devoir d'un peuple libre est de protéger l'honneur, j'écarte des principes aussi absurdes. Aucun des faits n'a été prouvé; je demande même que l'accusation qui vient d'être faite par la garde nationale soit déposée sur les bureaux, afin d'en constater la vérité. Les préventions les plus fortes se sont manifestées jusque dans le sein de cette assemblée; on a vu le public applaudir avec indécence à tout ce qui pouvait inculper la municipalité. (De violens murmures interrompent l'orateur.) C'est lorsque l'opinion publique vous a dicté un jugement, qu'il faut se roidir contre cette opinion. Quand le public a pris un parti dans une affaire importante, il est du devoir d'un juge d'attendre que les passions aient eu le temps de se calmer et les préventions de s'affaiblir; afin que dans le calme des juges et du public, la voix de la justice et de la vérité puisse se faire entendre.

Montauban est ma patrie: les officiers municipaux que cette ville a choisis étaient dignes à tous égards de cet honneur, et le peuple les regarde encore comme tels: redoutez les effets d'un jugement trop précipité. Ah! si, victime de sa sensibilité, le peuple allait méconnaître l'autorité suprême des représentans de la nation!.... (On rappelle M. Cazalès à l'ordre.) Faudrait-il que cette ville infortunée disparût de dessus la surface du globe! De pareilles idées n'entreront jamais dans le cœur des amis de la liberté. Si vous rendez un jugement contre les officiers municipaux de Montauban, il faut que les motifs en soient si clairs, si évidens, que personne n'ose prendre la parole en leur faveur.

*M. Barnave.* La question unique est de savoir si les points constatés suffisent pour suspendre la municipalité. Il est connu qu'elle a changé l'organisation de la garde nationale de cette ville, contre le vœu de ce corps, et la pétition formelle de 150 pères de famille; il est connu qu'elle a essayé de faire la visite des maisons religieuses, un jour consacré pour la religion, au moment où un peuple considérable se disposait à en défendre l'entrée, sans qu'elle ait pris aucune précaution pour faire cesser le désordre de son propre aveu. Elle a retardé trois heures à requérir le secours de la maréchaussée et du régiment de Languedoc au moment où ce peuple furieux assassinait les dragons réfugiés dans le corps-de-garde. (Plusieurs fois l'orateur est interrompu par les murmures et les cris redoublés de la partie droite.)

La partie gauche demande à aller aux voix.

*M. Barnave.* L'assemblée a prononcé fortement son vœu; je ne continuerai pas que M. le président ne l'ait consultée.

M. le président fait lecture d'une lettre des officiers municipaux qui venaient de paraître à la barre. — Ils désavouent formellement le fait articulé contre eux.

On demande que les officiers municipaux soient admis à se défendre.

La partie gauche observe qu'il ne s'agit ni de défense, ni d'accusation.

*M. Murinet.* Je demande que ce désaveu formel soit établi dans le procès-verbal.

On demande successivement la question préalable sur l'ajournement et sur la réquisition de l'apport des pièces de l'information commencée.

Elle est adoptée.

La discussion est fermée.

Plusieurs membres du côté gauche se retirent en criant à l'injustice.

M. Vieillard fait lecture du décret rapporté dans la séance du 22 juillet.

M. *Roussillot.* Je demande par amendement qu'il sera dit dans le décret, que M. le président se retirera par-devers le roi, pour le supplier de retirer de Montauban le régiment de Languedoc, et d'en renvoyer deux autres à sa place.

Après tous les débats, le décret proposé par M. Vieillard est adopté avec l'amendement de M. Roussillot.

La séance est levée à minuit et demi.

### SÉANCES DES 27 ET 28 JUILLET.

(Extrait des *Révolutions de France et de Brabant*.) — « Les séances des 27 et 28 ont eu un grand intérêt, comme toutes celles d'un congrès délibérant sur la guerre, en présence du peuple. Un courrier du département des Ardennes, expédié à M. Dubois-Crancé, excitait un grand mouvement dans le public. Il annonçait que Bouillé, l'aristocrate Bouillé, si souvent et si vainement dénoncé dans nos feuilles, avait adressé un ordre aux commandans de Charleville, Mézières, Rocroi, Givet, d'ouvrir les passages sur la Meuse à l'armée autrichienne, qui marchait sur le Brabant. Au bruit de cet ordre, 60,000 soldats citoyens du département s'étaient mis sous les armes pour veiller sur l'armée autrichienne. Maintes autres nouvelles confirmatives de la trahison et des machinations ministérielles, accréditaient le récit de M. Dubois-Crancé et les alarmes des patriotes. Le dégarnissement de cette frontière du Luxembourg, la plus faible, la plus exposée, et la plus découverte de troupes; le refus obstiné de La Tour-du-Pin, d'envoyer un régiment à Rocroi ; sa réponse impertinente à M. Dubois-Crancé que d'Esterhazy ne le jugeait pas nécessaire, et qu'*il en savait là-dessus plus que* M. Dubois. (Ce d'Esterhazy qu'on aurait dû, il y a six mois, appréhender au corps, et détenir à l'Abbaye, ou chasser de France, d'après la correspondance de Joseph II, interceptée et si probante contre lui, au lieu que cette preuve ait été une raison de plus aux perfides ministres de lui laisser le commandement du Hainault.) Le rassemblement de tant de troupes du roitelet sarde, à l'entrée du Dauphiné; la paix ou conclue, ou très-prochaine, disait-on, entre la Prusse et l'Autriche; l'armement de 94 vaisseaux en Angleterre, de 72 en Espagne; la réconciliation de Breteuil avec Calonne; le voyage de celui-ci à Amsterdam, où il avait passé trois jours; ses conférences secrètes avec le ministre de Hollande; les côtes de Provence aussi nues et dégarnies de troupes que les bords de la Meuse; l'imprimerie du château de Copet, foyer d'écrits séditieux et criminels de lèse-nation; tous ces chevaux que maints aristocrates infatigables, maints calotins, maints robins, métamorphosés en postillons, faisaient crever sur les frontières pour intriguer; l'évasion de Bonne-Savardin et autres; l'arrestation de Trouard et Gouvelot, etc., c'était plus qu'il n'en fallait pour réveiller les patriotes de l'assemblée nationale.... A ces nouvelles, elle envoya sur-le-champ six commissaires, MM. Fréteau et Crancé à la tête, pour se transporter au secrétariat de la guerre, et y prendre des ministres les renseignemens qu'elle aviserait.

« Le lendemain, Fréteau a rendu compte de sa mission. La Tour-du-Pin avait répondu que les frontières étaient dans un état de défense respectable: mensonge grossier, puisque Rocroi était réduit à 150 hommes de garnison, et Charleville à un simple escadron du régiment de d'Esterhazy. Il avait répondu que le nombre des Autrichiens à qui on avait accordé le passage, était infiniment petit et sans conséquence : mensonge plus grossier encore, puisque j'ai vu moi-même une lettre de Mézières, dont le témoignage est sûr, annoncer que l'armée autrichienne n'était de rien moins que de 40,000 hommes; et ce qui est très-important à remarquer, il n'y a pas 2,000 Autrichiens; tout le reste est un assemblage de déserteurs, de fugitifs, d'aristocrates français, sous les bannières autrichiennes. Qu'on juge des bonnes intentions d'une telle armée!

» Si dans cet interrogatoire à leur greffe, La Tour-du-Pin s'était chargé des mensonges et avait pris le rôle de l'impudeur, il paraît que Baptiste Montmorin avait pris le rôle de la bêtise. M. Fréteau lui avait rappelé le décret du 18 février, où on lit en termes exprès : *que le passage des troupes étrangères dans le royaume, ne pourrait être permis sans l'autorisation du corps-législatif.* Ce texte est clair assurément; cependant Baptiste a répondu naïvement que ce décret passait la portée de son intelligence, *et qu'il ne l'avait jamais bien entendu.* Sur quoi, M. Prieur observait sensément qu'il était fort drôle que le ministre des affaires étrangères eût vu pour les Autrichiens dans la convention de 1769 une permission de passer qui n'y était pas même tacitement, et qu'il n'eût pas vu dans le décret du 18 février dernier, une défense de passer qui y était expressément. Sur le reproche de n'avoir pas donné avis à l'assemblée nationale, des armemens des nations voisines, Montmorin a répondu non moins ridiculement, *que sans la fête de la fédération*, il aurait instruit l'assemblée nationale de tous ces faits, et qu'il se disposait à lui en donner connaissance incessamment. O bon M. Capet, quels ministres vous avez choisis dans votre sagesse !

» Sur ce rapport M. d'Aiguillon a demandé que l'assemblée *improuvât* la conduite des ministres. Certes, *improuver* n'était pas un terme trop fort. Mais par son refus de décréter la motion de M. d'Aiguillon, il se trouve que l'assemblée a approuvé *forma negandi*, et le ministre la Tour-du-Pin, et le ministre Baptiste, et le ministre Guignard, et le ministre Copet, et le ministre Champion violemment prévenu d'être l'un des 45 apôtres. Au surplus, si l'assemblée nationale a donné aux ministres une appprobation si flatteuse, il n'en a pas été ainsi du peuple. Des groupes bien fournis, et maints gros pelotons de patriotes délibérant dans le Palais-Royal et dans les Tuileries, proclamaient des scrutins effrayans pour les oreilles ministérielles. On demandait, on commandait le renvoi des ministres, et notamment l'expulsion de Guignard et de Necker. On a été plus loin; une multitude s'est portée au contrôle-général, non plus en criant *hosanna !* comme l'année passée, mais à la lan-

*terne !* On a requis la jonction de notre ministère. J'ai répondu que véritablement l'affaire était délicate, que nous n'aurions jamais du baron de Copet un compte satisfaisant, un compte de tutelle avec des détails, des pièces justificatives, ce qu'on appelle en langage de palais, *visis tabulis*, et en style de la chambre des comptes, le *quitus*, mot forgé, comme qui dirait *le partant quitte*; que cependant il était essentiel de ne pas serrer un gosier précieux dont il pourrait sortir des aveux importans, et qui répandraient une grande lumière dans la caverne des finances; qu'il était essentiel d'avoir de lui un compte final. La position du procureur-général était, comme on voit, des plus critiques, lorsque le général Motier, envoyant fort à propos sa cavalerie au secours de M. le baron, a dispersé mon tribunal, et m'a tiré d'embarras.

« L'assemblée nationale en approuvant la conduite des ministres avait mis le peuple dans le cas de déclarer lui-même son improbation, car, d'une manière ou d'une autre encore faut-il que justice se fasse (1). L'adroit Mirabeau, honoré Riquetti, l'Ulysse de 1789, vit bien qu'il fallait, comme on dit, *donner de la corde au peuple*, au lieu de s'exposer à la rompre en la tenant trop tendue; après avoir ruminé tout le cas dans sa tête, il imagina un décret admirable pour calmer ce peuple, en lui faisant croire que l'assemblée partageait sa fermentation; il était impossible de concevoir rien de mieux pour enrhumer les colporteurs. Tout-à-coup il lui souvient qu'il se répand depuis quelques jours un manifeste de la famille Bourbon, attribué au ci-devant prince de Condé, et il a fait la motion *que Louis-Joseph de Bourbon, dit Condé, sera tenu de faire sous trois semaines, le déni formel et légal du manifeste qui lui est attribué. A défaut de quoi son silence sera réputé comme un aveu, et à cet effet, ledit Condé sera déclaré traître à la patrie, et ses biens confisqués au profit de ses créanciers, et appliqués aux travaux publics.*

(1) Cette réflexion est plus sérieuse qu'il ne paraît. Il ne faut point chercher d'autres causes des diverses *lanternations* qui ont eu lieu, que la facilité du Châtelet à absoudre les criminels. Lorsque les municipaux suppliaient le peuple dans l'église de Valence de différer le châtiment de *Voisins*, il n'y eut qu'une voix; si on ne l'expédie en flagrant délit, il ira au Châtelet et il en arrivera comme de *Lambesc* et de *Bezenval*. (*Note de Desmoulins.*)

Cazalès pour mieux faire donner dans le piège a feint de s'opposer de toutes ses forces à la motion, il a dit que le préopinant *injuriait le patriotisme* de M. Condé. Le *patriotisme* de M. Condé *injurié* ! Un député qui se moque ainsi de l'assemblée, et des galeries et de la nation, je ne suis pas bien sûr si c'est dans mon chapitre cinquième des *huées*, qu'il doit être couché.

Le hors-d'œuvre de la motion Mirabeau, et la colère du contradicteur Cazalès ne dit rien de bon à notre féal Robespierre; on sait qu'il ne pêche pas par trop de confiance; et comme il est toujours à l'avant-garde des patriotes, croyant reconnaître une manœuvre savante du général Mirabeau, il fut le premier à crier : *ce sont les ennemis*, à moi *d'Auvergne*, c'est-à-dire, c'est le club de 1789, à moi les Jacobins! MM. Charles Lameth et Lepelletier appuyèrent son avis. » (n° 56.) — L'assemblée passe à l'ordre du jour.

### SÉANCE DU 29 JUILLET.

*M. Fréteau* demande la formation d'un comité de douze membres, pour prendre connaissance de toutes les relations extérieures de la France, et en rendre compte à l'assemblée. — Noailles et Regnaud d'Angely appuyent cette motion. Elle est adoptée.

L'assemblée nationale, sur le rapport qui lui a été fait par son comité des finances, a décrété ce qui suit :

1° « A compter du 10 août prochain, les assignats créés par les décrets des 19 et 21 décembre 1789, 16 et 17 avril et 1er juin 1790, seront échangés par le trésorier de l'extraordinaire contre les billets de la caisse d'escompte aux promesses d'assignats qui seront présentés à cet effet par le public, jusqu'à concurrence des sommes qui lui seront dues par la nation, pour le montant de billets ou promesses d'assignats qu'elle aura remis au trésor public, en vertu des décrets de l'assemblée nationale.

2° » Il ne sera délivré et échangé que 10,000 assignats par jour, de 1000 livres, 300 et 200 livres indistinctement. Il sera pris les dispositions nécessaires pour éviter la confusion et le désordre que pourrait occasionner l'empressement de ceux qui demanderont successivement l'échange de leurs billets.

» 3°, Pour la facilité de ces échanges, déterminer et fixer les fonctions de la caisse de l'extraordinaire; être assuré que le service du public sera sans interruption; les sommes qui devront être fournies au trésor public continueront à lui être délivrées en billets de caisse, servant de promesses d'assignats, sur l'autorisation qui en sera donnée successivement par l'assemblée nationale, jusqu'à la concurrence de la somme de 95 millions, laquelle, avec la somme de 170 millions précédemment versés par la caisse d'escompte, conformément aux décrets des 19 et 21 décembre, et celle de 135 millions, qui a été successivement fournie par ladite caisse, en conformité des décrets des 17 avril, 11 mai, 1er et 19 juin et 4 juillet, complètera celle de 400 millions, montant total des assignats qui ont été destinés au service des années 1789 et 1790, et qui, par les échanges qui en sont ordonnés à la caisse de l'extraordinaire contre les billets de caisse ou promesses d'assignats, fournis en exécution des décrets de l'assemblée nationale, éteindront en totalité les dettes de la nation envers la caisse d'escompte. »

*M. Camus* demande qu'on ajoute à l'article II ces mots : « et que le comité des finances présentera un projet de décret pour constater l'annihilation et la brûlure d'autant de billets qu'il en sera échangé pour des assignats, conformément aux décrets des 19 et 21 décembre 1789, et 16 et 17 avril 1790.»

L'addition et les articles sont adoptés.

### SÉANCE DU SOIR.

On fait lecture d'un discours prononcé par le docteur Brice, et envoyé à l'assemblée nationale par les *amis de la constitution de Londres*, ayant pour objet de dénoncer les armemens de l'Angleterre, et de provoquer un pacte entre les deux peuples, français et anglais, pour assurer le repos du monde. « Cette adresse, dit Charles Lameth, révèle au monde le secret des tyrans et celui des peuples.... Il est temps que les peuples s'entendent contre les tyrans, dans les moyens de sortir d'esclavage.... » L'orateur annonce une fédération des têtes couronnées contre la liberté

française ; il demande qu'on fasse parvenir une adresse aux Anglais, amis de la constitution. Dupont s'y oppose : ajournement.
— Le président annonce que Bonne-Savardin a été arrêté à Châlons-sur-Marne, et avec lui l'abbé Perrotin, ci-devant de Barmont, député à l'assemblée nationale, et Eggs, député de la garde nationale d'Obernheim. On fait lecture d'une lettre de l'abbé de Barmont et du procès-verbal d'arrestation des trois individus. Décret sur la proposition de Barnave, pour le transport des détenus sous bonne et sûre garde à Paris. — Cocherel annonce l'envoi d'un paquet, adressé par l'assemblée coloniale de Saint-Domingue. Barnave rend compte de l'adresse de l'assemblée générale de cette île, et la représente comme contraire aux principes énoncés par l'assemblée nationale. — Renvoi au comité des colonies.

### SÉANCE DU 30 JUILLET.

M. *Milanez.* Les décrets des 13 et 17 de ce mois sont parvenus à la ville de Lyon; ils ne sont point encore exécutés, par le retard des dispositions du ministre. Il est arrivé de nouveaux événemens, et je suis chargé de vous lire les pièces qui vous sont adressées. La première est une lettre de la municipalité de Lyon; la seconde, un procès-verbal.

M. Milanez fait lecture de ces pièces, dont voici l'extrait.

*Lettre des officiers municipaux de Lyon, du 27 juillet.*

« C'est avec une vive douleur que nous avons à vous rendre compte des événemens qui ont de nouveau troublé l'ordre et la tranquillité publique dans notre ville. Nous devons rendre témoignage au courage et à la prudence de la garde nationale, du régiment de Sonnemberg, de la maréchaussée, de la compagnie du guet et des arquebusiers. »

*Procès-verbal de la municipalité, du 26 juillet.*

« Ce jour, étant assemblés à quatre heures après midi, nous entendîmes un bruit extraordinaire, et nous sûmes bientôt qu'environ deux mille ouvriers, qui s'étaient réunis sur la place de Bellecourt, se rendaient, en marche réglée, à la place des Terreaux, sur laquelle est l'hôtel commun. La démission de M. Dervieux-Duvillart, commandant de la garde nationale, excitait les regrets des ouvriers. Etant allés à la campagne de la mère de cet officier, ils avaient exigé d'elle qu'elle lui écrivît et leur fît parvenir sa réponse. Ils venaient s'adresser à l'état-major et à la municipalité, pour savoir si M. Dervieux avait répondu. Ne pouvant satisfaire à leur demande, ils jetèrent de grands cris et s'agitèrent avec violence. Redoutant les motifs secrets et les manœuvres des ennemis du bien public, M. le maire et nous, dévoués au rétablissement du calme, nous descendîmes sans escorte dans la place.

M. le maire fit tous ses efforts pour représenter les dangers des attroupemens; il assura que nous avions écrit à M. Dervieux, pour l'engager à retirer sa démission. Les exhortations et les instances furent inutiles. Pressés par le peuple, fatigués des chocs que nous éprouvions, nous fûmes obligés de remonter à l'Hôtel-de-ville; les ouvriers nous y suivirent en grand nombre. Enfin ils se retirèrent pour aller forcer l'arsenal. Nous pensâmes alors que nous ne nous étions pas trompés, en supposant que cette insurrection était l'effet des instigations des ennemis de la chose publique. Nous crûmes qu'il fallait employer la force. Nous commandâmes des détachemens nombreux de la garde nationale, pour renforcer l'arsenal, le magasin à poudre et l'hôtel commun. Nous ordonnâmes aux officiers de l'arsenal de faire toutes les dispositions nécessaires pour repousser la force par la force. La troupe d'ouvriers ayant attaqué un corps-de-garde et enlevé les armes, se porta à l'arsenal, fit feu sur la garde nationale et la compagnie du guet, qui la repoussèrent par les mêmes moyens. Il y a eu un homme tué et un autre blessé. Les ouvriers paraissaient se retirer; mais bientôt nous fûmes menacés d'une nouvelle incursion. Pressés par l'état-major, nous avons requis le régiment de Sonnemberg. Instruits qu'en venant au poste qui lui était assigné, il avait, ainsi que la garde nationale, reçu plusieurs coups de fusil, nous avons requis le commandant de l'artillerie de nous donner deux canons qui ont été placés sur le quai, en face du Bourg-Neuf, où les ouvriers s'étaient retirés et d'où ils avaient fait feu sur les troupes. Deux obusiers ont aussi été placés devant l'hôtel commun. Le drapeau rouge avait été placé à une fenêtre de cet hôtel, pour annoncer la publication de la loi martiale. La nuit étant arrivée, nous avons cru plus convenable de remettre cette publication au lendemain. Nous avons dépêché un exprès à Vienne, pour demander tous les secours dont on pourrait disposer, soit en gardes nationales, soit en troupes de ligne. Des patrouilles multipliées ont assuré le repos de la nuit. Nous n'avons pas désemparé de l'hôtel commun, et plusieurs personnes ayant été arrêtées, nous avons décidé qu'elles seraient interrogées, et ensuite emprisonnées s'il y avait lieu.

M. *Milanez.* Sans doute vous jugerez à propos de renvoyer ces pièces au comité des recherches, et de charger M. le président de témoigner *la satisfaction de l'assemblée* à la municipalité, à la garde nationale, au régiment de Sonnemberg, à la compagnie du guet et aux arquebusiers.

L'assemblée décrète cette proposition.

M. *Voydel.* Je demande l'envoi au comité des recherches de l'interrogatoire des personnes arrêtées.

L'assemblée décrète cet envoi.

## AOUT 1790.

Nous avons vu les explications qui suivirent, au sein de l'assemblée, les nouvelles arrivées des Ardennes à Dubois-Crancé, et la vive fermentation qu'elles occasionnèrent dans le peuple. Dès le 26, un écrit signé Marat et intitulé : *C'en est fait de nous,* avait préparé les esprits à des événemens sinistres. Quoique Marat ait justifié dans son journal le contenu de ce pamphlet, il ne l'a jamais reconnu authentiquement pour sien, et Desmoulins affirme qu'il l'a désavoué en sa présence. Cette feuille fit beaucoup de bruit. « Marat, qui parfois m'a paru être très-bien servi par ses *espions*, ajoute Desmoulins, si on pouvait donner ce nom à des patriotes animés des motifs les plus purs, raconté qu'à la lecture du *C'en est fait*, l'épouvante se peignit sur tous les visages à la mairie. M. Bailly ne se couche point, et M. Motier envoie quérir M. Carle. M. Carle est ce bijoutier, commandant du bataillon du quai des Orfèvres, et qui s'est si fort distingué dans les affaires du 22 janvier, dans le famoux blocus de la maison Marat, où il faisait les fonctions de major-général. On sait qu'il ne lui manqua que des bombes et des batteries flottantes, pour en faire un siége dans les formes et tel que celui de Gibraltar. M. Carle se rend chez la veuve Meugnier, distributrice des feuilles de Marat. Il était 9 heures du soir. Les archers fouillent l'hôtel. Grande perquisition de l'invisible Marat. On remplit un fiacre de ses numéros. A minuit, on emmène la veuve chez Bailly. Là, interrogatoire jusqu'à trois heures du matin, puis grand consistoire municipal, puis le soir grand club ministériel. Grands débats dans le directoire. Comment se débarrasser des auteurs, patriotes déterminés. Riquetti l'aîné préside; il tamise, il ventile, il passe au crible les avis. Enfin on prend ce parti : Malouet dénoncera, Brunville poursuivra, le Châtelet jugera. » (*Révolutions de France et de Brabant*, n° 36, p. 607.)

Voici un extrait d'un article de Loustalot, qui caractérisé d'une manière générale les tentatives contre la presse à cette occasion.

« Depuis que le parti ministériel domine dans l'assemblée nationale, il s'est appliqué à détruire peu à peu tous les décrets qui assuraient à la nation la souveraineté, à chaque citoyen la liberté de sa personne, de ses propriétés, de ses opinions ; à violer *cette déclaration des droits de l'homme en société*, qui est la base de toutes les lois. Il ne veut conserver, de l'ouvrage de l'assemblée nationale patriote, que ce que le despotisme avait toujours désiré, toujours tenté sans succès, l'anéantissement des capitulations des provinces, la mort des parlemens, la rentrée des biens du clergé, boulevards aristocratiques, mais qui servaient enfin à réprimer le despotisme ministériel.

» Depuis quelque temps la cour couve quelques projets, soit le retour du *régiment noble* des gardes-du-corps, soit quelque opération de finances qui achevera de mettre le désordre dans la machine, soit l'*innocentement* du sieur Lambesc; et tous ces projets ne sont encore qu'accessoires au grand projet qu'elle n'abandonnera jamais : ce que nous devons toujours nous attendre qu'elle tentera.

» Avec 25 millions de revenu, et le club de 1789 à leurs ordres, que ne peuvent pas, que n'oseront pas entreprendre des ministres qui ont vieilli dans les intrigues et les faveurs de l'ancien régime! Mais la presse, la presse est toujours là; elle dévoile les plans conçus contre l'intérêt public; elle nomme le lâche qui s'est vendu, le fourbe qui n'a servi le peuple que pour sortir de l'obscurité, le faible qui abandonne les droits dont la défense lui est confiée; elle perce les mystères; elle fond les coalitions; elle renverse les *idoles*; elle rallie les esprits; et dès-lors elle sème les obstacles au-devant des tentatives ministérielles.

» Il faut donc anéantir la liberté de la presse : eh! combien le ministère n'est-il pas sûr de trouver du zèle dans les membres de l'assemblée qui lui sont dévoués, puisqu'il s'agit de satisfaire des vengeances privées en servant l'intérêt de la *cour!*

» Les rôles se distribuent : Malouet se charge de la dénonciation de quelques écrits pour la séance du samedi soir, 31 juillet; MM. Bailly et la Fayette ordonnent le même jour, et avant la séance, puisque l'*ordre* est à midi, d'arrêter tous les colporteurs qui crieront les imprimés dont ils seront porteurs, de dresser le signalement des colporteurs, et la liste des ouvrages saisis.

» On fait donner au théâtre prétendu *national* BARNEVELT, tragédie qui devait d'autant plus exciter la curiosité des députés patriotes, qu'on l'avait défendue pendant le séjour des fédérés. En effet, une partie des députés patriotes va au spectacle; les ministériels et les noirs se rendent en foule à la salle; et, avant l'ordre du jour, Malouet est admis à proposer un décret qui anéantit la liberté de la presse, et qui range les écrivains patriotes au rang des criminels de lèse-nation. » (*Révolutions de Paris*, n° 56, p. 158 et 159.)

Nous ferons précéder la séance, où vont être dénoncés Desmoulins et Marat, de l'insertion textuelle du pamphlet attribué à ce dernier.

Quoique cette séance soit du 31 juillet, nous l'avons mise dans le mois d'août, parce qu'elle se lie à des événemens subséquens.

### C'EN EST FAIT DE NOUS.

« Je le sais, ma tête est à prix par les coquins qui sont au timon des affaires de l'Etat ; cinq cents espions me cherchent jour et nuit : eh bien! s'ils me découvrent et s'ils me tiennent, ils m'égorgeront, et je mourrai martyr de la liberté. Il ne sera pas dit que la patrie périra, et que l'*Ami du Peuple* aura gardé un lâche silence.

» M. Massot-Grandmaison a déclaré, au comité des recherches de la municipalité de Paris, avoir copié, *sur l'écriture de M. Maillebois même*, le projet de contre-révolution suivant :

« *Un militaire éclairé* offre à M. le comte d'Artois ses services pour le faire rentrer en France d'une manière convenable à sa dignité (au cas que le prince n'eût pas d'autres vues). Ce militaire, qui croit la chose possible, propose d'engager le roi de Sardaigne à prêter vingt-cinq mille hommes de troupes, et à faire une avance de 8 millions ;

« De tâter l'empereur pour savoir s'il serait aussi dans l'intention de fournir des secours de l'une ou de l'autre espèce.

« On paraît sûr que les ducs de Deux-Ponts, Margrave de Baden, Landgrave de Hesse, appuieront de toutes leurs forces le plan, puisqu'ils sont décidés à soutenir leurs droits en Alsace.

« Cette confédération formée, il est question de fabriquer un manifeste dans le cabinet du prince, rédigé par MM. Mounier et Lally-Tolendal, et fondé sur la déclaration du mois de juin.

« Ce manifeste, après avoir été revu par le militaire, serait publié avant d'entrer en campagne.

« On commencerait par marcher vers Lyon, où l'on n'espère éprouver que peu de difficultés, par les priviléges qu'on accorderait d'abord à cette ville pour son commerce.

« Un autre corps d'armée serait dirigé par le Brabant, et le troisième marcherait par la Lorraine.

« On compte que ces trois corps d'armée se grossiraient infiniment par tous les gens du parti anti-patriotique.

« On gagnerait par les menées d'agens adroits, et à force d'argent, les troupes qui sont sur les frontières.

« Ces trois corps d'armée s'avanceraient jusqu'à Corbeil, Senlis et Meaux ; désarmeraient sur leur passage et aux environs toutes les municipalités, leur feraient prêter serment au roi, et les forceraient à rappeler leurs députés au cas que les États-généraux tinssent encore leurs séances.

« Paris serait bloqué, et on espère par ce moyen faire venir la nation à récipiscence. »

*Dénonciation très-grave contre le comité municipal des recherches.*

« Les dangers imminens auxquels la patrie paraît exposée, m'arrache une dénonciation qui pèse sur mon cœur, et que je n'ai différée jusqu'à ce jour que dans la crainte de ne pas éventer le moyen de saisir le fil de tous les noirs complots de tous les ennemis de la révolution.

« Je déclare donc hautement, à la face des cieux et de la terre, que j'ai pleine et entière connaissance d'une dénonciation remise il y a environ six semaines au comité national des recherches, portant réquisition de saisir les papiers de deux particuliers plus que suspects, qui avaient des correspondances directes avec le ci-devant comte d'Artois, et divers commandans des troupes de ligne; de même que plusieurs autres particuliers plus qu'équivoques, qui doivent avoir le fil de toutes les trames ourdies par les traîtres à la nation.

« Je déclare encore hautement que j'ai pleine et entière connaissance que pour assurer le succès d'une opinion aussi importante, cette dénonciation a été faite personnellement au sieur Garan de Coulon, qui a eu à ce sujet une conférence avec un membre distingué de l'assemblée nationale, très-instruit de l'affaire. Enfin, je déclare hautement, à la face des cieux et de la terre, que j'ai pleine et entière connaissance que le comité national des recherches a donné des ordres positifs au comité municipal des recherches de faire des perquisitions et saisies nécessaires, ordres qui ont été méprisés avec audace. J'interpelle ici le comité municipal des recherches, de sortir des ténèbres où il s'enfonce, et d'entendre ma dénonciation. Il ne peut avoir désobéi aux ordres exprès de l'assemblée nationale, que parce qu'il craignait de déplaire aux ministres, au maire, au commandant de la milice parisienne, dont les liaisons avec la cour ne sont malheureusement que trop alarmantes, ou parce qu'il est vendu au cabinet (1). Dans le premier cas, il est coupable d'une lâcheté criminelle; et dans les deux cas il est indigne de la confiance publique. Je le dénonce comme traître à la patrie.

« Lorsque le salut public est en danger, c'est au peuple à retirer ses pouvoirs des mains auxquelles il les a confiés; car le salut public est la loi suprême devant laquelle toutes les autres doivent se taire. J'invite donc tous les bons citoyens à s'assembler immédiatement, à se transporter au comité central des recherches, puis de se transporter à la maison de ville, de se saisir des registres de ce comité, de lui demander le procès des perquisitions faites en conséquence de ses ordres, et, sur son refus, de s'assurer de tous ses membres, et de les tenir sous bonne garde.

*Nouvelles récentes.*

« Dans la séance d'hier soir, M. Dubois-Crancé a donné lecture d'une lettre de M. Bouillé à M. Bonnesson, apportée par un courrier extraordinaire, envoyé par le département des Ardennes. Elle annonce que M. de Messy, ambassadeur de la cour de Vienne en France, a demandé au roi le libre passage pour les troupes autrichiennes sur le territoire de France, par le territoire

(1) C'est en vain que pour se disculper il alléguera la crainte de violer l'asyle des citoyens, lui qui a tant de fois violé sans scrupule l'asyle des meilleurs patriotes; lui qui m'a fait enlever de nuit de l'asyle où mes amis m'avaient dérobé au fer des assassins; lui qui a indignement recherché les bons citoyens qui ont puni les gardes du corps conjurés et conspirateurs : au demeurant les individus dénoncés, sont des citoyens tarés, connus pour avoir des relations avec le ci-devant comte d'Artois, et la plupart flétris par l'opinion publique.    (*Note de l'auteur.*)

de Luxembourg, pour se rendre dans les provinces belgiques adjacentes.

» M. de Crancé a rapporté que sur la frontière qui s'étend jusqu'à Metz, pendant les nuits, des hommes coururent la semaine dernière en criant aux armes, l'ennemi est aux portes; qu'on a fait partir de Charleville le régiment de Berchigny, qui montrait le plus pur patriotisme.

« M. Cochelet, député des Ardennes, a dit qu'il s'était transporté, il y a quinze jours, avec un député extraordinaire, chez le ministre de la guerre, pour lui demander le remplacement du régiment de Berchigny; qu'il le leur avait promis, et que dans ce moment il n'était pas encore fait.

» M. Voydel, président du comité des recherches, a dit à son tour qu'il se faisait un rassemblement de troupes sur les frontières de Savoie, que des princes d'Allemagne s'agitaient, et que s'ils n'avaient point encore fait de rassemblement de troupes, c'est qu'ils n'avaient pu en trouver suffisamment.

» Qu'il y a actuellement à Chambéry 13,000 hommes armés, et qu'on y attend 6,000 Piémontais.

» L'assemblée a nommé six commissaires, savoir: MM. Fréteau, de Crancé, Emery, d'André, Meuves et Delbeck, pour aller sur-le-champ au secrétariat de la guerre, à l'effet de prendre connaissance des ordres donnés aux commandans des places de livrer le passage aux troupes étrangères sur les frontières de France, et de ceux donnés aux troupes de ligne d'évacuer les frontières, et qui de là iraient demander aux ministres comunication des traités qui lient la France aux puissances étrangères.

» M. Chabroux avait demandé que les ministres de la guerre et des affaires étrangères fussent mandés sur-le-champ à la barre pour rendre compte de leur conduite. Sa demande n'a pas été accueillie.

*Adresse à tous les citoyens.*

« Citoyens, les ennemis sont à nos portes; les ministres leur ont fait ouvrir nos barrières, sous prétexte de leur accorder libre passage sur notre territoire. Peut-être dans ce moment s'avancent-ils à grands pas contre nous. Le roi va se rendre à Compiègne, où l'on prépare des appartemens pour le recevoir ; de Compiègne à Toul ou à Metz, la route peut se faire *incognito* ; qui l'empêchera d'aller joindre l'armée autrichienne et les troupes de ligne qui lui sont restées fidèles ? Bientôt accourront vers lui de tous côtés les officiers de l'armée, les mécontens et surtout les féaux de Besenval, d'Autichamps, Lambert, de Broglie. Déjà l'un des ministres dont j'avais demandé qu'on s'assurât, l'infâme Guignard, dénoncé comme le chef des conspirateurs, vient de prendre la fuite : ses collègues ne tarderont pas à imiter son exemple, et à se rendre dans quelques villes de la Lorraine pour former le conseil-d'état, le pouvoir exécutif. Le roi, ce bon roi, qui a dédaigné de jurer fidélité sur l'autel de la patrie, a gardé le plus profond silence sur toutes ces horreurs. Le comité national des recherches n'a ouvert la bouche qu'au moment où la mine était éventée ; le comité municipal des recherches, vendu à la cour, a refusé de saisir le fil de ces complots infernaux ; le chef de votre municipalité et le chef de votre milice, instruits de tout ce qui se passe, au lieu de s'assurer des ministres comme il était de leur devoir, ont fait échapper des prisons le traître Bonne-Savardin, pour enlever les pièces de conviction de la perfidie du ministère, et peut-être de leur propre perfidie.

» Pour vous empêcher de réfléchir aux dangers qui vous menacent, ils ne cessent de vous étourdir par des fêtes, et de vous tenir dans l'ivresse pour vous empêcher de voir les malheurs prêts à fondre sur vous. L'auriez-vous cru ? Votre général, qui n'a négligé aucun moyen de séduction, vient de former, contre le vœu des districts, un parc d'artillerie destiné à vous foudroyer ; l'état-major de votre garde n'est composé que de vos ennemis aux gages du prince ; vos chefs de bataillon sont presque tous gagnés, et pour comble d'horreur, la milice parisienne n'est presque plus composée que d'hommes vains ou aveugles, qui ont oublié la patrie pour les cajoleries du général.

» Citoyens de tout âge et de tout rang, les mesures prises par l'assemblée nationale ne sauraient vous empêcher de périr.

C'en est fait de vous pour toujours si vous ne courez aux armes, si vous ne retrouvez cette valeur héroïque qui, le 14 juillet et le 5 octobre, sauvèrent deux fois la France. Volez à Saint-Cloud, s'il en est encore temps; ramenez le roi et le dauphin dans vos murs, tenez-les sous bonne garde, et qu'ils vous répondent des événemens; renfermez l'Autrichienne et son beau-frère, qu'ils ne puissent plus conspirer; saisissez-vous de tous les ministres et de leurs commis; mettez-les aux fers; assurez-vous du chef de la municipalité et des lieutenans du maire; gardez à vue le général; arrêtez l'état-major; enlevez le parc d'artillerie de la rue Verte; emparez vous de tous les magasins et moulins à poudre; que les canons soient répartis entre tous les districts; que tous les districts se rétablissent et restent à jamais permanens; qu'ils fassent révoquer les funestes décrets. Courez, courez, s'il en est encore temps, ou bientôt de nombreuses légions ennemies fondront sur vous; bientôt vous verrez les ordres privilégiés se relever; le despotisme, l'affreux despotisme reparaîtra plus formidable que jamais.

» Cinq à six cents têtes abattues vous auraient assuré repos, liberté et bonheur; une fausse humanité a retenu vos bras et suspendu vos coups; elle va coûter la vie à des millions de vos frères. Que vos ennemis triomphent, et le sang coulera à grands flots; ils vous égorgeront sans pitié, ils éventreront vos femmes, et, pour éteindre à jamais parmi vous l'amour de la liberté, leurs mains sanguinaires chercheront le cœur dans les entrailles de vos enfans. »

SÉANCE DU 31 JUILLET AU SOIR.

On fait lecture de plusieurs adresses, dont quelques-unes sont renvoyées aux comités que concernent les pétitions qui y sont exposées.

On se dispose à passer à l'ordre du jour.

M. *Virieu*. Beaucoup d'entre nous demandent la parole pour M. Malouet.

M. *Malouet*. C'est une dénonciation importante que j'ai à faire.

Plusieurs membres de la partie gauche de la salle. — Portez-la à la police.

*M. Virieu.* C'est à la police de l'assemblée qu'elle doit être portée.

On demande l'ordre du jour.

*M. Malouet.* Il n'est pas d'ordre du jour plus pressant que de faire connaître des projets atroces, et d'assurer le châtiment de leurs auteurs; vous frémiriez, si l'on vous disait qu'il existe un complot formé pour arrêter le roi, emprisonner la reine, la famille royale, les principaux magistrats, et faire égorger cinq à six cents personnes. Eh bien! c'est sous vos yeux, c'est à votre porte, que des scélérats projettent et publient toutes ces atrocités; qu'ils excitent le peuple à la fureur, à l'effusion du sang; qu'ils dépravent ses mœurs, et attaquent, dans ses fondemens, la constitution et la liberté. Les représentans de la nation seraient-ils indifférens, seraient-ils étrangers à ces horreurs? Je vous dénonce le sieur Marat et le sieur Camille Desmoulins. (Il s'élève beaucoup de murmures dans la partie gauche de la salle.) Je n'ose croire que ce soit du sein de l'assemblée nationale que s'échappent ces éclats de rire, lorsque je dénonce un crime public.... Quand j'aurais rendu plainte contre Camille Desmoulins, ce n'est point une injure particulière que j'ai voulu venger. Après un an de silence et de mépris, j'ai dû me rendre vengeur d'un crime public. Lisez le dernier numéro des *Révolutions de France et du Brabant*. En quoi pourrions-nous nous y méprendre? Est-il de plus cruels ennemis de la constitution que ceux qui veulent faire du roi et de la royauté un objet de mépris et de scandale, qui saisissent l'occasion de cette fête mémorable, où le roi a reçu de toutes les parties de l'empire des témoignages d'amour et de fidélité, pour nous parler de l'insolence du trône, *du fauteuil du pouvoir exécutif*.

Camille Desmoulins appelle le triomphe de Paul-Emile, une fête nationale, où un roi, les mains liées derrière le dos, suivit, dans l'humiliation, le char du triomphateur; il fait, de ce trait historique, une allusion criminelle à la fête fédérale.... Avant de vous dénoncer ces attentats, j'ai essayé de provoquer la surveillance du ministère public; l'embarras du magistrat, qui m'annonçait presque l'impuissance des lois, a redoublé mon effroi. Quoi donc, ai-je dit, si les lois sont impuissantes, qui nous en avertira, si ce ne sont les tribunaux? C'est à eux à annoncer à la nation le danger qui la menace; sinon, qu'ils étendent un crêpe funèbre sur le sanctuaire de la justice; qu'ils nous disent que les lois sont sans force, qu'ils nous le prouvent en périssant avec elles; car ils doivent s'offrir les premiers aux poignards de la tyrannie. Vous dénoncer le péril de la liberté, de la chose publique, c'est y remédier, c'est assurer le châtiment des crimes qui compromettent l'une et l'autre : ne souffrez pas que l'Europe nous fasse cet outrage, de croire que nos principes et nos mœurs sont ceux de Marat et de Camille Desmoulins ; ce sont-là les véritables ennemis de la chose publique, et non ceux qui souffrent de vos réformes. L'homme passionné de la liberté s'indigne d'une licence effrénée, à laquelle il préférerait les horreurs du despotisme; je demande que le procureur du roi au Châtelet soit mandé, séance tenante, pour recevoir l'ordre de poursuivre, comme crime de lèse-nation, les écrivains qui provoquent le peuple à l'effusion du sang et à la désobéissance aux lois. (Il s'élève, dans une partie de l'assemblée, des murmures, dans l'autre, des applaudissemens.)

M. Malouet fait lecture de quelques fragmens d'une feuille de *l'Ami du peuple*, intitulée : *c'en est fait de nous!* — Voici l'un des paragraphes de cet imprimé.

« Citoyens de tout âge et de tout rang, les mesures prises par l'assemblée ne sauraient vous empêcher de périr : c'en est fait de vous pour toujours, si vous ne courez aux armes, si vous ne retrouvez cette valeur héroïque, qui le 14 juillet et le 5 octobre sauvèrent deux fois la France. Volez à Saint-Cloud s'il est temps encore, ramenez le roi et le Dauphin dans nos murs, tenez-les sous bonne garde, et qu'ils vous répondent des événemens; renfermez l'Autrichienne et son beau-frère, qu'ils ne puissent plus conspirer ; saisissez-vous de tous les ministres et de leurs commis;

mettez-les aux fers; assurez-vous du chef de la municipalité et des lieutenans de maire; gardez à vue le général; arrêtez l'état-major; enlevez le poste d'artillerie de la rue Verte; emparez-vous de tous les magasins et moulins à poudre; que les canons soient répartis entre tous les districts, que tous les districts se rétablissent et restent à jamais permanens, qu'ils fassent révoquer ces funestes décrets. Courez, courez, s'il en est encore temps, ou bientôt de nombreuses légions ennemies fondront sur vous, bientôt vous verrez les ordres privilégiés se relever; le despotisme, l'affreux despotisme paraîtra plus formidable que jamais. Cinq à six cents têtes abattues vous auraient assuré repos, liberté et bonheur; une fausse humanité a retenu vos bras et suspendu vos coups; elle va coûter la vie à des millions de vos frères; que vos ennemis triomphent un instant, et le sang coulera à grands flots, ils vous égorgeront sans pitié, ils éventreront vos femmes, et pour éteindre à jamais parmi vous l'amour de la liberté, leurs mains sanguinaires chercheront le cœur dans les entrailles de vos enfans.

*M. Fermont.* Mon âme n'est pas moins oppressée que celle de M. Malouet, des horreurs que nous venons d'entendre. Je demande qu'on joigne les *Actes des Apôtres* et *la Gazette de Paris*, aux auteurs qui viennent de vous être dénoncés. (On applaudit.)

*M. le curé Royer.* Je joins ma voix à celle du préopinant, pour demander que l'auteur de *l'Adresse de la véritable armée française*, y soit aussi compris. (On entend ces mots du côté droit : *tous, tous.*) Je demande le renvoi de ces dénonciations au comité des recherches. (Les membres de la droite disent : *au Châtelet, au Châtelet.*) Je demande, pour le salut de la patrie, qu'il soit nommé un tribunal particulier, où seront poursuivis les auteurs et fauteurs des mouvemens populaires, et tous ceux qui, par leurs écrits, excitent le peuple contre les citoyens ou contre les lois.

*M. Croy.* J'ai partagé, avec tous les membres de l'assemblée, l'indignation qu'excitent les déclamations sanglantes de M. Marat;

sans doute l'assemblée doit chercher à réprimer un tel excès ; mais prenons garde, dans un moment d'enthousiasme, de détruire le *Palladium* de la liberté, *la liberté de la presse*. (Il s'élève, à droite, beaucoup de murmures.) Je suis de l'avis de M. Malouet et j'adopte son opinion, en la restreignant expressément aux auteurs qu'il a dénoncés ; mais les *Actes des apôtres*, mais les autres pamphlets de cette nature ; ils ne méritent que le mépris de ceux qu'ils injurient. Je demande donc qu'il soit seulement ordonné au procureur du roi du Châtelet, de poursuivre les auteurs des deux imprimés qui vous ont été dénoncés par M. Malouet.

*M. Malouet* fait lecture d'un projet de décret, qui est adopté en ces termes :

« L'assemblée nationale, sur la dénonciation qui lui a été faite par un de ses membres, d'une feuille intitulée : *C'en est fait de nous*, du dernier numéro des *Révolutions de France et de Brabant*, a décrété et décrète que, séance tenante, le procureur du roi au Châtelet, sera mandé, et qu'il lui sera donné ordre de poursuivre, comme criminels de lèse-nation, les auteurs, imprimeurs, colporteurs d'écrits excitant le peuple à l'insurrection contre les lois, à l'effusion du sang, et au renversement de la constitution. »

M. le président a annoncé que M. de la Luzerne, ambassadeur en Angleterre, lui avait fait passer une adresse du club Wigt de Dundée, en Écosse, à l'assemblée nationale. Après la lecture de cette adresse et pendant que M. de Vismes communiquait un projet d'instruction pour les assemblées primaires, le procureur du roi du Châtelet est entré à la barre, et M. le président lui a dit : Monsieur, l'assemblée nationale vient de rendre un décret que je vais vous lire. (Le président a lu le décret, et il a ajouté : l'assemblée a droit d'espérer que vous veillerez à l'exécution de son décret.

Le procureur du roi répond : « J'exécuterai avec tout le zèle possible, le décret que l'assemblée vient de me communiquer. »

La séance est levée à dix heures et demie.

## SÉANCE DU 1ᵉʳ AOUT.

*M. André* est proclamé président. — L'assemblée vote des remercimens à M. Treilhard, son prédécesseur.

*M. Rabaud.* Vous avez rendu un décret dans la séance d'hier au soir concernant les ouvrages incendiaires. Je demande qu'il soit ajouté, « et tous écrits qui inviteraient les princes étrangers à faire des invasions dans le royaume. ».

Cette addition est décrétée.

*M. Rabaud.* En portant un décret contre ceux qui exciteraient le peuple à l'insurrection contre les lois, vous n'avez pas prétendu laisser aux juges la faculté de devenir des inquisiteurs. Comme vous n'avez pas encore décrété les nouvelles formes de la procédure criminelle, je demande qu'il soit nommé un juré pour connaître des délits de ce genre. Il faut prendre garde que la trop grande extension de notre décret puisse avoir des suites funestes; ce n'est pas du sein de cette assemblée qu'il peut s'élever un tribunal inquisitorial. Je crois donc être dans les principes de la justice, j'ajouterai même de tous les partis, en demandant qu'il soit nommé un juré.

*M. Garat l'aîné.* L'institution des jurés, en matière criminelle, a déjà été décrétée; il est bien évident que la connaissance de ces délits leur appartient. Mais pourquoi ne sont-ils pas encore en activité? C'est qu'il faut auparavant une procédure au fait de laquelle ils puissent se mettre. Le comité de constitution est chargé de la présenter, et il ne l'a point fait encore; je demande donc, qu'en attendant ce modèle, on suive pour les délits qui font la matière de cette délibération, la marche ordinaire des affaires.

On demande l'ordre du jour.

*M. Dubois.* Je me suis levé pour le décret proposé par M. Malouet, parce que j'ai pensé que c'était un décret de circonstance, et qu'il portait ces mots : *lesdits écrits;* mais je n'ai pas cru voter pour que, sous prétexte d'ouvrages incendiaires, les citoyens soient soumis à l'arbitraire des juges. Je demande donc que l'assemblée décide qu'elle n'a jugé que les écrits qui lui étaient dénoncés.

Cette proposition et celle de M. Rabaud sont rejetées. L'assemblée décide de passer à l'ordre du jour.

M. *Dubois*. Je demande que l'assemblée me fixe un jour pour que je puisse dénoncer les écrits incendiaires dont je nomme les auteurs. (Plusieurs voix s'élèvent; *et la protestation de la minorité de l'assemblée?*)

L'assemblée décide qu'il y aura lundi au soir une séance extraordinaire pour entendre M. Dubois.

Le président lit ensuite une lettre des vainqueurs de la Bastille, qui invitent l'assemblée nationale à assister à un service funèbre qu'on devait célébrer le 2 août, en l'église métropolitaine de Paris, pour leurs frères d'armes tués à la prise de cette forteresse. Ils invitaient spécialement à cette cérémonie les écrivains patriotes et tous les journalistes amis de la vérité, notamment MM. Barrère, Le Noir de la Roche, Brissot, Desmoulins, Marat, Carra, Loustalot, La Reynie, Gorsas, etc., etc.

M. *Robespierre* demande qu'une députation soit nommée pour assister à la cérémonie qu'on prépare aux citoyens morts en défendant la liberté.

Un membre de la partie droite demande la question préalable.

M. *Verchère*. Quel est celui qui ose proposer la question préalable? Je demande qu'il la motive.

M. *Folleville* appuie la question préalable.

M. *Boutidoux*. L'assemblée s'honorera en honorant les martyrs de la liberté.

M. *Crillon le jeune*. On dit qu'il y a des difficultés pour cette cérémonie, entre la garde nationale et les volontaires de la Bastille. Si cela est, la démarche de l'assemblée serait un préjugé; si cela n'est pas, l'assemblée ne peut se dispenser d'envoyer une députation.

M. *Robespierre*. Peu nous importe de savoir si des personnes, quelles qu'elles soient, ne sont pas d'accord sur les honneurs à rendre aux vainqueurs de la Bastille; ce qui importe aux représentans de la nation, c'est de savoir si l'assemblée peut refuser de concourir à cet hommage; si même elle n'aurait pas dû le décerner elle-même. Je demande qu'on mette aux voix ma proposition.

*M. Landeberg.* Je motive la question préalable, en demandant qu'on fasse relire le décret rendu hier soir. Les journalistes sont invités à la cérémonie. Les uns sont bons citoyens ; il en est d'autres, sur lesquels vous avez cru devoir appeler toute la rigueur des lois. L'assemblée peut-elle se trouver placée à côté de gens qu'elle a ordonné de poursuivre? Plusieurs personnes ont vu enlever ce matin, par le peuple, des invitations que les vainqueurs de la Bastille avaient fait afficher. S'il y avait un conflit, il ne serait pas décent que l'assemblée se trouvât représentée à cette cérémonie.

*M. Lachèze.* Quand on invite l'assemblée à une cérémonie, on vient lui faire cette invitation à la barre. Nous ne connaissons l'invitation des vainqueurs de la Bastille que par des affiches ; et puisque dans ces affiches on désigne les membres de l'assemblée qui doivent assister à ce service, il est inutile d'y envoyer des commissaires. Je demande qu'on lève la séance.

*M. Alexandre Lameth.* Je demande l'ajournement. Quand la difficulté entre la garde nationale et les vainqueurs de la Bastille sera terminée et le service arrêté, l'assemblée nationale ne refusera pas de s'y rendre.

*M. Duport.* Il n'y a pas d'invitations adressées directement à l'assemblée ; il existe des difficultés entre la garde nationale et les vainqueurs de la Bastille : telles sont les raisons que l'on donne pour empêcher l'assemblée d'envoyer une députation au service qui doit être fait pour les citoyens qui ont perdu la vie en défendant votre liberté. L'assemblée tranchera les difficultés en ordonnant elle-même ce service. Je demande en conséquence qu'il soit décrété un service solennel pour ceux qui sont morts pour la liberté.

*M. Estourmel.* Je demande le renvoi à la municipalité.

*M. Boutidoux.* Je demande si c'est pour l'utilité de la municipalité de Paris que la Bastille est abattue ; si c'est pour l'avantage de la France entière, il est de l'honneur des représentans de la nation d'honorer ceux qui sont morts en renversant cette forteresse.

*M. Barnave.* On n'annonce pas le véritable motif qui doit vous déterminer ; indépendamment de l'hommage que nous commande la reconnaissance, en adoptant la proposition de M. Duport, vous assurez la tranquillité de la capitale, vous détruisez les difficultés qui existent entre ceux qui veulent concourir à cette cérémonie.

La proposition de M. Duport est décrétée.

### SÉANCE DU 2 AOUT.

*M. Vernier* rend compte, au nom du comité des finances, d'un mémoire présenté à l'assemblée nationale, le 25 juillet, par M. Necker.—Avant de passer à l'examen du mémoire de M. Necker, je crois devoir présenter au peuple perpétuellement abusé sur la véritable situation de ses affaires, un aperçu de ce qu'il payait avant que la nation fût assemblée, et de ce qu'il payera d'après le nouvel ordre de choses. Avant la convocation des Etats-généraux, les impositions qui devaient rentrer dans le trésor-royal s'élevaient à cinq cent quatre-vingt-cinq millions ; mais dans cette somme n'était point comprise celle pour le logement des gens de guerre et autres dépenses de cette nature ; on n'y comptait pas l'impôt occasionnel de la contrebande : je les évalue à six millions ; on n'y compte pas non plus les frais du recouvrement auquel on employait plus de deux cent mille hommes qui coûtaient plus que l'armée de ligne entière ; ces impositions sont incalculables ; elles ne pesaient pas moins sur le peuple que celles qui rentraient dans le trésor public. Nonobstant cette énorme charge, se trouvait chaque année dans le trésor public un déficit de cinquante millions. J'ai cru cette digression nécessaire, parce qu'on affecte de répandre que les peuples sont plus que jamais accablés sous le poids des impôts. Il y aura une diminution de deux cents millions, malgré la dette viagère contractée pour le clergé et le paiement des honoraires des officiers de justice. Le peuple sera délivré des aides, de la gabelle et de la servitude. Je passe à l'examen du mémoire du ministre. Il comptait recevoir quatre millions des receveurs-généraux; mais il leur a été impossible de faire ce paiement, parce que les receveurs particuliers sont en arrière; les aides et le tabac, en mai et juin et dans les trois premiers mois de l'année, ont éprouvé une diminution considérable. Les quarante mille livres pour le remplacement des droits de gabelle et de ceux sur les cuirs et autres droits, n'étant point portés, ne peuvent être perçus; la contribution patriotique n'est point encore rentrée. Le paiement des anticipations a absorbé des sommes considérables. Le décret qui accorde deux millions pour la mendicité, nécessite une nouvelle émission de fonds. Il n'y a rien dans la demande du ministre qui puisse alarmer, puisqu'il ne s'agit que de suppléer par des avances au paiement qui sera bientôt effectué. Je crois devoir rendre hautement justice aux vertus du ministre des finances : c'est un fort qu'on attaque de tous côtés et qui est imprenable. Le seul reproche qu'on puisse lui faire, c'est d'avoir voulu substituer des impôts à d'autres impôts; c'est d'avoir présenté des idées conformes à une longue expérience qui ne permet guère de s'élever à la hauteur des conceptions nouvelles. On sait que M. Colmar s'est engagé à prouver un déficit de six cents millions dans les comptes du ministre. Le comité, conformément à vos décrets, a nommé des commissaires pour examiner cette dénonciation, et en a instruit M. Colmar par une lettre. Il a répondu qu'il ne voulait avoir affaire qu'à une commission externe, quoique le comité ait consenti à examiner cette affaire en sa présence et en celle de telles autres personnes qu'il lui plairait d'amener.

On demande l'impression du rapport fait par M. Vernier.

Sur les observations de M. le Camus, l'assemblée décide que l'impression sera différée jusqu'au moment de l'examen des comptes.

SÉANCE DU 2 AOUT, AU SOIR.

Entre les deux séances de ce jour il y eut une émeute au Palais-Royal, qui nous paraît parfaitement expliquée dans cet article des *Révolutions de Paris*. — « Dès que l'assemblée nationale eut décrété que l'échange des assignats contre les billets de caisse commencerait le 10 août, les *marchands d'argent* virent que le numéraire allait se rapprocher du pair, et que leurs bénéfices allaient diminuer; il n'y avait pour eux qu'un moyen de bien mettre à profit le peu de temps qui restait: c'était de faire hausser excessivement le prix de l'argent. En conséquence, des hommes apostés se jetèrent vendredi et samedi, 23 et 24 juillet, sur les courtiers qu'ils envoient au bout de la rue Vivienne. Il fut question de pendre, de faire dire où étaient les dépôts d'argent; et, comme cela devait être, le prix de l'argent a haussé considérablement. Comme les besoins de numéraire ne sont pas moindres, les marchands d'argent ont doublé leurs profits, à la faveur de l'apparence de risque que leurs courtiers courent au perron du Palais-Royal. Aujourd'hui, 2 août, deux d'entre eux ayant demandé 8 pour 100 pour changer des billets de la caisse contre des écus, le peuple s'est ameuté contre eux, les a saisis, a voulu les pendre; mais il les a relâchés, après leur avoir donné quelques coups de fouet.

M. Dupont a imprimé que ce sont ceux qui soutiennent la liberté de la presse, c'est-à-dire les vrais patriotes, qui ont fait courir sus aux courtiers des marchands d'argent. Assurément, la précaution est bonne; mais que devient cette ruse, quand on y regarde un peu de près? Les patriotes sont tous les jours dans le cas de changer leurs billets. Il n'y a point parmi eux de ministres, de financiers, d'administrateurs de la caisse d'escompte; ils n'ont donc aucun intérêt à faire hausser le prix de l'argent; ils ont précisément un intérêt contraire: donc ce ne sont pas eux qui sont les auteurs du mouvement indiscret et coupable qui a eu lieu contre les courtiers des marchands d'argent. Mais ceux qui ont de grosses sommes entre les mains, et qui ont toute facilité de remplacer par des billets ce qu'ils ont reçu en numéraire, avaient un intérêt direct à ce que le prix de l'argent haussât avant le 10 août: *Is fecit scelus cui prodest.* » (N° LVI, p. 71.)

Au commencement de la séance, un de MM. les secrétaires fait lecture d'une lettre de M. la Luzerne. — Le ministre instruit l'assemblée d'une insurrection qui a eu lieu, dans les premiers jours de juin, au fort Saint-Pierre de la Martinique. Quelques gens de couleur libres ont été tués dans cette émeute; mais le calme y est parfaitement rétabli.

L'assemblée ordonne le renvoi de la lettre du ministre au comité colonial.

Extrait des *Révolutions de France et de Brabant*. — « Le président annonce ensuite que M. Marat, le criminel de lèse-nation, fait hommage à l'assemblée de son plan de législation criminelle. On crut d'abord que c'était un tour de Marat, qui envoyait ses élucubrations patriotiques, enrichies de son portrait, pour persifler les noirs et le Châtelet, qui ne pouvaient pas mettre la main sur l'original. Mais il faut entendre l'*Ami du Peuple* dans son numéro suivant, se défendre de cet envoi. »

Il y a dix ou douze jours, dit-il, que ce plan fut remis à une dame, pour le faire passer au président de l'assemblée. Je regrette beaucoup qu'il ait été présenté dans une conjoncture pareille. Je ne sais point faire de platitudes : loin de rendre dorénavant à l'assemblée aucun hommage, je n'aurai pour elle que justice sévère ; je ne lui donnerai aucun éloge. S'il sortait par hasard de son sein quelque bon décret, elle n'aurait fait que son devoir ; mais je serai toujours avec le fouet de la censure en main à chaque mauvais décret qu'elle rendra, et le nombre peut en être effrayant, parce qu'elle est subjuguée par les ennemis du peuple. Au surplus, mon plan ne lui a été présenté que dans l'espoir que le comité de constitution profiterait de mon travail : il a grand besoin de lumières et plus encore de vertus.

« Rien ne m'a plus fait rire que cette déclaration de guerre que fait Marat à l'assemblée nationale. C'est l'enfant perdu des journalistes patriotes, ou plutôt je commence à croire que Marat possède l'anneau de Gygès ; et il faut qu'il soit sûr de mettre en défaut tous les espions de l'ancienne police et les observateurs de la nouvelle, et de passer au milieu du bataillon de M. Carle, puisqu'il rend ainsi à l'assemblée guerre pour guerre, et que dans son numéro suivant il l'a déclarée à son tour criminelle de haute trahison.

« M. Alquier lit ensuite mon adresse. M. Malouet, qui m'appelle le digne émule de Marat, a dû voir que le docteur Marat me laisse bien loin derrière lui. »

*A l'assemblée nationale.*

Messieurs,

« Je suis averti par le cri public qu'à la séance d'hier soir le N° XXXV de mon journal des *Révolutions de France et de Brabant* vous a été dénoncé, comme *détournant le peuple de payer les impôts, et parlant avec mépris de la fédération générale.* Il est impossible qu'on ait lu à l'auguste assemblée aucun passage de mes numéros où j'aie détourné le peuple de payer les impôts; et dans ce N° XXXV je n'ai parlé de la fédération qu'avec enthousiasme. Il est douloureux pour moi, d'être frappé d'un décret comme criminel de lèse-nation. S'il y a quelque reproche à me faire, ce serait plutôt d'être idolâtre de la nation, et non d'être criminel envers elle.

» Je demande d'être traité comme vous avez traité jusqu'ici tous les écrivains accusés devant vous. Vous avez toujours renvoyé la dénonciation des écrits les plus pervers au comité des recherches et des rapports, afin que la lecture en précédât la condamnation. Cependant, ces écrits vous étaient dénoncés par des provinces, par le cri de la nation entière. Me traiterez-vous avec plus de défaveur, lorsque je suis dénoncé par un seul homme avec qui je suis en procès criminel, lorsque je suis dénoncé vaguement, et sans qu'il vous ait rien lu de l'écrit qu'il dénonce? Je pose sur le bureau mon n° 35. Je supplie l'assemblée de charger un de ses comités d'en prendre au moins lecture, pour lui en faire le rapport, avant de soulever contre moi l'indignation générale par un décret qui me préjuge criminel de lèse-nation. Je demande que l'assemblée prononce qu'il ne sera pas donné de suite à ce décret contre moi, jusqu'à ce que ses commissaires aient pris lecture de mon numéro, et lui aient montré un corps de délit.

« Et si l'assemblée ne jugeait pas à propos de suspendre l'effet de ce décret, je demande d'être autorisé à prendre à partie mon dénonciateur inviolable, et à lui faire partager les périls où il m'expose, en m'imputant dans la tribune de l'assemblée nationale d'avoir détourné le peuple de payer les impôts.

« J'observe à l'assemblée qu'il semble qu'aucune puissance sur la terre ne peut déroger à ce principe de droit naturel, qui veut qu'on ne puisse être à la fois juge et partie. Il n'est pas possible que l'assemblée me traduise comme criminel de lèse-nation, devant des juges contre lesquels il ne cesse de lui demander à elle-même depuis six mois, un tribunal de lèse-nation. Si l'assemblée veut donner suite à son décret, je demande un autre tribunal que le Châtelet. » (n° 27, p. 625 et suivantes.)

Le même Desmoulins ajoute que son adresse fut applaudie par la gauche chaque fois qu'il s'éleva des murmures à droite. Un membre applaudit à trois reprises différentes avec tant de vivacité que le président rappela l'assemblée à l'ordre. Desmoulins appelle ce témoignage bienveillant, la contre-partie de la triple accolade donnée par Virieu à Malouet au moment où il descendait de la tribune, le 31 juillet. Il lui avait, en effet, sauté au cou, et l'avait embrassé trois fois avec une tendresse plus que conjugale. (n° id., p. 629.) — Après cette lecture la parole est à M. Malouet.

*M. Malouet.* Il est bien question de ma plainte! De plus grands intérêts doivent nous occuper; ce sont des crimes publics, et non des délits privés dont j'invoque le châtiment. Je vous demande dans quel gouvernement ou dans quelle société barbare on permettrait ce que votre décret défend. Camille Desmoulins est-il innocent? il se justifiera. Est-il coupable? je serai son accusateur et de tous ceux qui prendront sa défense. Qu'il se justifie, s'il l'ose. (Une voix s'élève des tribunes : *Oui, je l'ose.* Une partie de l'assemblée surprise se lève; le bruit se répand dans l'assemblée que c'est M. Camille Desmoulins qui a parlé; le président donne l'ordre d'arrêter le particulier qui a proféré ces paroles.)

*N.....* Je demande que l'on délibère préalablement sur cette arrestation.

*M. Robespierre.* Je crois que l'ordre provisoire donné par M. le président était indispensable; mais devez-vous confondre l'imprudence et l'inconsidération avec le crime. Il s'est entendu accuser d'un crime de lèse-nation: il est difficile à un homme sensible de se taire. On ne peut supposer qu'il ait eu l'intention de manquer de respect au corps-législatif. L'humanité, d'accord avec la justice, réclament en sa faveur. Je demande son élargissement, et qu'on passe à l'ordre du jour.

M. le président annonce que M. Camille Desmoulins s'étant échappé, il n'a pu être arrêté.

L'assemblée passe à l'ordre du jour.

*M. Dubois.* Messieurs, je viens remplir la tâche pénible que mon devoir m'impose. Non moins indigné que M. Malouet contre les mauvais citoyens qui, par des écrits incendiaires, tendent à porter le peuple à la révolte, et à détruire la constitution qui, comme l'a dit cet honorable membre, n'est fondée que sur la justice et la bienfaisance, je ne puis envisager sans une douleur profonde, l'excès auquel la licence s'est portée. Chaque jour voit éclore les pamphlets les plus séditieux; les portiques même de cette salle en sont couverts; nos villes, nos campagnes, les casernes de nos soldats en sont inondées. Inutilement on imprimerait des ouvrages instructifs; on ne vend plus que des calomnies. Deux partis acharnés se font une guerre implacable, et celui qui doit succomber semble compter ses pertes pour rien s'il peut entraîner l'autre dans sa ruine....... Les peuples sont bien malheureux! Tristes jouets des cabales, leur sort, dans tous les siècles, sera donc de servir d'instrument aveugle, ou de périr victimes des passions les plus criminelles?

Je n'ose penser, Messieurs, malgré la différence d'opinions des membres de cette assemblée, qu'il en soit un seul qui, oubliant le caractère de législateur d'un grand empire, ait voulu souiller sa plume et tramer des complots. Nos embarras sont assez grands, nos travaux assez pénibles pour n'être pas encore forcés de flétrir son cœur de cette horrible pensée. Eh! que deviendrait notre dignité? Notre fonction est de faire des lois; est-ce à nous à chercher des coupables? Eh! qui peut se dissimuler que dans un moment où tant de caractères s'agitent en sens contraire, où tant d'inquiétudes tourmentent les esprits, le meilleur citoyen, s'il a de la chaleur dans le sang, peut facilement passer le but et sembler criminel? Mais l'homme juste, l'homme sans passions ne s'y méprend pas.

Cependant, Messieurs, je conviens qu'il est des excès que, par humanité même, nous devons réprimer, et je suis étonné que M. Malouet se soit borné à développer son patriotisme avec tant d'énergie contre une ou deux feuilles incendiaires seulement. J'attendais de son impartialité bien connue qu'il vous dénoncerait, avec autant de justice que de raison, *les Protestations des chapitres*, *les Actes des apôtres*, *la Gazette de Paris*, *l'Adresse aux provinces*, *l'infâme Lettre à l'armée*, et une foule d'autres libelles où les membres de cette assemblée sont outragés, livrés à la fureur du peuple qu'on soulève, en le trompant sur le sens ou sur le résultat de vos décrets.

Je m'étonne que le Châtelet de Paris, que ce tribunal, plus strictement lié à la constitution qu'un autre par la confiance dont vous l'avez honoré, ait gardé le silence quand on a débité publiquement et sans pudeur *la Passion de Louis XVI, roi des Juifs et des Français*, le Veni Creator, *le Compte-rendu de la prétendue assemblée nationale*, et tant d'autres productions infernales dont on ne peut lire aucun paragraphe, je ne dis pas sans dégoût, mais sans horreur. Je demande pourquoi ce tribunal laisse vendre, même en ce moment, le prétendu *Manifeste du prince de Condé* qui sonne le tocsin d'un bout de la France à l'autre, sans au moins le flétrir de l'improbation de la loi, et en rechercher les auteurs.

Si le Châtelet répond que la loi n'existe pas, qu'il l'attend de vous, vous avez donc, Messieurs, par votre décret d'avant-hier soir, livré à l'arbitraire le plus dangereux, des hommes qui, quelque coupables qu'ils soient, n'en ont pas moins droit à votre justice.

Si la loi existe, par quelle fatalité, parmi une foule de coupables, ceux-ci sont-ils seuls dénoncés? Et voulez-vous laisser croire que la loi peut être dans les mains des juges un instrument destiné à des vengeances personnelles?

Votre décret est juste au fond ; mais, faute de développement, il peut compromettre les citoyens qui ont le mieux mérité de la patrie. Condamnerez-vous l'abbé Sieyès pour avoir fait : *Qu'est-ce que le tiers état?* Traînerez-vous dans des cachots M. de la Fayette, pour avoir dit ce mot sublime et vrai : *Que l'insurrection du peuple contre le despotisme est le plus saint des devoirs?* Non, Messieurs, vous ne le souffrirez pas ; la nation, le monde entier vous désavouerait. Vous ferez donc une loi ferme et prudente, qui consacre la liberté en réprimant la licence : cette loi est le flambeau qui peut seul éclairer les juges des délits nationaux, et vous seul ordonnerez de l'attendre.

Mais, Messieurs, il existe surtout un libelle qui me paraît plus particulièrement digne de votre attention, car il a semé de grandes terreurs dans le royaume. Revêtu de caractères d'authenticité, annonçant les projets les plus sanguinaires, inculpant des membres de cette assemblée, accusant, dénonçant un des ministres du roi comme criminel de haute-trahison : telle est, Messieurs, l'horrible et sans doute ténébreuse production que je dénonce ici. Elle est signée, elle a nom d'auteur connu, elle s'intitule : *Rapport fait au comité des recherches de Paris, tendant à dénoncer MM. Maillebois, Bonne-Savardin et Guignard de Saint-Priest, suivi de pièces justificatives et de l'arrêté du comité.* A Paris, chez Buisson, libraire, rue Hautefeuille, n° 20. On trouve dans ce libelle le prétendu rapport d'un projet de contre-révolution, des prétendues pièces justificatives ; enfin, un arrêté pris contre MM. Maillebois, Bonne-Savardin, et Guignard de Saint-Priest, ministre et secrétaire-d'état.

Ce libelle est-il encore une trame ourdie par les ennemis du bien public? il faut en punir les auteurs, puisqu'ils sont connus, et soulager la France d'un poids qui l'accable en lui montrant la vérité.

Ce libelle est-il une dénonciation en forme, un acte du plus pur patriotisme, fondé sur pièces authentiques? Alors, Messieurs, vous n'avez rien de plus pressé que d'arrêter, dans sa racine, le développement d'un complot destiné à embraser la France entière. Je fais donc la motion:

1° Que demain, à l'heure de deux heures, le comité des recherches de la ville soit mandé à la barre, pour y reconnaître ou désavouer l'écrit publié en son nom, intitulé : *Rapport du comité des recherches*, etc.

2° Qu'à la même heure, et immédiatement après, le procureur du roi, du Châtelet, sera mandé à la barre, pour y recevoir l'ordre de poursuivre sans relâche, soit les auteurs du libelle s'il est désavoué, soit les personnes qui y sont dénoncées, si ce rapport est reconnu véritable par les membres du comité des recherches de la ville de Paris.

Et, dans ce cas seulement, l'assemblée décrète que son président se retirera par-devers le roi pour lui remettre un exemplaire du rapport fait contre M. Guignard de Saint-Priest, et le prévenir que l'assemblée ne peut plus avoir de relations avec un ministre aussi grièvement inculpé du crime de haute-trahison.

On demande la question préalable.

*M. Desmeuniers.* Je ne demande point la question préalable. Dans la position où se trouve l'assemblée nationale, dans un moment où il n'y a pas de moyens qu'on ne mette en usage pour l'égarer, je rends justice à tout ce que la motion de M. Dubois a d'ingénieux. Oui, le comité a dénoncé M. Guignard. Si le ministre est coupable, il doit porter sa tête sur l'échafaud. Mais il est bien extraordinaire qu'on vous propose de mander à la barre le comité des recherches, pour savoir s'il a fait la dénonciation. Oui il l'a faite, et le préopinant le sait bien. Le comité a pu se tromper; mais pour le prouver, il faut suivre une marche constitutionnelle. On vous propose aussi de mander le procureur du roi du Châtelet, et d'ordonner que votre président se retirera vers le roi, pour lui déclarer que l'assemblée ne peut plus communiquer avec un ministre accusé de haute trahison : il est une autre marche;

elle aurait dû se présenter à l'esprit de ceux qui ont du zèle et du patriotisme. La justice et la raison demandent que vous entendiez d'abord votre comité des recherches. Je déclare publiquement, quoique député de la ville de Paris, que l'assemblée doit s'occuper de découvrir ceux qui veulent la perdre avec la constitution. Je suis un des plus zélés apôtres de la constitution. Je déclare, que dans la position où se trouve le royaume, dans un moment où l'assemblée est environnée de factieux, qui veulent la conduire je ne sais où.... (Il s'élève de violens murmures.)

Je consens à être la première victime; je déclare, au risque de ce qui peut m'en arriver, que j'ai trouvé le décret rendu à la séance de samedi soir, juste et raisonnable; la motion du préopinant porte un air de représailles qu'il n'a pas voulu lui donner; je demande, je le répète, qu'on suive la marche constitutionnelle.

M. Robespierre observe que tout cela n'est pas à l'ordre du jour, et l'assemblée décide qu'elle passera à l'ordre du jour.

*M. Pétion.* Vous n'avez pas rendu un décret, samedi dernier, pour qu'il ne puisse pas être entendu; je n'ai qu'à vous faire la lecture du décret, pour vous faire sentir la nécessité de l'expliquer. (Il s'élève des murmures.) Je demande si, pour être entendu dans cette assemblée, il est nécessaire de faire des dénonciations.

*M. Biauzat.* Je vais remplir un devoir bien pénible à mon cœur. Je dis pénible, parce que je vais dénoncer un des habitans de ma ville. La municipalité de Clermont-Ferrand, connue par son patriotisme, comme toutes les municipalités du royaume, a été instruite qu'il s'imprimait chez Delerat, imprimeur à Clermont-Ferrand, un libelle portant pour titre : *Tableau de l'assemblée prétendue nationale.* L'édition a été saisie et condamnée à être jetée au feu, et elle l'a été en effet, et l'imprimeur décrété d'ajournement personnel. Quelque zélé que je sois pour poursuivre tous les attentats qui se commettent, je ne suis point d'avis qu'on continue cette procédure, parce qu'elle tend à renvoyer cette affaire au Châtelet. Je vous le dénonce, le Châtelet et le procureur du roi. (Il s'élève des murmures.)

Quelle que soit la différence d'opinion des membres de cette assemblée, nous voulons tous la justice et le bien. La juridiction en matière criminelle est un glaive qu'il ne faut pas aiguiser de manière à le rendre à deux tranchans. M. Guignard a été dénoncé au Châtelet de Paris ; le tribunal a-t-il fait son devoir? Il est encore à faire les premières poursuites. Je demande que le comité de constitution propose incessamment un décret pour l'établissement d'un tribunal destiné à juger les crimes de lèse-nation. (Le tumulte de l'assemblée augmente, des cris s'élèvent des diverses parties de la salle, on demande que la séance soit levée.)

*M. Cottin.* M. le président, distinguez les bons citoyens, ils sont tranquilles ; je fais serment de ne pas désemparer, sans que l'assemblée ait pris une délibération ; que tous les bons citoyens fassent comme moi.

*M. Toulongeon.* M. Pétion a demandé un décret explicatif de celui rendu dans la séance de samedi soir ; cette proposition me paraît de toute justice : il faut marquer la ligne de démarcation qui doit séparer la liberté de la licence, afin qu'elle n'alarme pas les bons citoyens, et qu'elle arrête les mauvais.

*M. Pétion.* Avec quelques observations, il sera facile de prouver que le décret rendu dans la séance de samedi soir a besoin d'être expliqué. Je demande d'abord si vous avez voulu lui donner un effet rétroactif, c'est-à-dire, si vous avez voulu donner lieu à toutes les proscriptions et à tous les troubles imaginables ; faut-il rechercher tous les écrits faits depuis la révolution ; ne sera-t-on pas réputé coupable pour avoir dit à un peuple opprimé : brisez vos fers : regarderez-vous comme coupables ces citoyens généreux qui alors volèrent aux armes? (Plusieurs membres de la partie droite s'écrient : oui.) L'assemblée n'a point encore défini, ni caractérisé les crimes de lèse-nation, dès-lors votre décret livre tous les écrits à l'arbitraire des juges, et compromet la liberté individuelle des citoyens. Je propose donc de décréter que l'exécution de ce décret sera suspendue jusqu'à ce que le comité ait présenté son projet de loi sur la procédure par jurés.

La discussion est fermée.

On demande la question préalable sur le décret proposé par M. Pétion.

*M. Alexandre de Lameth.* J'ai demandé la parole pour combattre la question préalable proposée sur la motion de M. Pétion; j'avoue que je ne puis concevoir, comment, après tout ce qu'il a dit, après la manière dont il a présenté les dangers qui pourraient résulter du décret rendu samedi dernier, on peut proposer de rejeter cette motion? Certainement la presse peut avoir des abus; elle en a même eu de très-grands dans ces derniers temps, et je suis loin de vouloir en être le défenseur. L'écrit de Marat, qui a été dénoncé à cette assemblée, est criminel, est extrêmement criminel, et s'il y avait des lois antérieures sur cet objet, je serais le premier à solliciter vivement de vous les poursuites les plus sévères contre cet écrit. Mais quel est le but qu'on s'est proposé en vous présentant, samedi dernier, un décret dont les expressions vagues se prêteraient aux poursuites les plus arbitraires? Ce but, on ne peut se le dissimuler, c'est de fermer la bouche à tous les écrivains patriotes, c'est d'empêcher que la censure publique ne s'attache à ceux qui trahissent le devoir qui leur est imposé, de servir, de défendre les intérêts du peuple. Je ne m'étonne pas de trouver ces dispositions dans une partie de l'assemblée. (Il s'élève des murmures du côté droit. Plusieurs voix s'élèvent : *expliquez-vous.*) Mais qu'elles ne soient pas plus généralement repoussées par la majorité; je ne puis que m'en affliger. Je vous demande, si, il y a quelques mois, la motion de M. Pétion eût trouvé autant de contradictions? Je le demande aux généreux membres des communes qui se sont si utilement, si glorieusement réunis au Jeu de Paume, pour faire le serment de donner une constitution libre à leur pays. (Des murmures se font entendre dans la partie droite; ils sont étouffés par les applaudissemens de la partie gauche et des tribunes.) Si dans ces temps, si dans le moment de notre réunion, cette motion n'eût pas été généralement accueillie?... La question préalable doit être rejetée, et la motion de M. Pétion adoptée ; mais je demande qu'il y soit ajouté un préambule qui exprime l'indignation de l'assemblée sur les abus de la presse, et particulièrement contre l'écrit coupable de M. Marat.

M. Malouet présente des articles additionnels et explicatifs. « Il est libre à tout citoyen d'énoncer sa pensée, et même de livrer à l'impression son opinion sur les actes du corps-législatif. Si des imprimés sont attentatoires à la majesté du roi, les auteurs en seront poursuivis en son nom ; si ces imprimés excitent à la rébellion contre les décrets du corps-législatif, les auteurs en seront poursuivis au nom du roi. »

Ce projet de décret est écarté par la question préalable. Plusieurs autres projets sont présentés, et successivement rejetés.

M. Pétion fait lecture de son décret, conçu en ces termes :

« L'assemblée nationale décrète qu'il ne pourra être intenté aucune action ni dirigé aucune poursuite pour les écrits qui ont été publiés jusqu'à ce jour sur les affaires publiques, à l'égard de laquelle la dénonciation précédemment faite sera suivie ; et cependant l'assemblée nationale, justement indignée de la licence à laquelle plusieurs écrivains se sont livrés dans ces derniers temps, a chargé son comité de constitution et celui de jurisprudence criminelle réunis de lui présenter le mode d'exécution de son décret du 31 juillet. »

On demande à aller aux voix. Deux épreuves successives paraissent douteuses. On réclame l'appel nominal.

M. Camus propose l'amendement suivant : à l'exception néanmoins d'une feuille intitulée : *C'en est fait de nous*, à l'égard de laquelle la dénonciation précédemment faite sera suivie. »

L'article et l'amendement mis aux voix sont adoptés.

La séance est levée à minuit.

## SÉANCE DU 3 AOUT.

On fait lecture des procès-verbaux de la séance d'hier au soir.

M. Dupont et M. Malouet demandent la parole.

*M. Malouet.* L'assemblée a-t-elle voulu entendre ne sévir que contre un seul écrit sanguinaire, ou contre tous ? Si elle n'a voulu statuer que sur le décret de M. Marat, elle autorise tous les écrits qui prêchent la sédition et l'effusion du sang. Il faut craindre une fausse interprétation d'un décret qui n'a pas été délibéré hier au soir, car la séance a été levée avant qu'on l'eût mis aux voix....

Plusieurs membres. — Cela est faux.

*M. Malouet.* Vous avez entendu hier une de ces voix qui osent tout, qui vous a dit qu'elle oserait : attendez-vous que l'effet suive la menace ?

*M. Lebois.* Que l'opinant aille plaider au Châtelet ; ce n'est pas ici un tribunal où l'on puisse se livrer au mouvement de l'intérêt personnel.

L'assemblée délibère, et on passe à l'ordre du jour.

M. Dupont paraît à la tribune. — On refuse de l'entendre. — Il insiste. — L'assemblée décide qu'il ne sera pas entendu. — Il parle. — Des cris répétés, *à l'ordre, à l'ordre!* étouffent sa voix. — Voici le discours qu'il voulait prononcer et qu'il fit imprimer dans le *Moniteur* du 5 août :

« Messieurs, le décret que le comité nous propose a deux objets très-distincts, entre lesquels je vous demande la division. D'abord, il porte sur un écrit incendiaire ; ensuite il parle de violences commises et de potences plantées, suivant les conseils de cet écrit. Quant au premier point, les préopinans ont eu raison de dire qu'on pouvait interpréter votre décret d'hier, de manière que la poursuite de l'écrit incendiaire serait interdite, puisque l'ouvrage de M. Marat est le seul pour lequel vous n'ayez pas sursis aux procédures, jusqu'au rapport dont vous avez chargé vos comités de constitution, et de législation criminelle. C'est une raison de plus que j'allègue pour que vous ne donniez pas indéterminément cette mission à vos comités, par l'expression vague, *dans le plus court délai possible,* comme vous l'avez décrété hier, et moins encore sans indiquer même aucun désir de célérité, comme on doit l'inférer du décret, tel qu'il se trouve dans votre procès-verbal, où l'expression *du plus court délai possible* est supprimée : ce dont je me plaignais amèrement lorsque vous avez refusé de m'écouter. C'est pourquoi j'insiste pour que vous fixiez un délai dans lequel vos deux comités devront vous faire ce rapport, et pour que vous fassiez cesser l'état d'impuissance où se trouve la société, de réprimer les écrits qui invitent le peuple à la violation des lois, au crime, au renversement de la constitution.

Vous n'avez pas, Messieurs, un devoir plus impérieux, que celui qui vous prescrit de hâter cette mesure. Vous ne pouvez vous dissimuler que l'art horrible des séditions ne soit infiniment perfectionné, et ne se perfectionne chaque jour. Je vous eusse hier exposé les progrès effrayans et honteux de cet art infernal, si j'eusse pu obtenir la parole. Je l'eusse fait ce matin, si l'on ne me l'eût point ôtée. Vous me l'accordez à présent, je remplirai mon devoir. Je ne serai ni moins honnête, ni moins intrépide que le vertueux Desmeuniers ; et puisqu'on affectait hier de ne le point entendre, par cette raison même qu'on l'entendait fort bien, je serai beaucoup plus clair.

Vous avez vu croître, Messieurs, l'habileté à répandre des motions d'assassinats ; vous avez vu comment six hommes, qui s'entendent, forment d'abord un petit groupe, dans lequel un d'entre eux pérore avec véhémence ; comment soixante autres s'amassent au bruit ; comment ensuite les six premiers moteurs se dispersent, et vont reformer de place en place d'autres groupes, au milieu des personnes qui, moins serrées, environnent le premier ; vous avez vu comment, de temps en temps, on ranime l'attention, par le passage, l'apparition, quelques mots de harangue de quelques plus grands personnages.

Vous avez eu, il y a peu de jours, un exemple de l'excès du désordre que peuvent causer, et que causent ainsi quelques scélérats audacieux et payés ; vous avez entendu les cris forcenés, par lesquels on vous demandait la proscription de plusieurs hommes publics, chargés de l'exécution de vos lois, avant même qu'on vous eût rendu compte de leur conduite ; avant qu'ils eussent pu se défendre, avant que vous les eussiez jugés. On vous disait dans cette salle que c'étaient seulement quarante citoyens qui exprimaient leur pensée; et il est possible qu'on n'eût en effet dépensé que quarante écus. Cependant vos huissiers, chargés de vos ordres, pour faire cesser ce tumulte, ont entendu la menace répétée de vous apporter les têtes qu'on voulait proscrire. J'ai entendu le soir un des chefs subalternes de ces factieux, se vanter, au Palais-Royal, d'avoir enjoint à vos huissiers de vous porter cette réponse, et ajouter que les bons citoyens étaient encore à temps de suivre son conseil. Tant d'efforts ont été impuissans contre votre sagesse, et contre l'activité et la valeur de la garde nationale parisienne.

Un nouveau degré d'adresse, de scélératesse et de noirceur a été déployé. On a porté l'animosité populaire sur des objets qui touchent le peuple de plus près; on l'a tournée contre ceux qui échangent de l'argent pour des billets. C'était une chose que vous aviez prévue, Messieurs, et qui avait été annoncée plusieurs fois dans cette tribune, que lorsqu'il y aurait une grande quantité de papier-monnaie, il s'établirait une différence de prix entre l'argent et le papier. Elle existe dans tous les pays où l'argent et le papier concourent à la circulation ; elle y varie selon l'abondance de l'un et de l'autre. A Amsterdam on cote tous les jours ce cours à la bourse avec celui des changes et des effets publics. Il est simple que les gens qui ont des billets, et qui ne peuvent avec eux payer ni leurs ouvriers, ni toutes les menues dépenses courantes, demandent au petit nombre de ceux qui ont encore de l'argent de vouloir bien leur en donner pour leurs billets; il est tout simple que ceux même qui ont de l'argent n'en aient guère dans un temps où les propriétaires, ni l'Etat ne touchent pas leurs revenus, et où le commerce est privé d'activité, de débit et de rentrées; il est tout simple que les porteurs de billets offrent une prime à ceux qui leur en donnent la monnaie en argent; il est tout simple encore qu'ils regrettent cette prime. Pour la hausser, pour rendre l'argent plus rare, en le repoussant du marché par les menaces; pour décréditer ainsi les assignats, qui sont un de vos principaux moyens de salut; mais surtout pour exciter la terreur chez les citoyens honnêtes, et pour mettre réellement dans la main des factieux la vie de qui l'on voudrait, on a soulevé contre les jeunes garçons qui échangeaient l'argent, des personnes sans intérêt à la chose, qui ne sont pas assez riches pour avoir des billets, qui, peut-être, n'ont jamais possédé 200 francs dans leur vie. On leur a dit : *Pendez les marchands d'argent*, et la lanterne, dont les avocats-généraux défendent avec tant d'ardeur l'homme qui a eu l'odieuse impudence de s'en déclarer procureur-général, la lanterne a été descendue. Mais ce n'est là, Messieurs, que l'écorce du mal : voici la profondeur de la spéculation, de l'horreur et de la bassesse.

« On a dit : *Non, il ne faut pas pendre tous ceux qui vendent de l'argent, il ne faut pendre que ceux qui ne voudront pas dire où ils le prennent*. Cette opinion une fois établie, les chefs des séditieux, sans les efforts de la garde nationale, seraient devenus les maîtres de faire périr l'homme qu'ils auraient voulu. Ils avaient combiné de manière à se réserver dans Paris, le choix des citoyens qu'ils immoleraient pour *six francs*. Oui, Messieurs; il en a coûté au moins cent écus pour faire assassiner le malheureux boulanger *François*, saisi lors de votre arrivée dans cette ville, à la porte de votre salle, pour vous montrer de nouveau toute l'étendue de la puissance de ceux qui savaient remuer le peuple. Avec la nouvelle mécanique, sans le brave la Fayette et ses dignes soldats, il n'en coûterait plus que six francs pour faire pendre et déchirer l'homme le plus illustre, le citoyen le plus irréprochable, le patriote le plus vertueux. Il suffirait d'aposter un jeune homme qui offrirait de l'argent contre des billets, qu'on menacerait du fatal réverbère, et qui, demandant grâce, dirait qu'il prend l'argent chez *M. un tel*, en tel lieu. Sur cette dénonciation dictée et payée d'avance, le feu serait dans les maisons et les têtes joncheraient les rues. On a saisi, pour exciter cette fermentation, le temps des élections municipales, parce qu'on espérait, ou trouver alors une moindre résistance, si le maire et le commandant, tenant plus à leur place qu'à leur devoir, s'en laissaient imposer; ou les dépopulariser et leur en substituer de moins vertueux, si, pressés par la circonstance, ils ordonnaient à l'armée nationale de repousser le crime par la force. La bonté du peuple de Paris a résisté aux insinuations des factieux du premier ordre, et aux exemples de ceux du dernier rang. La vigilance et le courage de la garde citoyenne ont contenu les excès de ceux-ci; mais le feu couve, brûle encore, et il ne faudrait qu'un léger instant de négligence, pour que, sans cesse attisé par les écrits séditieux, il ne produisît d'affreux ravages.

« Ce que l'on vous a dit hier à ce sujet était totalement dénué de raison. On a cherché à brouiller vos idées, en argumentant, sous votre constitution, comme on aurait pu faire, sous celle que vous avez anéantie, en supposant qu'il était encore des cas qui rendraient l'insurrection tolérable, et cherchant, à cet effet, des exemples dans les temps passés. Quelles sont les lois aujourd'hui, Messieurs? Celles que vous avez faites ou maintenues. Quelle est la constitution? Celle que vous avez décrétée, que le roi a acceptée, que tous les braves et tous les patriotes de la France ont jurée avec vous. Comment pouvez-vous laisser dire qu'il pourrait être bon qu'on excitât des insurrections contre elles? Vous êtes les législateurs assemblés, et vous avez décrété que la France aurait une législature permanente. Quelle est la chose permise vis-à-vis du pouvoir législatif en plein et perpétuel exercice? Des pétitions. Vous devez les admettre toutes, et vous n'en repoussez aucune: mais nulle pétition ne doit être faite par forme d'insurrection, ni à main armée; car alors elle est sédition, rébellion, révolte; et si vous les tolériez, ce serait alors que vous ne pourriez maintenir votre constitution, et que vous auriez une contre-révolution tous les quinze jours. C'est contre les insurrections, contre les pétitions à main armée, que vous avez fait vingt décrets et que vous avez établi la loi martiale. Que voulaient donc les gens qui protégent les écrits incendiaires? Ils violent vos lois, en excitant à les violer. Ils ne sont pas les amis de la constitution; ils blasphèment ce nom, s'ils l'usurpent. Ce sont des despotes qui, s'étant créés, par séduction et par argent, une armée indisciplinée, mais redoutable, veulent conserver leur empire, et au risque de perdre votre constitution, votre liberté, notre commune patrie, veulent prolonger entre leurs mains, le pouvoir de faire trembler tous les hommes de bien qui résisteront à leurs complots.

» J'en connais cependant un grand nombre, dont l'estime et l'amitié m'encouragent ici, et qui ne trembleront jamais. C'est en leur nom, comme au mien, que je vous demande de décréter, que dans un délai que vous fixerez, vos deux comités vous présentent le projet de loi par lequel vous enleverez aux factions l'arme des libelles. Un membre du comité de constitution nous a dit dimanche, à la tribune, qu'il ne fallait que deux jours pour ce travail. Ces deux jours sont écoulés : donnez-en quatre encore, indiquez, pour que le projet si nécessaire, dont vous avez ordonné la rédaction, vous soit proposé. Voilà, Messieurs, les vérités et les idées que j'avais à soumettre à votre considération pour la partie du décret qui concerne les écrits séditieux. Quant aux actes de violence, aux rébellions effectives, aux gibets élevés contre ceux qui obéiraient à vos décrets, vous avez déjà décidé que ces crimes seraient poursuivis par les juges ordinaires; référez-vous à votre décret : c'est le cours d'une justice que vous avez établie. Mais je reviens à vous dire que celle qui n'est pas encore établie, est, s'il est possible, encore plus importante ; et je termine par la motion expresse que vos deux comités soient chargés, conformément à votre décret d'hier, de vous offrir, samedi, les moyens d'exécuter votre décret du 31 juillet. Il faut enfin mettre un terme à ce chaos d'horreurs et d'anarchie : il est temps que le bruit scandaleux et funeste des libelles qu'on peut regarder comme les tambours du meurtre et de l'incendie, soit couvert par la voix puissante de votre raison et de votre patriotisme. »

*N... Rapporteur du comité des recherches.* Le directoire du district du département du Loiret nous a envoyé un libelle intitulé : *Réponse des officiers municipaux des campagnes du Gâtinais aux administrateurs du département du Loiret.* Ce libelle est une réponse à l'envoi du dernier décret sur les droits de champart. Il a pour objet d'exciter le peuple à ne payer ni ces droits, ni les droits féodaux supprimés avec indemnité. Il y est dit que l'assemblée a conservé ces droits par vue d'intérêt personnel ; qu'il faut élever des potences pour y attacher ceux qui les demanderaient ou voudraient les payer. Ce libelle avait été remis par le curé d'Echileuse, près Pithiviers, à une femme chargée d'en distribuer à toutes les municipalités.

La société des Amis de la constitution à Montargis a écrit à la société du même nom à Paris, que le 14 juillet, à Jouy, un nommé Pradier avait élevé une potence fabriquée dans la grange d'un officier municipal, et que M. Pradier avait dit l'avoir fait de l'ordre de la municipalité. Deux particuliers ont failli y être pendus. Le comité des recherches propose de décréter, que le président se retirera sans délai par-devers le roi, pour supplier sa majesté d'ordonner aux officiers du tribunal de Nemours d'informer contre les auteurs d'un écrit intitulé : *Réponse des officiers municipaux des paroisses des campagnes du Gâtinais aux administrateurs du département du Loiret*, et même de se transporter hors de leur territoire, si le cas l'exige.

*M. Regnaud*, député de Saint-Jean-d'Angely, présente un projet de décret.

*M. Foucault.* Dans le Périgord, ma province, les mais qui avaient été plantés, ces signes d'insurrection, dont on voulait faire des potences, existent toujours.

*M. Estourmel.* En Lorraine, on brûle de nouveau les châteaux.

*M. le rapporteur du comité des recherches.* J'oubliais de vous dire que des hommes courent les campagnes, en criant : *Voici le grand décret qui défend de payer les dîmes et les champarts.* Il faut que les dîmes soient mentionnées dans le décret que vous rendrez.

Le projet de décret présenté par M. Regnaud, est mis aux voix et adopté en ces termes :

« L'assemblée nationale, après avoir entendu son comité des recherches, décrète que le président se retirera dans le jour par-devers le roi, pour prier sa majesté de donner les ordres les plus précis et les plus prompts, pour que, dans l'étendue du royaume, et en particulier dans le département du Loiret, les tribunaux poursuivent et punissent, avec toute la sévérité des lois, tous ceux qui, au mépris des décrets de l'assemblée nationale et des droits sacrés de la propriété, s'opposent, de quelque manière que ce soit, par violences, voies de fait, menaces ou autrement, au paiement des dîmes de cette année et des droits de champarts, agriers, et tous autres ci-devant seigneuriaux qui n'ont point été supprimés sans indemnité : ainsi que des rentes et censives en nature ou en argent; que sa majesté sera également priée de donner des ordres pour que les municipalités fassent détruire toutes les marques d'insurrection et de sédition, de quelque nature qu'elles soient. »

M. Dupont lit un projet de décret qui est adopté ainsi qu'il suit :

« L'assemblée nationale décrète que son comité de constitution, et son comité de jurisprudence criminelle, lui feront, à l'ouverture de la séance de samedi soir, et conformément à son décret d'hier, leur rapport sur les moyens d'exécuter son décret du 31 juillet, concernant les délits qui peuvent être commis par a voie de l'impression. »

FIN DU SIXIÈME VOLUME.

# TABLE DES MATIÈRES

### DU SIXIÈME VOLUME.

### SUITE DE MAI. JUIN. JUILLET COMMENCEMENT D'AOUT.

---

SUITE DE MAI. — *Ordre judiciaire.* — *Y aura-t-il des tribunaux d'exception ?* Discussion, p. 1.
*Constitution civile du clergé.* — Introduction aux séances, p. 9. — SÉANCE du 29, discours de l'archévêque d'Aix, p. 11. — SÉANCE du 30, discours de Treilhard p. 12 ; discours du curé Leclerc, p. 18 ; discours de Camus, p. 23 ; discours du curé Goulard, p. 26 ; discours du curé Jallet, p. 29 ; discours du curé Gouttes, p. 31.
*Du droit de paix et de guerre*, introduction, p. 54. — Lettre de Montmorin à l'assemblée, p. 55. — Délibération des Jacobins sur la proposition qu'elle renfermait, p. 56. — *Extrait des Annales patriotiques*, p. 57. — SÉANCE du 15 mai, discussion sur la lettre de Montmorin ; sont entendus : le duc de Biron, Maury, Quesnoy, Alex. Lameth, Barnave, Goupil de Préfeln, de Broglie, Robespierre, Mirabeau l'aîné, Rewbel, Menou, D'Aiguillon, Charles Lameth, Dupont et Levis, p. 37 à 50. — SÉANCE du 16. *La nation doit-elle déléguer au roi l'exercice du droit de la paix et de la guerre ?* Discours de Sérent, de Jallet, de Charles Lameth, p. 50 à 57. — SÉANCE du 27. Suite de la question précédente ; sont entendus : Malouet, Pétion et Goupil, p. 57 à 66. — SÉANCE du 18. Suite. Discours du duc du Châtelet et de Robespierre, p. 66 à 68. — SÉANCE du 20. Discours de Mirabeau, p. 68 à 94. — SÉANCE du 21. Discours de Cazalès, p. 94 à 100 ; réfutation de Mirabeau par Barnave, p. 100 à 111. — SÉANCE du 22. Réplique de Mirabeau, p. 112 à 124 ; discussion et décret, p. 124 à 152 ; troubles dans Paris. — Article de Fréron, p. 152 ; de Desmoulins, p. 156 ; voleurs pendus par le peuple, p. 157. — SÉANCE du 26 à ce sujet ; lecture, par Bailly, d'une proclamation municipale. — Explications parlementaires sur les troubles, p. 139 à 143 ; état comparé des déclarations de vols et captures, etc., p. 143 ; article de Desmoulins, p. 145 ; bruits sur la défection de Mirabeau, et examen d'un écrit intitulé : *Discours et réplique du comte de Mirabeau*, par Th. Lameth, p. 146 à 159.

Le côté gauche menacé de scission. — Articles de Feydel et de Carra, p. 159 à 160. — Club de 1789, p. 161 ; article de Desmoulins, p 162.

*Provinces.* — Insurrection à Marseille et à Montpellier. Les forts sont pris sur la troupe par le peuple. SÉANCE du 12 mai, p. 165 à 177. Article de la *Gazette de Beaucaire* sur ces événemens, p. 177. Mêmes mouvemens à Marseille, Montpellier, Valence et Toulon. Bonne-Savardin arrêté à Pont-Beauvoisin, p. 179 à 181. Troubles en Corse ; extrait du *Journal patriotique* de l'île, p. 181. Troubles à Montauban et à Nîmes, p. 185. — SÉANCE du 11, dans laquelle est dénoncée la déclaration des catholiques de Nîmes, p. 187 à 192. *Pacte fédératif des bas-officiers, caporaux et fusiliers de Normandie et de Beauce*, etc., p. 193.

*Paris.* — Discussion sur le plan de municipalité, p. 194 à 206 ; article de Desmoulins. — Sortie de Maury contre la suppression des districts, p. 206 à 209. — Assemblée des représentans de la commune, au sujet d'une tentative de corruption dénoncée par le baron Menou, p. 209 à 215.

JUIN.— Introduction, p. 216. — Constitution civile du clergé.— SÉANCE du 1er juin ; sont entendus : l'évêque de Lidda, Camus, Dumouchel et Gouttes, p. 217 à 228. — SÉANCE du 9, sont entendus : Martineau, l'abbé Jacquemard, Robespierre, Goupil, Chapelier, Garat aîné ; discussion, amendement, p. 223 à 255. Réflexions et citations qui ferment cette question, p. 255 à 258.

*Finances.* Aperçu général de l'état des finances, etc., etc, p. 259 à 248. État actuel de la contribution patriotique, p. 248. Divers états relatifs à la caisse d'escompte, p. 249 à 252. — Rapport de Lebrun sur les finances. — SÉANCE des 5, 6, 11, 12 et 13, p. 253 à 263. — SÉANCE du 25. Aliénation des domaines nationaux. Discussion. Opiniâtreté de Maury à la tribune. — Tumulte. — Scandales, p. 263 à 272. Article de Desmoulins, p. 272 à 273.

Projet de fédération du 14 juillet, et séances relatives, p. 274 à 280. — SÉANCE du 19 juin. *Abolition des titres nobiliaires*, p. 280 à 298.

Inviolabilité des députés définie et décrétée dans les séances des 25 et 26 au sujet de Mirabeau (le vicomte) et de Toulouse Lautrec, p. 298 à 514. Incident à la séance du 25 ; les vainqueurs de la Bastille à la barre de l'assemblée, p. 508.

*Provinces.* — Rapport de Target, p. 515. Lettre écrite par MM. les officiers municipaux d'Avignon à MM. Camus et Bouche, p. 516. Députation avignonaise à la barre de l'assemblée. p. 518.

*Paris.* — Départ du roi pour St.-Cloud. Articles de Fréron et de

Marat, p. 520 à 522. Mort de Franklin; séance du 11 juin, p. 523.
Guerre à la presse patriote. Marat, Fréron, Desmoulins sont poursuivis ou menacés, p. 525 à 529. Article de Loustalot sur la majorité ministérielle, p. 529. Article de Desmoulins, p. 552. Fêtes du club de 89, et chanson de Piis, p. 533 à 534.

JUILLET. — Introduction, p. 535. Adresse de Marat aux *citoyens infortunés des faubourgs*, au sujet des élections municipales, p. 536. Presse royaliste, p. 537. Bruits sur quelque machination tramée pour le 14 juillet, p. 538. La guerre repoussée par les patriotes, affaires de Tabago; p. 538 à 540. — SÉANCE du 1er juillet, au soir. Placard du district des Cordeliers. (Réflexions de Marat, de Loustalot, de Desmoulins sur l'inopportunité des élections municipales, fixées au 4 juillet). Trente-six districts se réunissent aux Cordeliers et viennent à la barre de l'assemblée. — Les élections sont ajournées au 25, p. 540 à 544. Muguet, au nom du comité des rapports, demande que la cour des aides cesse de poursuivre ceux qui ont incendié les barrières le 14 juillet 1789. Maury s'y oppose; la proposition de Muguet est adoptée, p. 545 à 549. — SÉANCE du 2. Demandes de congé et discussion, p. 550. — SÉANCES du 3 et du 4. Incident sur Albert de Rioms, qui demande à être admis à la fédération; Dupont de Nemours propose un décret pour la libre circulation des poudres. — Rejeté. Esprit des deux presses, p. 552 à 554. — SÉANCE du 6. Levassor lit une lettre que lui écrit de Londres le duc d'Orléans, sur sa résolution de revenir en France; discussion entre Lafayette, Biron et Duquesnoy; ordre du jour, p. 554 à 557. — SÉANCE du 9. Projet de décret sur la forme du serment que le roi doit prêter à la fédération; discours de Maury, Barnave, Cazalès et Alex. Lameth, p. 561 à 571. — SÉANCE du 10. Députation d'Américains à la barre, p. 572. Adresse des citoyens d'Avignon détenus à Orange; vive discussion soutenue par Maury, p. 574 à 581.

Fête de la fédération. — Analyse des séances qui la précédèrent; pétition de Talma; extrait de l'*Ami du peuple* et de l'*Ami du roi*, p. 581 à 585. Introduction à la journée du 14, p. 585. — Article de Loustalot sur le club de 1789, p. 585. Extraits, sur la fête, des journaux *les Révolutions de Paris*, p. 587 à 591; l'*Ami du peuple*, p. 391 à 596; *les Révolutions de France et de Brabant*, p. 596 à 400. Extrait en note de *le Château des Tuileries*, p. 589. Danton à la tragédie de Charles IX; extrait de Marat, p. 401.

SÉANCE du 17. Rapport par Chabroud sur les entrées de Lyon. Réflexions de Marat, p. 403 à 406. — *Le soir*. Suite de l'affaire d'Orange, p. 406 à 411. — SÉANCE du 20. Troubles à Soissons, p. 442

à 446. — Séance du 22. Troubles à Montauban, p. 416 à 425. — Séance du 26. Suite de cette affaire, p. 426 à 430. — Séances des 27 et 28. Courrier des Ardennes expédié à Dubois-Crancé. — Vives alarmes. L'analyse est de Desmoulins, p. 430 à 434. — Séance du 30 juillet. Nouveaux troubles à Lyon, p. 436.

Aout.— Introduction. Les nouvelles des Ardennes arrivées à Dubois de Crancé excitent la presse. Articles de Desmoulins et de Loustalot, p. 438 à 440. Le pamphlet de Marat, *C'en est fait de nous*, p. 441 à 446. Malouet dénonce à l'assemblée Camille Desmoulins et Marat; Fermont demande qu'on y joigne les *Actes des Apôtres* et la *Gazette de Paris*; discussion et décret, p. 446 à 450. — Séance du 1ᵉʳ août. Addition proposée par Rabaud au décret précédent; motion de Dubois, p. 431. Le président lit une lettre des vainqueurs de la Bastille; discussion et décret, p. 452 à 454. — Séance du 2. Rapport de Vernier sur les finances, p. 454. — *Séance du soir*. Émeute entre les deux séances. *Extrait des Révolutions de Paris* ; article de Desmoulins; sa lettre à l'assemblée ; Malouet répond ; interruption de Desmoulins placé aux tribunes ; Robespierre le défend ; dénonciation par Dubois ; proposition de Pétion ; discussion et décret, p. 454 à 467. — Séance du 5. L'assemblée s'occupe encore des délits de la presse. Malouet et Dupont sont entendus ; décret, p. 467 à 475.

FIN DE LA TABLE DES MATIÈRES.

www.ingramcontent.com/pod-product-compliance
Lightning Source LLC
Chambersburg PA
CBHW060234230426
43664CB00011B/1644